日本の中国占領地支配

イギリス権益との攻防と在来秩序

吉井文美【著】
Fumi Yoshii

名古屋大学出版会

日本の中国占領地支配——目　次

第Ⅲ部　華　中

凡　例

一、史料の引用に際しては片仮名を平仮名に直し、句読点やルビ、濁点を適宜補った。
一、旧字は新字に改めた。ただ、人名や複数の文字を一つの新字が表す文字（連など）はこの限りではない。
一、引用中の（　）は原史料の注記、〔　〕は引用者の注記である。
一、引用中の傍線はすべて引用者によるものである。
一、本書では「満洲」の表記を基本とするが、引用や書名等で「州」が用いられている場合はそのままとした。

序章　日本による事実上の支配と在華権益の再編

一九世紀以降の近代中国においては、通常の主権国家ではみられない多様な特権が外国人に付与されたり、中国の内政（とくに財政）への影響力の行使を外国人に容認するような制度が存在したりしていた。このような状況を作り出す契機となったのが、アヘン戦争やアロー戦争における清朝の敗北であり、その拡大を後押ししたのが日清戦争における清朝の敗北だったことは、よく知られる。

さまざまな在華権益が存在している状態は、近代中国の特徴の一つでもあった。一九一六～一七年に中国政府の法律顧問を務めるなど、中国をめぐる条約関係を知悉したアメリカ人の国際法学者ウィロビー（W. W. Willoughby）は、一九二〇年に刊行した『中国における諸外国の権利と利益（*Foreign Rights and Interests in China*）』のなかで、中国ほど諸外国の領土的・政治的・経済的な諸権利が錯綜しているところはないと指摘している。[1]

中国が列国に付与した特権には、外国行政地域である租借地や租界をもつ権利、外国人を中国の法の外に置く領事裁判権、外国軍隊の常駐および軍艦航行の権利、中国の国内河川を航行する権利、海関（税関）に関する特権（外国人による海関行政や関税保管の権利の掌握）、交通の動脈である鉄道建設のための借款や鉄道経営権、鉱山を開発したり経営したりする権利、通信上の特権（外国人による郵政管理、無線電信や有線電信の管理）などがある。[2]このような権利は、利益をともなう権利という意味で「利権」ともいう。権利とそれにともなう利益は、併せて「権益」と呼ばれる。[3]

列国は、中国との条約締結を通じて獲得した権利を足場としながら、事業投資や政府借款、貿易などを進め、中国に権益（在華権益）を形成していった。こうした一連の特権や制度を設ける先頭に立ち、最も大きな存在感を有していたのがイギリスだった。

諸外国が競うように利権を獲得していったことは、国を分割されるという切迫した危機感（「瓜分の危機」[4]）を中国の知識人たちに感じさせ、その結果救国意識が生まれたり、各地で利権を回収しようとする運動（利権回収運動）[5]が展開されたりした。このことは中国におけるナショナリズムの形成・高揚や国民経済の形成過程とも関わって、多くの研究が明らかにしてきた。

また、国際関係に目を転じれば、第一次世界大戦後の中国においては、九ヶ国条約によって門戸開放原則という権益の維持・拡大をめぐる多国間の枠組みも形成されていた。

本書は、依然として多くの外国権益が存在していた中国において、日本が現地に政権を樹立して間接的な支配地域を拡大したことや、日中間に「宣戦布告なき戦争」が展開されたことなどの意味について考えるものである。本書では、占領地の現場で活動する複数の主体に着目し、日本語や英語、中国語の史料を用いながら、在華権益をめぐる日英中の競合過程を多元的に検討する。これを通じて、中国の秩序や政府機関、そしてそれらへの列国の深い関与を維持したまま進展していた、日本による中国支配の複雑な実態について明らかにする。

一　在華外国権益の形成とその変容

まず、諸外国の在華権益が形成される過程を簡単に振り返っておく。[6]アヘン戦争での敗戦後、中国は南京条約の締結を受けて広州・廈門・福州・寧波・上海の五港（条約港）を開港した。上海には、外国人が行政権と警察権を握る地域である租界が、イギリスやアメリカ、フランスによって設定された。外国人は租界を拠点とし、外国人を中国の法権の外に置く領事裁判権などの特権を利用しながら、商業活動を本格化させた。一八五六～六〇年のアロー戦争の講和条約では、条約港や租界が増設されるとともに、揚子江（長江）を外国船が航行する権利（内河航行権）も公認された。

一八九四～九五年の日清戦争における敗北は、中国に向けた外資の資本輸出を本格化させた。外国企業はこれ以前から条約港において工場を経営していたが、清朝は下関講和条約においてこの事態を公認した。さらに、外資による鉄道敷設権・鉱業権の獲得も進み、外国による投資は貿易・流通だけでなく、租界での製造業や租界外の鉄道・鉱山などへも急拡大した。さらに一八九六年の日中通商条約により、外国人は商工業や製造業のみならず、一般的に合法的な職業である限り、あらゆる事業を経営できることになった。治外法権を有する国の人々に、中国の法権に服する義務がなかったことは、外国人が事業投資を進めるうえで有利に作用した。事業の経営に関しても、条約によって規定されているもの以外の中国の法規を遵守する義務はないとされた[7]。

諸外国のなかでもとりわけイギリスは大きな権益を築いた。各国の在華権益の規模を示すバロメーターとして、一九三一年に経済学者のリーマー（C. F. Remer）が中国における諸外国の投資の歴史的経緯と現状についてまとめた調査[8]をもとに、列国の中国への投資額（事業投資および政府借款）の推移をみてみる。表1からは、一九世紀末から二〇世紀半ばにかけて、対中投資でイギリスがつねに三～四割を占め、圧倒的な優位に立っていたことが分かる。イギリスに続く国は、第一次世界大戦期までロシアとドイツだった。その後両国の投資額は、ロシア革命や第一次世界大戦でのドイツの敗北を機に激減した。日本の投資額は、一九一四年にようやくドイツ、フランス、ロシアといった国々と肩を並べた後も増加し続け、一九三一年にはイギリスにほぼ匹敵するまでになった。このように在華権益の規模は、各国の東アジアにおけるプレゼンスに応じて変化していた。

表1　対中外国投資額の推移

（単位：百万米ドル，%）

地域	1902年		1914年		1931年	
	投資額	総額に対する割合	投資額	総額に対する割合	投資額	総額に対する割合
イギリス	260.3	33.0	607.5	37.7	1,189.2	36.7
日本	1.0	0.1	219.6	13.6	1,136.9	35.1
ロシア	246.5	31.3	269.3	16.7	273.2	8.4
アメリカ	19.7	2.5	49.3	3.1	196.8	6.1
フランス	91.1	11.6	171.4	10.7	192.4	5.9
ドイツ	164.3	20.9	263.6	16.4	87.0	2.7
ベルギー	4.4	0.6	22.9	1.4	89.0	2.7
オランダ	−	−	−	−	28.7	0.9
イタリア	−	−	−	−	46.4	1.4
スカンジナヴィア諸国	−	−	−	−	2.9	0.1
その他	0.6	−	6.7	0.4	−	−
計	788.0	100.0	1610.3	100.0	3242.5	100.0

出所）C. F. Remer, *Foreign investments in China*, New York: Macmillan, 1933, p. 76, Table 7.

注）イギリスの対中投資の数値には植民地香港への投資も含まれている。しかし当時の香港経済自体の規模が小さかったこともあり，イギリスの対中国投資全体のうち香港への投資額が占める比率は1割にも満たず，8割近くが上海に集中的に投下されていた。久保亨・加島潤・木越義則『統計でみる中国近現代経済史』（東京大学出版会，2016年）151頁。

また、一九三〇年時点の全在外投資額（植民地を含まず）における中国の割合は、イギリスの場合はおよそ六%で、アメリカやフランスなど、他の列国についても、その割合はごくわずかだった。一方で日本は、全在外投資のおよそ八割を中国に集中させていた。(9)

各国の対中投資の内容の推移については表2を参照されたい。日本の投資の大半は交通、とくに南満洲鉄道株式会社に向けられていたのに対し、交通の分野におけるイギリスの大部分の投資先は海運業であった。工業では、日本の投資は繊維産業や搾油業が中心である一方、イギリスは多種の製造業に投資していたなど、国ごとに特徴がある。(10)

なお、一九三一年の地域別直接事業投資をみると、イギリスは上海に七七%の投資を集中させていたのに対して、日本は満洲が六三%を占め、上海が二五%だった。イギリスの満洲への投資額は微小で、リーマーは、イギリスとアメリカの投資を合わせても四〇〇〇万米ドル未満（満洲に対する全外国投資の五%未満に相当）であると推算している。(11)

在華権益のスケールを把握するうえで投資額は有効だ

表2　各国別対中投資の内容の推移

（単位：百万米ドル，%）

投資国		総　額	中国政府への借款金額	中国企業への借款金額	直接投資額	主要な直接投資先の内訳						
						工業	鉱業	交通	公共	貿易	金融	不動産
イギリス	1930年	1,189.2	225.8	–	963.4	18.0	2.0	13.9	5.0	25.1	12.0	21.0
	1936年	1,220.8	161.5	–	1,059.3	17.0	1.5	5.8	4.6	23.0	28.5	19.1
アメリカ	1930年	196.8	41.7	–	155.1	13.7	0.1	7.2	23.4	31.8	16.8	5.6
	1936年	298.8	54.2	–	244.6	3.8	–	2.5	28.6	38.6	21.8	3.5
日本	1930年	1,136.9	224.1	38.7	874.1	18.9	10.0	23.4	1.8	20.9	8.4	8.4
	1936年	1,394.0	241.4	34.8	1,117.8	29.4	2.0	50.0	0.3	4.1	8.6	0.8

出所）Chi-ming Hou, *Foreign Investment and Economic Development in China, 1840–1937*, Cambridge: Harvard University Press, 1965, pp. 225–226.

が、各国が重視していた在華権益はもちろんそれだけではないことも付言しておく。イギリスは香港島と九龍半島を植民地、新界を租借地として有し、英領シンガポールと上海を結ぶ中間地点として重視して海軍の拠点を置いていた。表1の注に示したように、香港への投資額は中国の他地域と比較したとき、それほど大きくはなかったが、交易面では香港は東アジア交易圏（日・韓・中）と東南アジアをつなぐ結節点という重要性があり、投資額の地域別比率が権益の地域別比率と必ずしも同一ではないことにも留意が必要である。[12]

中国における外国資本について検討するうえで留意すべきもう一つの点は、外国資本は必ずしも中国資本を抑圧していただけではなかったということである。中国も洋務運動における試行錯誤を経て、一九〇〇年前後から、外資に対抗し中国資本を法的に保護するために、欧米と日本にならった鉱業法や会社法などの法制を含んだ経済制度の近代化を開始し、中国資本の近代的企業が設立された。これらの中国資本の企業による輸送量や出炭量も増加していった。[13]外国資本を中国の発展を阻害した存在とする評価は事実と符合せず、それは中国資本の成長からも確認できることが、近年の研究のなかで実証的に明らかになっている。[14]

他方で外国への利権は中国の主権を一部制限する形で付与され、国民経済を形成するうえでの支障にもなっていたため、中国によって繰り返し回収が試みられたり、再編されたりした。一九二八年に新たな統一政権として南京国民政府が誕生すると、同政府は近代的な財政経済政策を遂行できる制度改革や条約改正に着手し、利権回収を声明した。[15]外交部長の王正廷は、第一期に関税自主権の回復、第二期に治外法権の撤廃、第三期に租界の回収、第四期に租借地の回収、第五期に鉄道利権・内河航行権・沿岸貿易権の回収というプログラムを発表し、利権回収の交渉を進めた[16]。このうち関税自主権については、中国は諸外国との交渉の末に回収に成功し、関税政策を通じて国内産業を戦略的に保護し、国家財政の安定的な歳入源を確保できるようになった[17]。

中国においてナショナリズムや利権回収の動きが高まると、在華権益をもつ国々は、自国の権益をいかに保護・育成していくのかを、対中政策の主要な関心事とした。一九二〇年代にナショナリズムが高揚し、新たな統一政権が誕生するなかで、イギリスの対中政策が変化する過程や[18]、日本が中国に有する権益を「満蒙特殊権益」と呼び、それを維持・拡大しようとした過程については多くの研究が積み重ねられてきた[19]。

二　日本による中国占領地支配の進展

本書で検討するのは、在華外国権益を再編しようとする主体が、中国ではなく日本だった時期である。なぜ主権を有する中国ではなく、日本が在華外国権益を再編したのか。それは、満洲事変を経て日本が中国の一部地域を支配するようになったからである。外国権益は、後述するように中国の政治経済の要衝にあったため、日本が現地支配を進展させる際には、それらのあり方に変更を迫ることになった。

満洲事変以来、日本による中国支配は、現地に占領地政権[20]を樹立する方式で行われた。これは国際法の観点からみてあいまいな点を多く含む、前例のないものだった。そして支配の事実上の主体は現地の日本軍でありながらも、軍は交戦権の発動としての軍事占領や、占領地に対して軍が最高権限を有する軍政[21]の施行をなしえない状態にあった。このような形の占領地統治、すなわち法理上「在来秩序」が継続している状態での統治は、さまざまな矛盾や問題を引き起こしながら、特殊な展開をみせた。

（1）満洲事変――「国家」の創出と条約上の権利義務の継承

一九三一年九月一八日に日本は満洲事変を起こし、関東軍の力を背景に中国東北部を国民政府の統治から切り離し、「満洲国」（以下、括弧省略）を創出した。日本は国際連盟規約や、中国の領土保全を謳う九ヶ国条約、そして侵略戦争を違法化した不戦条約に違反しているとみなされないようにするため、満洲国はあたかも現地の人々の意思に拠って中国から独立したかのような形をとらせた。

しかし、実際のところ日本側が実権を握っていたことはよく知られた事実である。一九三二年一月六日の陸軍・海軍・外務各省協定案である「支那問題処理方針要綱」には、「各般の措置の実行に当りては、努めて国際法乃至国際条約抵触を避け、就中満蒙政権問題に関する措置は九国条約等の関係上、出来得る限り支那側の自主的発意に基くが如き形式に依るを可とす」と記されている[22]。国際法や国際条約と抵触する行為、とくに九ヶ国条約に謳われた中国の領土保全に違反する行為とみなされないよう、日本は満洲国が「自主的発意」にもとづいて成立したという建前をとった。

満洲事変のあと、九月二四日には奉天地方自治委員会（二六日に遼寧省地方維持委員会へ改組）が組織されたのをはじめ、二六日には吉林省長官公署を設立して国民政府からの独立を通電し、二七日ハルピンで東省特別区治安維持委員会を樹立するなどの動きが続いた。翌年二月一六日には奉天（現・瀋陽市）で東北行政委員会が組織され、三月一日に満洲国建国が宣言された。このように「東北各地で地域ごとに自治委員会や地域政権を結成して中央から分離させ、自治または独立を宣言させ、つぎにこれを統合して新たな政府を作りあげ、その間中央政権との交渉はできるだけ引き延ばして、既成事実を作り、一切の主張を自然に断念させるようにしむける」という方式をもって、満洲国は創出された[23]。

満洲国は「建国宣言」で、次のようにその成立の背景を示した。

満蒙は旧時、本と別に一国を為す。今や時局の必要を以て自ら樹立を謀らざる能わずと。応に即ち三千万民衆の意向を以て即日宣告して中華民国と関係を離脱し、満洲国を創立す。[24]

満洲国は、元来中国と別に一国をなしていたこと、自ら国を樹立せざるをえない差し迫った時局の必要があったことを主張し、満洲国が三千万民衆の意向をもって創立されたという論理にもとづいて、主権国家としての自立性を訴えた。だが山室信一が端的に指摘するように、「関係を離脱」して建国されたということは、両国が無関係に成立し、存続したということを意味しない。満洲国は対内的に「国民」を納得させるためにも、その建国の動機と理念の表明において中華民国との異質性・対極性を強調しなければならなかった。他方で本書第1章で述べるように、一九三二年三月、満洲国は中華民国の条約上の権利義務を継承すると宣言している。対外的に国際的継承性(state succession)を強調した背景には、国際的承認や日本の既存権益を確保する必要性があった。[25]

(2) 華北分離工作――中華民国国内における地域政権の創出

満洲国が成立したあとも、日本は軍事力を背景として南京国民政府の支配地域に新たな占領地政権を創出し、その政権を表に立てる間接的な現地支配を拡大させていった。この際、満洲国建国の際にとられた「分断、のち統合」の手法が、以後の一連の「地域政権樹立、のち中央政権樹立」の祖型になっていった。[26]

満洲国と国境を接することになった河北省には、日本の要求で非武装地帯が設けられ、中国軍は撤退し、省市国民党部も撤去された(華北分離工作)。日本はこの冀東《きとう》地区へも勢力を伸ばし、一九三五年一一月、通州に冀東防共自治委員会(のち自治政府)を樹立した。委員長(のち政務長官)には、一九一〇年代から革命運動にかかわってきた知日派中国人の殷汝耕が就任した。

殷汝耕が一九三七年一月に「中華民国国民」に向けて放送した講演では、「我等は何故に防共自治政府を組織したか」について以下のように説明している[27]。

民国となつて以来内政の改革は常に軌道を逸した為、現在に至つては竟に農村は破産し、民は窮乏し、財は尽き、道徳は地を払ひ、国勢は漸次衰ふるといふ有様である。これ等は総て南京政府の秕政がその原因となつてゐるのである。（中略）就中党人専制下にある南京政府を改造する事が最も肝要な事である。現在の南京政府は、既に支那全国を代表する機能を喪失して居るのである。故に我々は自ら危亡を救はんが為に、始めて中華民国二十四年〔一九三五年〕十一月に党治を離脱して、自治を宣布し、冀東二十二県七百万民衆によつて先づ政治の改革を謀り、全支那の魁を行つたものである。

さらに、「我等は絶対に中華民国を離脱したものではない」として、以下のように述べている[28]。

我等は現在冀東二十二県の地域と七百万の民衆によつて南京の党人政権を離脱し、防共自治政府を組織したのであるが、その真相を詳かにしない者は、往々にして我等が中華民国を離脱して独立国家を設立したと誤解してゐる様であるが、それは全く見当違ひの見解であつて、我等は国民党の党治をこそ離脱したけれど中華民国を離脱したものではないのである。支那は面積広大にして人口夥多なれば、当然全国国民の代表によつて政府が組織さるべきものであるにも係らず、南京政府は極めて少数な党人を以て中華民国の政権を盗奪したものであるから、南京政府が全国国民の代表機関では絶対にないのである。従つて我等が能く冀東二十二県の区域を以て党治を離脱した事は、即ち中華民国の一部分の政権を恢復したのであるから、我等の冀東政府こそ中華民国の一部分を代表する処の正当の政権であるといふ事が出来るのである。

これらの引用にあるとおり、満洲国が「独立」を宣言したのに対して、冀東防共自治政府は、南京国民政府は中国全土を代表する機能を喪失していると主張し、国民党の「党治を離脱して、自治を宣布」した。併せて、同政府は「党治をこそ離脱したけれど中華民国を離脱したものではない」ことや、自らが「中華民国の一部分を代表する処の正当の政権」であることを表明している。すなわち、中華民国の形成した秩序を基本的に継承していることが前提となっている。

あくまで中華民国国内の一政権であるという観点から、冀東防共自治政府は他国に対して承認を求めなかった。この点にも満洲国との違いが認められる。[29]

(3) 日中戦争――宣戦布告なき戦争、軍政なき占領地支配

一九三七年、日中戦争が始まったあとも、日本は占領地政権を通した間接的支配を続けた。戦線の拡大にともなってその範囲は大幅に広がり、諸外国、とくにイギリスの権益が集まる揚子江流域にもそれは及んだ。

日本が間接的支配を続けた事情の一つには、日中戦争は、宣戦布告をともなう正規の戦争ではなく、特殊な形態で行われていたという事実がある。日本や中国が締結していた開戦に関する条約(一九〇七年)では、戦争開始の要件として、宣戦布告や条件付き最後通牒の期限満了を求めていた。[30] しかし、日中間の戦闘は、一九四一年末まで、双方が宣戦や断交を宣言しないまま進展していた。これは日中両国が各々の理由で、武力衝突が「国際法上の戦争」と認定されることを回避した結果だった。[31] 外務省の国際法顧問である立作太郎が指摘するように、対手国に対する宣戦や、条件付き宣戦を含む最後通牒の送付など、戦争の開始が認定される行為の事実がない場合、「仮令《たとえ》兵力に依る紛争を存する場合に於ても、国際法上の戦争を存せぬものと為す」という解釈を可能にした。[32]

よく知られるように、日中戦争は局地的な紛争から始まった。事態は拡大と収束を繰り返しながら危険度を高め、日中双方ともに明確な覚悟と決定のないまま、先の見えない長期戦に突入していった。[33] 全面戦争化の過程で、両国はそれぞれ宣戦布告をしないという判断を下している。

初めに決定したのは中国である。一九三七年七月一七日に蔣介石が廬山において各指導者を集めて講演を行い、抗戦の姿勢を明らかにした同日、外交部および軍関係者で対日開戦の利害に関する討議が行われた。そこで得た結論は、交戦後も宣戦せず、満洲事変と同じ状況にしておくことがよいというものであった。国交断絶後、両国が交戦国の資格を得た場合、日本海軍は絶対優勢を誇り、関係各国が一切の軍需品・軍需原料の輸出を禁止した場合、その範囲は非常に広く、中国は一切の軍用品を自給できるかどうか大いに疑問である、というのがその理由だった。[34]しばらく宣戦あるいは国交断絶の方法をとらないことは、第二次上海事変が始まった翌日に開催された最高国防会議（八月一四日）で正式に決まった。[35]

日本では一一月初旬に、宣戦布告しないことが政府方針となった。日本が不拡大方針を完全に放棄した一〇月、[36]軍需物資の供給獲得や英米による経済制裁への対応など、緊急の問題を全省的に諮るため、内閣の下にナンバー委員会（第一～四）が設置され、第四委員会で宣戦布告問題が話し合われた。企画院次長の下に、外務次官、大蔵次官、陸軍次官、海軍次官、商工次官が列した同委員会は、宣戦布告はしないという判断を下した。

この判断の背景を探るうえで、委員会に対して外務省、陸軍省、海軍省がそれぞれ提出した、宣戦布告する場合の不利益と利益について整理した資料をみてみよう。[37]三省の判断をまとめると次のようになる。[38]

宣戦布告する場合の不利益

▼アメリカ中立法の発動により、貿易・金融・海運・保険に及ぶ影響が大きい。

▼中国に有する治外法権・租界・義和団事件賠償金その他の条約上の権利を喪失する。

▼国交が断絶し、直接交渉の端緒をつかめず、時局収拾が遅延する。

▼中国全国民を敵とすることになり、帝国声明と矛盾する。

▼諸外国から不戦条約、九ヶ国条約違反と名指しされる恐れがある。

宣戦布告する場合の利益

▼日本艦船による中立国の臨検、戦時禁制品の輸送防遏、戦時封鎖が可能となるので、載荷押収等により中国の戦闘力を減殺できる。

▼アメリカ中立法が発動されても、外貨をもたず自国船舶の乏しい中国の方が不利益をこうむる。

▼軍事占領、軍政施行等、交戦権の行使ができる。

▼賠償を適法に請求できる。

このうち宣戦布告した場合の不利益の項目に挙げられている不戦条約や九ヶ国条約については、一九二〇年代に東アジア地域の安定化のために形成された国際諸条約と日中戦争との関係という視点から、研究が積み重ねられてきた[39]。本書では傍線部、すなわち宣戦布告しないために、軍事占領、軍政施行といった交戦権の行使ができなくなった点に注目する。具体的には、第三国（日本と中国以外の国。以下同）の船舶も対象とした完全な海上封鎖の実施、第三国から中国への兵器弾薬その他軍需品の供給禁絶、要地砲撃にあたっての第三国の人々への立ち退き要求、占領地域を日本の管轄下に置いた占領地行政の施行、そして賠償請求などの実行にまつわる根拠を日本は得られなかった[40]。これは、きわめて制約の多い占領地支配を実施せざるをえないことを意味した。陸軍省も、宣戦布告の利点は占領地行政の施行にあるとし、「現在陸軍として最も不便不都合を感じあるは、公然たる占領地行政を実施し得ざることに在り」（一一月八日）と記している[41]。

陸軍のなかでも、公然たる占領地行政が実施できない「不便不都合」を痛感していたのは、現地軍だった。軍政を施行しようとする現地軍（支那駐屯軍、のち北支那方面軍）に対して、陸軍中央がそれを阻止する局面が何度も展開されていたことを加藤陽子は明らかにしている[42]。

度重なる現地軍の抵抗に直面した陸軍中央は、八月末に支那駐屯軍を北支那方面軍の下に編入し、方面軍参謀部とは別個に占領地の政務指導を担う方面軍特務部を新設して、陸軍中央とより密接な関係に置くという策を講じた。北支那方面軍参謀長に就任した岡部直三郎が陸相の杉山元に会見した際、杉山は、占領地における指導について、占領地行政や軍政を実施してはならないと念を押している。

陸戦法規に則った占領地支配ができないという制約に、現地軍は反発を示し続けた。北支那方面軍司令官の寺内寿一は一〇月、杉山陸相に対して、宣戦布告をしないことは占領地を支配するうえでの支障になると伝え、「姑息の手段でこの事態を乗り切れると思うのは誤りなり。必要に応じて断乎宣戦布告によつて帝国の大義名分を明かにする決意を要す」と迫った(43)。「宣戦布告をなし、徹底的に戦果を収むべし」という寺内の意見は朝鮮総督の南次郎、同軍司令官の小磯国昭、関東軍司令官の植田謙吉など、朝鮮半島や満洲に基盤をおく帝国の前線、すなわち現地軍首脳部に共通したものでもあった。陸軍省の田中新一軍事課長は、宣戦布告を求める北支那方面軍参謀部の状態を、「事変の帰趨適格を欠き宣戦布告もなき現状における作戦指導に付困惑し、特に精神的不安が少なからぬ」と分析している(44)。

軍政を施行する代わりに、日本の占領地域では蒙疆聯合委員会（一九三九年蒙古聯合自治政府に改組）、中華民国臨時政府（冀東防共自治政府は一九三八年二月に同政府に合流）、中華民国維新政府と相次いで占領地政権が樹立され、それらを通した間接的な統治方式がとられた。一九四〇年には、諸政権を統合する形で汪精衛政権が誕生した。

加藤によれば、軍政が施行できないなかで、北支那方面軍特務部が政務関係を担っていたことは、軍による政治と統帥の混淆という問題を生んだ。これは日本国内についても指摘でき、加藤は陸軍が興亜院という新たな対華中央機関を必要とした背景について論じるなかで、軍政を施行できない占領地行政上の制約という、現地軍が抱えていた問題を浮き彫りにした。しかし、検討対象は一九三八年三月までにとどまっており、占領地の拡大にともなって制約がどのように具体的な形で表れていくのかについては明らかになっていない。

（4）残存する在来秩序

ここまで主に陸軍を中心に、日本の中国占領地支配がきわめて特殊な形で行われていたことがもたらした制約についてみてきた。軍政を敷けないまま、諸外国の権益が多く存在する広大な地域を支配する難しさについては、外務省も苦慮していた。

一九三八年九月、外務省条約局は次のように分析している。「北支の所謂軍事占領の法律上の性質は、一方に於ては国際法上戦時国際法規の適用なく、従つて他方に於ては国内諸法規は依然として其の効力を持続するものと解せらるる結果、極めて変態的なるを免れずして、従つて其の法律的調整も困難なり」[45]。すなわち、日中戦争には戦時国際法が適用できないため、中国の国内諸法規が依然としてその効力を持続しており、占領地支配はきわめて特殊で法律的調整が困難だった。続けて条約局は、「事実問題としての解決」が妥当である場合が少なくなく、最低限、裁判権や司法事務については現行法律の範囲内において継続することが肝要であると述べている。なお対外関係に目を向けてみると、宣戦布告が行われた場合、交戦国間に存在している条約は失効あるいは停止することになるが、日中戦争は国際法上の戦争状態にないため外交上の断絶は生じず、日中間の諸条約も効力を失っていない[46]。

ここで想起すべきは、本章の冒頭で述べたように、中国には多数のイギリス権益が存在していたということである。宣戦布告なき占領地支配は、中国の国内法規や条約との関係性のなかで存在していた諸外国の在華権益の扱いを複雑にした。

日中戦争が始まった直後から、日本は繰り返し諸外国の権益を尊重する姿勢を表明してきた。一九三七年七月一六日付のアメリカ国務長官声明書（いわゆるハル声明）への日本の回答では、「帝国政府としては外国人の生命財産の保護に関しては従来通り万全の策を講しつつあるに付御安心を請ふ」と述べているし[47]、一九三八年一月一一日御前会議決定「支那事変処理根本方針」では、「第三国の権益は之を尊重し、専ら自由競争により対支経済発展に優位を確保すること」という一般原則が打ち出され、陸軍もこれに理解を示していた[48]。また、同じころ日本は「国民政府を対手とせず」とする第一次近衛声明を発表し、戦争終結の手がかりを失うとともに、広大な事実上の占領地を長期にわたって日本が支配することが決定的となった。

占領地支配の進展は、必然的にイギリス権益に影響を及ぼした。日本が関税収入を流用したり、河川を封鎖したりしたとき、既存の外国権益、とくにイギリス権益に手をふれないでいることは不可能だったからである。一九三八年一一月七日、権益の扱いをめぐる問題が多発していたとき、沢田廉三外務次官はクレーギー（R. L. Craigie）駐日イギリス大使に、「軍事行動の場面は貴国始め列国の権益及施設の犬牙錯綜せる地域」であるので、率直にいうと第三国の在支権益は日本の軍事行動にとって「最大の桎梏」である、と述べている。そして、このような権益を尊重することを日本政府は当初からの方針としているが、そのために政府は「常に苦杯を喫するの思を忍び来れる次第」であると述べ、「第三国より見ても平時国際法の観念にては承服し難き事相も、日支間に事実上の戦争ありとの現実の見地に立てば、之亦已むを得ずとの理解に到達し得べしと存ぜられ候」と、日中間の戦闘は「事実上の戦争」であることを認めるよう求めている[49]。一九三九年に起きた天津英仏租界封鎖事件では、当時ヨーロッパ情勢で手一杯になっていたイギリスに対して、日本が用意した提案をほぼそのままの形で呑ませ、中国における戦争状態の進行を確認し、日本軍の妨害となる行為を一切控制すると約束させた。この原則上の変化の意味は小さくはなかったが[50]、永井和が指摘する通り、日本が強く求めていた法幣の流通禁止や現銀搬出協力についてはイギリスは要求に応じず、イギリスに対する外交攻勢は事実上失敗に終わった[51]。

宣戦布告しなかったことが占領地統治においてさまざまな矛盾をもたらしているという問題は、日本の為政者自身が認識し続けていた。たとえば一九三九年一二月一二日、阿部信行首相は、「どうも宣戦布告をしなかつたことが非常にいろんな矛盾や問題を起して来て困つてゐる。鉄道の問題も揚子江の問題もそこにいろんな原因があるんだ」と元老・西園寺公望の側近である原田熊雄に語っている[52]。

この翌日原田は、華中における興亜院の現地機関として上海に置かれた華中連絡部の長官である津田静枝からも「昨日総理が自分に話されたとちょうど同じような内容の話」を聞いた。このとき津田は、「宣戦布告をしなかつたことが今日事変を解決する上に、国内的、或は国際的にいろんな矛盾を来たしてゐる。現在でも遅くないから、この場合徹底的にやるには宣戦布告をした方がよくはあるまいか」と述べていた[53]。しかし結局宣戦布告を行う道は選択されず、それまでに成立していたいくつかの占領地政権を統合して、新たな中国の「中央政府」として汪精衛政権が樹立されることになる。「国内的、或いは国際的にいろんな矛盾」は、具体的にどのように表出していたのだろうか。本書ではこのうち国際的な面についてみていく。

三　分析視角と本書の意義

(1) 本書の分析視角

日本による中国占領地支配に関する研究はその分析視角から、日本がどのように中国を統治したのかに関する研究、中国側がどのような被害を受けたのかに関する研究、そして対日協力と抵抗のはざまのグレーゾーンに位置する事象に関する研究に大別される。本書が考察するのは一つ目の領域である。したがって、本書は中国占領地支配のある一側面を掘り下げるものであることを、はじめに断っておかねばならない[54]。

この領域については、日本政府や占領地当局の経済構想や政策機構、経済的収奪の実態などを明らかにした実証的な成果が積み重ねられてきた。とりわけ本書との関わりの深い占領地経済に関する研究については戦前から蓄積があるが[55]、農業資源や鉱産資源などに対する収奪の実態を多面的に明らかにした浅田喬二編『日本帝国主義下の中国[56]』が、実証的研究を大きく進展させたといえる。占領地経済については、とりわけ通貨金融政策や物資争奪戦の面から経済的支配の実態が解明されている。[57] これらの研究は、満洲や華北、華中など地域別に検討を行うことが多かったが[58]、とくに二〇〇〇年代以降は地域別の研究成果に依拠しながら、帝国内分業体制や「大東亜共栄圏」に結びつく議論も広く展開されている。[59]

他方で、イギリスが中国においてさまざまな権益をもっていたことを背景として、日本による中国経済支配がしばしば外交問題を惹起していた状況への関心は、租界など特定の分野を除いて低かったといえる。[60] 本書は占領地支配のなかでも、とくに外国資本や権益に関わる事象を、日本がどのように扱おうとしたのか、そして権益の側は「事実上の支配者」である日本にどのように対応しようとしたのかという点を中心としながら、占領地支配の新たな側面を照らし出すものである。そして本書では、占領地経営上掌握が不可欠で、イギリス人が伝統的に深く関わっていた領域として、海関、石炭業、汽船業を取り上げる。[61] 中国各地に設置され、莫大な関税収入を管理していた海関、華北の特産物で、戦時期の日本にとって不可欠な資源を扱った石炭業、華中や華南で発展がめざましく、人員や物資の移動と密接に関係していた汽船業は、日本が占領地域を支配する際にも、イギリスの利権が深く関わる状態で存在していた。後述するように、一九三〇年代という時代において、これらの領域は日本による「壟断」「掠奪」や「搾取」という文脈から描かれることが多く、日本の中国占領地支配が内在的に抱えていた複雑性についてては目が向けられてこなかった。

また、当時の日本の中国支配には、宣戦布告を行わずに事実上の占領地経営を行い、東亜新秩序を掲げながら英米協調路線を探るという二つの矛盾があったが、後者について日本は、英米の在華権益を尊重する姿勢をみせることで、英米から対日友好的な態度を引き出そうとする考えがあった。たとえば一九三九年六月一五日の陸軍の省部決定「事変処理上第三国の活動及権益に対する措置要領」[62] では、中国における第三国の活動や権益の処理については、第三国に「援蔣的態度」を放棄させ、日本の「事変処理に順応同調」させることを方針とするとされ、とくに重要なものについては、「第三国操縦」のため、「事変処理大局の立場」から運用しようとした。そして、諸外国の在華権益との関係を調整する方法として、華北においては「帝国の優位」を、華中においては「自他併存」を、華南においては「第三国を拘束せざる」という趣旨に則って施策する方針が記された。これらの方針が具体的にどのように展開していくのかについて、本書ではみていく。

以下では、海関、石炭業、汽船業をめぐる外国利権が実際どのように形成され、中国による再編の過程を経て、当時いかなる歴史的段階にあったのかについて確認し、それらの利権に関わっていたイギリス人の中国における活動を概観する。

（2）海関——日本の支配地域内でも機能し続けた国民政府機関

近代中国の海関（Chinese Maritime Customs Service）は、主として貿易管理と関税業務を担う政府機関である。関税収入は外債[63]や義和団事件賠償金の元利払いに充てられていたため、円滑かつ安定的に海関が機能することは、外国人債権者の利益を確保するうえでもきわめて重要だった。[64]一九三八年時点でポンド債務の六六％、ドル債務の五二％が関税担保だったように、[65]海関は、諸外国による中国への間接投資を保証する機関だったともいえる。海関職員として勤務した経歴をもつ高柳松一郎は、海関は、「其発生の初期より国際的性質を帯び支那と列国との諸条約及び外債と密接なる関係を有するものにして、現今世界中他国に比類なき独特の制度[66]」であると述べている。高柳をはじめ、海関には多くの外国人が雇用されていた。

もともと清朝には、海上交易を管理する海関と呼ばれる機関があり、開港後も外国人からの関税徴収を引き続き行っていたが、太平天国の乱のさなか、イギリスを筆頭とする西洋諸国は、中国における外国貿易の秩序が乱れることは自分たちの利益を損なうとして、清朝に代わり率先して関税徴収業務を代行するようになった。清朝も確実な関税徴収に期待したため、この臨時的な措置が一八五八年の天津条約の附属協定によって制度化され、以後中国における外国商船に対する課税は、西洋人が行うことになった（外国人税務司制度[67]）。

外国人税務司を総括する総税務司の職も設けられ、総税務司の職には、初代から一九四三年まで代々イギリス人が就いていた。これは「総税務司に関する清国の宣言」（一八九八年二月）にて、マクドナルド（C. M. MacDonald）駐華イギリス公使が総理衙門に対し、イギリスの対清通商が他国に優越していることを認めさせ、総税務司につねにイギリス人を任用するよう約させたことに由来していた[68]。また、海関の外国人職員は、その本国が中国において有する貿易額の規模や債務額の多寡、政治的勢力などを斟酌して、総税務司が任命権を中国から委任される形で任命してきたため、必然的にイギリス人が多かった[69]。海関の外国人職員はあくまで中国の外国人官吏であり、必ずしもその本国の利益の代弁者として振る舞ったわけではない。とはいえ、総税務司へのイギリス人の就任や外国人税務司制度を通して、イギリスは制度的にも中国の内政に深く関与する立場を築いていたといえる。

海関の業務は関税収入の管理のほかにも、港湾行政、灯台・浮標などの配置、密貿易の取締りなど多岐にわたっていた[70]。なかでも関税収入の管理はとくに重要だった。清朝以来、中国にとって関税収入はきわめて重要な財源であり続けた。南京国民政府の歳入のうち関税収入が占める割合は、一九二八～三二年の平均で四四・八％、一九三三～三六年の平均で三一・一％にのぼり、一九二八～三六年の歳入項目のうちつねに第一位を占めていた[71]。関税収入の支出のうち、外債や義和団事件賠償金の返済に充てられる割合は、一九一二～二七年の平均で五六・五％、一九二八～三七年の平均で二九・二％にも上った[72]。

海関収入が多額の外債の担保となっていたり、海関に多数の外国人職員が勤務したりしていたため、海関行政は諸外国の権益と密接な関係をもっていた[73]。南京国民政府による国内制度の構築や関税自主権回復の過程で、海関行政に関しても中国がその再編に乗り出し、総税務司の権限は徐々に縮小していった[74]。一例を挙げると、一九二九年二月南京国民政府は関制改革を実施し、技術員以外の外国人職員の募集停止に踏み切った[75]。これにより、一九二六年時点で一二三一人（中国人を含む全職員の約一四％）いた海関の外国人官吏は漸減し、一九三六年時点では七五一人（約八％）となった[76]。他方で中国人官吏に関しては、一九二八年以前の時点では税務司や副税務司など比較的高級の地位に就く者はいなかったが、一九三〇年には二九人が税務司として勤務するようになった[77]。

日本外務省が「国民政府の成立以来、国権恢復の進捗に伴ひ外人の海関管理の実権は漸次減退せるやの観あるも、今日に於ても猶支那海関は国際的色彩濃厚[78]」と観察しているように、一九三〇年代においても海関は「国際的色彩濃厚」な機関で、海関は「実質的に国際共同管理の機関たる状態なる為、相当複雑なる国際関係を包含する[79]」存在と目された。それゆえに海関に対する政策には慎重を要したのである。日中戦争が始まるとイギリス外務省も日本に対して「海関の国際的性質並に海関収入のみならず、海関行政自体に付ても英国が重要なる権益を有する[80]」と伝え、海関と密接な利害関係を有することを訴えて、日本を牽制している。

本書では、一九三〇年代に日本の支配地域内に収められた海関の処遇についてみていく。一九二九年から四三年まで総税務司を務めていたフレデリック・メーズ（F. W. Maze）は、日本による中国侵略と占領地拡大に対応し続けた。一九四一年六月にメーズは、「日本政府は現在に至るまで、重慶政府を代表する総税務司が、占領地でこのような重要な職権を行使するのを許している。これは前例がないことであり、日本政府が海関に対して特別な配慮をしていることを証明している[81]」と述べている。宣戦布告をしていないために海関を接収する法的権限がなかった日本は、外国権益がからむ海関を占領地域でも基本的にそのまま機能させた[82]。こうして海関は、日本の支配地域内でも機能し続けた国民政府機関となった。

満洲事変以降の海関をめぐる状況については、本書の各章でもふれるように、すでにいくつかの研究で明らかにされているが、日本との関係、すなわち日本が海関に対してどのような政策を講じ、それに海関がいかに対応したのかについては、国内外の先行研究において十分明らかにされてこなかった。その背景として、海関に関する研究が主として中国と国際社会の結節点への関心から、欧米や中国の史料に依拠しつつ進められてきたのに対して、日本と海関の関係を明らかにする際には、日本語の史料も用いる必要があるという制約が指摘できる。他方で、日中戦争期の海関行政に関する日本語の史料には欠落が激しいため、日本の占領地政策における海関の研究においても、英語や中国語の史料を博捜しなければ、全体像を明らかにすることはできない。本書では日本語、英語、中国語の史料を用いながら、一九三〇年代における日本の海関政策の包括的な全体像と、海関に勤務するイギリス人やイギリス本国の対応を解明する。

次に日本の支配地域内で活動し続けた企業として、石炭会社と汽船会社を取り上げる。

(3) 石炭会社と汽船会社――日本の支配地域内でも活動し続けた企業

近代中国の炭鉱業、とくに石炭業では、外資および中外合弁鉱山の生産量が一貫して大きな割合を占めていた。戦前の外資炭鉱（中英合弁含む）の生産量は、中国の炭鉱の総生産量の七〇％という高い割合を占め、中外合弁の炭鉱の採掘の場合でも、外資の比重は五〇％を下回らなかった[83]。

この背景には、近代的な大規模鉱山の経営には資本、技術、人材が不可欠だったため、日清戦争後に李鴻章の主導下で外資の受容が進行したことなどがある。清朝政府が一八九八年の路鉱章程や一九〇二年の鉱務章程を制定し外国資本の採鉱権を承認すると[84]、イギリスやドイツ、日本の資本が、資源開発と当該地域全体の利権確保を目的に相次いで進出し、それらの炭鉱の生産量の合計は全体の六〜七割を占めるまでになった。本書で注目するのは、中英合弁会社が経営していた開灤《かいらん》炭鉱である。外国による鉱山利権は、条約にもとづくものと私契約にもとづくものに分けられる。前者は鉄道または租借地関係条約の付随的権利として付与されたもの、後者は外国資本団が直接中国の中央または地方政府より特許されたものおよび外中合弁の形式をとるもので[85]、開灤炭鉱は後者に属する。

相次ぐ外資炭鉱開発の動きに主権喪失の危機を感じた清朝政府は、炭鉱業の高収益に注目した中国の民間資本とともに、官民一体となって利権回収運動に乗り出した[86]。一九世紀最末期のころから、鉱山利権への外資の介入を防ぐため、郷紳が鉱山経営の全部または一部を担おうとする動きが全国的にみられるようになっていた。清朝は当初、外国企業に経営させ、これを監督する方針だったが、義和団事件後は運動を法制度面から支持する方針に転換した。このような動きのなかで中国資本の近代的企業も設立され、その輸送量・出炭量も増加した。一九〇〇年前後からは、外資に対抗し、中国資本を法的に保護するために、欧米と日本にならった鉱業法や会社法などの法的制度を含む経済制度の近代化も始まった[87]。中華民国北京政府が一九一四年、外資に五〇％以上の資本参加を認めない鉱業条例を制定したり、南京国民政府が一九三〇年に鉱業法を制定し、国産炭輸送の鉄道運賃割引制度などの保護政策を実施したりしたことも、中国資本による石炭産業の発展を促進する重要な役割を果たした[88]。

一九三〇年代には河北省に位置する開灤炭鉱でも、南京国民政府が制定した制度の受け入れが進んでいた。ちょうどその頃、一九三五年の華北分離工作を経て、炭鉱の所在地は冀東防共自治政府の支配下に入った。そして、炭鉱の経営会社である開灤鉱務総局が存在する天津も、日中戦争期に日本の支配地域内に入った。当時日本にとって石炭は重要な軍需資源であり、とくに炭質と炭鉱の規模を考慮し、開灤炭の確保を目指した。イギリス人経営者も日本の支配地域内に入ったからといって長年経営してきた炭鉱を手放す意思はなく、開灤炭鉱は日本の支配地域内でたびたび日本から増産の圧力を受けつつ採炭を続けた。

日中戦争期の鉱業資源の収奪については、君島和彦が全体像を明らかにしている[89]。また、近代中国の炭鉱業について包括的に論じた中国語の基礎的な研究には、〈中国近代煤礦史〉編写組編『中国近代煤礦史』[90]があり、「日本による中国近代炭鉱の壟断と略奪期」の章では、一九三七～四五年を対象に東北・華北・華中における状況について体系的に論じている。しかし、開灤炭鉱は検討の対象になっておらず、同炭鉱が帯びた国際的な複雑性については看過されてきた。他方で、一九三〇～四〇年代の開灤炭鉱を扱った研究でも、イギリス人経営者と日本人勢力の間でいかなる攻防が展開されたのかについては論じられてこなかった[91]。本書では、開灤炭鉱が日本占領地においても経営を続けていた外資炭鉱であったことに注目しながら、日本は開灤炭鉱に対していかなる政策を講じ、炭鉱はそれにどのように対応したのかを明らかにする。

石炭産業と同じく、汽船業も外資企業が大きな比重を占めていた。内河航行権は通常一国の専権に属するが、中国の場合いくつかの条約の締結によって外国に開放され、航行の範囲も拡大していった。第一次世界大戦前において内河航行権をもつ国は、日本、イギリス、アメリカ、ロシアなど一八ヶ国に及んだ(92)。なかでも力をもっていたのはイギリスの会社で、一八六〇年代以降、中国の汽船業においては、イギリス船が圧倒的な優位を占めていた（表3）。二〇世紀に入ると、日本の政府・経済界から強力にバックアップされた日清汽船が揚子江航路に進出し、内河沿海航路の船舶のうち二~三割を日本船が確保するようになっていく。なお、外国の商船が提供する汽船サービスには、それまで局地的な商業活動に甘んじていた中国人が広域的な販売網を確立するうえで多大な貢献を果たす面もあったことも指摘されている(93)。

表 3　汽船輸送量の推移

（単位：万トン）

年	全航路		内河・沿海航路				
	計	中国船	計	中国船	英国船	米国船	日本船
1872	424	2	330	2	132	163	—
1880	794	241	592	232	324	8	—
1890	1,244	317	948	295	601	2	4
1900	2,040	393	1,493	371	831	10	116
1910	4,439	980	3,173	774	1,224	8	684
1920	5,213	1,383	3,771	1,159	1,551	76	913
1930	7,780	1,460	5,268	1,248	2,031	123	1,440
1936	7,251	2,209	4,989	1,842	2,059	33	775
1940	2,070	170	786	80	321	4	250

出所）久保亨・加島潤・木越義則『統計でみる中国近現代経済史』（東京大学出版会，2016 年）82 頁。
注）入港・出港汽船総トン数の平均値による。

外国の汽船会社が中国の河川や沿岸を自由に航行し、人やモノの移動に大きな影響力をもっていることは国民経済の形成にとって支障にもなっていたため、一九二八年に全国を統一した南京国民政府は、外国船舶の内河航行権の回収に着手した。翌年、国民政府は外国人の内河航行権をすみやかに回収し、汽船業の国営を実現するとともに、汽船業に関する各種法令を整備することを決め、一九三〇年に船舶法および船舶登記法を制定公布した(94)。

中国とすでに締結している通商航海条約が近く満期になるデンマーク、スペイン、ポルトガル、ベルギー、イタリア、フランスは新条約締結に同意し、内河航行権回収の見通しが立ったが、日中間の条約改正交渉（日清通商航海条約）は紛糾し、満洲事変で頓挫した。一九三四年には交通部・外交部・工商部ならびに汽船業関係者の間で、内河航行および沿岸貿易権の回収、ならびに自国航業発達に関する各種の決議をするなど[95]、航行権回収のための準備は続けられたが、回収は実現しないまま日中戦争が始まった。

中国の近代汽船業については、中国資本の形成と発展について論じた朱蔭貴の研究や、欧米や日本の汽船業の中国における汽船交通ネットワークや航行権回収問題、経済発展などを論じたラインハルト（Anne Reinhardt）の研究が主要なものとして挙げられる[96]。ラインハルトの研究は、中国資本の汽船業の発展過程に主たる関心が向けられているため、日本の支配地域については言及されていないが、朱蔭貴は日中戦争期を対象とした研究のなかで、内河航行の日本による壟断を実証的に明らかにしている[97]。

本書では、日本の占領地支配における航業について検討するにあたって、戦時国際法が適用されない戦争においては、日本が列国の内河航行権の行使を阻み、内河航行を壟断することは困難をともなっていたこと、さらにイギリスやアメリカが有する内河航行権に関する譲歩を、対日協調策を引き出すための外交カードとして用いようとしていたことに注目する。

前述の通り日中両国は宣戦布告をしていなかったため、一九三七年から四一年までに行われた日本の経済封鎖は、海上封鎖を主体にして行われたものの平時封鎖で、基本的にイギリス船など第三国船には封鎖の効果が及ばなかった[98]。戦時下でも避難民の移動など旅客輸送の需要があるなか、相対的に安全なイギリス船が利益をあげた[99]。しかし揚子江や沿岸の主要港が漸次日本の占領下に入ると、イギリス船はその活動の範囲を制限されていった。その一方で日本は独占的な航行や貿易を行い、これにイギリスやアメリカなどの国々は抗議した。

日本による内河の封鎖には、沿岸地域での日本の商権の確立という占領地経済政策上の目的もあった。占領地経済政策の進捗状況によっては封鎖の解除は不可能ではなかったため、日本は開放という「譲歩」をみせることで、イギリスやアメリカの対日宥和的な態度を引き出す方策を考えた。

先にふれた一九三九年六月一五日省部決定「事変処理上第三国の活動及権益に対する措置要領」には、揚子江や珠江など内河における航行権および商権に関しては、必要な期間にわたって封鎖を継続するほか、封鎖の強化や範囲の拡大を行う場合があることや、開放は「大局の政略手段」として用いることが書かれている。本書では、揚子江や珠江の航行をめぐる外交問題が占領地経済政策と連動しながらどのように展開したのかについて検討する。

（4）中国におけるイギリス人の活動

本章の冒頭で、イギリス企業やイギリス人が中国の社会経済に大きな影響力をもっていたことについて述べた。このことは、イギリスは中国に「非公式帝国」を築いていたとする議論とも関わる。[100]「非公式帝国」とは、ラテンアメリカ諸国や、中国、オスマン帝国のある一時期にみられるように、政治的には独立国（主権国家）であっても、経済的にはイギリスの圧倒的な影響下に置かれた地域のことである。[101]

中国に対するイギリスの経済的な影響力は、日本による中国支配が拡大していた時期にも維持されていた。中国で活動していたイギリス資本が関わる名だたる企業、たとえば香港上海銀行（Hong Kong and Shanghai Banking Corporation, 滙豊銀行）、インペリアル・ケミカル・インダストリー社（Imperial Chemical Industries）、英米トラスト（British American Tobacco Co., 英美烟草公司）、開灤鉱務総局（Kailan Mining Administration）などは、一九四〇年まで実質的な利益を生み続けていたことが指摘されている。[102]これらの企業が利益をあげていたのは、イギリス外務省のサポートを受けていたからではなく、外務省の姿勢はむしろ東アジア情勢への関与を最小限にとどめようとするものだった。天津英仏租界封鎖事件や香港攻撃などで日英の衝突が強まると、これらの会社も利益を追求できなくなっていく。[103]この状況はイギリスの影響力と、日本の中国支配が重なりあう空間があったことを示唆している。

日中戦争期の日本で、イギリスの勢力を中国から排除しようとする動き（反英運動）が活発化していたことは、すでに臼井勝美や永井和、松浦正孝などが明らかにしてきた。[104]松浦は、太平洋戦争への道のりを、反英運動などの汎アジア主義を中心とした戦争・政治運動・思想運動の展開の過程として描いている。[105]

他方で、イギリスの勢力を東アジアから排除することは容易ではなかった。そのことはイギリスと協調しつつ日中戦争を解決しようとした者はもちろん、反英を唱え、イギリスを中国から排除しようとした者も認識していた。一九三八年八月、ソ連のみならずイギリスをも対象とする日独伊三国の攻守同盟の締結を主張していた板垣征四郎陸相に対して、米内光政海相は、「日本は支那に権益を有せざる他国と結び、最大の権益を有する英国を支那より駆逐せんとするが如きは一の観念論に外ならず、また、日本の現状より見て出来ることでもなし。また、為すべきことにあらず」[106]と、その非現実性を説いた。また、東アジアからのイギリスの排除を主張してきた板垣自身も、一九四〇年三月、「イギリスの力を東洋から追つ払はうとしたつて、なかなかできるものではない。結局二三百年後のことだ。今日できるとは実は自分達も思つてをらん」[107]と述べている。「追つ払」うことができない状況のなかで、日本と在華イギリス人との間には競合や妥協、抵抗などさまざまな局面がみられた。本書はこの多様な局面を描くものである。

当該期の日英関係史については、日本やイギリスの外務省や財界、軍部など、主として本国に拠点を置く主体を分析対象としながら、中国への膨張を続ける日本と、国際連盟における中心的な存在でありつつも、ヨーロッパ情勢の緊迫化から東アジアへの関心を低下させざるをえないイギリスとが、お互いの関係をどのように調整しようとしていたのか、そして両国の思惑のずれがどのように拡大し太平洋戦争開戦に至ったのかなどの観点から研究が積み重ねられてきた[108]。従来の研究が、ともすれば日英関係を、日本軍による権益侵害とイギリス政府からの抗議といった二元構造で捉えてきたのに対して、本書では、占領地支配の現場で活動する複数の主体に着目し、在華権益をめぐる競合の過程を多元的に明らかにすることを目指す。

冒頭で述べたように、イギリスは中国に莫大な権益を築いていたが、イギリスの全世界投資において中国が占める割合は決して大きくなかった。このことは、とくに中国においてナショナリズムの高揚や国民経済の形成が進行するなかで、国家安全保障上の理由で満洲の重要性を唱えていた日本とは大きく異なる対中政策をイギリスが選択する背景の一つになった。一九二〇年代のイギリスは、国民党が中国の国家建設を進める過程で受けた圧力に対して、長期的に自国のビジネスを守るため、外交的特権や政治的コントロールを適宜手放すことで対応してきたことが知られている。[109]

一九三〇年代初頭に日本が実質的な支配を開始した満洲全域において、イギリスが有していた権益は相対的に小さかった。たとえば、ベスト（Antony Best）は満洲国の成立について、「満洲国問題は、刺激物という程度でしかなかった。イギリスにとってはるかに深刻な問題は、日本政府が万里の長城以南の中国に対して取る態度であった」[110]と述べている。当時イギリスの対日政策には、自国の権益にさほど大きな関わりのない地域である東北部を日本が支配することは容認しておいて、自らの権益のからむ地域での影響力を確保しておこうとする、中国を場とした帝国主義的勢力分割による協力の可能性を信じる傾向があり、そうした見方をさそう要素が存在していた。[111]

一九三〇年代後半になると日本はイギリスの在華権益の中心部である華中への侵略を開始した。時を同じくしてイギリスはヨーロッパ情勢への対応を迫られ、東アジアへの介入の度合いを低下させざるをえない時期を迎えていた。イギリスは、中国に膨大な権益を有しながら、それを実力で守り切るだけの軍事力に欠け、しかもヨーロッパ情勢に足をとられて東アジアでは外交的に受け身になっていた。一九四〇年八月になると、イギリスは在中国駐屯軍の撤退を決め、同月内にイギリス軍は上海を最後に中国から去った。[112]これに対してアメリカは、一貫して日本による事実上の中国支配を否認する姿勢をとったことが知られる。[113]一九四一年になるとイギリスは日本との対立で主役を演じることは完全になくなり、その役割はアメリカが引き受けることになる。[114]

本書では、在華イギリス系企業や中国政府の職員として勤務するイギリス人、中国に駐在するイギリス人外交官など、日本が中国占領地支配を拡大するなかで、日本の勢力に対応し続けた人々に焦点をあてる。ナチス・ドイツによる侵略や、イギリス社会における失業問題などへの対応を背景に、中英関係が本国の人々にとっての重要度を相対的に下げた一方で、彼らはむしろ本国が中国に関心を向けないことに焦燥感を募らせていった。日本による占領地支配に対して、現実的な対応をせざるをえない立場にあった在華イギリス人たちは、往々にしてイギリス本国に住む人々、とくにイギリス外務省とは異なる意見をもつことが多かった。彼らに関する史料に依拠しながら考察を進めることは、イギリスの東アジア政策を複層的に理解することにつながるだろう。(115)

(5) 本書の構成

第I部は、日本が「国家」を創出した満洲(東北部)が対象となる。満洲は、それ以南の地域と比較すると、従来から日本の影響力が強い一方で、イギリスの投資額は少なく、イギリスの関心が比較的低いとされる地域である。

関東軍によって南京国民政府や張学良政権の統治組織が取り払われ、行政権が実質的に日本や満洲国に掌握されたことは、満洲における「条約上の権利」の保障を担うべき主体の変更を意味していた。既存の条約関係や契約関係にもとづく権利を、新たな「国家」である満洲国がどのように扱うのか列国は注視した。さらに、新たな「国家」のもとで有益な投資を行えるのかにも列国は強い関心を示した。

満洲国は中華民国が諸外国と締結した条約の継承を謳ったが、その建前を維持することは難しく、実際の経済政策が進展すると齟齬が生じた。満洲国の成立とその支配の深化に対するイギリス外務省、および満洲で活動していた英米の諸企業の対応と、そこから見える日本による満洲支配の矛盾について最初に検討する(第1章)。そして、満洲国が海関収入の流用を死活的に必要とするなかで、満洲に存在していた海関に対してどのような政策を講じ、海関はそれにどう対応したのかを明らかにする(第2章)。

第II部は、一九三五年の華北分離工作以降、日本が占領地政権を通した支配を開始した華北が対象となる。華北分離工作を経て誕生した冀東防共自治政府や、日中戦争期に形成された中華民国臨時政府は、イギリス人からみれば「事実上の政府」にすぎなかった。イギリスには、「正当な政府」ではありながらも華北でその力を失っていった南京国民政府と、新たに誕生した「事実上の政府」、さらに現地を実質的に支配する日本の勢力との関係をどのように構築していくのかという問題が生じた。

まず、華北最大のイギリス権益と目された開灤炭鉱に対して、日本がどのように影響力を行使しようとしたのか、そして炭鉱側がそれにどのように対応したのかについて論じる（第3章）。そして、日本の占領下に置かれた天津の海関に対する日本の施策と、それに対する海関の対応を明らかにする（第4章）。

第III部は、中国経済の中心であり、イギリスの権益が集中する華中[116]が対象となる。満洲や天津における海関接収の事例をふまえて、日本占領下の上海において海関をめぐる交渉がいかに展開したのか（第5章）、そして、海関収入の保管銀行の変更という目標を達成した日本が、次なる目標として海関における日本人職員の増加をどのように図り、それに海関がいかに対処したのかについて明らかにする（第6章）。さらに、諸外国が揚子江航行権を有するなかで、日本が軍事封鎖した揚子江の開放をめぐって展開された外交交渉について、占領地経済政策の進捗状況との関連を軸に論じる（第7章）。

第IV部では、英領香港や東南アジアと国境を接し、元来日本の影響力が相対的に弱かった華南が対象となる。華南最大の河川であり、広州と香港をつなぐ珠江は、揚子江同様に諸外国が航行権を有する河川だった。珠江は揚子江とは異なり、日本による軍事封鎖下で、外国船の航行や一部の載荷が許可された。日本占領下での航行の実態を明らかにするとともに、日本側の思惑、現地のイギリス人外交官やイギリス系企業の反応についても検討する（第8章）。

終章では、本書で明らかにしたことを総括したうえで、中国が諸外国の権益を太平洋戦争期から戦後にかけていかに再編していったのかについて、展望を示す。

第I部　満洲

第1章　満洲国における門戸開放原則の変容

はじめに

本章では満洲を支配する主体として満洲国が出現したあと、諸外国が有していた「条約上の権利（treaty rights）」をめぐって発生した外交問題について検討し、満洲国創出の矛盾が、その国家形成・運営の過程でどのように顕在化していったのかについて考察する。

序章でみたように、諸外国にとって対中政策の関心の中心が、中国に暮らす自国居留民の生命・財産の保護を念頭に置きつつ、動乱続く中国において「条約上の権利」にもとづく自国の権益をいかに維持・拡大していくのかにあったとき、満洲国の成立は、満洲における「条約上の権利」を保障する主体の変更を意味していた。本章では、まず満洲国が「条約上の権利」の保障についてどのような方針をとることにしたのかを確認する。次に、満洲国の経済政策の進展がその方針と実態との間にいかなる乖離を生んだのかを明らかにし、それに日本やイギリスの外務省がどのように対応したのかについて論じる。

諸外国による満洲への経済進出は、一八五八年にイギリスが牛荘（のち営口）を開港地とし、ロシアも同年に曖琿条約を結んで、黒龍江と松花江の航行権などを獲得したことを機に進んだ。日本の奉天商工会議所が作成した資料によると、満洲事変が起きる前の時点で、中国東北部には英米トラスト、スタンダード石油会社（Standard Vacuum Oil Co., 美孚石油公司）、アジアティック石油会社（Asiatic Petroleum Co., 亜細亜石油公司）、太古洋行（バターフィールド・アンド・スワイア商会、Butterfield and Swire）など、過去二〇余年にわたって煙草や石油、獣毛類、雑貨などを扱ってきた欧米の勢力が存在していた[1]。満洲で活動していた三〇余の有力外国企業のうち、三分の二以上は満洲事変にともなう販売先の喪失や、同じ年に起きた銀安にもとづく取引不振などを背景に撤退したが、残る三分の一は満洲国成立後も同国の支配地域内で経営を続けていた[2]。さらに、新しい「国家」の建設にともなって生じる経済活動に参入しようとする事業者も現れた。

　中国東北部で活動する企業を取り巻く環境に、最も直接的な影響を与えたのは満洲国の経済政策である。満洲国の政策は、関東軍、満鉄調査部、日本人官僚らによって策定された。そこで立案され、実現された統治機構や経済政策は、一九三〇年代半ば以降、日本内地で本格化する経済統制・国家総動員・新体制運動のモデルとなって還流していった[3]。本章では、このような特徴をもった満洲国の行政、とりわけ経済政策の進展が、「条約上の権利」を基盤に形成されていた諸外国の在華権益に与えた影響と変化、さらにそれが権益を有する国々と満洲国との間、あるいは日本との間で外交問題となる過程をみていく。とくに九ヶ国条約締結国であり、満洲における在華権益の保有国として、イギリスとアメリカを取り上げる。

　ここで九ヶ国条約締結国に注目するのはなぜか。それは本章が考察対象とする満洲国成立初期において、列国が日本や満洲国に繰り返し尊重を求めていた「条約上の権利」は、主として門戸開放原則だったからである。門戸開放について、九ヶ国条約でどのように規定されていたのかについて確認したい。

　門戸開放は第三条で規定され、条約締結国は「支那の何れかの特定地域に於て商業上又は経済上の発展に関し、自己の利益の為、一般的優越権利を設定するに至ることあるべき取極」、「支那に於て違法なる商業者若は工業を営

む の権利」、「支那国政府若は地方官庁と共同経営するの権利を、他国の国民より奪ふる如き独占権、又は優先権」、「其の範囲、期間又は地理的限界の関係上機会均等主義の実際的適用を無効に帰せしむるものと認めらるるが如き独占権、又は優先権」の獲得が否定された。同条約第一条第二項においても「支那の領土を通して一切の国民の商業及工業に対する機会均等主義を有効に樹立維持する為各尽力すること」を「支那国以外の締約国」が約定することが記されている。[4] 列国がその尊重を主張し続けた背景には、門戸開放原則は自由競争という商業環境を保障し、現地で活動する企業の現在および将来の収益を担保するためのものだったということがある。したがって、中国で経済活動を続ける企業は、現地政府に対し、「条約上の権利」として同原則を遵守するよう、本国の外交機関を通じて要求し続けた。[5] 同時に列国、とくに本章で扱うイギリスやアメリカの外交機関は、より重要な権益が集中する華中への影響をつねに視野に入れつつ、政情不安定な中国の一角において、自らの権利が明確なかたちで「侵害」されるのを看過しえなかったのである。

満洲国の門戸開放政策については、浅野豊美が、植民地法制に関する浩瀚な研究において、門戸開放違反との認定を避けるために、満洲国では国籍法が制定されなかったと論じた。[6] 同国で門戸開放政策がとられなかったことが日本外交に与えた影響について、井上寿一は、日本側や満洲国側が、名目上門戸開放を唱えてアメリカの体面に配慮しながら、実質的には機会不均等を基本方針としていたことを指摘した。[7] 日米関係については湯川勇人も、石油業など具体的な権益をめぐる事例に目配りしながら、考察を掘り下げている。[8]

本章ではより広く、とりわけイギリスが満洲国内に有していた経済権益（保険・石油・煙草など）をめぐっていかに行動したのかを論じ、門戸開放に対する日本および満洲国側のさまざまな政治主体の思惑や対応を明らかにする。さらに、満洲国が条約や門戸開放原則という国民政府の秩序の継承を表明したことが、日本外交にどのような影響を与えたのかについて明らかにする。

一　満洲国による外国権益の再編

（1）満洲国の成立

一九三二年三月、満洲国という新たな主体が出現したとき、それまで中国が締結してきた条約をどのように継承するかについて、満洲国の建国宣言では次のように謳われた。

其の対外政策は即ち信義を尊重して力めて親睦を求め、凡そ国際間の旧有の通例は敬謹遵守せざることなし。其の中華民国以前各国と定むる所の条約債務の満蒙新国領土以内に属するものは、皆国際慣例に照して継続承認す。其の自ら我が新国境内に投資し、商業を創興し、利源を開拓することを願ふもの有らば、何国に論なく一律に歓迎し、以て門戸開放機会均等の実際を達せん。(9)

本宣言では、中華民国成立以前から中国が諸外国と結んだ条約と債務のうち、満洲国の領土内に属するものは「皆国際慣例に照して継続承認」するとされた。そして、諸外国による満洲国への投資や、同地における商業活動を歓迎すること、門戸開放と機会均等を尊重する旨が表明されている。

中国が諸外国と結んだ条約と満洲国の関係、および門戸開放原則をめぐる立場については、満洲国が諸外国に送付した建国通告書からもうかがうことができる。同書は関東軍の法律顧問である松木俠が起案し、駐ハルピン総領事の森島守人と関東軍参謀の片倉衷が協議のうえ修正を加えたものであり(10)、中華民国が締結した条約との関係について以下のように記されている。

満洲国政府は国際法と慣例に照らし、中華民国が国際約束のかたちで諸外国と締結した法的責任のある義務を

継承し、これらの義務は誠実に履行される。満洲国内の外国人による経済活動に関しては、門戸開放原則が保たれる。(11)

この通告書を受け取ったイギリス外務省は、満洲国外交部が、「満洲にもあてはまる限り、すべての条約を引き継ぐことにした」と認識した(12)。すなわち建国通告書は、九ヶ国条約を含む、中国と諸外国間で締結された諸条約上の権利を、満洲国で活動するイギリス人も享受し続けられるということ、すなわち満洲国成立以前の状況の維持を、満洲国自身が唱えたとする言質になりえたのである。このように、満洲国建国宣言と建国通告書においては、中華民国と諸外国が締結した条約のうち満洲国に関するものについて、建国宣言では「皆国際慣例に照して継続承認」することが、通告書では「法的責任のある義務を継承し、これらの義務は誠実に履行される」ことが表明された(13)。さらに門戸開放原則については、建国宣言と通告書ともに尊重を宣言している。

満洲における門戸開放原則の尊重を日本が表明した例を二つ示しておきたい(14)。

一つ目は、松平恒雄駐英大使が一九三二年一月、サイモン（John Simon）イギリス外相に伝えたもので、満洲における日本の領土的野心を否定し、門戸開放原則および九ヶ国条約の尊重は日本政府が保障すると述べていた(15)。二つ目は芳沢謙吉外相の発言である。アメリカがスティムソン・ドクトリン（一九三二年一月）の形式で、九ヶ国条約や不戦条約を損なうような条約や合意を認めない意思を通告すると、芳沢外相は、「所謂門戸開放の政策は曩《さき》に屢々《しばしば》言明せる如く帝国政府に於て極東に関する政策の枢軸と認むる所なり。（中略）帝国政府は其の力の及ぶ限り満蒙に於ても支那本部に於けると同様に門戸開放の政策を意義せむことを期するものに有之候(16)」と、満洲における門戸開放原則尊重の意見を表明している。このように日本が満洲における門戸開放を尊重する立場をたびたび明らかにしたことは、諸外国の記憶に刻まれた。

日本と満洲国が、満洲における門戸開放を尊重する姿勢をみせた背景には、一九三二年三月一二日の閣議決定において、満洲国の建国にともなう対外関係の処理について、「新国家をして既存条約尊重の建前を執らしむると共に、門戸開放機会均等の原則を恪守するの方針を宣明せしめ、以て列国側よりの故障を避くるに努む[17]」とされたように、欧米諸国を意識してのことだった。

(2) 経済摩擦の発生

満洲国および日本政府が繰り返し門戸開放原則の尊重を謳った一方で、実際に尊重する意思は、関東軍にあっては存在しなかったといえる。一九三二年五月、関東軍司令官の本庄繁は満洲国官吏にあてた要望事項案において、「経済的発展は門戸開放機会均等の主義を標榜するも、原則に於て日本及日本人の利益を謀るを第一義とす[18]」と書いていた。さらに一九三四年一二月の「対満政策遂行に関する意見」では、「門戸開放・機会均等の原則は、表面満洲国自体の自主的態度に依りて決定せしめ国際関係を整調せしむるも、その運用は日満国防上の要求に制約せられざる事項に限定す[19]」とあるように、門戸開放原則を体面上掲げていたものの、実際は日本人の利益が最優先されていた[20]。

それでは、このような建前と実態の間のずれはどのように顕在化していくのだろうか。駐米代理大使の斎藤博は、一九三二年一〇月一〇日に満洲国内の欧米企業をめぐる動向に関するアメリカ現地の新聞報道について本省に報告している。内容を要約すると以下の通りである。満洲においては各国品に対する法規上の差別的待遇は設けられていないが、事実上日本以外の国の製品には門戸を閉鎖しつつある。過去半年間におけるアメリカ製品の対満輸出量の顕著な減少は、満洲国における日本人顧問の雇い入れが主要な原因の一つとなっている。かつて各国商社は競って張作霖・張学良政権をはじめとする満洲の旧軍閥と取引をしていたが、いまや取引は皆無で、かつてアメリカ製品の購入者であったトラック自動車の組み立て会社や、中国人経営の石炭鉱山は閉鎖された。市場を奪われた各国商社はやむをえず日本商社の圧力に対抗する手段として、日本人仲買などを通して商売をしている[21]。

このころイギリスとの間では、満洲において活動するイギリス系保険会社の営業への圧迫が問題となっていた。同地ではイギリス系の太古洋行が保険業を展開していたが、満洲国成立以後は同社の契約更新の打ち切りが多発した。新たな契約は日系企業との間に結ばれた[22]。たとえば一九三三年時点で、ハルピンおよびチチハルでそれまで契約されていた火災保険が、すべて日系企業の契約となり、太古洋行には別の安値の契約が持ちかけられた[23]。このような状況を前に、一九三三年一〇月にイギリス外務省は日本に対し、満洲におけるイギリス系保険会社の締め出しに関する抗議を申し入れた[24]。しかし翌年二月に届いた日本外務省の返答では、満洲国の政策に日本政府は関知していないとのみ述べられている[25]。

いくつかの事例から満洲国における日系企業の優遇が問題視されつつあったとき、満洲国参議である駒井徳三が一九三三年四月になした発言は諸外国の注目を集めた。ある非公式な昼食会の場で、満洲国は同国を承認しない国に対して門戸開放主義を適用し続けないと発言したのである。ここで駒井は、建国宣言において門戸開放主義の尊重を明言したことは認めるが、そののち事情が変化し、満洲国の承認を拒否する国に対しては門戸開放主義を適用するのは不可能になったと述べている[26]。

この発言をめぐって、堀内謙介駐ニューヨーク総領事は、本省に次のように注意を促した。

> 駒井氏の満洲国門戸閉鎖に関する声明は、日本が列国の満洲国不承認に対する報復として、満洲の通商を事実上独占すべきことを意味す。（中略）米国としては日本の満洲国占領は、其の不承認に依り之を看過し得べきも、其の伝統政策と直接の衝突を齎す可き門戸開放主義違反は、之を黙過し得ず[27]。

すなわち、満洲国において門戸開放主義が適用されないことは、満洲国という「国家」が存在することよりも、アメリカにとっては看過できない事態となる可能性があったということである。

イギリスでも駒井の発言は注目を集めた。四月二六日に松平駐英大使は、この問題はイギリスに不安の念を与え、報道の真偽に関して各方面から問い合わせを受けているので、「誤解一掃」の方法を講じる必要があると述べて、何らかの対応を求めた。五月一日には、下院におけるマクドナルド（J. R. MacDonald）首相に対する質疑でも、駒井発言に関する言及がなされたという[28]。

内田外相は満洲国政府に対して駒井発言の取り消しを求めた。満洲国は、建国宣言で謳った門戸開放政策に変更はないことと、外国からの投資や天然資源開発を望んでいる旨を公式に発表し[29]、駒井発言をめぐる問題の鎮静化を図った。

未承認国に関しては門戸閉鎖主義で応じても構わないとする駒井参議と同様の見解は、ロンドン経済会議に際して外務省亜細亜局第二課が作成した資料にも表れた。そこには、「関税上の差別待遇問題中、満洲国不承認国は日満間関税率の互恵協定に均霑し得ざることとなるも已むを得ざるべき趣旨」が述べられており[30]、この文言に気付いた駐満洲国日本大使館は、次のように表現の不適切さを本省に指摘した。すなわち、建国通告書などでたびたび門戸開放主義を唱え、「満洲国を承認しない国にも関税率に関する差別待遇は課さず」という方針をとっているにもかかわらず、亜細亜局作成資料のような書き方をすると、現在承認国である日本と未承認国である列国との間に関税上の差別待遇が課されるのもやむをえないと理解されるおそれがある[31]、と。このように満洲国を承認していない国に対しては門戸開放主義をとらず、差別的待遇措置をとることを容認する立場は、満洲国の日本人官吏にも日本外務省にも共有されていた。同時に、それは国際的には不都合であるとの認識もあった。

一九三四年四月二八日、アメリカの日刊紙『シカゴ・デイリー・ニュース』が「満洲国は門戸開放主義を放棄するであろう」とのタイトルで、外務省法律顧問である立作太郎の意見を紹介するなど[32]、満洲国における門戸開放原則尊重への国際的な疑念は高まっていった。同記事で紹介された立の主張は、門戸開放を尊重するという満洲国の誓約は一方的で自発的な行動にすぎず、満洲国を法的に拘束するものではないこと、もし同国が門戸開放原則を放棄することを選んだなら、同国を承認ないし通商協定を結んだ国のみに、最恵国待遇によってもたらされる特殊利益を自由に授けることができる、というものだった。

二　門戸開放問題と経済統制

（1）経済進出の試み

満洲国において門戸開放原則が尊重されていないことへの懸念を諸外国が表明するのは、一面においては同国の経済活動への参入に向けられた期待の裏返しでもあった。満洲国成立以来、アメリカ、フランス、ベルギーなどの国々から、多くの実業家や財団の代表者が訪れ、水道、発電、道路などのインフラ整備事業への投資や通商拡大を目的として、満洲国の実態調査や政府との交渉を行っていた[33]。

一九三四年四月、駐奉天イギリス総領事として着任したバトラー（P. D. Butler）は、イギリスによる満洲国の承認は不可能としつつ、フランスやドイツが満洲国に経済進出を図る動きをみせているなかで、イギリスも満洲国との経済的提携を図る必要があると、駐満洲国特命全権大使の菱刈隆に語った。そして、満洲国の経済開発にイギリスが関与する方法を模索するための視察団派遣に言及した[34]。

六月には、インペリアル・ケミカル・インダストリー社長のマクゴワン（Harry McGowan）が、南満洲鉄道株式会社をはじめとする関係業者と事業提携の可能性を模索することを目的として満洲国に渡った[35]。帰国後、マクゴワンは日英両国の産業家の協調の必要性を力説し[36]、それを受けて元首相のボールドウィン（Stanley Baldwin）は、「イギリスは満洲国に対してもっと現実に即した政策をとるべきだ」と述べ、満洲国不承認の態度を採る政府の姿勢を批判さえもした[37]。この動きはランシマン（WalterRanciman）商相の賛意を得るとともに、フィッシャー（Warren Fisher）大蔵次官や外務当局の支持も得た[38]。このような機運のなかでイギリス産業連盟（Federation of British Industries）がバンビー（F. V. Willey, 2nd Baron Barnby）を代表とする視察団を組織し、[39]七月一六日、日本に視察団派遣の正式な申し出をした。同視察団派遣の目的は、満洲国についての調査・研究と、同国の開発に関してイギリスの産業は現地資本と協力できるかの確認にあるとされた[40]。

このとき日本側にも、イギリスからの視察団を受け入れたい事情があった。広田弘毅外相は松平大使に対して、イギリスに満洲国の実情を理解してもらうことはきわめて有益で、日本の東アジア政策や、日本の立場を理解してもらえるよう努力する必要があるとして、イギリス実業界の有力者が満洲を視察することに期待を寄せている[41]。

冒頭で述べたように、この時期フランスやベルギーなどの国々も満洲国への経済進出を図っていたが、フランスの公共土木建設会社であるブロッサール・モパン開発会社[42]（Société d'Exploitation des Établissements Brossard-Mopin）が、満洲国の政府機関の建築の受注を期待して満洲国政府に働きかけを行っていたものの、一九三四年八月時点で契約の目鼻がつかない状況だったように、外資の導入は停滞していた[43]。菱刈大使はブロッサール・モパン社の例を挙げながら、建国早々の際とは異なり、むやみに第三国の好意を求める必要はないが、満洲国の門戸開放機会均等の声明にも鑑み、国防などの特殊の事情がない限り第三国に対して適当の好意を示すことは大局上満洲国にとって望ましいと、外資を導入することの政治的なメリットを説いていた[44]。とりわけイギリスに対しては、広田外相も指摘しているような「特殊政治的理由[45]」があったため、日本はイギリス産業連盟の組織した視察団による、日本と満洲国への訪問の受け入れを決めた。

写真1　鄭孝胥（国務総理大臣）と握手するバンビー

出所）*British Industrial Mission to Japan*, 1934（国際日本文化研究センター蔵）.
注）右端は遠藤柳作(国務院総務庁長)。

視察団一行は九月二〇日に横浜港に到着した。日本には翌月七日まで滞在し、岡田啓介首相や広田外相、藤井真信蔵相など政府要人と面会し、日本銀行総裁の

写真 2　イギリス産業連盟視察団一行との記念写真（奉天にて）

出所）*British Industrial Mission to Japan*, 1934.
注）最前列，左から 2 人おいて，土肥原賢二（奉天特務機関長），迫水常久（内閣総理大臣秘書官），バンビー，セリグマン。前から 2 列目左端がピゴット，3 列目右から 2 人目（ポケットチーフの見える人物）がロコック。団員については第 1 章注 39 参照。

土方久徴などの銀行家や、日本経済連盟や東京商工会議所の関係者と交流したあと、下関を出発して、朝鮮半島経由で満洲国に向かった。満洲国では溥儀と謁見し、外交部や満洲中央銀行の歓待を受け、昭和鉄鋼所のほか紡毛工場や綿紡績工場を訪問するなどした。関東州では満鉄総裁や関東長官とも面会した[46]。

視察団に同行したエドワーズ（A. H. F. Edwards）が満洲国の大橋忠一外交部次長と会談した際、エドワーズは満洲国総務庁もしくは外交部から、満洲国は将来イギリス産業に対し満洲国内の鉄道の輪転材料もしくは葫蘆島の築港材料などについて、売り込みの機会を与える覚書を発表するよう求めた。これに対して大橋外交部次長は、鉄道建設および葫蘆島築港についてはすべて満鉄に委託しているため、今ただちに約言はできないと述べるにとどめた[47]。エドワーズの申し出については、陸軍省においても審議されたが、同様に「何等の約言を与ふるは行過ぎの嫌ある」[48]として認められなかった。

大陸での視察を終えて再び一行が日本に滞在していた一〇月二五日、視察団長バンビーは政友会総務の高見之通と会談した。満洲国視察に関して印象を聞かれるとバンビーは、「資源豊富にして、諸産工業着々開発せられつつあるを目撃して、実に頼母《たのも》しく感じたり」と述べたうえで、満洲国の経済にイギリスの資本が進出する道を開くよう求めた。さらに、ロンドンを満洲国の金融市場とするよう要請した[49]。

広田外相や駐満日本大使館参事官の谷正之は、契約の成立など目に見える形で視察団に成果を与える重要性を認識していたものの、[50] 視察中は実現しなかった。団員のピゴット（Julian Piggott）が視察終了後に一度上海に発ち、その後再び日本に戻って成立させた、イギリス鉄鋼連盟（British Iron and Steel Federation）と三菱商事との間の鉄材の売買予約が、唯一成立した契約だった。[51]

視察団がイギリスに帰国したあと、一九三四年末に発表した報告書には、自分たちは満洲国にイギリスの産業界が進出する機会があることを確信しており、近く具体的なビジネスの申し込みがある確証をもっていると記されていた。[52] しかし、このころイギリスでは、満洲国では門戸開放主義はほとんど尊重されていないと指摘し、視察団の報告書の内容を否定する記事が『タイムズ』に連載されたり、[53] 満洲国において石油専売制の導入をめぐる問題も起きたりしているなど、報告書の内容は説得力に乏しかった。バンビーやロコック（G. H. Locock）は、満洲国における石油専売問題（後述）が、視察団が発表した報告の意義を弱めることを憂慮した。ロコックは、アジアティック石油会社に対して、なるべく満洲国で受けた処遇について言い広めるのを差し控えるよう、説得に努めたという。[54] 外務省極東部のアレン（R. H. S. Allen）は、バンビーとその団員はイギリスとの貿易について示された期待を、あまりに文字通りに捉えすぎていると批判し、報告書は全体的にやや表面的で正確性に欠けているとの認識を示した。[55]

一九三五年三月、満洲国がソ連から北満鉄道を購入するための交渉がまとまったころ、松平大使は、イギリスに対して鉄道改築用の鉄材や機械などを注文すれば、「日本は門戸を閉鎖し居れりとの非難の論拠を根本的に覆し、日英関係にも好影響を与ふる」と思われるので、注文を実現してほしいと本省に要請している。[56] しかし、奉天鉄路総局にとってこの案には価格や発注方法で難点があったため、イギリスへの発注はなかなか進展しなかった。[57] 六月にも松平大使は、視察団の派遣やその報告書の内容にはイギリス国内で相当な反対論があり、満洲国で石油専売問題が起きていることや満洲国からイギリスへ具体的な発注がなされないことから、イギリス産業連盟は焦慮していると伝えた。さらに、中国における華北分離工作の進展によってイギリスの対日世論が相当悪化しているので、この際、イギリス産業連盟に対して何かしら具体的な発注をすることで、対日世論の緩和を図るよう本省に具申した[58]。しかし、発注は結局実現しなかった。

前述の通り、一九三〇年代半ばにはベルギーの実業家も満洲国市場への進出を目論んでいた。イギリスの産業連盟視察団に関しては「特殊政治的理由」があるが、ベルギーのように政治的理由がない国についても配慮が必要であるとの意見を、駐満洲国大使の南次郎は広田外相に伝えた[59]。しかし本省は南から伝えられていたベルギー実業家による満洲国への視察団派遣計画について「政治家《ママ》意味にて歓迎すべきも実際経済的には余地なからん[60]」と受け止めていた。このように満洲国市場への外資の参入には、門戸開放原則尊重の実例を示すという政治的なメリットがあったものの、実現させるのは難しかった[61]。

（2）経済統制の進展

Ⓐ石油業

ここからは、満洲国で石油業や煙草業に専売制が導入された際に引き起こされた外交問題について検討する。満洲国の経済政策の立案・実施過程については原朗の研究に詳しく[62]、統制をともなう各種事業の経営状況については、経済史方面に研究の蓄積がある[63]。それらをふまえたうえで、本節で注目したいのは、満洲国における経済統制の導入が国際問題を惹起した点である。

一九三四年三月二七日、日満経済統制方策要綱が発表された。そこでは、「満洲に於ける交通、通信其の他の事業にして帝国国防上の要求に制約せらるるものは之を帝国の実権下に置き適当なる統制を加へて速に其の発展を期す」こと、この範囲に属さない事業については、「概ね満洲国の行政の下に於て内外人の公正自由なる経済活動に依らしむるも日満経済運営上特に重要なる基礎的事項に付ては適宜統制の措置を加へ、以て其の秩序的発展を期す」ことが謳われた。[64] このように満洲国の経済政策の基本的な方針は経済統制をともなうものだったが、専売制の導入にともない自由競争が阻害されることは、門戸開放原則への違反を意味した。中国が諸外国と締結してきた条約との関係で言えば、一八四四年に米清間で締結された望厦条約第一五条、一八五八年に仏清間で締結された天津条約第一四条によって、中国において専売制の導入は禁じられてきた歴史があったため、専売制の導入は満洲国が継承しているはずの条約への違反も意味する可能性があった。

ここで満洲における石油市況を概観したい。日露戦争後にロシアの石油会社が満洲市場から撤退すると、アメリカ系のスタンダード石油会社（一八九五年満洲進出）とテキサス石油会社（Texas Corporation, 一九一六年満洲進出）、イギリス系のアジアティック石油会社（一九〇五年満洲進出）が同地域における石油販売を主導するようになった。[65] 満洲事変後には、日本石油や小倉石油などの日系石油企業が同地域に進出するが、日本の石油会社のシェアすべてを合わせても第二位のスタンダード社のそれには及ばなかった。このようななか、満洲石油会社を設立し、石油の採掘、精製および販売を満洲国が統制すべきだとする意見が浮上した。[66] 国防の観点からも、重工業発展の観点からも、石油の生産・販売を一手に掌握しようと図る関東軍や海軍の思惑が重なり、一九三四年に満洲石油会社の設立が決定された。

満洲石油会社のもとに、満洲国で石油専売制を導入する方針は、一九三三年七月の日満産業統制委員会幹事会で決議された。「石油専売制度に関する件」では、満洲国石油専売局が満洲石油会社から石油類をまず購入し、不足分を日本・その他の外国石油会社から購入して販売するという専売制の大枠が決められた。[67] これは満洲石油市場の大幅な改変をともなう計画だった。専売制が施行されると、長年満洲の市場を支配してきた外資系企業は満洲国内で営業できなくなるため、貯油タンク等の保有設備や支店・代理店、在庫石油などを満洲国側に売却し、営業活動を停止せざるをえなかった。一方で、近く完成する大連製油所に対し、原油を販売する道は残されていた。[68] 満洲国石油専売法は一九三四年一一月に制定され、翌年三月に施行された。これに反発したスタンダード社とアジアティック社は、結局一九三五年に満洲からの事業撤退を決定した[69]。

満洲国石油専売法が施行された後、イギリスとアメリカからは、石油会社がこうむる損失を補償すべきであるとの要請が日本外務省になされた。両国の主張は、以下の五点にまとめられる。すなわち、①専売の導入は九ヶ国条約第三条違反であり、日本と満洲国が繰り返してきた門戸開放保障の立場と矛盾する。②満洲石油会社への満鉄の出資割合が高く、その精油所が関東州に設けられていることは、満洲国石油専売制への日本政府の協力を示唆する。そのような協力は九ヶ国条約第三条違反である。③中国における専売制の導入は、仏清天津条約などの規定に違反する。④満洲国における石油専売制の導入を阻止する責任を、日本は有している。⑤日本は専売制の導入にともない、石油企業がこうむる損害を補償しなくてはならない[70]。

以上のような英米両国の主張について、外務省は次の四点を挙げて反論している。ⓐ満洲国における門戸開放とは、ある外国に通商上の独占的排他的特権を与えないことを意味するもので、日本人やその他の外国人に対して、その国籍を理由とする差別待遇を予定するものでなければ違反とはならない。ⓑイギリスおよびアメリカ政府は、満洲国の存在を認めないにもかかわらず、自らの主張の根拠を満洲国の宣言に置いており、矛盾していると言わざるをえない。ⓒ石油業のように自国の存立上重要な事業に対して統制を加えるのは、国家として当然の権利である。ⓓ満洲国政府が実施する政策は、日本政府の関知するところではない。以上から、石油会社がこうむる損失を日本が補償することはできないとした[71]。

なお、外務省が受け取った抗議の③について、日本外務省からの覚書に直接的な返答はないが、広田外相はクライヴ（R. H. Clive）駐日イギリス大使に、「現存する条約が履行される保障は、満洲国を承認した、同国と良好な関係を持つ国にのみ与えられる」と述べている[72]。この解釈は、一九三三年に駒井参議が発言し、のちに満洲国外交部が公式に否定した前述の内容に等しい。

この時期満洲国においても、イギリスとアメリカの駐奉天総領事が在庫石油の一括売却と損害賠償を求めていた。満洲国外交部次長の大橋は、「元来例へば米国に於て土地法又は移民法制定の結果、日本人が損害を受けたる場合に於て米国政府が是を賠償したるが如き例を聞かず。従って満洲国に於て石油専売制適用の結果、三社側が損害を受くることありたりとて満洲国に於て是が賠償の責任を有するものとは思われず」と回答している。[73]

石油専売制の導入についてイギリスは、本件を在華権益の保護、および中国における専売制の拡大防止のためのテストケースとみなし、厳しい姿勢で対日交渉に臨もうとしていた。[74] オード（C. W. Orde）外務省極東部長は、もし「満洲政府」が石油の専売を施行したら、ほかの商品に専売が広がるだけでなく、国民政府の支配地域内でも似たような手段がとられるようになることを懸念した。[75] イギリスの駐奉天総領事のバトラーも、「もし満洲国が専売制の施行に成功したら、よりいっそう重要な事業である英米トラスト〔後述〕の消滅は時間の問題となり、われわれの全般的な商業利権は、満洲国において優勢な日本の軍事力の気まぐれに左右されることになるだろう」と危機感を示した。[76]

一方アメリカ国務省は、イギリスのような差し迫った感覚を共有していなかった。イギリス外務省および海軍省は、アメリカと共同歩調をとるかたちで、満洲国への石油の輸出を禁止するという報復措置を検討した。だがアメリカ国務省は、企業による選択の自由を優先させるべきだと考え、イギリスの提案に同意しなかった。アメリカ国内でも、スタンダード社はたびたび国務省に対して、満洲国への原油積み出し禁止措置をとるよう働きかけたが、国務省はアメリカの企業のために、日本に強硬な抗議を申し入れる以上の措置をとることには反対だった。こうして、満洲国への報復措置をめぐる計画は行き詰まった。満洲国では、カリフォルニア・スタンダード石油会社（Standard Oil of California）とユニオン石油会社（Union Oil Company）が満洲石油会社に原油を販売し続けたため、専売制は大きな支障なく導入された。[77]

Ⓑ煙草業

次に煙草業に加えられた統制と、それが惹起した国際問題についてみてみる。

写真3　啓東社の銘柄「若桜」
出所）国立歴史民俗博物館蔵。

ロンドンに本社を置く世界有数の煙草会社である英米トラスト[78]は、一九〇二年に上海に工場を建て、流通組織の整備拡充を進め、一九二四年には中国での煙草販売の八二%を占めるまでに成長していた[79]。他方、日清戦争後に日系の煙草会社も数社満洲に進出し、一九〇六年にそれらを統合して東亜煙草会社が誕生した。日露戦争以降、東亜煙草会社が下級品を中心に満洲市場に進出し、少しずつ英米トラストの地盤に割り込むようになった[80]。このような東亜煙草会社との販売競争のなかで、英米トラストは満洲における事業を分社化し、一九三一年啓東社（Chi-tung Tobacco Co.）を設立して満洲における販売・流通を担わせた[81]。英米トラスト系の一九三一年における満洲市場のシェアは七七%だった[82]。

啓東社は、一九三一年九月に起きた満洲事変にどのように対応したのだろうか。同社は一九三二年には売上を大きく減らしたが、翌年には一部支店の閉鎖や「満洲国人」の外交員・広告部員を増員するなどの対策をとり、積極的に販路の拡張を図った。そして、販路拡張の一環として、奉天の満鉄附属地内で新たな事業を始めることにした。満鉄附属地内は満洲国内と異なり課税率が低いうえに、密輸ルートを使えば輸入関税を支払わずに満洲国内へ製品を輸出できたからである。一九三三年一月啓東社は、奉天の満鉄附属地内に日本人名義で土地を入手したあと、満鉄附属地の監督機関である関東庁に事業経営の許可を求めた[83]。しかし、価格面で東亜煙草会社への脅威になると考えた関東庁は、工場新設に難色を示した[84]。

関東庁の姿勢は、日本人からも批判を受けた。たとえば、駐上海公使の有吉明は本省に対して、「満洲国に於ける門戸開放機会均等主義に付ては、満洲国及我国に於て再三声明」しており、「外国側も右主義の実行を特に最要視」していているため、工場新設の許可がもたらす「大局上の利益」を考えれば、東亜煙草会社の「特殊利益」が損なわれるのはやむをえないと述べた。さらに、もしこのような排他的な態度が英米に知られたら、日本や満洲国は「多大の不信用を買ふ」と主張した[85]。結局、一九三三年九月に英米トラスト取締役のローズ（Archibald Rose）が日本を訪れて有力な政治家や軍人との話し合いを行い、本件は落着した[86]。翌年二月、新工場は遼陽に完成した[87]。

こののち啓東社が営口に新しい印刷工業の設立を計画すると、新たな問題が生じた。満洲国財政部総務司長の星野直樹が、会社を満洲国法人とすることを新工場設立の条件として提示したのである[88]。星野が会社の満洲国法人化を求めた背景には、当時満洲国で活動する日本企業の多くが、満洲国法のもとで登記するのを躊躇していた事情があった[89]。

石油業や煙草業に従事するイギリス系企業に加えられたこのような圧力に関して、クライヴ駐日大使は、一九三五年一〇月に以下のように述べている。日本による友好の宣言と機会均等に関する保障にもかかわらず、石油専売制の導入にともなって石油会社が満洲から撤退するのと同じ時期に、英米トラストの事業にも圧力がかけられた。満洲国成立以来問題となっていたイギリス保険会社への差別とともに、満洲からイギリス権益を閉め出す意図的な政策がとられつつあるという結論に達せざるをえない[90]、と。

中国に駐在する外交官たちも、相次いで深刻な懸念を表明した。ハルピンからは、会社の満洲国登記は治外法権問題に影響を与えるだけでなく、ほかのイギリス企業の条約上の権利にも深刻な影響を与えるだろうという見解が、カダガン（Alexander Cadogan）駐華イギリス公使のもとに寄せられた[91]。もしわれわれが条約上の権利を維持しなければ、中国においてイギリス企業を守ることがますます難しくなり、一つの点で屈服することはわれわれの立場を不可避的に弱めるだろうと警鐘を鳴らした。そして、日本への対抗措置としてイギリス帝国内での報復措置を挙げ、さもなければ日本は満洲や華北において、このまま権益を侵害していくだろうと懸念を表明した[92]。

カダガン公使の懸念はより広範なものであり、啓東社が満洲国法人への転換を迫られたとき、彼は以下のような認識を示した。星野司長はイギリス企業を利用して日本企業の満洲国法人化を促進させようとしている[93]。啓東社は満洲における主要なイギリスの権益であるから、同社の屈服は満洲における他のすべてのイギリス企業の屈服を意味している。[94] 本問題の意味するところは満洲にとどまらず、中国全体への影響も懸念されるのであり、満洲における条約上の権利の侵害を黙認することは、華北以南の地域での権益維持に際して、イギリスの立場を弱めるおそれがある、[95] と。

だが英米トラストは、満洲国の要求に応えつつ同国内で経営を続ける道を選んだ。そして一九三六年七月に、満洲国法人への転換を選択した。その主たる理由は、満洲市場の魅力であったと考えられる。一九三五年時点で啓東社は満洲煙草市場の七〇%のシェアを占めており、同地域における売上は、英米トラストの中国における販売数量の三〇%に達していた。これは満洲市場の占める割合が、満洲事変以前と比べて一〇%も増加したことを意味している。[96] 満洲国の成立によって結果的にもたらされた流通網の安定化や需要の増加を、啓東社は見逃さなかったといえる。さらに、イギリス系の石油会社が満洲国との衝突ののちに同地域から撤退した事実や、日系の東亜煙草会社が満洲国での活動を本格化させはじめていたことは、早急に満洲市場を確保する必要性や、[97] 満洲国政府と友好的な関係を確かなものとする必要性を意識させていた。[98] 啓東社が満洲国法人化したことは、イタリアが奉天に領事館を設置したことなどと並んで、満洲国が「独立国としての力を備えている」と認識された事例であると満洲国は評価した。[99]

満洲国における煙草業については、関東軍が一九三四年三月に「煙草工業対策要綱案」を決定した。[100] 同案は、煙草業を財政上の有力産業とみなし、許可制を採用し、日満関係業者の保護と指導を行うとするものだったが、事実上、英米トラストや東亜煙草会社に対抗できるような煙草会社の設立は困難であった。一九三四年一二月に日本法人満洲煙草株式会社が設置され、同社は四年後に満洲国法人に転換した。同社は満洲東亜煙草会社（東亜煙草が満洲国内事業を分離し、一九三七年に設立）を一九四四年に吸収合併し、終戦直前にようやく満洲国における煙草製造販売の主たる事業者となった。[101] 一九三八年に満洲葉煙草株式会社が設立され、同社が満洲国産および輸入された葉煙草に関する購買および流通の管理を任されると、啓東社の満洲における市場シェアは急速に減少した。[102] しかし、一九四一年段階でなお四五％のシェアを維持しており、満洲国が既存の煙草市場を改編する難しさをうかがわせる。

三　九ヶ国条約と日英の思惑

（1）イギリス外務省の事情

ここまでみてきたように、東アジアに駐在する外交官たちは、石油業や煙草業をめぐる状況について、日本がイギリスの在満権益を侵害する事例としてイギリス外務省に報告していた。そして、策を講じなければイギリスの満洲における「条約上の立場」はこのまま侵害され続け、それは満洲以南にも及んでしまうかもしれないという危機感も伝えた。しかしこのような訴えにもかかわらず、イギリス外務省は日本に強く抗議するなどの強硬な措置をとらなかった。

一例を挙げると、一九三五年に東亜煙草会社が啓東社の買収を申し出たとき、営口における新工場設置に関して満洲国と交渉中であった啓東社はこれを日本による脅迫ととらえ、駐日イギリス大使館を通して日本に抗議するようイギリス外務省に求めた[103]。ここでクライヴ大使は、報復を示唆する抗議文を日本側に提出するよう本省に要請したが、ホーア（Samuel Hoare）外相は最終的に、日本への抗議を見送った[104]。そして、一九三六年一月イギリス外務省は「会社が望むならば、満洲国法人となるのを思いとどまらせるべきではない」との判断を下し[105]、七月に啓東社は満洲国法人となった。このようなイギリス外務省の、日本に対する妥協的とも言える姿勢は、なぜとられたのだろうか。

確かにイギリス外務省にとって、満洲におけるイギリス権益の侵害は看過できない問題だった[106]。しかし同時に、日本に対して強硬な姿勢を選択することは難しかった。イギリス帝国内における日本企業・日本商品への扱いの問題があったからである。満洲国内におけるイギリス企業と、イギリス帝国内における日本企業の状況は、ホーア外相のなかで重なったと推測される。その点を鋭く指摘していたのが、重光葵外務次官であった。たとえば重光次官は、イギリス権益をめぐる問題に関して、イギリス帝国内における日本製品排斥を引き合いに、以下のように述べている。

支那問題に付、日本が英国の権益を保障すと云ふは果して如何なることを意味するものなりや、（中略）帝国としては、英国との間には世界各方面に亘り通商上其の他利益の調節を要する場面あり。従て、かかる話合を為すとせば、唯に支那問題に限らず、例へば日英両国の権益は何れの地に於けるものに付ても其の調節若くは相互の利益擁護の為、充分隔意なき意見の交換を為すと言ふが如き一種の取極をもなすも、一案かと思考せらる。(107)

このように重光次官は、中国問題について日本がイギリスの権益を保障するよう求めるならば、問題を中国に限定せず、イギリスとの間では「世界各方面」にわたって両国の通商上の利益などを調節する必要があると説いている。ここで重光が想定しているのは、インドやエジプトなどイギリス帝国内各地において日本製品に高関税が課せられている状況であると推察される。(108)帝国内で日本製品を排斥しながらも、中国についてはイギリスが日本に権益の保障を求める矛盾を重光は説いているのである。外務次官として、イギリスのブロック経済圏との貿易問題に対処してきた重光にとって、イギリスが中国における権益の保障を日本に求めることは、一方的にすぎると映ったのである。

満洲国における保険業許可制をめぐって、一九三五年七月に行われたクライヴ大使と重光次官の会談をみてみたい。まずクライヴ大使が、満洲におけるイギリス系保険会社に対する差別待遇を指摘すると、重光は確かにそのような差別は存在しているかもしれないと認めながらも、日本製品に対する同じような差別はイギリス帝国において発生していると反論している[109]。翌月両者の間で行われた会談では、重光次官が日本は満洲国政府のあらゆる行いについて非難されることを望まないと述べると、クライヴ大使は、もちろんエジプトとイギリス政府の関係と、満洲国と日本政府の関係を比較するのがフェアであると応じていた[110]。クライヴ大使がエジプトの事例に言及したように、このような観点については、イギリス側も十分に自覚的であった。たとえば商務省貿易局は、満洲におけるイギリス権益への差別政策は、イギリス帝国内市場からの日本製品の締め出しが惹起したものであるとの認識を示している[111]。そして、煙草問題をめぐるホーア外相の方針のように、イギリスの対日姿勢を軟化させる背景にもなった。

そして、イギリス外務省は、権益の侵害を日本に徹底的に抗議するよりもむしろ、満洲における権益保護を日本に求め続ける道を選択した。たとえば、一九三五年一一月、ソ連のユーレネフ（K. K. Yurenev）駐日全権代表は満ソ国境紛争に際して、「満洲の軍事防衛は日本の手にあり、関東軍が満洲の指導層になっているのだから、ソ連に対する満洲政府の行動の責任から、日本政府は逃れることはできない」と日本に迫っている。しかしイギリス外務省は、イギリスの満洲における権益はソ連のそれよりも広範囲で影響を受けやすいものであるから、イギリスはソ連のように行動することはできず、イギリスの権益はむしろ日本政府に保護してもらわなくてはならないと考えるに至った[112]。そして、外務省はクライヴ大使に対して、「差別や不平等な扱いからのイギリス権益保護を確かなものとするために、すでに宣言した門戸開放を追求するよう、われわれは日本政府に対して繰り返し求めなくてはならない」と付言したのである[113]。

（2）日本外務省の立場

このころ日本外務省が対応を求められていたのは、満洲国で進展していく経済統制と、日本や満洲国がたびたび宣言してきた満洲国における門戸開放とを、いかに整合的に説明するかということだった。

そもそも専売制の導入が諸外国から門戸開放主義違反として批判される可能性については、早い段階から指摘されていた。一九三三年六月駐満洲国大使の武藤信義は、駐満日本大使館通商課の考察として、以下の内容を本省に伝え、満洲国が負う「道徳上の義務」に違反する可能性を示唆していた[114]。

この考察はまず、建国の宣言および独立通告書で、中華民国が条約によって負う義務の継承と、満洲国内における外国人の経済的活動に対しては門戸開放主義を厳守する旨を通告したことを確認した。そして、これらは「其の性質に於ては単に満洲国の一方的宣言にして、条約の如く満洲国に対し之を厳守す可き法律上の義務を負担せしむるものに非ざるも、其の宣言を撤回せざる限り、満洲国は尠くとも道徳的には之を厳守すべき義務あるものと言はざる可からず」とした。したがって、九ヶ国条約第三条後段において中華民国が負う義務、すなわち門戸開放原則を満洲国において継承していると理解すべきで、「専売制度なるものは仮令満洲国において条約違反とはならざるも（中略）、尠くとも建国の宣言等に依り満洲国が他国に対し負へる道徳上の義務に違反するものと結論せざる可からず」とした。ここで条約違反とはならない理由については、「満洲国を承認せるは帝国のみなるを以て、厳なる意味に於ける条約違反は帝国に対してのみ存在し得る訳なり」と記されている。そして専売制のような措置が満洲で実行されれば、たとえ諸外国が条約違反との抗議をするに至らなくても、輿論や新聞は非難の声を大きくすると想像されるとした。

次に、実際に専売制や許可制が導入されたことにより、門戸開放原則と実際の満洲国による経済政策との相違が明白となっていた一九三六年の時点で、枢密院で交わされた議論についてみていく[115]。

一九三六年五月の枢密院審査委員会において、枢密院顧問官の原嘉道は満洲国内で日本人に付与される特権の他国人への均霑に関して、以下の点を問いただした。そもそも満洲国は諸外国に対して門戸開放を宣言しているが、日満間の特殊関係にもとづく権益は日本人のみに付与されている。それらと同様の権益を、諸外国が要求することはないと断言できるのか。また治外法権撤廃にともない、満洲国内の日本人が満洲国の課税・産業法規に服するのと同様に、諸外国もそれらの義務に服することを承認し、日本人に与えられるのと同様の権限を求めたときはいかに対応するのか、と。

この原顧問官の質問に対して、外務省条約局長の栗山茂は次のように説明した。満洲国は確かに諸外国に対して門戸開放を宣言したが、それらの宣言は満洲国が一方的に行ったもので、国際約束とは言いがたい。また、満洲国によって唱えられた門戸開放の意味は、九ヶ国条約に謳われた門戸開放と同義ではなく、通商上の機会均等主義と理解すべきもので、これは満洲国自身において「常識上」定めるものである、と。[116]

この栗山の発言にみられる、建国宣言中の門戸開放原則を九ヶ国条約中の門戸開放と同義でないとする見解は、一九三三年六月に駐満日本大使館が示した理解とは異なる。他方、満洲国が宣言した門戸開放とは、ある外国に国籍を理由とする通商上の独占的排他的特権を与えないことを意味するものとし、満洲国における門戸開放は通商上の機会均等主義と理解すべきものであるとする点は、一九三四年の石油専売制の導入をめぐる外交交渉の際に日本外務省が示した見解と等しい。

しかし原には疑念が残った。栗山の答弁をふまえて原は、建国宣言は満洲国が一方的に行ったもので国際約束とみなしがたいという部分に関し、以下のように訊ねている。満洲国の対外通告を受けとった国が満洲国を承認しても、同国は満洲国に対して依然無条約国の関係にあるのか、と。栗山はそれを認めた。これに対して原は、「国際信義上いかがか」と追及した。

ここで栗山に代わり、外相の有田八郎が答弁に立っている。有田はまず、満洲国の対外通牒は民法上の申し入れとは異なるものであって、民法上の申し入れは一度オファーがあったのちに受諾があれば両者の意思は合致するが、満洲国の対外通牒はこれと異なると説明した。そして、その通牒当時に外国が応諾すればともかく、満洲国承認については連盟で不承認の決議があり、右通牒は今日その効力を失ったものと考えられると述べた。しかしこの有田の答弁は、枢密顧問官の金子堅太郎には詭弁に映ったようである。金子はこの説明に対して、「外交上の重大事件は単なる理屈をもって解決することはできない」と指摘した。

外務省は巧みに、満洲国は独立国であるため日本政府の影響力の及ぶところにないと説明し、満洲国と門戸開放原則や既存条約の関係についても、満洲国の宣言が国際約束ではなく、未承認国に対しては有効とならないという説明で乗り切ろうとした。しかし、原顧問官や金子顧問官が難色を示したように、仮に諸外国が満洲国承認へと転じた場合、この論理を堅持することは説得的ではなかった。さらに、外務省法律顧問である立作太郎が指摘しているように、日本が一方的に従来の中国をめぐる国際的枠組みである九ヶ国条約を破棄することは困難でもあった。[117]

このようななか、外務省は事態をいかに説明するのだろうか。[118]

一九三六年三月の外務省省議決定では、九ヶ国条約に関して次のような方針が定められた。日本政府の九ヶ国条約に対する方針は究極的には事実上の消滅を目標とするものだが、今ただちに九ヶ国条約の無効を主張すれば国際世論を不必要に刺激することになる。そのため同条約の消滅という究極の目標は表に出さずに、条約について議論する場を避け、いかなる場合においてもその効力を確認するような言辞は慎み、東アジアにおける情勢の進展を待って、漸次九ヶ国条約を自然消滅に導くことが適当である、とされた。[119]

日中戦争期になると、各外務官僚の見解には異同があったものの、九ヶ国条約がすでにその効力を失っているという点は、外務官僚のほぼ一致した見解になっていたという。[120] 九ヶ国条約の自然消滅について、たとえば一九三八年一一月に斎藤博駐米大使は、以下のように述べている。表向きには九ヶ国条約の一方的廃棄や脱退を避けるとともに、極力すみやかに既成事実を作り上げて、九ヶ国条約を自然消滅に導き、将来の新たな事態を基礎として、関係各国と協議形式にて同条約の円満廃棄を実現することが得策である。九ヶ国条約は満洲事変以来廃止状態にあって、ほとんど実際的効力を示していない。これを廃棄せずして今日まで満洲国の建設経営をなしえたことなどに鑑み、廃止状態のまま放任しておいたとしても別段差し支えないだろう、[121] と。

満洲国の建設経営をなしえたとの記述の後には、原文では括弧が付され、「満洲石油独占問題については英米より本条約を根拠として再三抗議ありたるも、ついに泣き寝入りとなったのはご承知のとおり」という文言が挿入されている。この説明方法は、一九三六年の枢密院における栗山条約局長の説明と同型をなしている。栗山は石油専売制の導入成功を例に挙げ、満洲国に九ヶ国条約は適用されない旨を説いた。そして斎藤大使は、九ヶ国条約を廃棄しないまま、満洲において石油専売制を導入できたことを例に挙げ、同条約を自然消滅に導くのは可能だと主張した。このように満洲国における石油専売制導入の成功は、日本外務省の条約理解の変化を正当化する根拠にもなった。

おわりに

満洲国が国家であるか否かは、領土保全という観点からみたとき、承認か不承認かという二者択一だったが、列国の権益に満洲国の支配が及んでいる状況は、また別の問題を生じさせた。それは、同地の行政を担う主体が中国ではなくなったとき、満洲に住む外国人の現地における経済活動や、将来における経済活動への参入条件に関わる条約や契約はどのように扱われるのか、という問題である。新たな行政主体は彼らの母国が承認するところとなっておらず、彼らの権利を侵害する存在でもあった。それゆえに居留民も本国も事態に機敏な反応を示した。

満洲国は一九三二年三月に表明した建国宣言や建国通知書で、中国がそれまでに諸外国と締結してきた条約を継承し、門戸開放原則も尊重することを表明した。日本政府も同じ時期に閣議決定において、満洲国の建国にともなう対外関係の処理について同様の方針を示し、この方針に沿って日本外務省は繰り返し満洲国における門戸開放原則の尊重を謳った。これを受けてイギリスは、満洲にあてはまる限り、すべての条約を満洲国が継承したはずだと主張する言質を得た。しかしすでにみた通り、実際には関東軍など満洲国における真の実力者たちに門戸開放原則を尊重しようとする意識はなく、満洲国では統制経済などの政策が進展していった。

門戸開放原則尊重に対する諸外国の疑念が強まると、満洲国内に外資を導入することで、門戸開放が保障されていることを示そうとする考え方も浮上した。しかし、フランスやベルギーはもとより、「政治的特殊理由」を有するイギリスですら、価格や購入方法などの面から資本導入や市場への参入は困難だったことを、本章ではイギリス産業連盟視察団による満洲国訪問の事例からみた。こうして、法的な差別待遇が存在しなくとも、事実上欧米企業は満洲経済にきわめて参入しにくい状態が続いた。

満洲国による初期の宣言と行政の実態との間の矛盾は、満洲国の経済政策の進展にともなって明白になっていった。統制経済の導入、とりわけ専売制の施行は満洲で活動していた企業の経営環境を大きく変化させ、「条約上の権利」が侵害される状況が生まれた。満洲で活動する欧米企業は、満洲国から撤退するものもあれば、満洲国の専売制を受け入れたり、満洲国法人化したりするものも現れるなど、多様な反応を示した。本国政府の対応をみると、石油専売制導入に際して、イギリスは華中以南の権益を守るテストケースとみなし、日本に強い姿勢で交渉に臨んだが、アメリカは企業による選択の自由を優先させ、両国が足並みをそろえた形での対日制裁は実現されなかった。煙草業の事例では、イギリスは帝国内でとっている日本製品防遏政策が対日交渉で不利に作用することを自覚し、日本に強硬な姿勢をとらなかった。

一九三三年に駐満日本大使館が予測していたように、満洲国における専売制の導入は、建国宣言や建国通告書で表明した内容と齟齬を生み、諸外国からの批判を招いた。外務省法律顧問の立作太郎が指摘したように、それらの宣言は確かに満洲国を法的に拘束するものではなかったが、あからさまに無視することは「道徳上の義務」への違反とみなされかねなかった。日本外務省は、諸外国が満洲国を承認していない以上、建国宣言の一節を根拠として、諸外国が満洲国の政策を批判するのは適切でないという反論を展開した。しかしこのことは皮肉にも、諸外国、とくに九ヶ国条約締結国が満洲国を承認した場合、いかに対処するかという論点を生んだ。諸外国が満洲国を承認し、建国宣言および建国通告書について「満洲国が一方的に為したにすぎない」という口実が説得力を失ったとき、それでもなお建国通告書はいまや無効だと言うためには、「国際信義」を疑われてもおかしくない行為を、「単なる理屈」と言われかねない根拠から正当化しなくてはならなくなった。石油専売制導入問題で紛糾する時期になると、関東軍の史料に「九国条約は絶対に適用せしめず。満洲国承認は列国の判断に一任し敢へて促進せずに実質的承認を第一義とす」[122]という文言が現れる。日本にとっては、承認を求めた場合見返りを要求されるかもしれないという観点だけではなく、満洲に居住する外国人の権利と利益に対して適用されうる国際法は何であるかという観点からも、同国の承認を追求することは構造的に困難になっていたといえる[123]。

一九三〇年代とは、国際法が実際的な威力を失いながらも、なお国際法違反と認定されない戦争あるいは侵略の体裁を、それぞれの国家が整えようとした時代でもあった[124]。日本は九ヶ国条約違反という「国際信義」にもとる行為への非難を避けようとし、外務省は巧みに、満洲国が表明した門戸開放原則は九ヶ国条約とは同義ではないとの主張を展開した。しかし門戸開放にせよ領土保全にせよ、日本の対中政策を九ヶ国条約の枠内で説明するのは、きわめて困難になっていった。九ヶ国条約を一方的に破棄できないなかで、外務省は一九三六年の段階で九ヶ国条約の自然消滅を唱えるに至る。満洲国における石油専売制導入の成功は、満洲に九ヶ国条約は適用されないと日本が主張する根拠にもなった。

満洲国における門戸開放問題をめぐってイギリスやアメリカがとった反応は、日本に「道徳上の義務」や「国際信義」について自発的に一考させるものではあった。しかし両国は、日本の主張の矛盾を追及する強硬な姿勢まではとらなかった。東アジアに駐在するイギリスの外交官は、同国が中国に有する「条約上の権利」の侵害が、他の産業や華北以南にも及ぶ危機感を訴えたが、本国における政策の優先順位としては比較的低く位置づけられていたといえる。その背景には、満洲における両国の利害関係は比較的小さく、中国政策の核心にふれるほどではないとみなされたことなどの事情があった。しかし、ほどなくして、より重要な権益が集まる華北以南への侵略が開始される（第Ⅱ部）。

第2章　海関制度からの離脱
——満洲の海関をめぐる交渉——

はじめに

近代中国の海関は、行政機関としてきわめて重要であり、その機能や国際的性格については、序章で述べた通りである。中国東北部では、大連・安東・ハルピンなどに海関が置かれ、その他に多数の分館があった（図1）。本章では、一九三二年に満洲国が創出され、それらが同国の領域内に入った際、海関の処遇をめぐって展開された交渉についてみていく。

表4にある通り、一九三〇年前後の時点で、中国東北部に設置された海関の収入が全国の海関収入に対して占めた割合はおよそ一割強である。[1] もともと財政基盤の弱い満洲国にとって、各地の関税収入はきわめて重要な財源になると目されていた。同国の一九三二年度歳入予算八四八三万八〇〇〇元（国幣）のうち、関税収入として見込まれていた額は四〇四六万元で、予算総額の半分近くに上った。[2] なかでも大連関（大連の海関）は海関収入が多く、一九三〇年の東北諸海関の海関収入に占める大連関の割合は約五割だった。したがって、満洲国の経営には東北諸海関の海関収入の接収が必要であり、とくに大連関の収入を流用できるようにすることは不可欠であったといえ

図1　満洲国

表4　1930年の東北諸海関の海関収入
（単位：海関両，%）

	金　額	割　合
愛琿	37,176	0.0
ハルピン	4,079,795	2.3
琿春	142,651	0.1
龍井村	418,691	0.2
安東	4,134,059	2.3
大連	12,334,384	6.8
牛荘（営口）	3,460,599	1.9
東北諸港計	24,607,355	13.6
全国計	180,619,758	100.0

出所）China, the Maritime Customs, *The Trade of China*, 1932, Vol. I, Statistical Department of Inspectorate General of Customs, 1933, p. 78, 副島圓照「「満州国」による中国海関の接収」『人文学報』第47号（1979年）。

る。

しかし、海関は諸外国の権益と深い関わりを有していたため、慎重に施策する必要があった。一九三二年三月一二日に日本政府が閣議決定した「満蒙新国家成立に伴ふ対外関係処理要綱」からは、満洲国が海関を接収することの難しさがうかがえる。すなわち、「新国家の税関及塩税徴収機関接収は右に関する国際関係錯綜し、殊に大連海関は帝国の統治地域内に存し、之が接収を承認するに於ては我方の対列国立場を著しく不利ならしむるを以て、是等諸点を充分考量の上、対外関係上出来得る限り支障を生ぜしめざる様措置せしむること」[3]とされた。「国際関係錯綜」した海関、とくに日本の租借地である関東州内に位置する大連関の満洲国による接収は、満洲国への日本の関与を裏づける事例となりかねなかった。

ここで大連関の性格について確認したい。大連関は一九〇七年五月、林権助駐清公使とロバート・ハート（Robert Hart）総税務司が北京で締結した「大連海関設置に関する協定」にもとづいて設置されていた。[4]同協定の第一項で

「大連海関長は日本の国籍を有するものたるべし。該海関長新任の場合には総税務司は在北京日本公使館と協商を遂ぐべし」と定められており、大連関には日本人の税務司が代々任用された。一九三一年四月には、福本順三郎が税務司に着任した。また、第二項では「大連海関の職員は通則として日本の国籍を有するものたるべし」とされており、大連関には多くの日本人職員が勤務していた。さらに、海関の公用語は英語と中国語であるところ、第三項の規定により、大連関と関東庁などの日本官憲や日本人商人とのやりとりに際しては日本語の使用も認められていたことからも、日本との関係の深さがうかがえる。その税収は中国銀行のほか、横浜正金銀行大連支店にも預け入れられていた。

大連関の税収が満洲国財政にとって不可欠であるとき、満洲国にとって最も望ましい施策が大連関の接収であることは明白だった。しかし、あくまで日本は満洲国の独立国たる体裁を整えようとしていたため、日本の関与を疑わせる行為を満洲国にとらせることには慎重にならざるをえなかった。満洲国は同国内の海関を接収するのか、接収する場合は大連関も接収対象に含むのか、接収する場合はいかにして実行するのか、という問題は、満洲国の運営に関わる人々の間で争点となった。

写真4　フレデリック・メーズ（1937年）

出所）A collection of photographs collected by Sir Frederick Maze, National Maritime Museum, Greenwich, London, ID: MAZ/6/7 (“Sir Frederick William Maze in uniform, 1937.png” / Wikimedia Commons / Public Domain).

満洲国による東北諸海関の接収については、副島圓照や臼井勝美が基本的な経緯を明らかにしている[5]。本章はそれらの研究が明らかにした事実をふまえつつ、満洲国による施策決定に関わった日本人官吏や外交官、軍人の考えとその変化に着目しながら、接収の過程をより多元的に描くことを目的とする。

さらに本章では、日本が中国の東北地域に満洲国を創出したとき、現地で勤務していた海関の日本人職員がどのように行動したのかにも注目する。先行研究では、福本税務司がメーズ総税務司によって罷免されたことや、大連関で勤務していた六二人の日本人職員のうち一人を除いて全員が総税務司に辞表を出し、満洲国海関の関員（海関職員）になった事実は指摘されているが[6]、福本が日本の対中政策に同調した行動をとった事情や、他の東北諸海関で勤務していた日本人職員の行動については十分に明らかにされているとはいえない。日本人職員の動向がうかがえる海関の史料は少ないなか、本章では日本外務省の史料を手がかりにみていきたい。

中国海関には多くの外国人職員が勤務していた。外国人職員は、その国が中国において有する貿易額の規模や債務額の多寡などに応じて任用されたため、イギリス人が多かったが、日本人も一八九九年から一九三一年までに計三八二人が雇用されていた[7]。自身も中国海関で勤務経験がある高柳松一郎は、海関職員の国際法上の地位について次のように説明し、外国人職員の行為は彼らの本国とは関係を有していないという原則を説いている。「海関の外人は支那政府の行政官なるを以て、行政法上に於ては支那政府の支配を受くべき者なるや勿論なり。他の一時的傭聘の外人と其性質を異にし、或程度の行政権を与へらるゝが故に、其支那政府との関係は他の一般支那人行政官と異なるなし。唯海関が特殊の行政機関なるが為めに、此等の外人に対する支那政府の行政権が完全に行はれざることあるのみ。而して外人関員が行政官として執行する公の行為に付ては支那政府の委任又は命令に出づるものにして、支那政府に対して責任を負ふべきものなれども、其属する本国とは何等の関係を有するものにあらず[8]」。海関の外国人職員が必ずしも本国政府の対中政策の代弁者ではなかったことについては、日中戦争期に日本の支配地域内に入った海関で勤務していた日本人が、必ずしも現地日本軍の意に沿った行動をとらず、現地軍が彼らに不信感や反感を抱いていた事例がある（本書第6章参照）。このような事例をふまえると、福本が日本の対中政策に同調した行動をとったことの意味についても検討されるべきだと思われる。本章では、第一節で一九三二年三〜五月、第二節で六月以降の動きについてみていく。

一　満洲国の海関政策とその反応

満洲国が「建国宣言」を発表した翌日にあたる一九三二年三月二日、同国政府当局において、領域内にある海関の接収方法が検討された[9]。そこでは二つの案が示された。

第一案は、満洲における海関の組織は存置し、満洲国が大連を含む東北部の海関すべての外債償還分以外の関税収入を抑留するというものである。

第二案は、大連を除く東北部のすべての海関を満洲国が接収し、満洲国はそれらの海関が負担すべき外債償還分を上海の総税務司に送金するか、もしくは銀行に積み立てておくというものである。この場合、満洲国は大連関の関税剰余（関税収入から外債償還分と海関経費を差し引いた剰余金。関税余款。多くは関余と略称する）を得られないため、大連関における関余と同額を差し引いた分を送金、もしくは積み立てる。

第一案と第二案の最も大きな差異は、前者は大連関を満洲国が接収するのに対して、後者は大連関を接収しないということにある。

大連関接収に前向きだったのは、関東庁と関東軍だった。関東庁には「大連海関設置に関する協定」の存在ゆえに満洲国が大連関に「強力を加ふる事」はできないとしつつも、「新国家としても関東州に対し手を着け難き事情ある」という認識があった[10]。二月二五日に関東庁・海軍・駐奉天日本総領事館・関東軍の関係者による会合が開かれたとき、関東軍参謀長の三宅光治は、大連関の収入が満洲の全関税収入の半分を占めているため、条約に違反せず、また関係諸国の感情を害することなく、大連関の税収のうち外債償還に充てられていた本税五％分以外を満洲国が受け取る方法について、検討することを提案した。一方で、駐奉天日本総領事館（当時総領事代理は森島守人）は「現行条約の関係上、大連税関に関する限り従来通り措置するの外なかるべ」きことを指摘し、「大連海関設置に関する協定」が日中間に存在しているため満洲国が大連関を接収するのは難しいという立場を示した。[11]

第一案と第二案が示されたあと、三月二〇日、満洲国の財政部総務司長の阪谷希一、および財政部税務司長の源田松三は、各方面の意見もふまえつつ協議し、大連関を接収対象に含む第一案のラインに沿って進めるのを適当と判断した。[12] 翌日、満洲国は以下の方針を非公式に定めた。[13] ①大連を含む全満海関およびその分局は、満洲国の統轄に帰せしめる。②輸入税率と徴収方法は当分現在のままとする。③関税を担保とした外債の償還については、満洲国は海関収入中より合法的な方法によってそれを分担する用意がある。ただし残余は満洲国政府において抑留・使用する。④各海関の勤務員は当分従来の者を使用する。ただし税務司および幹部の任免については、あらかじめ満洲国政府の了解を得る必要がある。

三月下旬、満洲国は、海関収入を抑留・使用するための第一歩として、同月上旬に安東、牛荘、龍井村、ハルピンの海関に配置していた日本人の海関監督顧問[14]を通して、関税取扱銀行に保管している税収を東三省官銀号[15]に預け替え、以後も税収は同所に預け入れるよう各海関に通告した。[16] 当初預け替えの指示に従ったのはハルピンのみだったが、安東と牛荘の海関も四月中旬までには上海への送金を停止した。

メーズ総税務司は、中国東北部に新たな政権が成立したとき、その領域内の海関にいかに対処しようと考えていたのだろうか。重光葵駐華公使の情報では、三月の時点でメーズは個人として、「大連以外の海関収入中より外債及海関経費を除ける部分を押収し、海関制度に手を触れざる事が新国家として最上の策」という、満洲国に対していい、大連を除く東北諸海関の関余の接収のみを認める考えをもっていた。[17]

メーズがこのような考えをもつ背景には、地域政権がその領域内の海関を接収し、税収の一部を抑留するという事例が、一九三〇年に天津の閻錫山の支配下、一九三一年には広州に成立した国民政府下で起きていたことがあった。[18] とくに広州国民政府が粤海関（広州の海関）の新増関税を抑留した事実は、満洲における海関問題を処理するうえでの先例になりうることをメーズは意識し、四月に新たに安東関に着任することになった副税務司の渡辺六蔵にもこの先例の存在を直接指摘している。[19] しかし大連関の関余は満洲国に渡さないというのが、南京国民政府の「確定せる重要なる外交方針」となっていた。[20]

満洲国による海関行政の再編に対して、諸外国はいかなる態度をとったのだろうか。アメリカは、九ヶ国条約や不戦条約に違反する手段によって形成された新事態に対する不承認主義を基本としつつ、海関と深い利害関係をもつイギリスと行動を共にする道を探った。スティムソン（H. L. Stimson）国務長官はイギリス外務省に対して、満洲国が日本の承認のもとで海関を掌握しようとしていることについて、イギリスはアメリカとともに対日抗議をする意思があるか否かを問い、アメリカとしてはその反対声明は九ヶ国条約第二条に依拠する形でなされるべきであるという見解を伝えたが、[21] 四月一日に得たイギリス外務省の回答は、日本に抗議をしても無駄であり、東京での複数国による抗議は申し入れるべきではないというものだった。[22] アメリカは複数国が共同で反対声明を出すことについて再考を求めたが、イギリスは応じなかった。[23]

イギリスが日本の海関に対する政策に対応するうえで重視したのは、海関行政の統一性（the integrity of the Chinese Maritime Customs Administration）と外債償還を維持することだった。たとえば駐華イギリス公使ランプソン（M. W. Lampson）は二月二一日、メーズが満洲国による東北諸海関接収の可能性を伝えた際、この二点をイギリスが重視していることを伝えた。そして、ランプソンは自己の見解として「もし満洲当局が関余のみを抑留することを主張するならば、海関機構の破壊という代償をはらってそれに抗議するのはおろかなことである」とも述べた。[24] イギリスは一九三〇年代における日本による海関行政の再編に対応する際、「支那が事実上権力を行使し得ざる地域に於て関税を徴収することは無理なるべきに付、本件少くとも満洲国との間に適当の妥結を計《ママ》ること、関係国及支那の為有利」[25] という現実主義的な考えを一貫してもっていた。そのため、アメリカの方針は、妥協可能なラインを探るための対日交渉の妨げになるとも映っていた。

すでにいくつかの海関からの送金が停止されていた四月中旬の時点で、メーズは満洲国が東北部の海関を接収することは避けられないと考え、大連関の関税収入で満洲国下の諸海関が負担している外債や賠償金の元利払い分をまかなえることをランプソン公使に指摘した。[26] これは、大連関を除く東北部の海関をすべて満洲国が接収し、大連関の海関収入をもって東北諸海関が負担すべき外債や賠償金の元利払い分をまかなうという方向性を示唆し、満洲国が大連関を除く東北各地の海関を接収することを黙認するものでもあった。大連関は日本の租借地内にあることから、日本が同意すればこの措置は可能だとメーズは判断したのである。

リンドリー（F. O. Lindley）駐日イギリス大使がこの案を日本外務省に打診すると、芳沢謙吉外相はその可能性を否定しなかった。[27] こうして大連関を除く東北部のすべての海関を満洲国が接収し、大連関の税収をもって東北諸海関が負担すべき外債償還分をまかなうという案は、四月の時点でメーズや駐華イギリス公使、日本外務省の間で妥協可能なラインとなっていたといえる。同案は四月三〇日にイギリスのサイモン外相からスティムソン国務長官にも伝えられた。[28] しかし問題は、大連関を接収対象から除外することを満洲国が受け入れるか否かにあった。

二　帰順か、抵抗か——大連関の接収と海関職員

一九三二年六月になると、満洲国の財政上の必要性からも大連関の接収は不可欠とする考えが、満洲国の運営に関わる者のなかで大勢を占めるようになった。六月四日に関東軍参謀長の橋本虎之助が参謀次長の真崎甚三郎にあてた電報を取り上げ、[29] その事情についてみてみる。橋本は、「満洲国の現況に鑑み、此の際大連関をも含む各海関の接収を行ふことは当然にして、而も緊急を要する事項」であると説明し、背景として満洲国の苦しい財政事情、すなわち建国当初の歳入見積もりを実現するのが困難で、早急に歳入の確保が求められるという状況を伝えた。そのうえで「此の際断乎として大連関を含む全満海関の関員の身分を保証し、外債担保の部分を除き税収を収むる方

針にて入手せんとす」と述べた。とくに大連の関税収入は全満関税収入のおよそ半分（一二〇〇万海関両）を占め、東北諸海関の負担すべき外債償還分約五〇〇万海関両をすべて大連関の関税収入から差し引いても、差額は年額七〇〇万海関両に達する見込みだと指摘している。満洲国としてはそれを獲得できないのは多大な損失になるとして、「万難を排して同関を入手」する必要性を説いた。その方法として示したのは、大連関の海関職員を満洲国に「寝返らせる」という方法だった。

この方法を案出したのは、二月二五日時点で、「大連海関設置に関する協定」が日中間に存在していることから満洲国が大連関を接収するのは難しいという立場をとっていた、駐奉天日本総領事館の森島総領事代理だった可能性がある。森島の回想録によると、財政部総務司長の阪谷や外交部次長の大橋忠一は、関東軍の支持を得ながら、暗々裏に大連関の実力接収を画策していた。六月になると、阪谷、大橋と関東庁の河相達夫外事課長が、大連関の接収について内談を進めたという[30]。六月という時期は、一九三二年四月二一日から六月四日まで満洲国を視察していたリットン調査団が同国を離れ、国際社会の関心が満洲から離れたと思われた頃合いでもあった。

もともと大連関の接収は困難と考えていた森島は、「何とか日本の対外的立場を傷け〔る〕ことなく解決する措置」として、一九三〇年に天津を占領した閻錫山がフランス租界にあった天津の海関（津海関）を同年五月に接収した事例を、大橋外交部次長や河相課長に示唆したという[31]。このとき閻錫山は現職のフランシス・ベル（F. H. Bell）に代えてジャーナリストだったバートラム・シンプソン（B. L. Simpson）を税務司に任命し、海関業務の引き継ぎを強行させた。そして、外債償還などに充てられていた本税五％分を除いた関税収入の上海への送金停止と、津海関での管理を要求した[32]。南京国民政府は津海関閉鎖という対抗措置をとったが、六月下旬からシンプソンは閻錫山支配下の海関として業務を開始した。この津海関の実力接収は、海関の職員も建物も「諸共に中央政府に背反して、閻側に寝返った」という形式で実行されていた[33]。当時フランス租界当局は、租界内の治安には影響がないとして接収を阻止するための警察力の発動を差し控え、列国も抗議をしなかった[34]。森島はこの天津の例に言及し、大連の海関職員が「自己の判断」で満洲国側に「寝返る」という方法をとることを、大橋や河相に示唆した。

リットン調査団が満洲国を離れたとき、満洲国は海関をめぐる問題で新たな一手を打った。六月九日、満洲国財政部総長の熙洽は大連関の福本税務司に対して、大連関の収入が南京国民政府に送金されていることについて、満洲国はその存立の必要上もはやこのような「自殺的事態の継続を寛容する能はず」とし、現状維持は不可能であるとメーズ総税務司に伝えるよう求めた[35]。六月一二日、満洲国はさらに福本に対し、上海への送金停止と税収の東三省官銀号への預け入れを求めるとともに、大連関の税収の預託先である横浜正金銀行大連支店と中国銀行に対しても送金停止を指示した[36]。大連からの送金は六月六日を最後に停止された。

このころになると森島も、大連関の接収の必要性を唱えるようになっていた。六月一一日に本省にあてた電報で森島は、大連関の海関収入から満洲の諸海関が負担する外債償還分を引いた差額は年額七〇〇万海関両に上るという、六月四日に橋本参謀長が真崎参謀次長に示したのと同じ数値を挙げながら、これが事実であれば「極度の財政難に直面せる満洲国側に於て、大連関収入を重要視するは実に故無きに非ず」と述べた。そして、「此の際大局上の見地に基き形式的条約論を離れ、満洲国に於ける大連関の接収を黙認し（満洲国側の強力手段を認むるべからざるは勿論なり）、以て一方外債の支払を確実に実行せしむると共に、他方満洲国の財政的破綻を救済する事、昨秋事変以来の我対満方針にも鑑み得策に非ずやと思考す」と、接収を黙認する考えを示した[37]。

六月二一日に長春領事代理の田中正一が本省にあてた電報には、ウラジオストク経由の貨物が途絶したことでハルピンの海関収入が前年の三分の一程度に激減する一方、大連経由の貨物が激増しているため、大連関の接収の有無による満洲国の歳入の差異が大きくなっていると記されている[38]。このように、大連関を接収しないという選択は難しくなっていった。

六月時点でも大連関の接収に難色を示していたのは、重光葵駐華公使である。重光は四月時点で、メーズは南京国民政府の訓令に反する案を承諾したり、満洲側と協定を結んだりすることはできないが、「唯満洲側の遣り口が無理なき限り、不可抗力に依るものとして之を黙認するより外なしとの意見を有し居り」[39]と見ていた。そして、満洲国が大連関とその税収に手をつけず、大連関を除く東北部のすべての海関の関余のみを押収して、海関制度そのものは存置する、という方法を、南京国民政府にとっても受け入れ可能とみられる妥協案として本省に示した[40]。この案は、上海の総税務司署で勤務する日本人職員である岸本広吉を通して得た情報という形で提示された。六月時点でも重光は、大連関の税収には手をつけず、大連以外の海関を接収するならば、中国側は海関閉鎖などの極端な手段に出ないだろうという見通しをもっていた[41]。大連関の接収に反対する重光に対して、満洲国外交部次長の大橋は「貴官等の大連海関問題に対する技術的に過ぐる態度は新国家側に於て物議を醸し居り」と述べ、強い反発を示した[42]。

リンドリー駐日大使の情報によれば、イギリスが南京国民政府に対して非公式に圧力をかけ続けた結果、財政部長の宋子文は大連以外の満洲海関の関税収入をすべて満洲国に与えるというラインで妥協する意向をもつようになったという[43]。総税務司署の岸本も福本に対して、「大連には手を触れず、大連以外の満州各海関の税収全部を実力に依り銀行に於て押収し、海関行政には干渉せざる案」でいくように勧告した[44]。

しかし、大連からの送金が六月七日以来行われていないことを受けて、宋子文は六月二〇日と二一日に声明を出し、日本の租借地である大連の海関において、上海への海関収入の送金などの業務が妨害されていることに関する日本の責任を厳しく指摘した[45]。二三日、メーズは福本に対して事情の説明のために上海に来るよう求めたが、宋子文は福本の即時免職を指示し[46]、これを受けてメーズは福本を服務規律違反によって罷免した[47]。二五日、満洲国は福本に関税徴収に関する全権を委任することにし、福本は満洲国によって大連関の税務司に任命された[48]。

大連関の税務司は、歴史的にみて中国政府と関東庁との間でしばしば板挟みとなる存在だった[49]。一九三二年六月二〇日に、山岡萬之助関東長官が「申上ぐる迄も無く大連税関長が関東庁側の斯る希望［大連から上海への送金をしばらく延期すること］を無視することは絶対に不可能」[50]と言い切っているように、関東州を統治していた関東庁の要求を拒否することは難しい立場にあった。一九三二年一月二七日、福本が関東庁を訪れて内務局長や警務局長、財務課長と面会した際、福本は、メーズから海関収入はなるべく早めに現送するようにという電報を受け取ったことに言及したうえで「日支開戦を予想せるものと察せらるる処、果して斯の如き事態発生の上は支那税官吏たる立場を離れ日本人として十分善処したし[51]」と申し出ていた。事が起きれば日本寄りの立場をとる心づもりが福本にあったことがうかがえる。また、満洲国の官吏を務めていた古海忠之の回想録によれば、リットン調査団が満洲を離れたあと、財政部税務司長の源田松三が福本と話し合い、福本は「日本人の立場から満洲国に加担する決心を固め、他の海関の日本人幹部の説得に当たり、日本人職員による内応の態勢を固めることを約束した」という[52]。福本が満洲国の動きに呼応したことで、満洲国は大連関の接収をスムーズに進められたといえる。

福本が罷免されたのち、大連関に勤務する他の日本人職員も南京国民政府に対して辞意を表明し、彼らも満洲国から委嘱される形で業務を続けた[53]。ただし、このとき第一幇辦（First Assistant）の地位にあった吉田五郎は、南京国民政府に辞表を出さなかった。吉田は翌年二月に満洲国の税関を辞し、上海に渡って南京国民政府のもとで勤務を再開した[54]。

南京国民政府による福本の罷免は、満洲国による東北諸海関の接収に「大きい好機[55]」を与えることになった。六月二五日、満洲国政府は海関問題をめぐる南京国民政府や総税務司との交渉は決裂したとして、ただちに各海関の接収に着手するよう指示し[56]、同月中に愛琿を除く海関が満洲国によって接収された。愛琿の海関は、翌年一月に接収された[57]。

これらの海関の接収は必ずしもスムーズには進まなかった[58]。たとえば安東の海関接収の状況についてみてみると、六月二七日に海関監督と日本人の海関監督顧問（崎川清三）が安東の海関本館に赴き、タルボット（R. M. Talbot, アメリカ人）代理税務司に対して去就の決意を促した。タルボットは満洲国下での服務を拒否し、同日中は決着がつかなかった。結局「海関長を排除する」ことになり、翌日満洲国側は「実力を用ひたる形」で書類の引き渡しを実現させて接収を完了し、同関には満洲国旗が掲揚された[59]。

安東の海関には数十人の日本人職員が勤務していた。六月一二日、満洲国財政部は、彼らの地位と俸給・年金などを保証することで、日本人職員を満洲国側につかせようとした。しかし、副税務司の渡辺六蔵は、「日本人関員の進退は岸本に於てリードし居り〔当時上海の総税務司署で勤務していた岸本広吉は、日本人職員としては最高位にあった〕、自分等に於て勝手に満洲国側に加担せば、現に広く支那全土に亘り外国人と肩を並べ相当勢力を示し活動しつつある邦人海関吏全部の地位に累を及ぼし、将来支那本土に対する日本の対支貿易上重大なる悪影響を与ふ可く、最も不得策なり」と言って、満洲国下の海関で勤務することに否定的な姿勢をみせていた[60]。六月一四日、満洲国財政部は、海関職員全員に現在の待遇を保証し、満洲国官吏に採用する方針であることを崎川顧問を通して伝えたが、渡辺は、「満洲国側の希望は税務司に伝へ置くべきも、自分は飽迄予ての主張を固執し、仮令一人となるとも断じて満洲国の要求に応ぜず南京に去るべき意向[61]」を表明した。満洲国が安東の海関接収を強行すると日本人職員二七人（うち朝鮮人二人）が満洲国に転属したが[62]、渡辺は満洲国を去り、その後上海の総税務司署で会計課長を務めた[63]。

満洲国成立後の日本人海関職員の立ち位置について、駐華日本公使館は満洲国外交部へ次のような見解を示している。「支那海関勤務邦人は均しく満洲国に対して同情を有し居るも、彼等は海関内に於ける日本人の地位維持及日支貿易の便宜保持に関する我方針に基き、支那海関員としては支那政府の命令に服従せざるを得ず。自然満洲国の意の如く行動するを得ざる事御承知の通[64]」。このような日本人職員の姿勢は、日中戦争期に海関への介入を試みる日本軍の意に沿う行動を、日本人海関職員が必ずしもとっていなかったこととも符合する。

満洲国が海関接収を実行したあと、諸外国はこの問題から手を引き始めた。イングラム（E. M. B. Ingram）駐華イギリス公使館顧問は七月八日、本省に対して、満洲国は事実上海関の接収を完了しているので、もはや海関行政の統一性は過去のものになり、その回復は不可能と判断するに至ったと告げた[65]。このイングラムの判断にもとづき、一三日にサイモン外相はリンドリー駐日大使に対して、日本政府が中国海関行政の統一性を維持するために効果的な手段をとらなかったことへのイギリス政府の失望を伝え、九ヶ国条約締結国に課されている中国の分裂を防止するための特別な義務を日本政府に想起させるよう訓令した。(66)

アメリカについては六月一〇日、スティムソン国務長官が出淵勝次駐米大使に対して、満洲国が海関を接収した場合、諸外国の権利と利益が関与している中国海関行政の統一性が破壊され、九ヶ国条約違反にあたるとの指摘をしていた。(67) しかし、大連関が満洲国に接収されたのちも、日本に対して行動を起こすことはなかった。七月一二日にジョンソン（N. T. Johnson）駐華アメリカ公使が、残された道は中国に国際連盟調査団の調査結果を待つことを伝えるのみであると上申すると、(68) 国務省は「現在この問題で新しい手段をとっても事態の改善には役立たないと考える」として、連盟調査団の調査結果が「現実的で正しい解決に貢献する」との判断を、ジョンソン公使を通して南京国民政府に伝えた。(69) これは海関問題への介入を事実上放棄することを意味した。(70)

各国が東北部の海関をめぐる問題から手を引くなか、満洲国は領域内の海関を中国海関制度から離脱させる動きを加速させていった。九月一五日、日満議定書が調印され、日本が満洲国を承認すると、関東州租借に関する一九〇五年日清北京条約の当事国は日中両国から日満両国になったという論理のもと、大連関は満洲国に転属することになった。(71) 一七日、満洲国は以後中華民国を外国として扱うことや、二五日から中華民国の商品に対して輸入税を課すことなどを声明し、(72) 翌月二七日には領域内の海関を日本式の税関に改称した。(73)

東北部の海関をコントロールできなくなった南京国民政府は、九月二四日、それらの一時的な閉鎖と、東北諸海関が徴収すべき関税は臨時的な措置として国内の別の海関において徴収することなどを、関係国や国際連盟に通告した。(74)

第一節でみたように、三月二〇日に満洲国が打ち出した海関に対する方針では、関税を担保とする外債の償還について、満洲国は海関収入中より合法的方法によってそれを分担する用意があるとされていた。外債償還分はその後どのように扱われたのだろうか。七月二五日、外交部総長である謝介石の名で、満洲国は同国が負担すべき外債償還分を支払うという過去に行った宣言[75]を有効にするため、償還額や償還方法について債権国政府と交渉する用意があることや、海関接収時点までに抑留された関税収入の一部を、横浜正金銀行大連支店を通して総税務司に送金する手配をしたことを日本外務省に伝えた[76]。しかし、そもそも国家として承認していない満洲国からの提議に、債権国政府が応じることはなかった。南京国民政府はその後も規程通り東北諸海関の負担分も含む債務償還を続ける一方、満洲国は関税収入のすべてを自身の歳入として確保した。関税収入は、一九三〇年代の満洲国において一般会計収入の三割以上を占め続けた[77]。

おわりに

本章では、満洲国による東北諸海関の接収過程についてみてきた。地域政権が領域内の海関を接収したり関税収入の一部を抑留したりすることについては、一九三〇年の天津や一九三一年の広州における先例があった。駐奉天日本総領事館の森島守人が一九三二年三月下旬の時点で、「広東並に天津税関押収の事例に徴するに、南京側としては其立場上已むを得ず強力に依る押収を黙認したる形式を採るべきこと」は想像に難くないとの見解を本省に伝えているように、満洲国による海関収入の一部の抑留は実現可能と考えられた[78]。メーズ総税務司もこれらの先例の存在を認識し、四月中旬に安東や牛荘、ハルピンの海関からの送金が停止した際、南京国民政府は海関の封鎖で対抗しようとしたのに対し、自身は銀行家などの勢力を利用し、抗議するだけで「目を瞑る」ことにしてきたと日本側に語っている[79]。

争点となったのは、いかなる範囲の海関収入を抑留するか、すなわち大連関の扱いをどうするかということだった。日中間に「大連海関設置に関する協定」が存在し、日本と深い関わりがあった大連関をめぐっては、「対外関係上出来得る限り支障を生ぜしめざる様措置」する必要があることを日本側は意識していた。しかし、財政基盤の確立していない満洲国にとって大連関の税収は不可欠だったため、関東軍や関東庁は当初より大連関の接収に前向きだった。一九三二年三月、満洲国では、満洲における海関の組織は存置し、大連を含む東北部の海関すべての外債償還分を除く関税収入を抑留する（＝関余の抑留）という方針が基本路線となった。当初奉天日本総領事館などは大連関の収入に手を付けることに反対だったが、大連関を含むか否かによって満洲国が得られる関税収入の差額が大きくなっていると考えられたことなどから、大連関の接収の必要性を共有するようになっていった。しかし、大連の海関収入を渡すことを、南京国民政府は容認しなかった。メーズも、「南京政府に於ては、大連関余は海関協定に依り何人よりも冒されざるものなれば、之か引渡は絶対に禁止する旨自分に対し特に命令し居るを以て、自分は之が引渡は如何なる方法に依るも認め得ざる地位にあり」とか、「大連の関余に付て斯の如き処置を取ることは、南京政府の確定せる重要なる外交方針に反する次第なれば、自分の現在の地位としては絶対に不可能なり」などと述べ、日本側の要求を拒絶している。(80)

満洲国内の海関をめぐる問題が生じたとき、海関ととりわけ深い利害関係を有するイギリスが最も関心を示したのは、海関行政の統一性を維持し、外債償還分の東北部からの送金を確保することだった。イギリスは、とくに外債償還分の確保を最優先に考え、そのためには日本との妥協も辞さない立場をとった。アメリカは九ヶ国条約の枠組みを守ろうとしたが、イギリスはより現実的な妥協策をとり、アメリカと共同で九ヶ国条約違反にもとづいて日本外務省に抗議するという道は選ばなかった。メーズも、大連を除く東北の海関の支配権を満洲国が掌握することは事実上避けられない事態だと認識し、東北諸海関が負担すべき外債償還分は大連関の海関収入から支払うという妥協策を進めることにした。イギリス側の説得により、最終的にこの案は宋子文財政部長の理解を得るに至った。

しかし、満洲国にとって大連関を接収しないという選択肢はもはや存在しなかった。リットン調査団が満洲を去り、国際社会の関心がいくぶんか満洲から離れたと思われた段階で、大連関の接収に向けた第一歩として、満洲国は同関の海関収入の上海への送金停止を指示した。このとき福本順三郎税務司は満洲国の要求を受け入れて送金を停止したため、南京国民政府は福本を罷免した。その直後に福本は満洲国によって大連関の税務司に任命され、同国に委嘱される形で業務を継続することになった。

福本が南京国民政府によって罷免されたのを機に、満洲国は領域内の海関の実力接収に踏み切った。イギリスやアメリカは、接収の完了という事実を前に、この問題から手を引いた。南京国民政府は東北諸海関の一時的な閉鎖を決め、債務償還についてはその後も規程通りに東北諸海関の負担分も支払い続けた。一方で満洲国は、領域内の関税の全収入を確保することに成功した。満洲事変や第一次上海事変の発生、そして大連関を含む東北諸海関が中国の関税制度から切り離されたことは、関税収入の大幅な減少を南京国民政府にもたらした[81]。

満洲国による海関接収において、福本が大連関の税務司を務めていたことの影響は大きかった。大連関の税務司は、歴史的にみて中国政府と関東庁との間でしばしば板挟みとなる存在だった。福本には、事が起きれば日本寄りの立場をとる心づもりがあり、それゆえに満洲国は大連関の接収を比較的スムーズに進めることができたといえる。一方で、もともと東北諸海関で勤務していた職員が、接収にともなって新たな支配者である満洲国に帰順するのか、あるいは南京国民政府のもとで勤務し続けるかの選択を迫られたとき、日本人職員は必ずしも福本と同じ選択をしたわけではなかった。本章ではこの点を、安東の海関が接収される際にみせた日本人職員の抵抗の事例などを通して指摘した。

イギリス人が税務司を務め、中国有数の関税収入を有した天津や上海の海関を、日中戦争期に日本がコントロール下におこうとした際、日本と海関の間ではより複雑な折衝が生じることになる（第4章、第5章参照）。満洲国の事例は、その前哨戦でもあったといえる。

第II部

華北

第3章　日本の華北支配と開灤炭鉱

はじめに

二〇世紀前半の中国大陸において、開灤炭鉱は東北の撫順炭鉱に次ぐ第二位の採炭量をほこる華北の大炭鉱であった。[1]そこで採れる開灤炭は、北京や天津など近隣の大都市のほか、揚子江流域や香港、日本、朝鮮半島でも消費された。本章では、開灤炭鉱がイギリスにとって「華北最大の権益」と目されていたことに注目しながら、一九三〇年代を中心に日本による華北支配の深化と、それに対するイギリス人の反応についてみていく。

開灤炭鉱を構成する炭鉱群は、天津と山海関とのほぼ中間にあり、本炭田は唐山駅および古冶駅を結ぶ鉄道沿いの東西約二五キロ、南北約六キロにわたる地域に広がっている。所属坑には、唐山坑、林西坑、唐家荘坑、趙各荘坑、馬家溝坑（一九三六年廃坑、五七年から出炭再開）がある。[2]北京や天津など大消費地に比較的近いだけでなく、秦皇島や塘沽などの積出港にもアクセスしやすい場所に位置している（図2、図3）。

石炭業の経営には、巨額の資本と専門的な技術を要したため、近代中国においては外資の割合がきわめて高かった。[3]開灤炭鉱も一九五〇年までイギリスと密な資本関係が存在していた。河北省唐山付近では、明代から露出

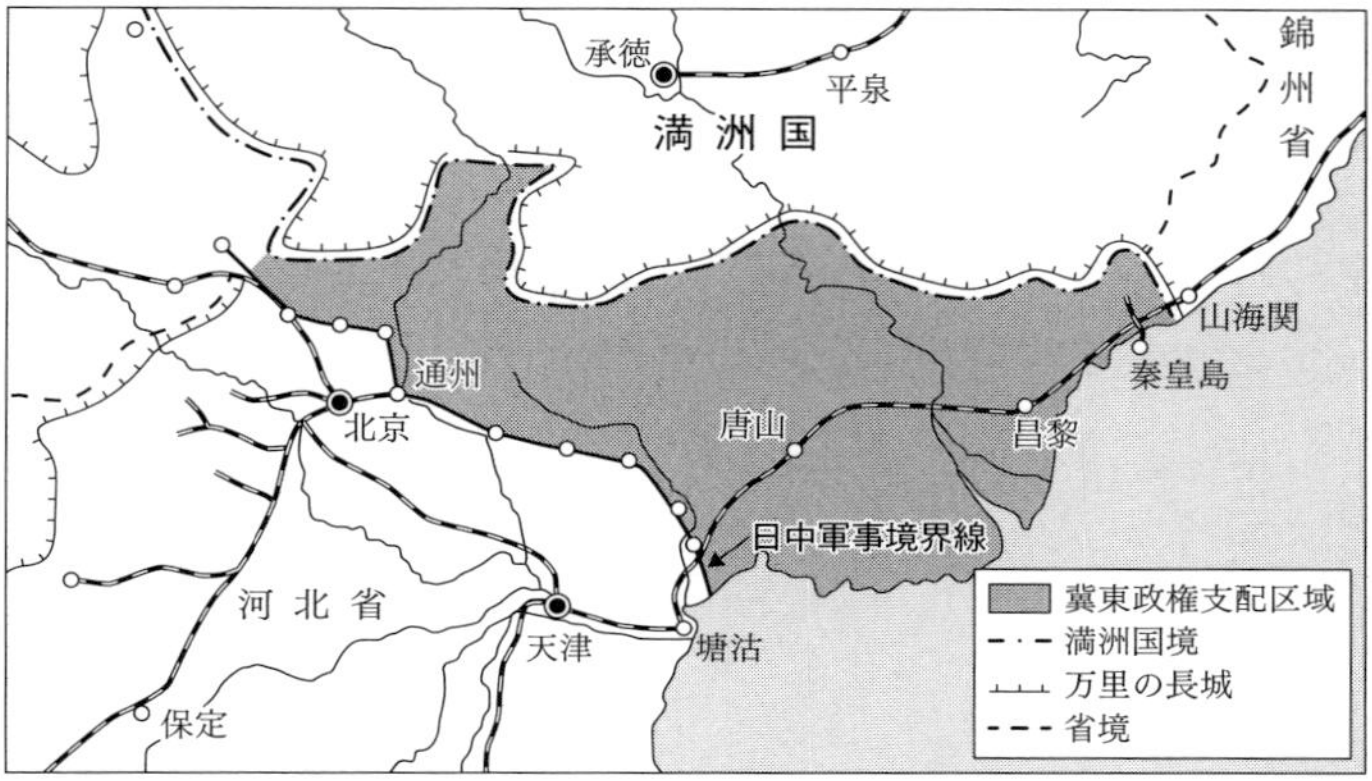

図2　冀東とその周辺（1935年末）

出所）広中一成『冀東政権と日中関係』（汲古書院，2017年）口絵。

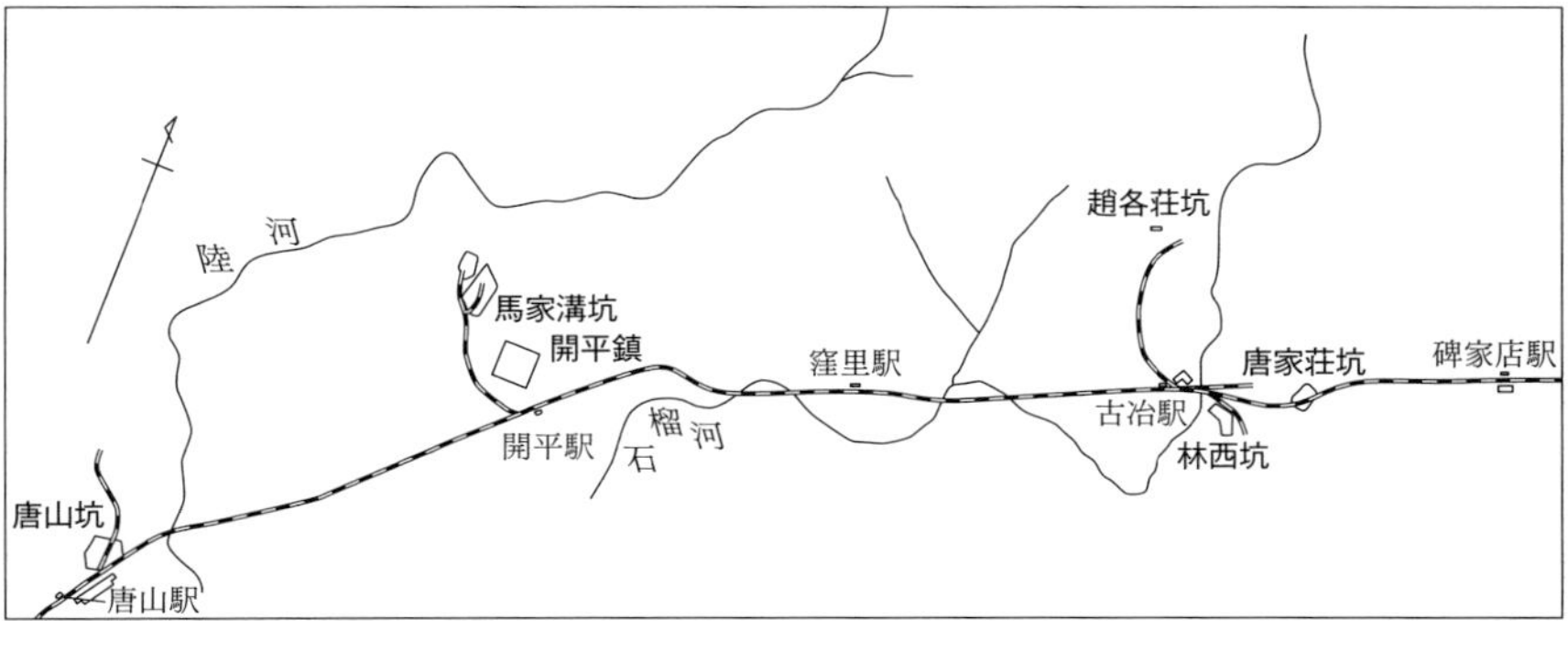

図3　開灤炭鉱の坑所位置

出所）南満洲鉄道株式会社調査部『支那・立案調査書類第4編第3巻第4号　開灤炭礦調査資料』（南満洲鉄道株式会社調査部，1937年）第3図。

写真5　開灤鉱務総局

出所）堀内文二郎・望月勲『開灤炭礦の八十年』（啓明交易，1960年）21頁。

炭の採掘が行われており、清代になると、直隷総督兼北洋通商大臣の李鴻章が一八七八年に開平鉱務局を設立し、イギリス人技師のもと中国で初めて近代式採炭技術による石炭の採掘が開始された。採掘された石炭を運搬するため、政府の同意を得て敷設された唐胥鉄路が一八八一年に唐山・胥各荘間に開通している。開平鉱務局は資金難を克服するため、一八九九年に二〇万ポンドの外債をロンドンで募集した。これがイギリスと開平鉱務局との間で経営上の利害関係が生じた端緒とされる。一九〇一年、義和団事件の混乱の際、開平鉱務局はイギリス法人でロンドンに本社を置く開平鉱務有限公司（Chinese Engineering and Mining Co.）に買収された[4]。本章では同社を開平公司と記す。

政局の混乱に乗じた買収に対抗すべく、直隷総督兼北洋通商大臣の袁世凱は隣接する地域に新たに炭鉱を開き、一九〇七年に中国法人の灤州鉱務公司（灤州公司）を設立した。しかし十分な競争力を獲得できず、一九一二年には持株会社として存続したまま開平公司と営業部門を統合する契約を結んだ。これによって一九一四年、英中合弁企業である開灤鉱務総局が組織された。同局の所在地は天津のイギリス租界である。英中対等の建前のもとイギリス人と中国人それぞれ一人ずつ総経理（Chief Manager）を立てたが、経営の実権はあくまでイギリス側が握り続け、利益の配分もイギリス側に有利に取り決められていた。そのため開灤炭鉱は、厳密にはイギリスの独占的な権益ではないものの、イギリス権益として認識される傾向にあった。本章の考察対象となる時期、イギリス人総経理を務めていたのはネースン（E. J. Nathan，一九三一年一一月～四二年一月在任）である。

太平洋戦争開戦によって日本に接収されるまで、開灤炭鉱は「北支那に於ける英人の事業中最も重要なるものの一」[5]つといえる存在だった。その理由の一つは、経営の良好さにある。市況による変動は大きいものの、鉱務総局設立以来の営業成績は概してきわめて良好だった。一九二〇年に開平公司の純益金が一一・二万ポンドに達した際、配当は三割に及び、一九二〇年代はその後も一割以上の配当を維持していた。一九三四年および三五年には一般炭況不振のため無配に陥ったが、その後漸次増配して一九四〇年には一割となっている。開平公司の株式の大部分はイギリス人（約六五％）、およびベルギー人とフランス人（あわせて約三二％）が保有しており、灤州公司の株式も後に約半数がイギリス人の所有となったため、イギリスが炭鉱経営を通して得ていた利益は莫大だったといえる。[6]

一九二〇年代、中国において利権回収運動が盛んになった時期には、開灤炭鉱はイギリス帝国主義による中国への経済的侵略の象徴とみなされ、中国人による利権の回収が目指された。[7] これらの動きは炭鉱の回収までは至らなかったものの、炭鉱をとりまく環境の変化は少しずつ進んだ。北伐が完成すると、南京国民政府は鉱業条例（北京政府が一九一四年制定）とその付属法規の改訂を企図した。一九三〇年五月に鉱業法が制定・公布され、鉱業登記規則といった鉱業に関する法的制度の整備も進んだ。これによって外資系の炭鉱会社に対する外国人の出資額制限などの規制に加えて、会社総株数の過半数は中国人の所有であること、会社取締役の過半数は中国人であること、社長および支配人などには中国人を充てることなどの条件が加わった。[8] この新しい鉱業法の性格について、南満洲鉄道株式会社天津事務所調査課は、「法規上に現れたる外人拒否の精神が、愈々《いよいよ》其の色彩を濃厚ならしめた」[9]と評している。このような新しい鉱業法の制定は、イギリス資本が関与する開灤鉱務総局の体制にも変化を迫った。一九三二年八月に中国側の要求によって新協定が締結され、開灤鉱務総局は中国の法律に則って英中合弁の企業体として経営すること、開平公司と灤州公司の間の利益分配率は均分とすることなどが定められた。[10] 一九三四年には、鉱区が再画定され、[11] 一九三五年一一月に南京国民政府の実業部から開灤鉱務総局に鉱業権が付与された。[12] また、鉱業法で定められた鉱税（鉱区税・鉱産税）の納付にも、鉱務総局は応じるようになった。[13]このように一九三〇年半ばの時期において、南京国民政府は開灤炭鉱を確実にその体制下に収めはじめていたと言える。

一九三二年、東北には満洲国が成立し、本書第I部で見たように権益所有国との間で外交問題が生じていた。満洲において自国の権益が排斥されるのを阻止できなかったイギリスは、より重要な権益が集まる満洲以南にこの事態が波及していくことを恐れ、華北のイギリス権益としての開灤炭鉱がどのように扱われるのかを注視するようになっていた。たとえば、クレーギー駐日イギリス大使は来日したネースンに対して、一九三〇年代において日本が開灤炭鉱をいかに取り扱うかという問題は、日本が公に表明してきた華北におけるイギリス権益の尊重を実際に実行する能力と意欲があるのかを見極める、最も重要なテストケースになると述べていた。[14]

開灤鉱務総局の所在地である天津、炭鉱が位置する唐山は、一九三〇年代における日中関係の変化の影響を大きく受けた地域だった。一九三三年五月に塘沽停戦協定、そして華北分離工作を経て、冀東・冀察地区は南京国民政府の支配が及ばない地域となり、いくつかの占領地政権によって支配されるようになった。冀東防共自治政府や冀察政務委員会、中華民国臨時政府、汪精衛政権などの占領地政権を、現地のイギリス人はしばしば「偽政府（Bogus Government）」や「臨時政府（Provisional Government）」などと呼んだ。「偽政府」のもと華北の政治・経済システムが改変されていくなかで、あくまで現地で経営し続けた企業である開灤鉱務総局は、情勢の変化にどのように対応したのだろうか。これが本章の一つ目の論点である。

本章の二つ目の論点は、日本はイギリス権益である開灤炭鉱に対して、どのように影響力を深化させたのかについてである。事実上の華北支配を拡大させようとしていた日本にとって、イギリス権益である開灤炭鉱にいかにして日本の影響力を浸透させるのかは大きな課題となっていた。当時の日本にとって華北の石炭の需要は高く、それが一九三五年の華北分離工作の背景にもなっていたことはよく知られる。[15]たとえば、満鉄経済調査会の新井重巳が、「支那の石炭需要は一に北支に依存するものと称し得べく、之が統制は支那に於ける石炭全体の実権を掌握す

表5　開灤炭出炭・積出量

（単位：トン，％）

年	1937	1938	1939	1940	1941	1942	1943	1944	1945
出　炭	4,778,000	5,167,000	6,528,677	6,491,722	6,633,465	6,658,510	6,413,132	5,625,000	3,500,000
積　出									
日本（内地）向け	1,162,076	1,515,814	1,898,335	2,115,725	2,084,219	2,231,148	1,458,396	566,559	93,491
朝鮮向け	130,687	160,116	236,304	249,319	193,825	247,928	220,189	398,851	282,796
満洲向け	10,633	15,038	113,501	228,830	401,928	971,456	1,175,766	857,347	150,671
華北・華中向け	–	295,000	1,251,601	1,105,353	644,048	229,728	81,420	2,851	550
日本船焚料炭	–	26,982	60,819	137,776	99,741	110,685	39,740	–	–
積出計	–	2,012,950	3,560,560	3,837,003	3,423,761	3,790,945	2,975,511	1,825,608	527,508
積出量に占める日本（内地）向けの割合	–	75.3	53.3	55.1	60.8	58.8	49.0	31.0	17.7

出所）前掲『開灤炭礦の八十年』46～47頁。

ることとなり、我経済的勢力に多大の強味を加ふると共に北支開発上喫緊事たるべく、政治工作の進展に併行して之が方策の実現切望して歇まざるものなり」[16]と述べているように、産出量の多い華北の石炭を掌握することはきわめて重要だった。なかでも日本が重視したのが開灤炭鉱であった。開灤炭は製鉄用コークスや鋳物用コークスの製造炭として利用される強粘結炭に分類されるが、この種類の石炭は輸入に頼らざるをえなかったからである。[17]大口購入者は日本製鉄（とくに八幡製鉄所）や日本鋼管などの製鉄会社であり、日本における製鉄業の発展には開灤炭の安定的な確保が不可欠だった[18]（表5）。それゆえに開灤炭鉱がイギリスの権益であったことは、日本にとって悩ましかった。

なお、華北の経済開発に際して、日本が現地の外国権益をどのように扱うのかについては、「外国権益に対しては急激な改変を加ふることなく寧ろ之と協調し平和的交渉に依り漸次之を譲受くる」というのが基本方針だった。[19]日中戦争期も、占領地における外国権益の扱いについては、「外国権益は務めて之を尊重して紛議発生の余地なからしむるも、漸次合法的に之が整理を図る」[20]という方針がとられたように、その基本的な姿勢は変わっていない。それでは、外国権益の立場からみたとき、日本側との「協調」や「漸次合法的に之が整理」を受けることは、いかなる状況下に置かれることを意味したのだろうか。本章では、日本による華北支配の深化にネースンらイギリス人がどのように対応したのかをみることを通して、この問題にアプローチする。これが本章の三つ目の論点である。

開灤炭鉱は、その中国近代炭鉱業における重要性ゆえに、長きにわたって研究者の注目を集めてきた[21]。とくに炭鉱の経営や労働問題を取り上げた研究の蓄積が多く、それらの研究において日中戦争期の開灤炭鉱は、概して日本が無謀な採炭を強いた時代として描かれる傾向にある[22]。対して本章では、華北最大のイギリス権益と目された開灤炭鉱を事例として、一九三〇年代における日本の華北支配の実態と日英関係の変化について考察することをねらいとする。開灤炭鉱をめぐるイギリス人経営者の史料としては、オクスフォード大学ボドリアン図書館にネースン開灤鉱務総局総経理の関係史料（Archive of E. J. Nathan）が所蔵されているほか、現在炭鉱を経営している開灤集団が所有する史料の一部を編纂した熊性美・閻光華編『開灤煤礦礦権史料』（南開大学出版社、二〇〇四年）も出版されている。本章ではこのような炭鉱経営に関与したイギリス人側の視点にもとづいた史料に加え、イギリス外務省の史料や、日本・中国の関係史料も用いつつ、当該期の開灤炭鉱を政治・外交史の文脈に位置づけたい。

一　「事実上の政府」への開灤炭鉱の対応

一九三三年一月に日本軍が山海関を占領すると、開灤炭鉱を含む天津で活動するイギリス企業は、イギリス公使館に対して出兵を要請した。しかし、一月一一日イギリス外務省は日中間の紛争に巻き込まれることを懸念し、出兵に否定的な姿勢を示した[23]。同月一八日に外務省から連絡を受けた陸軍省も同じ立場だった[24]。

一九三三年の塘沽停戦協定によって炭鉱の存在する冀東地区が非戦闘地域となり、南京国民政府の軍隊が排除されて日本の軍事的影響下に組み込まれると、開灤鉱務総局は現地における法と秩序の維持について日本に頼るようになっていった[25]。ロンドンの開平公司のターナー（W. F. Turner）はネースンに対して、中国との関係が悪くなるおそれがあるため、唐山において日本に警備をしてもらうことを控えるように指示した。[26] ネースンは「徐々に明らかになっていることは、どんなにそれを否定したい愛国的な中国人であっても、日本人はわれわれの地域の実効的なコントロールをにぎっていて、そのなかで中国人官吏は単なる傀儡であるということである」[27]と、現地の実情を説明している。

一九三五年の華北分離工作によって、冀東・冀察地区が南京国民政府の支配の及ばない地域となり、日本が華北への影響力を強化させていったとき、開灤鉱務総局のイギリス人は現地の日本人に対する警戒心を隠さなかった。開灤炭鉱の経営に日本が介入しはじめるのではないかと危惧したからである。一九三五年五月、支那駐屯軍司令部参謀長の酒井隆は、日本人は開灤炭鉱を接収しようとしているわけではないが、それを操業できなくすることができるのだと述べていた。[28] また、英中合弁企業である開灤鉱務総局は中国人の総経理を一人配置しており、鉱務総局は、日本がいずれ南京国民政府に鉱務総局を改組するように命じて、日本人の息のかかった中国人を総経理に就け、鉱務総局を意のままに操ろうとするのではないかとも懸念していた。[29]

一九三五年六月、開灤鉱務総局の経営陣と支那駐屯軍司令官の梅津美治郎が会談した。そこでネースンに次ぐ副経理の地位にあったプライアー（Wilfred Pryor）は、同局の立場について、「われわれは純然たる商業会社であり、政治にまったく干渉したくはない。われわれの唯一の望みは中国および日本の産業と協力できるように、そっとしておかれることだ」と説明した。これに対して梅津は、日本に領土的野心はなく、地区の国民党と藍衣社の勢力を排除しようとしているだけであると伝え、地区内の人々と企業が平和と安全を得られるよう保障すると述べた。[30]

華北分離工作を経て、南京国民政府の行政権が天津と唐山から排除された事態を、ネースン総経理はいかに受け止めたのだろうか。ネースンの用いた例えは興味深い。すなわち、新たな支配者による統治が始まり、日本軍人もその存在感を高める一方で、郵便や電信などの分野ではなお国民政府の機能が存続しているという状況を前に、「まるでわれわれは不思議の国のアリスになったようだ」[31]と表現している。

このような「不思議の国」に迷い込んだ開灤鉱務総局に対して、ロンドンの開平公司は「中国とイギリスの両政府にわれわれの権利の保障を求め、日本人とも可能な限り友好を保持し、同時に冀東防共自治政府との関係にも、慎重な姿勢を採り続ける[32]」よう指示した。開灤鉱務総局も開平公司に対して、炭鉱側が採るべき姿勢について次のような見解を示している。

目の前の状況を受け入れ、批判せず、いかなる一方にも、反対しないし、肩を持たないという現実主義的態度を採ることが、状況に対応する唯一の方法だと私は信じている。日本政府と中国政府の間の政治的関係は、われわれの関与するところでない。巻きこまれない限り政治的紛争には関与せず、自分自身のビジネスに打ちこみ、自分の仕事を遂行することがわれわれの義務である[33]。

開灤鉱務総局の方針に、開平公司は賛意を示した[34]。すなわち、一九三六年六月の段階では、炭鉱をとりまく諸勢力に八方美人たることでロンドンと天津の方針はほぼ一致していたといえる[35]。この方針にもとづき一九三六年以降、開灤鉱務総局は徐々に現地日本人や占領地政権に対する態度を軟化させていったようである。たとえば、のちに同局の日本人顧問を務めることになる児玉翠静によれば、「冀東政府に対しては、政府組織当時英国が右政権を承認しなかったので、それとの交渉を極度に嫌ったようで、特に殷汝耕一派には感情的にも好感を有せなかったようで、互に不仲な有様であったが、最近実際的に冀東政権の実権を認識せざるを得なきに到り、之と意思疎通を欠くことの不便を知り、之が関係に最も苦心する様子[36]」だったという。また、数年前まで炭鉱を見学しようとする日本人に対して「露骨な排日」があったが、「最近は、軍部、領事館、満鉄、興中公司などが紹介する者に対して、あらゆる場所を公開して歓迎の意を表するようになった[37]」という。同年には、炭鉱側は日本人顧問の設置も受け入れ、児玉が着任した[38]。

次に納税をめぐる展開についてみてみる[39]。一九三五年一二月、成立したばかりの冀東防共自治政府の税務局から開灤鉱務総局に通知が届き、同政権による鉱産税の徴収が通告された。このとき鉱務総局は、要求に応じて鉱産税を払ったならば、会社登記をめぐる問題も引き起こされ、冀東政府から鉱区税納入も要求されるかもしれないと懸念した。さらに、冀東政府の登記規定を遵守すれば、灤州公司と開平公司が中華民国政府との間に締結していた協定に抵触するおそれもあった[40]。鉱務総局は当初、南京国民政府との間の関係に配慮し、冀東政府の要求を無視していたが、一九三六年から国民政府への納税は滞るようになる。すなわち、同年八月に開灤鉱務総局は国民政府への納税を見送るとともに、冀東政府の徴税にも応じないことにし、いずれの政府にも納税しない状態になった[41]。日中戦争が長期化の様相を呈した一九三七年末、「事実上の好意」を示すため、開灤鉱務総局は未納分を冀東防共自治政府に全額支払うという対応をとった[42]。この変化の背景にあったのは、「臨時政府は存在し、消え去りそうにない」[43]という認識だった。当初鉱務総局のイギリス人は、臨時政府は「事実上の政府」にすぎず、国民政府こそが鉱務総局に鉱権を付与している「正当な政府」であると認識していたが、日中戦争が拡大の一途をたどり、国民政府の存在が彼らの眼前から薄れていくなかで、開灤炭鉱は「事実上の政府」の支配を受け入れていく道を選んでいったといえる。一九三八年二月に開灤鉱務総局は、支払期限の延長を国民政府に願い出たうえで、同政権への納税を停止した[44]。四月一九日、国民政府の経済部は納税を求めたが、結局一九三八年以降の分は支払われなかった。一九三八年八月時点でも開平公司は、「臨時政権は「事実上の政府」(*de facto* Government) ではあるが、同時に重慶政府はわれわれに鉱権を付与する「正当な政

写真 6　冀東防共自治政府（通州文廟）正門

出所）東洋事情研究会編『冀東綜覧』（東洋事情研究会, 1936 年）口絵（国立国会図書館デジタルコレクション）。

府」(*de jure* Government) であることを覚えておかなくてはならない[45]」と述べているように、「正当な政府」の存在を意識している。

二　日本による開灤炭鉱への接近とその限界

日本の内地における高炉銑の増産は一九三三年から急速に進み、それにともなって原料炭の消費量も増加していった。さらに満洲で鞍山・本渓湖を中心とする現地の鉄鋼増産態勢の整備が進んだため、満洲からの輸入は一九三四年をピークに漸減し、これにかわって華北炭の需要が高まっていった。華北炭のなかで、日本が確実な輸入ルートをまっさきに確立したのが開灤炭であった[46](表6)。

日中戦争が始まる直前、開灤炭鉱の取扱いをめぐって、満鉄調査部は次のような展望を持っていた。開灤炭はコークス原料炭として日本に不可欠な石炭だが、同時にイギリス側としては長年経営してきた権益であるから、今すぐ手放すことはないだろう。そのため「開灤炭鉱を英国資本の下においたまま日本の政策に順応せしめ、実利的に之を解決」することが重要である[47]、と。日本による開灤炭鉱買収の試みは、日中戦争中も続けられていたが、いずれも成功していない[48]。

一九三八年三月に日本製鉄社長の中井励作とネースンの間に協定[49]が結ばれ、それまで開灤炭の対日販売を担っていた開平炭販売合資会社を改組して、日本製鉄や日本鋼管など開灤炭の需要が多い五社が共同出資する形で開灤炭販売株式会社が設立された[50]。同社は一九三九年一月に鉱務総局との間で正式な代理店契約を結び、内地や朝鮮に対する開灤炭の輸入のみならず、満洲における販売、上海や華北における日本人企業や関係先に対する販売業務も担うことになった。出資会社五社の最高経営責任者は月に一回は会合をもち、炭鉱の生産状況や開灤炭輸入の状況について検討を加え、炭鉱側と常時連絡をとる体制も作った[51]。

このような企業の動きに加え、駐天津日本総領事館などの外交ルートを通した、増産や日本向け販売量の増加に対する要求がたびたび行われた。しかし、日中戦争の被害で中国の炭鉱の多くが出炭停止に追い込まれ、中国全土で開灤炭の需要が高まっていた事情もあり[52]、日本向けの販売量のみを極端に増やすことは難しかった。一九三九年二月、来日した開灤鉱務総局のプライアーと、日本の外務・商工・陸軍当局や日本製鉄の関係者などが会談した際、日本製鉄の平生釟三郎会長は「開灤炭の供給は理屈を超越して絶対必要なり」と説き、商工省は「開灤の華北供給額を減ずるも已むを得ずとの極端論」を述べている[53]。

表6　日本の製鉄業と開灤炭

（単位：千トン，％）

年	開灤炭鉱 総出炭量	日本向け製鉄用輸出量 （総出炭量に占める割合）	日本要輸入量 （開灤炭の占める割合）
1935	4,042	287（ 7）	1,340（33）
1936	4,735	455（10）	1,369（29）
1937	4,778	659（14）	1,674（35）
1938	5,167	1,287（25）	1,729（33）
1939	6,528	1,558（24）	2,055（31）
1940	6,492	1,779（24）	2,725（42）
1941	6,633	1,735（26）	3,007（45）
1942	6,659	1,877（28）	3,218（48）
1943	6,413	1,229（19）	3,096（48）
1944	5,625	496（ 9）	2,384（42）

出所）君島和彦「日本帝国主義による中国鉱業資源の収奪過程」浅田喬二編『日本帝国主義下の中国』（楽游書房，1981 年）。

そもそも対日販売量増加のためには、新坑の採掘や新規増資などによる開灤炭自体の増産が不可欠だった。開灤鉱務総局は、炭鉱周辺の治安が安定していないことや、日本が為替管理を敷いているために外貨の獲得が困難であることなどを背景として、増資計画には慎重な姿勢をみせていたが、日本側は日本資本の参加を積極的に求め、日本も炭鉱の共同経営に加わることなどを提案した。結局、一九三八年九月にロンドンで開催された株主総会において、日本円に換算すると約五〇〇万円の新投資をすることが決まり、開灤鉱務総局は一九三九年から増産計画に着手した[54]。この増資は日本国内でも、「北支における最初の外資しかも英国資本誘導の成功は、一面に於て英国の現実主義外交の現はれ」などと好意的に報道されている[55]。

こうして開灤炭の対日販売網の確立が図られる一方で、現地においては開灤炭鉱への対応をめぐる軍出先の統制や炭鉱の治安維持が問題になっていた。

一九三八年春、炭鉱では大規模なストライキ（罷業）が起きた。このストライキは労働者の就業能率向上を目的として、会社側が鉱夫の入鉱に際して切符授受の制度を導入したのを契機に三月中旬から始まったもので、四月にはストライキは全鉱区に及び、一部は暴動化して死傷者も出た[56]。ストライキに参加した労働者は四万人とも言われる[57]。

三月二六日、北京のイギリス大使館のヤング（G. P. Young）書記官は日本大使館を訪れ、労働者との交渉には鉱務総局があたるので、ストライキにともなう暴動については日本に鎮圧してほしいと要請した。炭鉱ストライキの問題は日本の占領地における治安維持の観点からも重要であり、罷業者の鎮圧の必要性は日本にとっても無関係ではなかったが、このとき日本大使館は、開灤鉱務総局が勝手な条件を労働者に押し付けるのを日本側が援助するという形になると、中国人の恨みを買うことになると懸念し、対応を現地日本軍に相談した。現地日本軍の反応は冷ややかなもので、対応を唐山特務機関長に一任するならともかく、従来のように炭鉱側が憲兵の干渉を嫌がる態度をとるようなら到底協力はできない、と回答した[58]。さらに現地軍は、宣戦布告を行っていない日中戦争では事実上の占領地に軍政は敷かれていないから、炭鉱で発生したストライキの結果生じる事態に対しても、現地日本軍が責任を負う必要はないとも主張した。そして、いかなる名目があるにしても、争議に関与してイギリスと中国双方の反感を買うのは愚かなことで、イギリスが自らまいた種は自ら刈り取るべきだという認識を示した[59]。結局、開灤炭鉱が「軍事作戦地の後方に在るので労資双方の協調に依る速かなる解決を期待してゐたが、事態は依然として継続され解決の時期は予測し難」いことなどから、現地軍は争議の鎮圧に乗りだすことになった。四月二一日、現地の日本軍当局は、労働者に対して同月一四日に鉱務総局との間で締結された協定に従ってすみやかに業務に復帰すること、開灤鉱務総局に対して今回の争議によって死亡した者へ四〇〇万元を支払うことなどを求める布告を出した。[60] 唐山憲兵隊による介入と積極的な弾圧もあり、四月下旬には全鉱区で復工に至った。[61]

こうしてストライキは終息したが、実際にはストライキの背景には現地日本軍の関与があった。三月下旬に駐天津イギリス総領事は、堀内干城駐天津総領事に対して、日本人がストライキ中の地区に入ってストライキを扇動しているという情報を伝え、その取締りを要請した。[62] その後堀内総領事が調査すると、ストライキの開始直後、唐山特務機関長の宍浦少佐、同地憲兵隊長の杉田少佐ら日本人数人が、ストライキを利用して炭鉱を日本側の手に収めようと考え、冀東警察隊らが炭鉱労働者を扇動した事実が判明したという。彼らは北支那方面軍司令部の命令で、早急に異動となった。[63] こうして現地の勇み足は阻止されたものの、その後も唐山に駐屯する部隊が炭鉱を直接コントロール下に置こうとする試みは続いた。一九三九年四月には、唐山に駐屯する木村連隊が兵力による炭鉱占拠を企図して準備をしていたところ、同じく司令部の命令で事なきを得たという。このとき炭鉱占拠を図った木村連隊が問題視していたのは「現行開灤鉱警権に付、警備上支障もある」ことだった。[64]「鉱警権」（鉱業警察権）に関しては後述する。

満鉄天津事務所調査課が、「我国の対北支工作上に於て最大障碍を為すものは、開灤炭礦を根拠とする英国勢力の存在である。（中略）此の一大勢力を駆逐せざる限り、日満北支を打つて一丸とする経済ブロックの完全なる結成は望み難いところである」[65] と分析していたように、巨大なイギリス資本の存在は煩わしいものだった。それでは、なぜ現地日本陸軍による炭鉱接収の試みは、阻止され続けたのだろうか。その背景の一つには、開灤炭鉱を日本が接収した場合に生じるリスクがあったと考えられる。

一九四〇年七月駐天津総領事の武藤義雄と現地軍との間で、日本が開灤炭鉱を接収しない方が望ましい理由として、次の三点が確認された。①「積極的対処」の場合は、坑内に潜入している「抗日分子」による機械・坑道などの破壊のおそれがある、②経営者が変わると出炭量が一時的に低減し、復旧に三ヶ月以上かかるとする専門家の意見がある、③占領しても経営資金調達などに関する見通しがない場合はかえって有害である、[66] 以上三点である。安定的な経営と出炭量の増加という観点からすれば、現状維持が得策とみなされたことが分かる。武藤総領事は、「局地的単独行動は中央の対外策上、却て障害を来す処多きこと」と「現地本件は各地英国権益とも一連の牽連性を有すること」などを、現地軍と連絡していると本省に伝えている。[67]

次に鉱業警察権をめぐる問題についてみていく。一九三八年七月、駐天津総領事の田代重徳は、大規模なストライキが起きた原因を炭鉱の警備力不足に見出し、炭鉱付近の警備問題について現地軍と折衝を始めた。田代は、蜂起の中心坑区に潜入した抗日勢力で、団結して抵抗を試みたのはストライキ後に解雇された労働者や無頼漢であり、彼らに脅迫されてストライキに追随するものが大量に現れて出炭量が低減したと分析し、出炭量維持のためには付近の恒久的な警備が必要だと考えた。[68] 一九三八年から日本軍は、警備のためであればその都度鉱務総局と折衝をして、軍用道路・橋梁の新築や補修、軍用電線の架設のほか、鉱区内の捜索についても事前連絡のうえ日本の憲兵を入り込ませるなどしてきた。[69] 一九三九年に再度炭鉱でストライキが起きた際、本間部隊の小西参謀と面会したプライアーは、ストライキの拡大防止のために日本軍当局の援助を得たいという旨を伝えた。小西は治安維持のために適当な措置をとると伝え、[70] 日本軍の派駐が実施された。[71] このように炭鉱の治安維持への日本軍の関与は大きくなっていった。

炭鉱の警備には、鉱業警察があたっていた。[72] イギリス人をはじめとする多くの外国人は当時治外法権をもっていたため、炭鉱の治安をいかに維持するかは、中国にとって緊張をはらむ問題であり続けた。[73] 一九三二年一〇月に実業部が公布した鉱業警察規程では、鉱業権者はその鉱区所在地において鉱業警察設置許可を願い出ることができること、鉱業警察所は管轄する鉱区や鉱業設備について地方警察官署と協議のうえ確定することなどが定められていた。[74] この規定にもとづき、開灤炭鉱の山元の治安維持には唐山公安局と鉱業警務総処がそれぞれ約五人の人員を率いてあたっていた。そして開灤鉱務総局が推薦した人物が公安局長と警務処長の職を兼任し、炭鉱側がその給与を支払っていた。[75]

しかし冀東防共自治政府が成立すると、同政府は鉱務総局の推薦によらず独自に唐山公安局長を任命した。そのため炭鉱側はその人物による警務処長の兼務を拒否し、炭鉱独自の警備を開始し、公安局への支払金も停止した[76]。一九三八年五月には開灤炭鉱の鉱業警察制度を規定していた鉱警章程の第一次改定が行われ、この改定によって鉱業警察の任命権を鉱務総局は失ったが、別に占領地政権と特別協定が結ばれ、それを根拠として鉱業警察の任命権を鉱務総局は得た。ネースンはこの改定を喜ばしいものとして、開平公司に報告している[77]。

炭鉱の治安維持強化のためには、鉱業警察制度を全面的に改定し、日本軍が炭鉱に常駐するという方法もありえた。しかし、これに日本は二の足を踏んだようである。一九四〇年八月、藤井啓之助北京参事官は次のように振り返っている。

> 採炭の逓減を防止し、更に増産の円滑推進に対し積極的に共助する名目を以て、前掲会社の基本契約其の他組織内容及彼等の利益には、飽迄触れざることを前提として、鉱区内外の不良華人及鉱区附近に蝟集の匪賊に対し、鉱警無力を補強する為、直接且任意に我方軍警力を鉱区内に作用せしむること（鉱警の支配区処は勿論なり）に鉱警制度の再改訂（中略）も考慮せらるるも、姑息策たるを免れざるに依り、寧ろ此の点は先方の出方に委し、敢て我方より触れず、前段に依る暫定的協定又は覚書を取交す〔る〕こと、更に鉱務局が果して如何なる程度迄我方要求に応ずるや不明なるが、同様の名目及条件を以て我方技術者等を各現地に分駐せしめ、現場に付出来得れば営業に迄直接且実質的なる指導監督を与へ得る如く強く押すこと以外、差当り他策見当らず[78]。

このように日本側が鉱業警察強化の必要性を認めながらも、鉱警章程の改定には踏み切れずにいたとき発生したのが、百団大戦だった。一九四〇年八月から一二月にかけて起きた日本軍と八路軍によるこの戦闘により、華北で開灤炭鉱に次ぐ出炭量をほこった井陘炭鉱は、炭鉱および輸送用の鉄道ともに甚大な被害を受けた[79]。日本の軍需産業における開灤炭の重要性を考えれば、このような「治安戦」の影響が開灤炭鉱にまで及ぶ事態を日本は避けなければならなかった。一九四〇年八月、近く北京に赴任する唐山の旧部隊長は、次のように語っている。

> 晩近共産軍が開灤を目掛けて鉱区附近に蝟集の気配あり。英国勢力の頽廃と関連して、場合に依りては開灤に対し井徑《ママ》の二の舞を演ぜしめて、我方重工業に打撃を与へんとするの目論見ありとも憂慮せらるる次第なり。既に開灤炭が現下の我方に取り絶対的期待なる以上、右様敵方の謀略を予防して採炭量を低減せしめざることが、現地軍に課せられたる重大責任なり。[80]

そして、「赤裸々に政治問題とは切離し、双方実利的なる見地」から、出炭に支障をきたさないようにするため、日本軍を鉱内の要所に配置し、警備にあたらせる案につき、唐山の現地軍および師団司令部参謀と話し合ったという。[81] これをもとに天津で話し合いがもたれ、翌月、炭鉱警備に関する新しい協定が第二七師団長の本間雅晴とネースンの間で結ばれた。本協定により、開灤全鉱区およびその周囲の労働者住居地域一帯を特別警備地域とし、各鉱場内に日本人憲兵や部隊を駐屯させることになった。[82]

三　イギリス人の対応——天津・ロンドン間の認識の相違

占領地政権や日本の勢力と日常的にやりとりをせざるをえない開灤鉱務総局と、ロンドンに拠点を置く開平公司との間では、現地情勢についての認識やとるべき方針をめぐる見解の相違が徐々に大きくなっていった。

一九三八年三月、開平公司のターナーはイギリス外務省に赴き、極東部のブレナン（John Brenan）と面会している。ブレナンはここで、開灤鉱務総局の置かれた状況に「同情的な姿勢」を示した。[83] 開平公司が外務省の積極的な関与に期待するのには事情があった。一九二二〜二三年には三度にわたって炭鉱周辺の治安維持を図るためにイギリス軍が出動していた。一九三〇年に中国において新しい鉱業法が公布されると、翌年一二月ランプソン駐華公使はネースンに対して、開平公司と灤州公司が営業部門を統合したとき交わした連合同規約で保証される利益を開灤鉱務総局が確保するため、原則として同局をサポートすると明言していた。(84)

問題は、天津を支配下に収めた占領地政権をイギリス政府が承認していないという点にあった。日中戦争の長期化が明らかになってきたころ、天津のイギリス人たちは、イギリスが現地の政権を承認していないことで、彼らにもたらされる不利益に目を向けるようになっていた。(85)たとえば一九三八年一月、天津イギリス協会会長のケント(P. H. Kent)は、臨時政府(Provisional Government, このときは冀東防共自治政府を指す)をイギリスが承認していないために生じるリスクについて、イギリス外務省に上申しようとした。(86)ネースンはそれに同調し、イギリスが臨時政府を承認しなければ、鉱務総局は厳しい立場に置かれると開平公司に伝えている。(87)ネースンはデリケートな事項を扱う難しさを認めつつも、可能な事柄については、現地政権と合意を結ぶことなどに前向きな意見を述べるなど、占領地政権との関係構築に意欲をみせていた。(88)しかし九月、開平公司は鉱務総局に対して、イギリス政府は臨時政府を承認しないし、このような問題に関して外交的なサポートを求めるネースンには協力できない、との見方を示した。(89)

一九三九年三月一一日に占領地政権は、石炭を含む華北の重要輸移出品一二品目に対して、輸出許可制と輸出為替の中国聯合準備銀行(聯銀)集中制を採用した。この制度は、規定された一二品目を華中・華南含む第三国向けに輸移出(日満向けは除外)する際、聯銀に一シリング二ペンスの公定レートで輸出為替を売却した証明を必要とするもので、その証明書がなければ商品には通関許可は付与されなかった。このねらいは、外国銀行にも日本の現地支配への協力を余儀なくさせ、華北の輸出外国為替を聯銀に集中させることにあった。同年七月には対象が全輸移出品目に拡大されている。(90)

こうした為替管理・貿易管理の導入に対して、イギリスはどのような反応をみせたのだろうか。[91] カー（A. C. Kerr）駐華大使は、イギリス政府がとるべき施策を検討したうえで、イギリスの対華北貿易の途絶もしくは日本軍による租界封鎖を招くおそれがあるとしても、「中国におけるイギリスの通商上の利益と法幣価値の維持の見地からすれば、わが政府としては、イギリス系銀行が現在とっている協力拒否の傾向をさらに強めるのが望ましい」と、対日非協力の方針をハリファックス（E. F. L. Wood, 1st Earl of Halifax）外相に進言した。イギリス外務省はほぼカーの意見通りに、自己防衛上やむをえぬ場合は別として、原則非協力の態度で臨むよう関係各銀行に要請した。同じような要請は、米・仏・ベルギー政府によって天津の各国系の銀行に対してもなされた。英・米・仏・ベルギー系の諸銀行は、各国政府の勧告をうけて、聯銀券レートによる為替取引を拒否し続けたが、商取引に従事している以上、荷物の通関を拒否されては困るため、新制度に従わざるをえなかった。

実務的な理由から、占領地政権の経済政策をある程度受け入れる外国人の姿は、ネースンの史料からもうかがえる。石炭が為替集中制の対象となったことについて、ネースンは不安や戸惑いをみせつつも、開平公司に対して、現地では臨時政府の新しい規制に従うことで、彼らのビジネスを続ける方法を探っている人々もいると伝えている。[92] 鉱務総局も含めて、現実的な対応をとることで、華北において活路を見出そうとしたイギリス人もいたことがうかがえよう。

一九三九年六月、日本軍は天津英仏租界封鎖事件を起こした。このとき租界入口で始めた検問に際して、日本軍によってイギリス人が中国人と同列に扱われて厳重な取調べを受けたことや、租界内への食料供給が妨害されたことなどが現地のイギリス人たちに衝撃を与えた。天津の租界で特権的な生活を送ってきたネースンらイギリス人にとって、これは中国のみならず東アジアにおけるイギリスの威信低下に関わる事態に映った。

ネースンは開平公司に対して、中国におけるイギリスの威信の急激な低下が、開灤鉱務総局に勤務する外国人職員、とくにイギリス人の立場に深刻な影響を与えていることについての陳情を、すみやかに外務省に行ってほしいと要請した[93]。カー大使に対しても、もし日本人や中国人にイギリス人への介入を許したら、東アジアにおけるイギリスの威信に深刻な影響を与えることになると訴えた[94]。しかし、再度イギリス外務省と接触した開平公司は、外務省には占領地政権との間で陳情を含むいかなる関係も築くつもりはない、と認識していた[95]。ネースンが求める陳情に対しても、「外務省は十分に危機を認識している」と回答するにとどめた[96]。占領地政権への対応、そして天津英仏租界封鎖事件を機に、天津とロンドンで働くイギリス人相互の認識のずれは顕在化していった。

開平公司はあいかわらず、ネースンに対して開灤炭鉱をとりまく諸勢力と鉱務総局が友好的な関係を維持するよう求め続けた。一九四〇年四月一五日に開平公司にあてた電報で、ネースンは次のように心情を吐露している。

> 極東でこの一〇年間、華北に関する限りこの一〇ヶ月間起きているイギリスの威信と影響力の深刻な低下を、（中略）わたしは再び指摘しなくてはならないと感じている。（中略）わたしがきわめて自覚的なのは、極東におけるイギリスの威信低下というこの問題について、あなた〔開平公司のターナー〕とわたしは合意に至れないということである。あなたは、おそらく、わたしがここ一〇ヶ月の間異常な状況下にある天津にいるがゆえに、反英感情と反英運動の異常な表出に包囲されても、何ら有効な手立てを講じてくれないわが政府の無能さに対して、必然的に衝撃を受けているのだと言うかもしれない。他方で、強く偉大なるイギリス帝国の中にいるあなたには、専制的な国家に踏みにじられて、全体主義的制度の政府のもとでビジネスを行うとはいかなることなのか、理解などできないのだ。（中略）日本政府から必要な許可を得なければ、イギリスの会社は何らビジネスができないのである[97]。

ネースンは再三にわたって、「イギリスの威信低下」の危機を開平公司や駐華大使に対して訴えた。一九四〇年七月、開平公司が指示するような超然的態度（the *non possumus* attitude）はいかに要請されようとも、もはや維持できないと告げるなど、ネースンはいらだちを露わにしている[98]。開平公司は翌月にも、抵抗は最小限とし、あらゆる形で政治問題との関わりを避け、日本人と極力良好な関係を築くことがわれわれの方針であると述べている。[99]

開平公司はたびたびイギリス外務省に働きかけを行ったが、外務省の反応は冷淡なものだった。一九四一年六月二〇日にターナーがネースンにあてた電報によれば、外務省のブレナンの回答は「きわめて明確」なものだった。ブレナンは、外務省は中国の占領地政権と関係をもちたくないこと、今後の経営については、会社は自ら決定を下し、手はずを整えるべきだと伝えたという。ターナーは、ブレナンの姿勢は一言でいえば「厳格なまでに不干渉で、外務省の確固たる政策」をみせつけるものだったと述べている。[100]

一九四一年七月、ネースンがターナーにあてた電報のなかでネースンは、「イギリスの東アジア政策は弱腰で、それは〔駐天津イギリス総〕領事の無能さによって、この地で低められたわれわれの威信をいっそう低下させることになるだろう。この一〇年間イギリス政府はわれわれを支援するために何一つ行動してくれなかった」[101]と嘆いている。他方でターナーは、イギリス権益を守るために考えうる唯一の政策は、「その日暮らしで一日限りのもの（a hand to mouth or day to day policy）」であると述べ、実質的に日本の占領地となった華北において開灤炭鉱が好ましくない処遇を受けても、対症療法的にイギリスの権益を保護していく、[102]という一九三八年から変わらない方針を繰り返しネースンに説くだけだった。

四　日本による開灤炭鉱の接収と経営

太平洋戦争が開戦すると、日英は交戦状態に入り、日本はイギリスの資産を敵性財産として接収できるようになった。一九四一年一二月八日早朝、北支那方面軍の一隊が開灤鉱務総局の本部に乗り込み、同局を接収して日本軍の管理下に置いた。その後鉱務総局には監督官制度が敷かれ、最高監督官には実業家の白川一雄が就任して、炭鉱経営の各部門には北支那開発会社と、その傘下の華北交通や華北電信電話といった各専門部門の要員が配属された[103]。華北の炭鉱については、井陘煤鉱公司は貝島財閥系、中興煤鉱公司は三井財閥系の民間会社に経営が委託され、北支那開発会社がそれを総括する形がとられていたが、開灤炭鉱は軍管理となった点に特徴がある[104]。一九四三年一月七日に特殊財産処理委員会決定（同一五日閣議決定）を経て、炭鉱は日本に帰属することになった。ただし、灤州公司が開灤鉱務総局に対して有している二分の一の持分についてはこれを敵産と認めないことにし、日本は灤州公司と共同で開灤炭鉱の運営にあたる形式をとった[105]。

ネースンら開灤鉱務総局のイギリス人幹部は事態にどのように対応したのだろうか。太平洋戦争開戦後、日本側は、炭鉱は軍の管理下におくとしながらも現在の機構のまま操業を継続するように求め、ネースンはこれを受諾した。そしてネースンに総経理への留任を求めると、ネースンは日英が開戦した今日において「英人としての責任」を負いがたいとして一度固辞したが[106]、のちに日本側の希望を受け入れて残留することになった[107]。一九四二年四月の時点で、天津の総局で二七人、炭鉱で三〇人ほどのイギリス人が残留し、引き続き勤務していた[108]。開平公司はイギリス外務省に対して、彼らが業務を継続しているのは、戦争終結後も炭鉱の実権を掌握し続けるためであると説明している[109]。

しかし、イギリス人が日本の軍需産業を支える炭鉱に残り続けることは、イギリス政府にとって看過できない問題だった。一九四二年六月一三日イーデン（R. A. Eden）外相は、イギリス人経営者は鉱務総局で勤務し続けるべきでないという意向を表明した[110]。開平公司はこれを受け入れ、ネースンらは白川へ辞意を伝えた[111]。翌年三月、彼らは山東省濰県の収容所に送られた[112]。

最後に、接収後に日本が炭鉱をどのように経営したのかについてみておく。「治安戦」が繰り広げられた華北において、開灤炭鉱の経営は困難をともなった。第二七歩兵団長として一九四一年末から四三年七月まで冀東地区で治安戦にあたった鈴木啓久の回顧録によれば、冀東地区では一九四一年一月頃から八路軍の活動が活発化していたという。一九四二年一〇月末には、最も治安が良好と思われていた唐山付近において、軍用トラックが白昼に襲撃されたり、日本人を含む炭鉱関係者が八路軍によって襲撃されたりした。八路軍との戦闘は困難をきわめ、「むしろ治安悪化が地下にはいって深刻化し、治安工作を困難ならしめるに至」る状況だったという[113]。

一九四三年夏以降になると、炭鉱では資材、貨車、労働力や食料の不足が深刻化していった。まず資材で最も入手が難しかったのは杭木だった。開灤炭鉱の杭木所要量は年間約四五万石であったが、太平洋戦争開戦前は現地材を炭鉱周辺地区一一県にわたって独占的に購入していたため、安定的に杭木を入手できていたという。しかし一九四二年に入ると、内地材入手困難を見越した各方面による現地材の買い込みや、雑穀の値上がりにともなう労賃の騰貴などにより、産地価格が高騰した。さらに、馬車・大車等の輸送機関不足、現地情勢の不安定化による出回り不良といった事情を背景に、買い付けは著しく困難となり、一九四二年度の入荷はわずか四万石だった。一九四三年度はさらに減り、三万石の入荷しか見込めなかったという[114]。

石炭の輸送に不可欠な貨車については、いかなる状況だったのだろうか。もともと鉱務総局は産出炭の輸送用に三〇万トン貨車を六〇〇輌所有していたが、戦局が厳しくなると船舶の減少によって陸上輸送が圧迫され、炭鉱所有の貨車も当局の管理運営に移されることになった。当局から重点的な配車を受けてはいたものの、構内の貨車繰りと出炭や洗炭との結びつきに乱れが生じ、生産面に悪影響を及ぼすようになったという[115]。

また、炭鉱では一月およそ四三〇〇人の労働者が昼夜を問わず作業していた。しかし、周辺地区における各種特殊経営工事に労働者がとられたり、治安の悪化や共産党勢力の活動などによって、労働者の出勤が阻まれたり雇用が難しくなったりした[116]。さらに、労働者への食料供給も困難に直面していた。労働者に対して現物給与として小麦粉を廉価で配給することは、労働力の移動を防止し、作業能率を維持するうえで重要だったが、一九四二年五月頃から食料不足の兆候が見え始め、一九四三年になると事態は深刻化したという[117]。

船舶不足の問題は、開灤炭の輸送にも影響を与えた。一九四三年六月二五日には、華北炭輸送削減に関する閣議決定にもとづいて、船舶不足ゆえに「輪西製鉄所向けの華北強粘結炭の輸送はこれをとりやめ、北海道炭をもって補うこととし、釜石製鉄所についても右趣旨に即応し、速やかに適当な措置を講じる[118]」ことが決定した。開灤炭の日本への輸送すら困難になる時代が訪れたのだった。

おわりに

本章ではイギリスにとって「華北最大の権益」と目された開灤炭鉱が、現地支配者の交代という状況を前に、南京国民政府やイギリス本国との関係をいかに変化させていったのかについて、天津とロンドンにいるイギリス人相互の意識の違いや、日本の炭鉱に対する政策の変化もふまえながら論じ、日本による華北支配の一側面を明らかにした。

第二次世界大戦期、イギリス社会全体が東アジアへの関心を低下させていたことは確かである。ミッター（Rana Mitter）の次のような記述が象徴的といえる。「中国は重要であったが、イギリス人の心の中でインドと同じ位置を占めてはいなかったし、ナチス・ドイツやソ連がそうであったほどには大衆の心配のもとでもなかった。さらに、イギリスの国内状況は、政治は大量の失業や戦後の復興のような内政問題に目を向けなければならないことを意味していた[119]」。これに対して、中国現地に利害関係をもつイギリス人にとって、中国問題の重要性は本国の人々の関心低下と反比例する形で高まっていったが、本章はそうした激動の時代のなかで、彼らが中国における自らの事業や立場を守ろうとする姿に焦点をあてた。

「はじめに」で設定した三つの論点に沿って、本章の内容を整理したい。

一つ目は、一九三〇年代半ばの華北に「事実上の政府」が誕生し、そのもとで華北の政治・経済システムが改変されていくなかで、あくまで現地で経営し続けた企業である開灤鉱務総局は、情勢の変化にどのように対応したのかという問題である。華北分離工作ののち、本国が承認しない占領地政権による支配が自らに及ぶことに、開灤鉱務総局は当初戸惑いや抵抗感を示していた。しかし企業にとって、現地を事実上支配するようになった政府との関係構築は避けがたいものでもあった。当初鉱務総局と開平公司は、現地をとりまく各勢力と広く友好的な関係を築くことで切り抜けようとしたが、その後日中戦争が長期化するなかで、開灤鉱務総局は「事実上の政府」である占領地政権との関係構築へと段階的に軸足を移していった。その例として、本章では占領地政権への納税の開始についてみた。

日本が華北支配の地歩を固めていくなか、ネースンは華北の占領地政権をイギリスが承認しないことが炭鉱経営にもたらす不便さや、華北のイギリス人に対して本国外務省が積極的なサポートを与えないことにいらだちも示すようになる。イギリスの外交政策上、開灤炭鉱をめぐる問題は、より重要な権益が集中する華中にまで日本の影響力が及ぶことを阻止するためのテストケースとして重視されていたものの、イギリス外務省は未承認の政府である占領地政権がからむ事柄への関与を控えた。このイギリス外務省の立場を理解していた開平公司とネースンの間の方針の違いも次第に顕在化していった。

二つ目は、日本は開灤炭鉱に対して、どのように影響力を深化させたのかという問題である。華北分離工作以来、日本は華北の石炭を確保する重要性を認識しており、日中戦争時に開灤炭の需要はさらに高まっていた。満鉄天津事務所調査課が日本の華北に対する政策において、「開灤炭鉱を根拠とする英国勢力」の存在が「最大障碍」になっていると指摘していたように、巨大なイギリス資本を占領地に抱えることには煩わしさもあったが、太平洋戦争開戦前の時期、日本は開灤炭鉱を買収したり接収したりすることはできず、「開灤炭鉱を英国資本の下においたまま日本の政策に順応」させる方法をとった。

その方法の一つとして、日本は開灤炭の対日販売網の構築を図るとともに、開灤炭自体の増産も炭鉱側に求めた。ネースンは当初増産に難色を示したものの、一九三八年に増資を決め、日本への販売量を増加させていった。このことは華北地場消費と上海向け送炭の漸次切り詰めももたらし、開灤炭は他の華北産強粘結炭とともにもっぱら日本の製鉄業の原料供給源となっていった。[120]

こうして日本が開灤炭の確保を図る一方で、現地においては開灤炭鉱への対応をめぐる軍出先の統制や炭鉱の治安維持が問題になっていた。ストライキの扇動などを通して、唐山特務機関など軍の出先はたびたび炭鉱を直接コントロール下に置くことを企図し、その動きは北支那方面軍司令部などによって阻止された。駐天津総領事と同軍司令部の間では、開灤炭鉱を日本が接収したときのリスクへの認識が共有され、現地の勇み足を制御しようとしていた。しかし鉱業警察強化については、日本側はその必要性を認めながらも、「姑息策たるを免れざる」という判断から、南京国民政府時代の鉱業警察制度を全面的に改定して日本軍を常駐させることまではできなかった。炭鉱への日本軍常駐に踏み切ったのは、「治安戦」によって付近の井陘炭鉱が大きな被害を受けるのを目の当たりにした百団大戦後のことだった。

三つ目は、日本による華北の経済開発に際して、日本側と「協調」したり、「漸次合法的に之が整理」を受けたりすることは、開灤鉱務総局にとって何を意味したのかという点である。論点の一つ目で確認したように、開灤鉱務総局は事実上の華北支配を図る日本側への抵抗感を示しつつも、徐々に現地情勢に順応する姿勢をとっていた。同時に、ネースンは一貫してイギリス外務省に炭鉱の保護を期待しており、華北において炭鉱経営を続けるうえで、イギリス政府による占領地政権の承認や東アジアにおける「イギリスの威信の低下」への対応の必要性を、ロンドンに対して求め続けた。この背景として、一九二〇年代においては、イギリスは華北において最も重要なイギリス権益である開灤炭鉱を保護するべく兵も派遣しており、その記憶がネースンにはあったことが推察される。一方で開平公司は、占領地政権を承認することができないイギリス政府の事情を理解していたため、炭鉱に対しては現地の政治問題から距離をおき、周囲の諸勢力と協調的な関係を保持するように求め続けるだけだった。ネースンにとって、このような開平公司やイギリス外務省の対応は、無理解で無策にしか映らなかったといえる。一九三〇年代においてイギリス政府に反発する彼の姿は、それまでイギリスという帝国の庇護を受け続けていた存在であったことの裏返しでもあった。

イギリス外務省からすれば、ネースンという存在は東アジアの国際秩序を蹂躙する日本に対して大量の石炭を販売し、日本の傀儡政権との関係構築も厭わない商売人に映っていたかもしれない。ネースンは日本にとってきわめて重要な人物として、来日すれば必ず政府要路や財界有力者が出迎えて歓談したという[121]。開灤鉱務総局は戦時中も日本向けの石炭販売で莫大な利益を得ていたために、イギリス外務省が同情を寄せにくいという背景があった。ネースン自身も、日本帝国内への販売を伸ばしているため、重慶国民政府や駐華イギリス大使は開灤鉱務総局に対してさほど同情的でないことを自覚していた[122]。

一九三九年の天津英仏租界封鎖事件に関連して中国の各地で日本が反英運動を扇動した際、駐唐山副領事の梅谷斌雄は反英運動に労働者が巻き込まれて出炭量が減少するのを警戒し、炭鉱については反英運動に関する一般訓令とは切り離して慎重に考慮する必要があると現地軍側に要請した[123]。このように日本が開灤炭の確保を優先させたことや、開灤鉱務総局が日本の立てた占領地政権に順応していったことは、開灤炭鉱とそのイギリス人経営者を、当時の日英の国家間関係からは逸脱した位相に置くことになった。太平洋戦争開戦によって日英両国が戦闘状態に入っても、日本は開灤鉱務総局のイギリス人経営者には残留を求めた。太平洋戦争開戦から半年を経たころ、イギリス外務省の指示を受けネースンらイギリス人経営者は辞意を伝え、開灤炭鉱をめぐる日英関係は終焉を迎えたのである。

第4章　板挟みになる海関

――天津の海関をめぐる交渉――

はじめに

本章では一九三七年七月の日中戦争の始まりから、同年一二月に華北に成立した占領地政権である中華民国臨時政府が、天津の海関である津海関（天津の海関）と秦皇島の海関をその管理下に置き、新たに「華北海関」を発足させるまでの時期を対象とし、占領地内の海関に対する日本の施策と、海関職員や海関行政に利害関係をもつ国々の対応についてみていく。

序章で述べたように、一九四一年末まで日中戦争は宣戦布告をともなっていなかったため、日本は中国における占領地を拡大させても、法理上は敵性財産の接収および軍政の施行ができなかった。このことは、日本に海関を接収する権利がなかったことを意味した。海関側も、日本軍の軍事行動を阻害する措置はとらないので、海関行政の独立性を尊重するよう日本に対し非公式に要請していた[1]。しかし、日本にとって海関はあくまで「純然たる支那側機関」[2]であり、それを事実上の支配地域に存置させておくのには強い抵抗感があった。さらに、海関を通して外国租界内の抗日勢力に武器弾薬が渡される可能性や、総税務司に送金された関税収入が軍事費として利用される可能性に鑑みれば、海関制度への介入は当然であるとも考えられており[3]、そのため海関の「実質的管理」を目指した[4]。日中戦争期に日本が占領下に収めた海関をめぐる交渉は、「何分厄介な国際問題を含み居ることとな〔り〕、容易に進捗せず[5]」難航した。本章ではその過程と、日本が海関に対して行った「実質的管理」の実態について、津海関を例にとって論じる。

改めて確認すると、南京国民政府にとって、海関収入は中央政府財政の主要な財源であり、その大半が内外債の元利払いに充てられていた。また、海関収入が多額の外債の担保となっていたり、海関に多数の外国人職員が勤務したりしていたため、海関行政は諸外国の権益と密接な関係をもっていた。しかし、満洲国成立後に東北諸海関が接収されたことは、第2章でみた通りである。その後中国における日本の支配地域の拡大とともに、各地の海関が日本の支配地域内に収められたとき、その海関の収入をどの銀行に預け入れるのか、その海関が負担すべき外債償還分は遅滞なく送金されるのかについて、諸外国は日本の行動を注視した。一方日本は、第2章でみた満洲国の事例と同様に、関税収入は日中戦争期に設立された占領地政権にとって重要な財源になるとみなしていた。したがって、海関収入を預け入れる保管銀行（Custodian Bank）や、外債や内債など海関収入を担保とした債務償還分の扱いをめぐる駆け引きは、津海関（本章）や江海関（第5章）をめぐる交渉でも焦点となった。

海関収入の保管銀行に関しては、大連関を含むいくつかの例外的な海関を除き、従来香港上海銀行がその役割を果たしてきたが、一九三二年三月以降、中国各地の海関収入の預け入れ先は原則として中央銀行や中国銀行など中国系の銀行に変更された[6]。しかし、日中戦争が始まると暫定的な措置として、預け入れ先は再び香港上海銀行となっていた。天津や上海の海関収入は、香港上海銀行の各地支店にある各税務司名義の預金勘定に預け入れられ、毎月二回ないし四回に分けて、上海の中央銀行にある総税務司の勘定に送金されていた[7]。したがって日本側は、関税収入の流用を念頭に、上海への送金を停止するのに加え、預託先を横浜正金銀行に変更するよう、現地海関の税務司に求めることになる[8]。

日中戦争が始まったとき、津海関の税務司を務めていたのはイギリス人のウィリアム・マイヤーズ（W. R. Myers）である。マイヤーズは守屋和郎参事官との会食の際に、個人的な意見として、海関の統一性を侵さない範囲であれば、海関の日本による管理に応諾せざるをえないと話し、「大連式の接収」を阻止してほしいと伝えていた。[9]マイヤーズは、天津の海関が大連と同じ途をたどるのは避けたいと考えたのである。マイヤーズは日本側の要求と、メーズの指示とのはざまで、どのように対応するのだろうか。本章では、日本による中国支配の最前線で日本側との交渉に臨んだ各地海関の税務司と、あくまで南京国民政府の財政部の指示の下で業務を遂行することが求められたメーズとの間のせめぎあいにも注目する。

メーズが日中戦争期の日本の中国侵略にどのように対応したのかについては、いくつかの研究で明らかにされてきた。張耀華は古代から現代に至る海関の歴史を概観するなかで、メーズは「委曲求全」（不満を我慢してでも、事を丸く収めようとすること）を主張して、日本に譲歩しつつも海関行政の統一性を保とうとしたのであり、中国における「西洋列強の利益を保護する代理人」として、海関行政の分裂を回避した、との理解を示している。[10]

クリフォード（N. R. Clifford）は、主にメーズ総税務司の史料やイギリスの外交文書に依拠しながら、中国をとりまく情勢が激変するなかで、海関の外国人官吏が、本国の対中政策との関わりのなかでいかに立ち回ったのかを明らかにしている。[11]そこでは、メーズは重要度の低い事項でのみ日本に譲歩したのであり、結果として日本の中国侵略の速度を抑制したとして、海関の対応が評価される傾向にある。メーズが残した史料にもとづきながら、メーズの対応とその背景を実証的に明らかにしたものには、その他にも、ビッカーズ（Robert Bickers）やヴァン・デ・ヴェン（Hans van de Ven）などの研究がある。[12]しかし、これらの研究の関心は、国際組織たる海関のあり方自体に向けられているため、日本の海関政策の狙いやその実態にまで踏み込んだ考察はなされておらず、日本と海関の間でどのような攻防が展開されたのかについては十分に描かれていない。また、一九三〇年代における日本の中国支配地域の拡大と中国海関行政について論じようとするとき、中国・イギリス・日本の史料を突き合わせる作業が不可欠であるが、この基本的な作業は今まで十分に行われてこなかったといえる。

日中戦争期の中国海関については、イギリスが日本と連携しつつ、日英関税取極めなどの形で海関制度の改変を行った点に着目する研究が、主に中国の研究者によって蓄積されてきた。しかし、海関のイギリス人官吏は、外債の償還を優先して日本と結託したと論じられるなど、日英両国の立場を一括りに論じる傾向にあると言える[13]。これらの研究は、主として中国第二歴史檔案館所蔵の海関檔案に依拠しながら、総税務司を管轄する国民政府財政部関務署[14]との間のやりとりを中心に見るものが多いが、日本語の関連史料が利用されていないため、海関が日本からどのような圧力を受けるなかで「委曲求全」を選択するに至ったのかについては、具体的に明らかにできていない。

日中戦争期の日本の中国海関に対する政策については、占領地行政関係、とくに興亜院に関する史料が乏しいため、日本側の史料のみで解明することが困難な状況にある。宋芳芳は日中戦争期における日本の海関政策の基本的性格、すなわち日本の海関支配は軍が鍵を握っていたことや、日本は占領地内の中国海関に対して、現地政府を通した間接的な支配を行っていたことなどを指摘したが、記述はきわめて概略的なものにとどまっている[15]。

本章では、海関に対する日本の政策が、海関職員、海関を管轄する財政部、さらには海関に利害関係をもつ諸外国などさまざまな主体間の折衝のなかで、どのように進展したのかをみていく。日中戦争期もなお国民政府機関として機能する海関を、日本はどのように包摂しようとしたのか、そして、海関は日本の占領地支配にいかに対応しようとしたのかを明らかにする。

一　海関機能の維持にむけた折衝——日本からの提案

一九三七年七月七日、盧溝橋事件が起きたあと、七月中には秦皇島、翌八月には天津を日本軍が占領し、事実上二港の通関業務を支配下に置いた。

天津のフランス租界に位置し、南京国民政府の管理下にある津海関について、日本軍は作戦上の障害になっていると認識していた。また、「はじめに」でもふれたようないくつかの理由から、現地軍は海関の管理は不可欠だとみなしていた[16]。しかし一九三七年八月三日、陸軍省から現地軍に対しては、津海関を軍が直接管理するのは対外関係上複雑な事情が諸々生じるおそれがあるため、適当とは認められない旨が通達されていた[17]。

現地軍と駐天津日本総領事館は協議のうえ、以下①～⑦の方針を策定した。そして、駐天津総領事の堀内干城は八月二二日、この方針で津海関側と交渉を試みることについて、外務省本省に請訓した。①津海関に勤務する外国人職員は変更しない。②関税率は変更しない。③外債償還分は送金する。④外債償還分以外も接収することはせず、日系銀行に預け入れる。⑤治安維持会[18]が任命する海関監督を承認させる。⑥武器の輸入禁止など軍事的に必要最低限の措置を認める。⑦冀東貿易は自然消滅に委ねても差し支えなく、軍需品に藉口する密輸などは防止する[19]。

堀内が本省に請訓した案のうち、ここでとくに注目したいのは、④に関して日系銀行への預け入れが求められていることと、海関収入を担保とする債務のうち、内債償還分が送金の対象となっていないことである。ここで想定されている日系銀行とは、横浜正金銀行である。堀内は、本案は「リーゾナブル」であり、海関機構を破壊するものとは言いがたいと理解していた[20]。

本省は陸軍省とも打ち合わせのうえ、八月二三日に堀内に対して、現在の海関機構を根本的に覆すような措置は避けたいが、この程度の案であれば差し支えないと返答した。同時に、「海関側との交渉に当ては現地に於ける海関機能停止の現状を以て天津税関長を牽制し、専ら税関長を通し中央をして已むなく我方措置を黙認せしむる様仕向くること適当なりと認む[21]」という交渉方針も指示した。一方で現地陸軍は、陸軍中央に対して、上記①～④の条件のもとで「総税務司と交渉を遂げ、支那側治安維持会により事実上我が方の管理に収むる」必要を重ねて具申し、二四日に陸軍中央は津海関を実質的に管理することについては異存なしと述べ、それを認めた[22]。

八月二八日、堀内は先の提案について、天津と秦皇島の海関に対する措置としてマイヤーズに伝えた[23]。交渉に際してのマイヤーズの姿勢については、「はじめに」で確認した通り、「大連式の接収」を避けようとするものだった。マイヤーズの発言を受けて日本側は、「税関長の首を保証」する戦略[24]で交渉に臨んでいた。

九月一〇日にマイヤーズとアフレック（J. B. Affleck）駐天津イギリス総領事は、日本総領事館を訪れた。マイヤーズは、日本が求めていた海関監督の任命については要求を受け入れるが、海関収入の扱いについては、保管銀行の変更に関わる問題で外交上の手続きを要することになるから、自分の権限内では回答できないと述べた。そのうえで、日本人が納める関税については全額横浜正金銀行に預け、海関側が出金できないことにする代わりに、それ以外の関税については従来通り暫定的に香港上海銀行に預け入れて、そこから海関行政維持費（海関経費）を支出し、外債償還分の送金も行うという対案を示した[25]。

しかし、堀内はこれを拒否した。日本側は外債償還分以外を送金しないという原則を重視しており、それを確実なものとするために、全税収をまず日系銀行に預け入れるよう希望していると説明した。そして、マイヤーズの案は応諾困難であると突き返した[26]。

マイヤーズは九月一四日、再び堀内のもとを訪れる。そして、まだメーズの正式な承認は得ていないものの、海関の全収入を日系銀行に預金し、そこから海関経費を引き出すこと、そして日本側の同意を得たうえで外債償還分のみを引き出す旨を建前とすることを、内々に受諾した。さらに、マイヤーズは外債償還分を出金するつもりは当分ないという意向も示した。そして、暫定的に香港上海銀行に預けられている過去の税収約百万ドルについては、そのままにするよう要望した[27]。

八月二八日に提示された要求内容は、翌々日にマイヤーズからメーズへ伝えられた。マイヤーズは海関収入の扱いを含む日本側要求を伝えたうえで、日本の要求を受け入れれば、日本は関税の保護や密輸の防止に取り組み、関税率の変更も求めないが、拒否すれば海関は日本によって接収されると警告した[28]。以上のマイヤーズの主張は、メーズを通して国民政府の財政部関務署に伝えられた。そして、メーズは国民政府に日本の要求を受け入れるよう要請した。しかし関務署は要求を受け入れず、メーズに対して、「関税収入は内外債の償還や賠償金の支払いに関わっており、総税務司の負う責任は重大である。総税務司は、国家の主権と海関行政の統一性を損なわない範囲で、関税収入を守ることに力を尽くすべきである。もしある海関が執務を行えなくなったら、その海関は閉鎖を宣言し、近くの然るべき場所に別の海関を開き、徴税すべきである」[29]と指示した。

九月二三日、メーズから交渉方針がマイヤーズに伝えられた。関務署を説得できなかったメーズは、マイヤーズに対して、あくまで中国全土の海関収入は中立的な非日系銀行に預けるべきであること、外債と内債の償還分を送金することなどを指示した[30]。つまり、海関収入の横浜正金銀行への預け入れは拒否し、送金対象には内債償還分も含むという方針がここで示された。

しかし、天津はメーズの指示を実現できる状況にはなかった。当時華北の海関は機能不全ともいえる状況に陥っていたからである。具体的には、塘沽では海関出張所が事実上機能せずに無断通関が自由に行われており、天津でも第三特区辺りでは自由な陸揚げができていた。現地日本軍の動き次第では、英仏租界の外においてはただちに海関業務を停止できる状態にあったという[31]。

このような華北の状態を知る駐天津イギリス総領事館は、九月二八日、イギリス外務省に対して次のように訴えている。堀内は現地軍の急進的な行動をかろうじて阻止している状況で、もしいま日本の要求を呑まなければ華北の海関は切り離すという日本軍の脅迫を、マイヤーズは耳にしている。海関はすでに「敵の領域内（in enemy territory）」にあり、われわれはさらなる交渉ができる立場にはないのだ、と[32]。しかし、マイヤーズはメーズの許可を得られず、「苦衷」[33]に陥っていた。

他方、マイヤーズとの交渉にあたっていた堀内もまた、マイヤーズに圧力をかけ続けるしかない状況にあった。現地軍の要求は「極めて切」[34]であったし、海関が機能不全に陥り、密輸が横行しつつある天津において、堀内総領事は「海関管理の軍側希望に何とか色を着けて海関をファンクションせしむるにあらざれは、天津に無《ママ》海関（商業的には無政府的）状況に陥らしむる惧」[35]を感じてもいたのである。

一〇月六日、堀内は代理人をマイヤーズのもとに派遣し、数日以内に提案の諾否について明確な回答をするよう求めた。そして、これ以上事態を遷延させるならば交渉は打ち切りにし、「日本側は独自の見解にて処理する外なき旨」を伝えた[36]。

このような日本側からの圧力のもとで、翌七日マイヤーズはメーズに対して、一〇日までに回答がない場合は、メーズの承諾があったものと理解し、自らが最善と信じる行動をとるので、それを認めてほしいと願い出た[37]。九月二六日、メーズとホール・パッチ（E. L. Hall-Patch）駐華イギリス大使館付財政顧問が、宋子文、財政部政務次長兼銭幣司司長の徐堪、孔令侃（孔祥熙財政部長の息子でその代理）、関務署署長の鄭莱と会談した際、二人はマイヤーズに自由裁量の権限を与えるよう求めていたが、認められなかった経緯がある[38]。一〇月一七日、メーズは関務署に、唯一の解決策はマイヤーズに全権を与えて、問題を局地的に解決させることだと主張し[39]、翌日も日本側の要求を呑み、横浜正金銀行に直接的に預金するのを認めるよう再び要請したが[40]、関務署はこれも拒否した[41]。

一〇月一七日、マイヤーズはメーズに対して、横浜正金銀行に海関収入を直接預け入れることでしか、日本側との合意に至ることはできないと述べ、天津と秦皇島の海関収入を横浜正金銀行へ預け入れるように求めた[42]。だが、メーズは国民政府、とくに蔣介石の承認を得ることを重視しており[43]、承認が得られるまではマイヤーズに九月二三日の交渉方針以上の指示は出せない状態にあった。

マイヤーズが日本側からすみやかに回答するよう迫られるなかで、ハウ（R. G. Howe）駐華イギリス臨時代理大使は、マイヤーズが単独行動をとることに強い懸念を示した[44]。メーズもマイヤーズに対して、独断で行動しないようにくぎを刺した[45]。しかし、マイヤーズは「私は日本陸軍の言葉が至高の意味をもつ地にいて、ぞっとするようなハンディキャップのもと一人で闘っている」[46]と述べているように、天津は切迫した状況下にあった。なお、このころ、クレーギー駐日イギリス大使は、天津において日本側が話し合いを拒絶し、憂慮すべき事態に陥っているとの報道に接しているので、東京において非公式の話し合いを行いたいと要請した。しかし、堀内謙介次官は天津の交渉の成り行きを見ることにしたいと回答した[47]。

メーズだけではなく、ハウ臨時代理大使も、国民政府の説得を試みていた。ハウは一〇月七日、徐堪財政部政務次長に対して「国民政府は日本側が示した条件に同意し、マイヤーズに対して、できる限り最善の決着をつけられる指示を出すか、もしくは華北の海関を失い、中国の対外信用維持に悲惨な結果がもたらされるか決めなくてはならない」と伝えた。このとき徐堪は、決断は蔣介石が下すと回答した[48]。これを受けて、ハウは蔣介石に書簡を出した。そこでは、「天津からの情報によると状況は妥協を許さないものであり、不愉快な条件の下で海関へのコントロールを維持し続けるか、すべてを失うか、いま問題はそのどちらかである」と述べて、日本側の要求の受け入れを求めた。そして、決断を下すのは国民政府であるとしながらも、海関は外債の根幹であり、対外信用を維持することはきわめて重要だと念を押した[49]。

二　イギリスによる対案の提示と国民政府の説得

現地における交渉が膠着していたとき、イギリス外務省は国民政府に直接的な働きかけを行っていた。ここで日中戦争期の海関をめぐるイギリスの立場について確認する。海関ととりわけ深い関係をもっていたイギリスは、合法的な貿易の推進と、中国の対外信用の維持のために、海関行政の維持は対中政策における重要事項だという認識を日中戦争期も引き続き有していた[50]。日中戦争がはじまると、イギリス外務省は日本に対して「海関の国際的性質並に海関収入のみならず、海関行政自体に付ても英国が重要なる権益を有する[51]」と伝え、海関との密接な利害関係を訴えて、日本を牽制している。同時にイギリス外務省は、日本に海関を接収する法的権限がないことを認識しながらも、実際に日本が接収に乗り出したとき、それを阻止することはできないだろうとも考えていた。[52] イギリスにとって重要なのは外債償還分の確保であったため、内債償還分についても重視する国民政府の立場との間にはずれが生じることになる。

九月一八日、イギリス外務省は国民政府外交部あてに要望を送り、海関行政の崩壊を防ぐために、天津と秦皇島を除くすべての税収を中立的な銀行に預けることを求めた。[53]「中立的な銀行」が示唆しているのは、香港上海銀行である。

この案は王寵恵外交部長の支持を得たうえで、一〇月一三日、クレーギー大使から堀内謙介外務次官に示された。主たる内容は次の三点である。[54] ①現在、全海関収入は（原則として）中央銀行に預金されているが、国民政府は事変中の暫定措置として、第三国の銀行に対し保管銀行として税収を受け取る権限を中央銀行に与える。②天津と秦皇島で集められた海関収入については、①の保管銀行が他の銀行に預託することも許可する。③他の銀行に預けた海関収入については、天津と秦皇島の海関に課された外債償還分と、両海関の海関経費が、期日ごとに小切手で引き出される。以上の提案のポイントは、日中戦争下において保管銀行としての権限を、暫定的に中央銀行から①でいう第三国の銀行、すなわち香港上海銀行に渡すこと、また天津と秦皇島の海関収入について、香港上海銀行を通して②でいう他の銀行、すなわち横浜正金銀行へ預金する道筋が示されたこと、そして横浜正金銀行からの送金対象に内債償還分が含まれていないことである。[55]

一〇月九日の段階で駐天津日本総領事館は、駐華イギリス大使館からの情報として同案の内容をつかんでいた。一〇月一二日、イギリスが提示した案への対応をめぐって、北支那方面軍特務部長の喜多誠一と堀内総領事が会談している。[56] 会談の内容を具体的にみてみたい。堀内は、海関の即時接収が国際関係の悪化に拍車をかけるのは明らかであり、同案の修正によって日本側の目的を達成することはできるのだから、すみやかに措置を講じて中国側の宣伝に乗じるような隙を与えないことが肝要だと説いた。しかし喜多は同案の受け入れに否定的で、天津海関工作は開始から二ヶ月が経過したにもかかわらず思うように進んでいないため、さらなる先延ばしは困難であり、同案の受け入れはイギリスの本件に対する介入を誘致することになるから、これで軍内部をまとめるのは難しいと主張した。喜多は、あくまで日本側提案の諾否への回答を求め、海関側が応じないときは接収に踏み切るよりほかなしと強気な態度をみせている。このような喜多の姿勢を前に堀内は、従来からの天津における軍との関係に鑑みると、本件について軍側と協調を保つことは、今後の問題処理上不可欠であるため、日本側原案に対して海関からの返事を至急取りつけるよう努力するよりほかないという結論に至った。

なぜ現地陸軍はこのような強硬な態度をとったのだろうか。堀内は次のように観察している。当初現地陸軍は中央の意見に気兼ねして海関接収を躊躇したが、対満事務局次長である青木一男らの来津を通して陸軍省の強硬意見を確認し、急速に態度を硬化させていった。軍側としても武力や便衣隊を用いて海関を強制的に接収しようとまではしていないが、さしあたり塘沽や日本租界、特別区などに新しく海関を設置し、現行の海関制度を骨抜きにしようと考えている(57)。さらに、現地陸軍は交渉への外国の介入を知り、外交当局に交渉を任せておくのでは対外関係への配慮から接収の措置をとることが難しくなるかもしれないと考え、海関の「実質的管理」のための交渉はすみやかに決裂させるべきだと認識するに至ったと、堀内は分析している(58)。

次に、イギリスと国民政府の間のやりとりをみていきたい。前述の通り、イギリスが日本に示した案は王寵恵外交部長の支持は得ていたものの、蔣介石や財政部の支持は得られておらず、同案にもとづく対日交渉の進め方自体についても、国民政府の理解を得る必要があった。一〇月一七日、ハウ臨時代理大使が王寵恵と会談した際、ハウは、今後の交渉方法について、マイヤーズに拘束性のない指示を与え、彼が最善だと考える通りに行動させるしかないと訴えた。最終的に王は、もし海関が守られるならば原則を犠牲にすることは意味があるとして、日本の提案を受け入れることに同意した(59)。

この翌々日、ハウは孔祥熙財政部長とも会談した。一三日に日本側に示した案で日本側との交渉を進めることを孔祥熙はしぶしぶ了承し、交渉が停滞した場合、内債償還分が送金対象に含まれるのを条件として、横浜正金銀行に直接的に海関収入を預け入れることも認めた。しかし、ハウが満洲事変の後に大連の海関が中国の海関制度から切り離された事例を引き合いに出しながら、マイヤーズに対する自由裁量の権限の付与を要請すると、それは拒否した。[60]

同日、ハウは蔣介石とも会談し、天津の緊迫した状況を説明した。蔣介石は、いかなる条件をもってしても海関収入を横浜正金銀行に預け入れることは拒否するとしたものの、一三日に日本側に示した案それ自体は拒絶しなかった。[61]

三　マイヤーズ税務司の決断

以上にみてきた国民政府の反応は、一〇月二〇日にマイヤーズに伝えられた。内債償還分が送金されるならば、という条件つきではあったが、孔祥熙財政部長が横浜正金銀行への海関収入の直接的な預け入れを認め、蔣介石も拒絶しなかったことの意味は大きかった。メーズはマイヤーズに対して、孔は一三日に日本に示した案以上の譲歩は認めないという主旨の電報を送った。そして、もし同案で日本側との交渉を妥結させられなければ、天津と秦皇島の海関収入を横浜正金銀行に預け入れてもよいが、内外債の償還分と海関経費は期日通りに支払われる必要があることを伝えた。また、関余（第2章参照）については、横浜正金銀行に預け入れても差し支えないとした。[62] しかしマイヤーズは、この電報をメーズの意図とは異なり、マイヤーズが必要と認めた場合のみ内外債の償還分を送金すればよいと解釈した。[63]

二二日、マイヤーズは代理人を堀内のもとに派遣し、海関収入については日本側提案の通り、横浜正金銀行に直接預け入れ、外債償還分と海関経費のみを引き出すことにすると伝えた。さらに公文の形で、横浜正金銀行に預けた海関収入については、承認された海関経費のみ引き出し可能であること、債務償還に関しては税務司の裁量に委ねられているが、日中戦争が落ち着くまで出金する考えはない旨が表明された[64]。こうして、天津・秦皇島における海関収入の横浜正金銀行天津支店への預け入れは、一〇月二五日に開始された[65]。

以上のように、マイヤーズはメーズからの指示を「誤読する」ことで、メーズの指示に反する行動をとり、一〇月一三日のクレーギーの案を反故にする形で妥結した。この行動については、二六日にメーズに報告された。その際、マイヤーズ自身には横浜正金銀行に預けた海関収入の債務償還分を出金する権限があるが、日本が南京国民政府への送金に反対しているため、戦略的にしばらくそれを行使するつもりはなく、将来の交渉に委ねる旨も伝えられた[66]。メーズはマイヤーズの行動に不快感を示し、自身の指示通り内外債の償還分を送金するか、または送金が困難ならば既定の方針で再度交渉するよう要請した。マイヤーズが一切の送金を一時的に停止するとしたことについても、日本の案では外債償還分の送金を認めていることを考慮すると、マイヤーズの言い分は納得できない、とした[67]。なお、外債償還分の送金については、メーズによる再三の要請ののち、一一月五日にマイヤーズが堀内と交渉したうえで、八月と九月の外債償還分として二〇万ドルを送金した[68]。しかし、それ以上の送金については日本側を説得できなかった[69]。

マイヤーズは、自身がとった行動のあと、華北の海関をめぐる状況が改善していることをメーズに説明した。たとえば、天津に入港するすべての日本船は海関で取締りを受けること、貨物については通常の関税を支払うことが、日本軍によって指示された[70]。また一一月一〇日には、塘沽における海関の機能を復活させるべく、職員が派遣されたことが報告された。これらの情報をもとにメーズは、華北において、すべては国民政府と海関にとってそれほど悪くない方向に進んでいるという印象をもつに至った[71]。

メーズはマイヤーズがとった行為について、横浜正金銀行からの債務支払いのための出金については税務司がすべての権限を有していることを指摘しつつ、国民政府の権利と華北海関の統一性を守るために最善を尽くしたという考えを関務署に伝えた。しかしこのとき、マイヤーズが暫定的な出金の停止を表明したことにはふれていない。[72]

日本はマイヤーズの行動を、いかに受け止めたのだろうか。現地軍はマイヤーズの回答が想定よりも遅かったことにいらだちを隠していない。[73] 一〇月二五日に喜多特務部長から陸軍次官にあてられた電報では、ようやくマイヤーズが日本側からの全提案を承認する旨を通告してきたものの、すでに今日の状況に適応していないと述べ、海関収入を地方委員費に流用したり、関税率、とくに日本に不利に設定されている税率を引き下げたりしない限り、軍としてはただちに承認できないとした。[74] 一〇月二九日、外務省と陸軍省による調整を経て、天津と秦皇島海関の処理方針が以下の通り決まった。[75]

①天津および秦皇島海関の接収は、直接・関接を問わず、今ただちにこれを実施することは、津海関が日本側の全要求を応諾した事実や、九ヶ国条約会議開催を目前に国際情勢がきわめてセンシティヴな時期であることなどに鑑みると、控えるのが得策である。さしあたり、一〇月二二日にマイヤーズが承諾した案によって処理する。

②この暫定期間中、税収の政費流用、税率の低減、日本人海関職員の増員などは現場においてその実現のための努力をし、中央の措置を要するものについては関係中央省庁において協議のうえ実現を図る。

③今後南京国民政府の政策に変化がない場合、時機や方法については対外関係を考慮したうえで、占領地政権にその勢力範囲内にある海関を接収させることを考慮する。その場合日本は何ら関与していないとの建前をとる。

④イギリス、アメリカ、フランスなど本件に関して、日本政府に申し出をした国々に対しては、日本としては本問題を現地交渉に委ねているが、これら諸国が中国海関に有する利益については、侵害する意図はないという趣旨で応酬する。

この処理方針には、関税収入を華北の新政権樹立に必要な政費に流用することと、日本に不利に設定されていた関税率を低減する方向性が示されており、前述した一〇月二五日の喜多の電報の内容を実現するための道筋をつけるものだったといえる。

天津と秦皇島の海関をめぐる状況に大きな変化が訪れるのは、一二月一四日に華北地域の対日協力政権として中華民国臨時政府が成立したときである。[76] 両海関は同政府の管理下に置かれた。マイヤーズはその後も津海関の税務司としての勤務を継続した。臨時政府は翌年一月二二日に新税率を制定施行し、[77] 二月には青島、同年四月には煙台、龍口、威海衛の海関の税収も接収して、華北の六つの開港場の貿易を管理する組織として「華北海関」を発足させた。そして、六月から全面改正の新税率を実施した。[78] このような臨時政府との関係の構築について、メーズはハウに対して次のように述べている。

近年来、各海関の税務司は適法政府〔南京国民政府〕の指導を受けると同時に、ある程度まで事実上の政府を認めてきた。これはすでに何度も起きてきたことである。しかし、各税務司が一定の条件の下に事実上の政府を認めるのは、海関が実際の保護を得るためで、業務が停滞するのを防ぐものであり、総税務司が一つの全国的な「臨時政府」を認めるのとは異なる。[79]

ここでメーズが想定しているのは、一九三〇年の閻錫山による津海関接収や、一九三一年の広州政府による粤海関接収などの事例であろう（第2章参照）。しかし、臨時政府による華北諸海関の管理を事実上認めた代償は、メーズが指摘したような過去の事例とは比べものにならないほど大きかった。一九三八年から四〇年三月に汪精衛政権が成立するまで、華北の海関の剰余金は主に中華民国臨時政府と蒙疆聯合自治政府に分配され、その流用額は二億元に及んだという。[80]

おわりに

本章では、津海関が日本の支配地域内に収められてから、占領地政権の管理下に置かれるまでの時期を主な対象とし、日本が海関の直接的な接収に踏み切れないなかで、日本が海関の「実質的管理」を試みた際の交渉過程と、そこから引き起こされた「厄介な国際問題」を描いた。

津海関をめぐる交渉に際してマイヤーズ税務司の念頭にあったのは、第2章でみた満洲における海関接収の事例だった。津海関が満洲国内の海関のように中国の関税制度から切り離されるという事態を回避できる範囲であれば、日本の要求を受け入れざるをえないという考えをマイヤーズは有しており、非公式にそれを日本側に伝えていた。日本側は「税関長の首を保証」する戦略で交渉に臨み、天津における海関機能の麻痺という現実を突きつけながら圧力をかけることで、マイヤーズに日本側の提案を呑ませようとした。日本が事実上の支配者として君臨する天津では、要求の受諾しか道はないという認識を、マイヤーズやアフレック総領事はもっていた。しかしマイヤーズはメーズの、メーズは国民政府の許可がなければ日本側提案の受け入れはできなかったため、メーズやハウ臨時代理大使は国民政府の説得を試み、ときに満洲の海関喪失の事例も引き合いに出しながら、国民政府の譲歩を引き出そうとした。

国民政府からの許可はなかなか得られなかったため、メーズは既定方針で交渉を続けるようマイヤーズに繰り返し指示するほかなかった。他方、堀内総領事も現地軍の圧力を受け、マイヤーズに対して日本の案の受諾を迫り続けた。こうして「苦衷」に陥ったマイヤーズは、メーズからの命令を読み替えることで、日本側提案の受諾を公式に表明し、津海関収入の横浜正金銀行への預け入れが始まった。マイヤーズのとった行動にメーズは不快感を示したが、マイヤーズによる日本側提案受諾の後、天津の海関をめぐる状況は悪くない方向に進んでいると認識するようにもなった。海関との交渉にあたっての日本側の方針は、現地で海関が機能停止状態にあることを示して税務司を牽制し、中央にやむなく日本の措置を黙認させるように仕向けるというものだったが、以上の経緯はこの方針にほぼ沿うものだったと言える。

イギリスは、自らが海関に深い利害関係を有することを日本に示し、海関行政への介入を牽制した。そして、日本に海関を接収する法的権限がないことを認識していたものの、実際に日本が接収に乗り出したとき、それを阻止することはできないだろうとも考えており[81]、自らにとって重要な外債償還分の確保を図ろうとした。イギリスは、クレーギー駐日大使を通して日本側と交渉を進めようとし、保管銀行の変更などについて国民政府との調整を進めたが、現地で板挟みになっていた税務司が単独行動をとったりしたことなどから、交渉を意に沿った形で進めることはできなかった。津海関収入の横浜正金銀行への預け入れが始まったあと、一九三七年八月と九月の分の送金が一一月になされた以外、津海関から外債償還分が上海に送金されることはなかった。

部を改めて第5章では、このような津海関をめぐる交渉の経緯をふまえながら展開された、上海の海関をめぐる交渉についてみていく。

第III部

華　中

第5章　イギリスの積極的介入と海関制度

——上海の海関をめぐる交渉——

はじめに

本章では、一九三七年末以降に上海の海関である江海関をめぐって展開された交渉についてみていく。江海関は「全支関税の半を占むる最重要なる部分にして、事実上支那税関の死命を制し、列強の権益と至大の関係ある」[1]と評されているように、きわめて重要な海関だった。関税収入の金額のみならず、クレーギー駐日イギリス大使の理解において、江海関がいかに扱われるのかは、日本が繰り返し宣言してきた外国権益尊重の姿勢の誠意を問う試金石になるとされたように、[2]イギリスは江海関の処遇に象徴的な意味を見出していた。したがって日本占領下の上海における江海関をめぐる交渉は、津海関の事例以上にイギリスが積極的に介入する形で展開することになる。

江海関をめぐる交渉は、一九三七年一一月の上海陥落以降本格化するが、すでに一〇月の時点で、上海包囲体制をとることになった場合の海関処理方針が、駐上海日本総領事館と現地日本陸海軍の間で協議されていた。そこでは、江海関の直接および間接的な接収を行わないこと、海関収入は非中国系の銀行に預けること、そして、「大体天津の例に倣〔倣〕」って交渉を進めることも確認された。[3]江海関に関する交渉の際に、天津における事例を念頭

写真7　1928年の香港上海銀行と江海関

出所）“The Bund, 1928.jpg” / Wikimedia Commons / Public Domain.
注）時計塔のある建物が江海関，その左隣が香港上海銀行。

に置いたのは日本側だけではない。イギリスも津海関をめぐる交渉について、以下の二つの事実を重く受け止めていた。

一つ目は、日本が債務償還について配慮する姿勢をみせても、海関収入を横浜正金銀行に預け入れた後、同行からの送金は実現しないという事実である。前章でみたように、津海関収入が横浜正金銀行に預け入れられた後、実際に送金はほとんどなされなかった。そのため、海関収入の預け入れ先を横浜正金銀行に変更しないことこそが、天津の事例の二の舞を防ぐ手段になると、イギリスは認識した[4]。メーズ総税務司も、海関収入に関心を寄せる国々の反対を引き合いに出しながら、江海関収入の横浜正金銀行への預け入れを否定している[5]。孔祥熙財政部長は、こうしたメーズの姿勢に賛意を示した[6]。

二つ目は、津海関に日本が圧力を加えたことで、マイヤーズ税務司が現地で日本との妥協に踏み切ったという事実である。一一月一九日、クレーギーは堀内謙介外務次官のもとを訪れ、上海において日本軍が海関に対してドラスティックな措置をとろうとしているのは憂慮に堪えないと述べた。そして、本件は関係国間の話し合いによって解決を図りたいと申し入れ、現地で急進的な措置をとらないよう日本に要請した[7]。

一一月二九日、クレーギーはイギリス外務省にあてた電報で、津海関をめぐる交渉でマイヤーズが単独で日本の要求に屈し、自身の対日提案が反故にされたことに言及しつつ、上海における交渉では、ランスロット・ローフォード（L. H. Lawford, イギリス人）税務司が現地において、先に日本と協定を結ぶような事態は起こすべきでないと進言している。[8] 一一月二〇日、ホール・パッチ財政顧問はメーズやローフォードと会談したとき、メーズを制止しなければ、何ら抵抗することなく、ローフォードが日本に降伏するのを許してしまうかもしれないという印象を語った。[9] ホール・パッチは岡本季正駐上海総領事に対して、「天津の例より見るに日本は税関長に圧迫を加へ解決を図るものと断ぜざるを得ず。（中略）日本は結局税関長を圧迫することとなるべし」[10] と述べ、現地の税務司に圧力を加えて妥結させた、天津における日本の手法を牽制した。このように、日本側は津海関の例をふまえて交渉を進めようとし、イギリスや海関側はその轍をふまないように警戒していた。そのため日本と海関の間の交渉にイギリスが積極的に介入することになり、東京における日本外務省とイギリス大使館の間の交渉も頻繁に行われた。

江海関をめぐる交渉は上海では決着せず、一九三八年二月以降、日本の占領地の海関をめぐる全般的な問題として、東京にて日本外務省とクレーギー駐日イギリス大使との間で会談がなされることになる。この交渉の末、一九三八年五月、日英関税取極めが交わされた。本章では上海における交渉、および東京での日英会談の進展と日英関税取極めの締結についてみていく。

一　政府機関か、国際機関か――上海における交渉の頓座

第二次上海事変が始まって以来、江海関の職員は呉淞江以北の地域への立ち入りを禁じられ、同河以南の地区に撤退していた。そのため楊樹浦など呉淞江以北の埠頭を使用する日本の船舶や商品の出入りは、関税手続きを経ずに行われるようになっていた。[11] 上海が日本軍の手に落ちた一九三七年一一月、イギリスは江海関の扱いをめぐって二つの方針を掲げた。一つ目は、海関行政の崩壊や日本軍による海関接収を阻止すること、二つ目は、外債償還分

を確保することである。債務償還分については、外債とともに内債についても送金され続けるならばより望ましいが、日本がこの点に同意する望みはないだろうとも考えていた。[12] 上海では、一一月二一日に上海派遣軍司令官の松井石根が、租界に対する軍の強硬な姿勢を外国の新聞記者に表明したり、「日本の力を外部に示す為、憲兵乃至領事館警察を用ひ、一応税関を差押へるか、又は工部局警察日本隊を以て税関を包囲するとか何とかジェスチャーを執ること然るべき旨[13]」を現地外務官憲に述べたりもするなど、息巻いていた。

一一月二二日、ローフォード税務司が岡本総領事のもとを訪れたとき、岡本はローフォードと自身の間の交渉を、「飽迄支那の行政庁と其の管理者たる日本官憲との間の話合」だとした。そして、外債担保部分や外国人職員の地位といった第三国の利益に関わる事項は、両者間の交渉のテーマに適していないと述べた。さらに、日本政府は第三国の立場に対して適当な考慮を加えるが、第三国や国際銀行委員会による交渉への介入は容認できないと主張した。なお、このとき岡本は日本人を監督官として海関に配置し、税収の検査や武器・軍需品の輸入などの取締りにあたらせることを提案し、ローフォードは江海関の日本人職員を増員することで対応することにした。[14] 日本人職員の増員をめぐる問題については、第6章で詳しく述べる。

一一月二五日、岡本はローフォードに対して、すべての海関収入を横浜正金銀行に預け入れること、日本軍の支配地域と呉淞江以北の租界にある埠頭には日本人職員のみの派遣を原則とすることなどを求めた。[15] 二七日、イギリスとフランスの駐上海総領事はそろって岡本のもとを訪れ、東京での江海関をめぐる交渉の結果が分かるまでは、上海の海関制度に変更を加えないよう求めた。これに対して岡本は、現在「支那政府の機関としての税関長」と平穏に話し合いが進んでおり、外国権益に関連する事項は問題になっていないから、第三国が交渉に干渉しようとするのは理解に苦しむと応酬した。[16]

一一月二五日の日本側要求に関して、クレーギー駐日大使は二八日に反論した。クレーギーは、海関行政や海関収入には国際的な利害関係があるから、関係国と協議せずに、単に日本官憲と現地の海関職員との間で取極めをするようなことは容認できないとし、江海関をめぐる交渉への関係国の参加を求めた。同様の抗議はアメリカやフランスの駐日大使からもなされた[17]。

一方、上海において岡本は、日本軍の占領地内で「純然たる支那側機関[18]」が独立性を保ったまま存在し続けることの難しさを突きつけながら、海関当局を妥協に追い込もうとしていた。一二月三一日に行われた岡本とメーズの交渉の席で岡本は、現在日本軍が占領している地域では、中国の政府機関が単独で職権を行使することはできないと指摘し、海関も中国の政府機関の一つであるから、日本の支配を受け入れるべきであると主張した。このときメーズは、海関は確かに中国の政府機関の一つであるとしながらも、国際的性質を有しているために他の機関と異なると述べた。さらに、海関の一切の職務と責任は各国の利益と大いに関わりがあるため、日本が海関に何かしらの変化を加えるときは、事前に関係各国による同意が必要になると主張した[19]。このように海関や関係各国の外交官は、海関と外国権益との密接な関係性を強調することで、現地海関当局と日本との間だけで交渉が妥結するのを阻止しようとした。

翌年一月二〇日、江海関をめぐる日本の具体的な提案が岡本からローフォードに示された[20]。要点は以下の五つである。①江海関税務司の名義で横浜正金銀行に勘定口座を開設する。②江海関税務司は同勘定から海関の運営に必要な経費を支払う権利をもつ。同費は江海関の税収から優先的に支払う。③江海関税務司は同勘定から支払うべき外債償還分を出金する。④日本政府は全国の海関税収をふまえ、江海関が占める割合にもとづいて外債償還分（③）を算出する。⑤関余が生じた場合、それは横浜正金銀行の江海関税務司の勘定（①）に預け入れ続ける。

メーズ総税務司は、同案を国民政府が受け入れるかは疑問であると考えた。なぜならば、同案の受諾は、中国全体の海関収入の約半分を占める江海関収入が、横浜正金銀行に預けられることを意味しており、そのような対応が上海でとられたら、まもなく中国の他の海関でも同じように実施され、海関収入の全体が日本に掌握されるおそれがあったからである[21]。

同案について、イギリス外務省はいかなる反応をみせたのだろうか。イギリス外務省の認識は一月三〇日、ハウ臨時代理大使からメーズに伝えられた。そこでは上記の①および③について、ローフォード税務司名義の横浜正金銀行に江海関の税収を預け入れることに関しては、イギリス政府が一貫して反対してきたと述べ、拒否した。津海関をめぐる交渉の経緯を考えれば、江海関の税収を日本の銀行に預金すべきでないとし、海関収入は国際管理することが望ましいと伝えている。②に示された、江海関の経費を最優先で支払うことについては、同意している。そして、④に示された、外債償還分を日本が算出することには不賛成だったが、⑤の関余に関しては、横浜正金銀行に預けてもよいとした[22]。このように、海関に対する措置をめぐる、日本・国民政府・イギリスの間の隔たりは大きかった。

上海での交渉が停頓するなか、二月一〇日、陸海外三省の課長会議決定が広田弘毅外相から岡本に通知された。そこでは、海関の実力による接収は行わないこと、外交交渉によって海関収入の横浜正金銀行への預け入れを実現させること、必要であれば各海関の外債支払負担割合の算出方法で譲歩することなどが伝えられた。さらに、交渉の対象は建前としては江海関に限定するが、状況によっては、日本の占領地の海関をめぐる全般的な問題としても差し支えないとされた[23]。

各海関の外債支払負担割合の算出方法をめぐる妥協案については、北支那方面軍特務部も賛成し、必要であれば前年以来上海への送金を停止させてきた津海関の外債償還分を送金してもよいとした。このような姿勢の背景には、すみやかに交渉を決着させたうえで、関余の利用に乗り出したいという特務部の考えがあった[24]。華北に続いて、華中でも日本は占領地政権の樹立を進め、三月二八日には中華民国維新政府の成立に至った。上海における交渉が停滞するなか、占領地統治を進めるうえでの財源確保を目的として、海関問題の早期決着が求められていたのである。こうした事情を背景として、いよいよ二月末から東京で堀内次官とクレーギー大使との間で交渉が始まった。

二　日英関税取極めの成立——東京における交渉

イギリスの交渉方針については二月一〇日、政府の経済顧問であるリース・ロス（F. W. Reith-Ross）を中心に立てられた。そこでは、①江海関の収入は総税務司または上海税務司の名義で香港上海銀行に預け入れ、両者は海関経費として必要な額を引き出す権利をもつこと、②各海関の外債支払負担割合は毎月末に総税務司が算定すること、③日本占領地における関余は、横浜正金銀行に預け入れ、総税務司がそれに責任をもつこと、以上三点が示された[25]。すなわち、一九三八年二月の段階において日英両国間で一致していなかったのは、江海関の全収入の預け入れ先と、外債償還分の算出方法についてだった。

しかし、江海関の税収を香港上海銀行に預け入れるという①を日本が受諾する見込みはなく、このことは駐華イギリス大使館も認識するところだった[26]。さらにアメリカも保管銀行に関するイギリスの案を積極的に支持しなかった。二月九日、イギリスがアメリカに海関の国際管理と日本占領地における海関収入の香港上海銀行への預け入れを提案すると、アメリカは現実性に乏しいと考え、消極的な反応を示した。すでにアメリカは前年一二月、海関制度の変更に後ろ向きの国民政府に対してイギリスの提案の受諾を求めるよりも、日本に海関行政を保護させる方が好ましく、海関制度の保全が保障されるなら、保管銀行がどこであるかは問わないと考えるようになっていた。アメリカがイギリスと共同歩調をとらない場合、イギリスがフランスと二国だけで行動することは難しかった[27]。そのため、海関収入をあくまで香港上海銀行に預け入れるとする方針の維持は難しくなった[28]。

結果として二月一九日、クレーギー大使はイギリス外務省本省に対して、「われわれは日本がコントロールする占領地からの税収を横浜正金銀行に預金することについて、外債償還が保証され、合理的な監視のための権利が得られるならば、あまりに頑なになってはならない」と述べ、海関収入を横浜正金銀行に預け入れる案も検討するよう申し入れた[29]。同月二四日、本省はクレーギーに対して、横浜正金銀行への預け入れについては極力関余のみにしたいとしながらも、江海関の全税収の同行への預け入れを容認した[30]。

こうして江海関収入の横浜正金銀行への預け入れについてイギリス外務省の了承は得られたが、実行するためには国民政府による承認が必要だった。津海関をめぐる交渉で、メーズ総税務司やホール・パッチ財政顧問、ハウ臨時代理大使が国民政府の説得に奔走したことは、すでに確認した通りである。津海関の事例についてイギリス外務省は、現実を直視するのが遅すぎる段階まで、国民政府が中立的な銀行への預け入れを認めなかったため、津海関からの送金がいまだ十分になされない事態に陥ったとみなしていた[31]。たとえば一一月二〇日、本省からカー駐華大使あての電報の下書きには、たとえ国民政府が拒否したとしても、そのことが日本と関税に関する合意を結ぶ際の阻害要因になってはならない、との記述がみられる[32]。

このころイギリス外務省は、どのような政策をとることを考えていたのだろうか。本省がホール・パッチへ指示した方針では、海関収入を香港上海銀行に一時的に預けて関係国が共同管理し、いざとなれば米仏との協調関係を保ちつつ中国の意向を無視した海関政策をとることも必要とされた[33]。さらに同月三〇日にも本省はハウ臨時代理大使に対して、中国を説得できるのが望ましいとしつつも、「われわれが円満な協議を遂げるのを、中国が妨げることを許してはならない」と伝えた。そして英米仏の間で承認された事柄に関して、メーズに自由裁量の権限を与える命令を国民政府が下すよう働きかけることを指示した[34]。一二月二八日、ハウは孔祥熙財政部長にイギリスの申し出について打診したが、最終的な決断は国民政府によって下されるとして拒否された[35]。二月七日、メーズ自身も、不可抗力のもとでは、諸外国の支持を得ている場合は、重要でない事柄について自己の判断で自由に行動したいという旨を孔に伝えた[36]。しかし、孔はこれも拒否している[37]。

メーズが日本側の要求を拒否することに大きな困難を感じ、国民政府の意に反する行動もとらざるをえなかったことについては、三月四日に、メーズがカー大使にあてた電報からもうかがえる。そこでは「現在華北海関から債務償還分が送金されていない状況にあるが、国民政府の目下の利害にとってどれだけ有害であったとしても、私は頑なな態度をとって、日本政府に日本人スタッフを雇わされ、国民政府から独立した形でオフィスを機能させて海関制度の分裂を招くよりも、彼らのコントロールによる一時的な混乱を甘受する方が好ましいと考える」と述べている。[38] 満洲国内の海関で起きたような「海関制度の分裂」を避けるためには、国民政府の意に反するような行動に出ることも避けられないとメーズは考えていた。

メーズは自身の置かれた難しい立場について、次のようにも述べている。武力を背景にした、絶え間ない日本からの圧力のなかで、日本に完全に掌握された地域において、国民政府から何のサポートも得られないまま、海関の職員たちが国民政府の命令に従うのは難しい。もはや財政部は黄河以北や上海で何の力も有していない。日本によってコントロールされる地域で、中国政府の一部門である海関が、財政部の命令のもとで通常通りに機能するよう求めるのは不合理である。そのような地域において、国民政府の他の部門はとっくに消えている。「事実上の政府」の意向に背く事柄について、国民政府は海関に命令に従うよう強いる立場にないのだ。そして、国民政府は日本支配地域内の海関を放棄するか、日本の要求を受け入れ、被占領地で海関を維持し続けるかのどちらかしかないと述べ、メーズ自身は日本の要求を受け入れてでも海関制度を保全するため、後者を選択すべきだとした。[39]

二月末から東京で日英会談に臨んでいたクレーギー大使も、国民政府の意に沿わない政策をイギリスがとることを既定路線としていた。四月五日、クレーギーはメーズに対して、次のように述べたうえで、外債について日本と合意に至ることは、海関業務の行政的統一性の維持に不可欠であるとの見解を示した。

私はわが国の在華権益を守る唯一の希望は、問題が発生したときに、一つ一つ日本側と話し合って解決し、前進するためにどうしても必要なときに若干屈伏することだと感じている。換言すれば、単純な否定的政策をとらない。書簡からみるに、あなたもこの方針と同様の見方をしているようだ。（中略）外債については、現在われわれは日本と協議することを望んでおり、もしかしたら、中国を失望させるかもしれない。しかし、私が確実に知っているのは、目下の状況ではわれわれはそうするしかないということだ。[40]

実際の会談では、事実上国民政府の意思を介入させない形で、日本の占領地域における海関行政のあり方について、堀内謙介外務次官とクレーギー大使の間で議論が交わされた。会談に際しての日本側の提案は以下の通りである。[41]

①日本軍占領地内の各海関の税収は、すべて日系銀行（横浜正金銀行）に預け入れる。②日系銀行に預け入れられた税収（①）から、別途定めた外債償還分を従来の例に従って期日通り支払う。ただし新政府（占領地政権）管轄下の海関に関しては、同政府の同意を条件とする。③各海関の外債支払負担割合は最近の過去の実績を基準とし、上海において日本と関係国との間の協議のうえ暫定的割合を決定する。④外債償還分は海関経費を控除した海関収入に対して優先的に支払う。⑤中国が支払うべき義和団事件賠償金は、未払いの分も含めて日本側に支払う。

次に、日本の提案をめぐるイギリス側とのやりとりをみてみる。まず①について、クレーギー大使は上記のイギリスの交渉方針に則り、外債償還分をたとえば香港上海銀行に預け入れる代わりに、関余については横浜正金銀行に預けることを提案した。しかし堀内次官は、全海関収入をいったん横浜正金銀行に預け入れてほしいとして譲らなかった。前述した二月二四日のイギリス外務省からの指示をふまえて、最終的にクレーギーは、外債償還分の支払いなどの問題が決着するならば、預け入れる銀行について、とくに異議を差し挟まないとする態度を表明した。

②について日本側が意図していたのは、各地の海関収入をその最寄りの横浜正金銀行支店に預け、外債償還分のみを横浜正金銀行上海支店に開設する総税務司の勘定に送金するという方式だった。クレーギーはこれについて検討する旨を伝えたうえで、新政府管理下の海関をめぐる条件については、自分自身は了解できるものの、関係国に説明する都合上、明記はせずに了解事項としてほしいという希望を伝えた。最終的に本項目は、送金の方式につい

ては日本側の提案が採用され、新政府に関する記述についてはクレーギーの申し出の通り、両国間の了解事項とするにとどまった。

③の外債支払負担割合について、日本とイギリスの提案ではその算出方法が異なっていた。日本側は、直近数ヶ月分の税収にもとづいて外債償還分を算出し、適用期間を一年間にすることを提案した。一方クレーギーは、前月分の税収にもとづいて支払額を毎月算出することを希望した。最終的には、中国の経済状況に重大な変化があれば再調整するという了解のもとで、イギリスの月極案が採用された。

④に関して、双方に異論はなかった。なお、外債償還分を優先的に支払うことが記されるのみで、内債についての記述がなかったため、クレーギーは内債償還分の支払いへの配慮を求めた。[42] 日本側はクレーギーのこのような要求を、あくまで国民政府に対するイギリスのジェスチャーにすぎないとみなし、取りあわなかった。

⑤の義和団事件賠償金について、日本に対する支払いは一九三七年九月分以降なされておらず、すべて香港上海銀行に仮勘定として預託されていた。クレーギーは賠償金が日本に支払われることを当然としながらも、あくまで一般的原則として記すように求めた。堀内次官は、支払いがなされるならば表現には固執しないとして、これを受諾した。なお、同項目については支払いの方法も問題となった。堀内は、日本に支払われずに香港上海銀行に預け入れられていた一九三七年九月以降の義和団事件賠償金支払い分を、そのまま日本側に引き渡すよう要求した。するとクレーギーは、その場合は、すでに中華民国臨時政府の管理下に置かれている天津と秦皇島の海関が負担する分を差し引く必要があると主張した。しかし最終的には、日本が求めた無条件の支払いが認められた。会談では、このほか華北海関負担部分の支払通貨問題、海関制度保全に関する保障問題、海関船舶使用問題などについても討議された。

交渉の最後に交わされたのが日英関税取極め（「中国関税収入外債担保部分の処理に関する日英国取極」）である。[43] 五月二日、日本政府は中華民国維新政府の同意を得られたとして、以下大きく五項目にまとめられる措置をイギリスに通告し、異議なしとの回答を得た。
①日本占領地内の各海関が徴収した収入は、すべて税務司の名義で横浜正金銀行（同行の支店がない場所では、協議のうえ決定する他の銀行）に保管される。
②一九三七年七月現在、海関収入を担保とする外債と賠償金の定期的かつ完全な支払いに充てるため、①に預けられた輸入税、輸出税、転口税、水災付加税から、外債割当分を、一〇日を超えない期間ごとに横浜正金銀行上海支店の総税務司勘定に送金する。
③海関収入の担保外債の償還および賠償金の支払いは、中国全土の各港において、総収入から総税務司の証明がある海関経費（総税務費用の分担を含む）、および同様に証明できる通常の支出と補助（従来外債の支払いに先立って控除されていたもの）を控除した後の第一担保として取り扱う。
④(1)各港の外債支払負担割合は、前月における全港の総収入に対するその港の収入に比例し、毎月決定される。(2)外債償還分は海関の輸入、輸出、転口各税総収入を基礎として計算され、かつその割当分は総税務司が(1)の通りに決定し、日本そのほか関係各国の同意を得るものとする。(3)華北および華中における日本占領地域内の一港において、海関収入が外債償還分の支払いに不足するときは、各地域内の他港の収入により補塡される。
⑤(1)一九三七年九月以降、香港上海銀行海関仮勘定に積み立ててある義和団事件賠償金日本取得分未払い額は、日本政府に支払われる。(2)義和団事件賠償金日本取得分ならびに一九一三年の善後借款の将来の支払いは、関税担保の全外債の償還および賠償金の支払いと同様に行われる。(3)現在香港上海銀行に預け入れている一九三八年一月および二月の外債償還分と賠償金未払い分は、それが担保関係にある借り越し金返済のために引き出される。(4)日本占領地域内各港の香港上海銀行に預け入れられている海関預金残高は、その残高が存在する各港の横浜正金銀行支店における税務司勘定に預け替えし、将来の外債償還分の支払いに利用される。
なお、以上の取極めは事変中に限る暫定的なもので、経済状況に今後大きな変化があれば再考するとされた。(44)

この取極めを受けて、五月三日ローフォード税務司は、今後海関収入を横浜正金銀行に預け入れることに異議はないかどうか、メーズ総税務司に書面で問い合わせた。このときローフォードは、同行への預け入れは「不可抗力」であると説明し、メーズもそれに同意した(45)。同月六日には、海関監督の李建南（四月二八日に維新政府が任命）がローフォードに対して維新政府の江海関税務司の任命状を手渡し、江海関の接収が完了した(46)。同月一四日、横浜正金銀行上海支店にローフォード名義の預金勘定が開設され、五月三日以降の関税収入の預け入れが始まった(47)。その後、江海関に対する施策は、興亜院華中連絡部が主体となって、維新政府財政部および江海関監督を通して行われた。海関内部での折衝については、日本人海関職員に連絡して税務司など首脳部と交渉させ、第三国との交渉を必要とする場合は駐上海日本総領事館とも連絡をとったという(48)。先に華北に成立していた臨時政府と維新政府は関税率についての調整作業を進め、両政府間には、関税・統税・塩税に関する協定が五月一三日に成立した(49)。そして、六月一日から「統一新関税」を実施した(50)。

取り極めを交わした日、カー大使は蔣介石と孔祥熙に次のように説明している。イギリスが何か行動をとらなくては、対外信用維持の基盤である海関の組織が破壊されるおそれがあった。イギリスは交渉に際してあえて国民政府に相談することを避けた。なぜならば、保管銀行や内債の送金などについて、国民政府の最低限の要求を満足させる条件で、日本が同意する見込みは初めからなかったからである。そのため、合意が形成されるまで、国民政府には何も連絡しない方がよいように思われた。もし日英間の取極めが履行されなければ、海関行政は完全に崩壊し、日本は自らの利益のためにそれらを接収するだろう(51)、と。

さらにカー大使は、この取極めが国民政府にもたらす利点として、日本が外債を支払うことにより中国の対外信用を維持できることと、日本支配地域内に収められた海関を切り離さずにすみ、海関制度を維持できることの二つを挙げ、合意事項の履行を国民政府が妨害しないように要請した(52)。

国民政府は、日英関税取極めの内容に強く反発した。国民政府の批判は、日本と取極めを交わしたイギリスにも向かった。五月七日国民政府は、日英間の取極めは、中国の主権とその行政的な統一性を損なうものであるとして、イギリスの行為を非難した。これは中国の主権を侵害するような条約や協定、取極めなどを一国または複数国との間で結ぶことを禁止している九ヶ国条約第二条違反を示唆するものだった。これに対してイギリスは、日英間の取極めは、日本政府が一方的に希望を述べる形式をとっていること、香港上海銀行から横浜正金銀行への送金については完全に国民政府の意思に委ねられていることから、条約違反にはあたらないなどとした[53]。

香港上海銀行に預託されている江海関収入については、一九三八年六月に善後借款元利払い不足額分の約七万ポンドの引き出しが認められたものの[54]、それ以降については、国民政府からの許可が下りず実現しなかった。メーズは孔祥熙に対して、現状では日本支配地域内の海関収入を外債償還に充てることができないなどの事情をふまえると、日英間の合意を受け入れた方が国民政府にとって有利であるなどと主張し、合意内容の履行を繰り返し求めた[55]。香港上海銀行から横浜正金銀行への預け替えがなされなかった場合、外債償還分の送金は行わないというのが、日本の基本方針だったからである[56]。

一九三九年一月一四日、日本は、国民政府が日英関税取極めを履行しない限り、占領地内の海関が負担すべき外債償還費の支払いを拒否すると通達した[57]。この翌日、国民政府は、日本占領下の海関から海関収入が送金されない状況下で、単独で債務償還に応じ続けるのは困難であるなどと述べ、義和団事件賠償金を含む債務償還分の支払い停止を宣言した[58]。こうして海関収入が担保する債務の償還は、国民政府からも日本からもなされないこととなった。

おわりに

第4章でみた津海関をめぐる交渉の経緯をふまえつつ、イギリスは次の三点に留意しながら江海関をめぐる日本との交渉を進めた。

一つ目は、日本は現地海関税務司に圧力をかけて要求を呑ませるという戦略をとる、ということである。津海関をめぐる交渉で、イギリスはクレーギー大使を通して日本に対案を出し、国民政府へも根回しを図ったが、現地海関当局の単独行動によってこの案は反故になっていた。そのため、ローフォード税務司やメーズ総税務司など、現地で交渉にあたる職員が弱腰になって単独行動をとることをイギリスは警戒し、日本に対してイギリスなど第三国とも交渉するように求めた。対する日本は、日本の支配地域内で海関が国民政府機関として機能し続けることは難しい、という現実を突きつけて、現地で交渉を妥結させようとした。海関当局や諸外国は、海関と外国権益との密接な関係性を強調することで、日本の動きを牽制した。こうして上海での交渉は停頓した。

二つ目は、結局送金が行われなくなる可能性が高いので、海関収入の横浜正金銀行への預け入れは回避すべきだ、ということである。それゆえにイギリスは、同行への預託は関余のみにとどめ、海関収入はあくまで香港上海銀行に預け入れさせようとした。メーズも、江海関をめぐる交渉の際には、横浜正金銀行への預け入れを否定している。しかし、クレーギーやホール・パッチ財政顧問が指摘するように、香港上海銀行への預け入れという方向で日本を納得させるのは難しかった。同案についてはアメリカからの支持も得られなかったため、最終的に一九三八年二月末、イギリスは横浜正金銀行への預け入れをも容認する方向に舵を切った。

三つ目は、交渉に際して国民政府の意向を尊重していると、外債償還分の確保というイギリスにとっての最重要課題が達成できなくなるおそれがある、ということである。イギリス外務省は、国民政府の意向にイギリスの対海関政策が左右されるべきでないと指示をした。これを受けてホール・パッチ、そしてメーズ自身も、総税務司への自由裁量の権限の付与を国民政府に求めたが、それは認められなかった。そのため、海関の権限の範囲内で交渉を妥結させるのは困難となった。

日本が、自身が樹立する占領地政権による海関収入の利用という観点から交渉の決着を急いだという事情もあり、日本の占領地内の海関をめぐる会談は、一九三八年二月以降堀内外務次官とクレーギー大使の間で東京において開かれることになった。会談を通して最終的に日英関税取極めが交わされたとき、「不可抗力」だとするローフォードの要請を容れて、メーズは取極め内容の受け入れを表明した。カー大使やメーズ総税務司は再三にわたって説得したが、国民政府にこの取極めを履行させることはできなかった。そのため、日本占領地内の海関に外債償還分を送金させ、外債償還分の確保を実現するという目標を、イギリスは結局達成できなかった。

最後に、横浜正金銀行に預託された関税収入が、その後どのように扱われたのかを概観する。[59] 関税担保の外債については、日本は太平洋戦争が始まるまで総税務司に送金せず、積立金として横浜正金銀行に預け入れていた。開戦後、日本は一九四二年度の外債償還分を、借金として各地方の地域政府に分配した。関余については、それまで各地の占領地政権は借金という形で受け取っていたが、一九四二年八月七日の陸軍次官の声明によって、占領地政権は関余を直接使用できるようになった。重慶国民政府財務部の統計によれば、一九三七年七月から一九四三年七月における中国海関の関税の損失額は、およそ一〇億九〇〇〇万元で、海関における収入見込みの七七・八％を占めたという。

第6章　日中戦争下における海関人事をめぐる攻防

はじめに

第5章で論じた占領地における海関収入の預託銀行をめぐる問題や、債務償還費の送金に関する問題に一定の決着がついたあとも、日本と海関の間で攻防が続いたのが人事に関する問題だった。一九三七年一二月、外務省通商局が作成した「長江方面情勢及対策管見」には、当面の海関問題の処理方針について、次のように記されている。

(イ)《ママ》外債に付ての外国側の利益は適当の負担部分を定めて之を尊重し、且現存外国人職員の身分及既得利益に付ては充分の考慮を払ひ、又総税務司署に対する接収工作に付ては慎重を期しつつ、(ロ)《ママ》日本人職員の充実強化及海関収入の正金預入の二点に重点を置きて工作を進むること可然と思料せらる。[1]

(ロ)の後半部分、すなわち占領地内にある各地海関の関税収入を横浜正金銀行へ預け入れることについては、前章でみた通り、一九三八年五月の日英関税取極めによって日英間で合意が形成され、海関側はこれを受諾した。しかし、(ロ)の前半部分の「日本人職員の充実強化」については依然、課題として残った。なお、「日本人職員の充実強化」が必要な背景について、同史料では、海関収入は中国の財政上きわめて重要であり、海関の首脳部門における日本人職員の勢力の大きさは、各種関税の設定や関税率の調整についての日本の発言権に関わることを指摘している。[2]

ここで注目すべきは、「日本人職員の充実強化」と、(イ)における外国人職員の身分および既得利益への十分な配慮とが併記されている点である。すでに述べたように、海関には多数の外国人職員が勤務しており、「支那海関は従来事実上英人勢力のヘゲモニーの下に運行せられつつあり」[3]という状況だった。この状況は、太平洋戦争開戦時まで大きく変わっていない。なぜならば、太平洋戦争が始まるとイギリス人は敵性外国人となったため、日本は彼らを排除することができたが、それまで日本は外国人職員の立場に「充分の考慮」をしながら、海関に影響力を浸透させていかなければならない構造があったからである。これは、外国権益の尊重を形式上謳いながら中国支配を深化させていく、という日中戦争期の日本が抱えた矛盾にも通底する問題だった。

そもそも海関に関して、外国人職員の立場に日本が十分な配慮をしなければならない背景には、中国の政府機関が日本軍占領地となった地域から基本的に移転するなかで、海関はなお中国の政府機関として業務を続けていた事実があった。その背景については序章で述べた通りである。一般的に言って、占領地において被占領国の政府機関が存在し続けるのはまれである。メーズ総税務司も一九四〇年八月、「気がつけば、総税務司は占領地において、世界のどこにも前例のない立場に置かれている」と述べている。[4]

日本の占領地域内の海関は、保管銀行の変更を受け入れるだけでなく、債務償還分の送金もできないなかで、日本占領地で業務を継続していた。なぜ海関は占領地に残留し、業務を継続したのだろうか。

木越義則が戦時期の貿易構造について明らかにしたように、欧米籍の船舶は従来通り、中国の沿海部の港を自由に出入りできたし、占領した開港都市には欧米諸国が租借権をもつ区域も存在していたため、そもそも日中戦争の始まりがすぐに中国と諸外国の貿易関係の途絶をもたらしたわけではなかった。日本軍による揚子江封鎖作戦により、国内の遠隔地間流通の主要な位置にあった華中沿岸と長江流域の商品流通が壊滅的な打撃を受けるなど、中国の経済構造は日本の侵略によって変形しつつも、国際貿易は持続していたため、関税の徴収は可能であった(5)。

さらに、海関が占領地内で業務を継続した背景には、国民政府財政部の意向も反映されていた。日中戦争開始直後、財政部関務署はメーズに対して、関税収入は内外債の償還や賠償金の支払いに関わっており、総税務司の負う責任は重大であるとしたうえで、もしある海関が執務を行えなくなったら、近くの然るべき場所に海関を設置して徴税するよう指示した(6)。換言すれば、執務を行えなくなるまでは、日本占領地でも業務を継続するという方針であったといえる。その際、海関が直面したのが、日本が掲げる「日本人職員の充実強化」という問題だった。

ここで注意したいのは、一九二九年に関務署が進めた関制改革によって、技術員以外、海関では外国人職員の新規募集が停止されていたことである(7)。特別な理由で外国人の任用が必要になったときは、関務署の許可を得る必要があった。それゆえに、外国人職員の採用は、メーズの一存では決められなかった。財政部長の孔祥熙は、現在海関に勤務している日本人職員の異動などは従来通り可能としつつ、新規採用はできないという立場を表明していた(8)。したがって「日本人職員の充実強化」をめぐる攻防が展開されることになる。本章では、太平洋戦争開戦時まで尾を引くことになる、日本による海関人事への介入に注目しながら、日本の占領下における海関政策の進展と、その過程で展開された海関との交渉についてみていく。

一　日本人職員の増員圧力――広州陥落まで

「日本人職員の充実強化」に関して、占領下に置かれた上海の江海関の例をみてみたい。一九三七年一一月二二日、岡本季正駐上海総領事は、ロ－フォード江海関税務司に対して、税収の検査や武器・軍需品の輸入などを取り締まる日本人監督官の設置を提案した。海関側は同案を拒否した一方で、赤谷由助を常務税務司に任命するなど、計八人の日本人職員を江海関の要職に就ける旨を伝え、最終的に七人が着任した。(9)

国民政府の方針に則って、日本占領下の上海で海関行政を維持するためには、日本人職員を増員させる現実的な必要性もあった。たとえば一九三八年二月一五日、メーズは孔祥熙財政部長に対して、上海の虹口と浦東では、日本人職員以外の勤務が認められていないため、日本人職員を増やさざるをえないと説明している。(10) 同時に、日本人を新規雇用する際には、通常通り最も低い職位からキャリアを始めさせ、もし日本側が最初から比較的高い地位への任用を要求してきたら、短期雇用の契約をするなどの措置をとり、日本人職員の急速な台頭を防ごうともメーズは考えていた。(11)

日本は占領地域に臨時政府や維新政府などの占領地政権を立てて統治していたが、国民政府にとって占領地政権の存在は容認できないものであったため、財政部はメーズに対して、海関はこれらの政権による政策を受け入れないよう指示した。(12) しかし、占領地政権下で業務を続ける海関が、事実上の支配者から超然とした姿勢をとり続けることは現実的ではなく、現地政権との関係の調整は避けられない措置だった。

一九三八年二月、香港でメーズと孔祥熙が会談した際、占領地内の海関の問題について話し合われている。メーズは、国民政府の支配が及ばなくなった地域において海関は、イギリスやアメリカ、フランスなど諸外国の支持を得て業務を継続していること、諸外国は海関行政の統一性と中国の対外信用の維持を重視していること、国民政府に決定的な打撃を与えない範囲において、自己の判断で行動する可能性があることなどを説明し、海関行政の保全のために、あまり重要でないことについては日本に譲歩する可能性があると伝えた。孔は、重要度の低い事柄については、諸外国の要望と一致するのであれば譲歩も容認する姿勢をみせ、メーズの方針をおおむね了承した。(13) 六月一日に臨時政府と維新政府が関税率の改訂を決めたとき、両政府内の海関はそれを受け入れた。

一方で日本側は、海関政策の実施に困難を感じていた。維新政府が江海関を接収した後も、「中国海関は永年に亘り英国人たる総税務司之が実権を把握し、其の下に独立的存在を続け来りたる伝統を有し、一朝にして完全なる維新政府の機関たらしむることは困難なる状態に在り、殊に全中国海関を統括する総税務司は、依然として旧国民政府の機関として存在し、上海海関に対しても之を指揮監督する立場に在りたるを以て、上海海関の指導は更に複雑困難を加へたり」[14]と記されているように、維新政府が海関を接収しても、海関をコントロール下に置くのは容易ではなかった。

また、日本は占領下に置いた海関に対して日本人税務司の就任を求めたが、それが実現したのは青島の膠海関（青島の海関）のみであった。たとえば、一九三八年五月に日本軍が占領した廈門にあった廈門関（廈門の海関）に対し、日本が税務司をはじめとする要職への日本人職員の配置を要求したのに対して、メーズは日本人職員の増員には応じつつも、税務司への任用は拒否した。[15]

一〇月一九日、国民政府の臨時首都・漢口および広州の陥落を前にしたメーズは、今後日本は海関に対するコントロールを強めるだろうとの覚悟を、カー駐華イギリス大使に伝えている。[16]そして、日本が華南や漢口などの海関に日本人職員を任命するよう求めてきたときは、廈門の例にならって日本の要求を拒絶するとも述べた。[17]第三節でも確認するように、日本人税務司がなかなか誕生しない状況は、汪精衛政権下でも続くことになる。

二　「全面的掌握」の困難――広州陥落以後

一九三八年一〇月、広州の陥落は、上海・大連・天津・広州に存在する中国の主要な海関が、すべて日本のコントロール下に置かれたことを意味していた。同年一〇月、興亜院華中連絡会議決定「新情勢に応ずる海関処理要綱」では、「全支主要海関の占拠に依る新情勢の展開」という事態を前に、「海関の全面的掌握を策すると共に、維新政府の財源を強化せしむる如く指導す」という方針が掲げられた。具体的にみてみよう。「海関の全面的掌握」については、「海関に於ける現在の外人幹部を利用し、新政権側に誘致し、要すれば日本人を以て代らしむる如く工作」すること、「維新政府の財源を強化せしむる」については、「維新政府管轄区域内に於る剰余収入は、維新政府の政費に充当せしむを原則」とすることが掲げられた(18)。後者の関余の利用については、宋芳芳の研究に詳しい(19)。本章では、「海関の全面的掌握」という方針が具体的にどのように展開したのか、そして、それに海関側がどのように対応したのかについてみていく。

広州陥落に直面して、メーズは今後海関としてとるべき姿勢について、華南各地の海関の税務司に伝えている。それは、現地を事実上支配する勢力に対して弾力的な態度で臨み、あまり重要でない事柄については適当に譲歩するというものだった(20)。この背景には、海関行政の分裂を阻止しようとするメーズの考えがあった。なぜならば、海関行政の分裂は、外債償還の円滑な執行に大きな支障をきたすことが予想されたからである。このようなメーズの立場は、外債償還に利害を有するロンドン・シティからも支持を得ていた(21)。メーズは、日中戦争という特殊な状況下にあっては、日本当局と接するときに、弾力的な措置をとらざるをえないのであり、海関行政の分裂の危険を冒すよりも、妥協した方がよいと考えていた(22)。

日本が「海関の全面的掌握」を図るなか、国民政府の支配区域外で海関が業務を続けるとき、現地勢力に対して柔軟な姿勢で臨む必要性について、一九三八年二月の段階で、海関と国民政府財政部との間で一定の了解が成立していたことは前節で確認した。しかし、どの程度まで妥協は可能なのかをめぐり、海関と国民政府の認識は必ずしも一致していなかった。そのため、「現在の条件の下での「最も妥当な対応」と政府の要求は、必然的に違いが大きい(23)」という状況も顕在化していた。

一例として、維新政府が発行した通貨である、華興券の使用に目を向けてみたい。一九三九年九月、維新政府は関税の華興券建てでの徴収を開始した。これに先立つ八月二六日、孔祥熙財政部長は傀儡政権が発行する貨幣の海関での使用禁止を主張し、華興券を利用するならば、江海関の閉鎖に踏み切り、税務司を解任すると伝えた[24]。このときメーズは、江海関を閉鎖すれば日本ないし占領地政権が独自に海関を再開させることになり、国民政府の威信は損なわれ、関係各国が重視する海関行政の統一性も侵されると説き、孔に再考を求めた[25]。結局、華興券建てでの徴収が開始されても、江海関の閉鎖には至らなかった。

海関において日本人職員を必要とする状況は続いていた。一九三九年二月、日本人職員を増やさざるをえない状況について、メーズは孔に次のように訴えている[26]。私はすでに力を尽くして日本人職員の増員に抵抗したが、現在の状況下では、日本軍が占領した港の海関に相当数の日本人職員がいなければ、日本は海関が業務を続けることを許さないだろう。日本の貿易に対応し、日本軍当局と連絡をとるためには、比較的多くの日本人職員が必要で、その他の国籍の者では役に立たない。船上と埠頭で働く外勤の検査員にも日本人が必要である。

このような日本人職員を必要とする状況がある一方で、メーズはカー駐華大使に対して、海関における（専門職以外の）外国人職員の新規雇用停止の原則が続けば、結果として（必要に迫られて採用する）日本人職員ばかりが増え、各国職員のバランスがとれなくなるという懸念を伝えていた[27]。カーはこれをイギリス外務省に伝え、翌月同省は国民政府外交部に対して、海関における外国人の雇用再開を要請した[28]。財政部は、適当な中国人がいない場合のみ外国人職員を募集するという規定は、ここ数年間厳密に守られてきたわけではないとしつつ、日本人職員を採用すべきではないという立場を改めて表明した[29]。結局翌年三月二四日、財政部は日本人以外の外国人の雇用再開を認め[30]、五月になると日本人も対象に含める判断を下した[31]。

しかし、日本側にとってなお不満であったのは、「日本人海関員の著しき増員を見るに至れるも、仔細に観るとき日本人海関吏は概ね外班〔各地海関で船舶と貨物の検査を担う〕の下級者にして、その実勢力は未だ必ずしも実数の大なるに伴はざるものあるを察知し得べし[32]」という状態だったことである。表7から分かるように、確かに日本人職員の採用人数は一九三八年以降激増しているが、表8をみると、高級職に就いている日本人の数はイギリス人にはるかに及ばないことが見てとれる。

一九四〇年四月一五日、華中にあった登部隊（第一三軍）桜機関は「海関組織改革案（主として人的構成の改革）」[33]を作成し、海関人事への不満を表明した。そこで強調されているのは、日本の対中貿易額はイギリスに匹敵するにもかかわらず、総税務司には代々イギリス人が就き、総税務司署における日本人職員の数はイギリス人の半分にも満たないなど、対中貿易における日本のプレゼンスが人事に反映されていないという点である[34]。

イギリス人が総税務司に就任することについては、「総税務司に関する清国の宣言」（一八九八年二月）にて、マクドナルド駐華イギリス公使に対して総理衙門が、イギリスの対清通商が他国に優越していることを認め、つねにイギリス人が総税務司を務めるのを約したことに由来していたが、この宣言には、イギリス以外の国が対中貿易において優勢となれば、総税務司はその国の者に代えられるとも書かれていた[35]。それゆえに、総税務司署における日本人の数がイギリス人の半分にも満たないのは「数の不合理」であり、単なる下層部における日本人職員の増員だけではなく、幹部要職の獲得が必要だとされた[36]。

日本人を高級職に就任させようとする試みが失敗に終わった事例をみてみよう。一九四〇年一月に江海関海務巡工司のカレル（L. R. Carrel, イギリス人）が死去したとき、通常は海務副巡工司が昇任するところ、駐華日本大使館は海務巡公司代理の渡辺惣次郎を後任に推薦した。しかしメーズは、駐上海アメリカ総領事の後押しを得つつ、通例に則って海務副巡工司のセーブル（F. L. Sable, アメリカ人）の昇任を決め、日本の目論見を阻止した[37]。

表7　海関への日本人職員新規採用人数

年	人　数
1932	4
1933	0
1934	0
1935	0
1936	16
1937	13
1938	269
1939	200
1940	72
1941	68
1942	207
1943	179
1944	76

出所）Robert Bickers, “Anglo-Japanese Relations and Treaty Port China” in Antony Best (ed.), *The International History of East Asia, 1900–1968*, London: Routledge, 2010.
注1）1944年については1〜7月のデータのみ。1945年は不明。
2）非常勤を含む。

加えて、「海関組織改革案」では次のような不満も述べられている。上海を占領下に収めた後、

表8　海関高級職員に占める各国人の内訳（1939年9月時点）

（単位：人）

役　職	日本人	イギリス人	その他外国人	中国人	計
総税務司（Inspector General）	0	1	0	0	1
税務司（Commissioner）	7	19	12	6	44
副税務司（Deputy Commissioner）	6	11	7	11	35
上級超等幇辦（Senior Chief Assistant）	0	5	1	0	6
超等幇辦（Chief Assistant）	0	11	12	44	67
超等総巡（Chief Tidesurveyor）	2	10	4	0	16
頭等総巡（Tidesurveyor）	2	12	4	0	18
超等験估（Chief Appraiser）	2	10	7	0	19
計	19	79	47	61	206

出所）「支那海関国別職員数一覧表」（1939年9月現在調）『現代史資料9　日中戦争2』（みすず書房，1964年）685～686頁。

日本は江海関に対して、税収の横浜正金銀行への預け入れや、海関の高級職員への日本人税官吏の多数採用を要求した。前者は日英関税取極めで実現したが、後者は十分実現できていない。とくに「上海々関長ローフォード（英人）の職には一手も染め得ざりき」という状況にある。以上をふまえ、「先づ可能なる範囲に於ける海関要部に、国家意識鞏固なる邦人の任命を以て最大要件」とする方針が示された[38]。

ここで注意したいのは、海関職員の日本人が、必ずしも現地軍の求めるような「国家意識鞏固なる邦人」ではなかったということである。たとえば一九四一年八月、北支那方面軍が作成した「天津海関把握強化要綱[39]」では、陸軍中央に対して、津海関の石井孝助常務税務司を異動させ、後任者を現地軍および興亜院華北連絡部の嘱託に就けて、つねに現地軍と緊密な連絡にあたらせるよう求めている。石井は二五年以上にわたり、海関という高い専門性が求められる中国の政府組織で勤務してきた職員であるが、北支那方面軍によれば、「石井税務司は入職せしめたる趣旨に反し、我方施策に非協力的行為多く、一般よりも非難の的[40]」となっていたという。

このころ海関の日本人職員としては最高位の総務科税務司を務め、「総税務司署と日本当局との間で、一種の非公式な仲介者としての役割[41]」を果たしていたとされる岸本広吉も、「日本人としての常識」を軍に疑われていた。当時華南沿岸遮断作戦に従事していた高嶋部隊（台湾歩兵一連隊）が作成した「中国海関に於ける一部日本人職員の敵性的動向に就て」（一九四一年五月一五日）という史料では、岸本について「海関機構並に自己の職務の性質上より必然的に占領地区海関と非占領地区海関とを併せ指揮し、占領地区と非占領地区の両者に対しては巧みに二重性格を発揮して、重慶財政部の敵性指令等に対しても、平然と自己の名に於て、又は総税務司の命なりと称して、指令命令を発し、敵性経済工作に協力しありしものにして、全く日本人としての常識を疑はしむるものなり」[42]と批判している。さらに「彼等日本人職員の斯る敵性行為は、彼等自身の海関に於ける個人的地位を確保せんが為に、国を売りつつあるものなりと断ずるを得べく、目下中国海関に在る数百名に達する日本人職員の動静に就いては、相当注意警戒並に指導を要するものと思料せらる」[43]と、海関の日本人職員への警戒感も記している。[44]

高級職に就く日本人職員の増加は、海関行政への日本の影響力の強化を意味したかもしれないが、それがただちに現地軍による海関の掌握に結びつくほど単純ではなかったといえよう。さらに、天津特別市特務機関内に海関班を設置して、「天津海関の実質的内面指導」にあたらせようと息巻く北支那方面軍に対し、陸軍中央は「海関の内面指導に関しては陸軍として直接接触せざる様」に指示した。[45]

三　汪精衛政権下における海関人事

一九四〇年三月三〇日、各地に存在していた占領地政権を統合する形で、汪精衛政権が南京に成立した。同政権は重慶国民政府に代わり、法に従って政権を改組し、従来通りに政務を行って和平を達成するために、国民政府を南京に還す（還都）という体裁をとって成立した。そのため、辛亥革命以来制定・公布された諸法令は、汪政権の方針にそぐわないものを除いて継承された。[46]このような成立の経緯ゆえに、汪政権はメーズを総税務司に改めて「任命」する措置はとっていない。代わりに、汪政権の財政部長である周仏海は、四月三日すべての税務司に従来通りに業務を行わせるようメーズに令達した。[47] なお、汪政権成立後も海関収入は横浜正金銀行に預け入れ、さしあたり日本側が管理することになるなど、海関行政の大枠に実質的な変化はなかった。[48]

汪政権下におかれても、業務を継続する海関側の姿勢に変わりはなかった。上海から総税務司が撤退すれば、すべての海関業務が日本の手に渡ることになり、中国の威信と対外信用に深刻な影響がもたらされると考えられたため、総税務司署は移転させないことを、一九四〇年八月に孔祥熙とメーズは確認している。同時にメーズは、占領地内の海関に対する総税務司の管理権が、名目的で部分的なものでしかなくても、海関行政の統合性と統一性（unity and integrity）を守るためにはあらゆる努力をすべきであり、「中国の海関行政が崩壊するよりも、あらゆる予防策をとり、非公式に合理的な妥協をする方が賢明だろう」と考えていた。[49]

この判断には、同時期の国際情勢の変化も影響を与えていると考えられる。第二次世界大戦の戦局の進展は、海関をとりまく状況を大きく変えていた。元来財政部はメーズに対して、海関行政に深く関与する三国（英米仏）と緊密に連携するように求めていた。しかし、一九四〇年六月にパリは陥落、この夏イギリスはバトル・オブ・ブリテンと呼ばれる対独戦の只中であって、アジア情勢へ介入する余裕はなかったし、アメリカは東アジアにおいて積極的な政策をとろうとしないとメーズはみなしていた。それゆえに、さほど大事でないことについては、日本に対して譲歩したり、日本と業務上の連絡（working contact）をしたりする必要があると、メーズは考えたのである。[50]

メーズがとった「非公式に合理的な妥協」の例として、ここでは二点指摘しておきたい。一つ目は、一九四〇年一二月、汪政権がメーズに対して公的な対応をするよう求めてきたときの対処である。メーズは要求を拒否した一方で、英語での実務上のやりとりを、必要であれば非公式に行う姿勢を示した。[51] 二つ目は、以下にみていくように、代々イギリス人が務めてきた江海関税務司に、日本人の就任を認めた件である。

第一節でも言及したように、日本占領地内の海関において日本人税務司の就任はなかなか進まなかった。汪精衛政権内の海関の状況と税務司の国籍については、表9を参照されたい。日本は中国海関の八割が存在する地区を制圧しているにもかかわらず、日本人がトップを務める海関は二ヶ所だけであることに日本政府は不満を示し、日本人税務司を津海関、江海関、粤海関のような大きな海関に任命するよう、メーズに対して再三にわたって求めていた。

一九四一年六月四日、堀内干城駐華公使（汪精衛政権）はメーズに対して、占領地内の各地海関が分担している総税務司署経費の支払い停止を通告した。[52] 一一月にローフォード江海関税務司の定年退職を控えた時期になされたこの要求は、事実上、江海関への日本人税務司の就任を求めるものだった。[53]

表9　汪精衛政権内の開港都市（1941年10月時点）

海関	税務司の国籍	日本軍占領	当時の状況と備考
秦皇島	イタリア*	1937年7月	
天津	イギリス	1937年8月	
龍口	（烟台の分関）	1938年2月	
烟台	日本*	〃	
威海衛	（烟台の分関）	1938年3月	
青島	日本	1938年1月	
岳州	－	1938年11月	封鎖
漢口	－	1938年10月	封鎖，1942年12月貿易再開
九江	－	1938年7月	封鎖
蕪湖	－	1937年12月	封鎖，1943年3月国内貿易再開
南京	－	〃	封鎖，1942年6月国内貿易再開
鎮江	－	〃	封鎖，1943年1月国内貿易再開
上海	イギリス	1937年11月	
蘇州	－	1937年12月	封鎖
杭州	－	〃	封鎖，1943年1月国内貿易再開
寧波	イギリス*	1941年4月	沿岸貿易のみ解禁
廈門	デンマーク	1938年5月	
汕頭	－	1939年6月	封鎖，1942年9月再開港
広州	アメリカ	1938年10月	
江門	－	1939年3月	封鎖，1942年5月再開港
三水	－	1938年10月	封鎖
瓊州	－	1939年2月	外国貿易事実上封鎖

出所）木越義則「戦時期中国の貿易」久保亨・波多野澄雄・西村成雄編『日中戦争の国際共同研究5　戦時期中国の経済発展と社会変容』（慶應義塾大学出版会，2014年）94～95頁，孫修福編訳『中国近代海関高級職員年表』（中国海関出版社，2004年）。

注）税務司の国籍のうち，*の職位は署税務司（税務司代理）を指す。

日本が総税務司署経費の支払いを停止すると、灯台の管理や海関統計の作成などの重要業務の継続が困難になるなど、深刻な状態がもたらされる可能性があった。[54] 七月九日、メーズは江海関税務司への日本人の任命について、関係各国からの同意と支持をとりつけつつも、重慶国民政府の意向に完全に従う必要はないという方針を、ロックハート（F. P. Lockhart）駐上海アメリカ総領事に伝えた。[55] その後、ロックハートおよびカー大使に対して、「日本の要求は時に合理的であり、江海関に一人の日本人税務司を派遣することを考えなくてはならない」という考えを表明した。[56]

同じころ、駐日アメリカ大使館は、総税務司署経費の支払い停止への抗議を日本外務省に申し入れた[57]。他方、イギリス外務省は、日本が極端な手段をとって海関行政が分裂するくらいならば、日本の要求に応えた方がましだという考えを、メーズに伝えていた[58]。また、イギリス外相のイーデンは六月一八日、ロンドン株式取引所において「占領下にある中国において実効的に活動し続けるためには、総税務司は占領勢力〔日本〕の要求について考慮しなければならない」と述べ、これを受けてメーズは「私がここで追求している一般的な政策について、ロンドンで承認されたことは満足である」との感想を漏らしていた[59]。このように、総税務司署経費支払い停止が引き起こす事態の深刻さについての認識を、メーズはアメリカと共有し、イギリスはメーズの方針を黙認する姿勢をみせていたといえる。

江海関は突出した関税収入をほこる海関であり、代々税務司にはイギリス人が就任していたため、日本人の任命は画期的だった。メーズは反発が起きることを予測しつつも、日本人の就任自体については、「現存する海関の規則に違反しないし、確立された慣習を覆すものでもない[60]」との認識を示した。関務署長の鄭萊に対しても、江海関税務司の国籍が何であるかは重要な問題ではないと説明した[61]。一一月、当時膠海関税務司を務めていた赤谷由助の江海関税務司への就任が決まった。このとき日本国内では、「海関長英国人独占の伝統」を破って赤谷の就任が決定したと報道された[62]。

人事をめぐる日本と海関の攻防は、太平洋戦争開戦にともない、イギリス人やアメリカ人が敵性外国人となったとき、実質的に解消された。開戦に先立つ一九四一年一二月二日、興亜院連絡委員会了解「戦局拡大の場合に於ける支那海関処理対策」では、総税務司署の接収とメーズを含む敵性職員の罷免、総税務司署および各地海関の重要な地位への日本人職員の任命などが決められた[63]。開戦直後の一二月一一日、汪政権はメーズを解任し、日本軍が占領した二二の開港場および九龍は、汪政権が任命した岸本広吉総税務司の管轄下に置かれた。敵性外国人となった英米の海関職員幹部は、中支那方面軍司令部に拘禁された。汪政権下各地海関の税務司については、廈門関にはデンマーク人税務司が留任したが、それ以外は日本人に代わった。他方で蔣介石政権は一二月二六日、岸本総税務司の海関行政からの独立を宣言した(64)。こうして中国の海関行政は、満洲国、汪精衛政権、重慶国民政府という三つの政府の下に分裂した状況が、一九四五年一〇月まで続くこととなった。

おわりに

日中戦争期、中国の政府機関たる海関は日本占領地においても業務を継続した。海関は国際的性質を帯びていたがゆえに、国民政府の一機関でありながら、国民政府の主権が及ばない地に置かれたとしても、なお機能し続けることを求められた機関だったともいえる。メーズが、「日本政府は現在に至るまで重慶政府を代表する総税務司が、占領地でこのような重要な職権を行使するのを許している。これは前例がないことであり、日本政府が海関に対して特別な配慮をしていることを証明している(65)」と述べているように、日本は外国権益がからむ海関に対して、「特別な配慮」をせざるをえなかった。そして同時に、関税収入の預け入れ先の変更や、日本人職員の増加などを通して、海関への影響力の浸透も試みていた。本章では、日英関税取極めが交わされたあとも尾を引いた「日本人職員の充実強化」をめぐる問題について、日本と海関の間で展開された攻防をみてきた。

占領地で海関が業務を継続するとき、現地を支配する勢力をまったく無視することは困難だったため、メーズは占領地政権の政策を受け入れたり、海関業務の遂行のために日本人職員の増員に応じたりするなど、譲歩可能と思われる事柄については、比較的柔軟に関係を調整していった。それゆえに日本の占領地支配に対して、どこまで、どのように妥協するかをめぐって、国民政府と海関との間の認識の違いが顕在化することもあった。しかし両者は、海関の統一性と中国の対外信用を維持する必要性について認識を共有しており、それゆえに海関側は占領地政権の施策をある程度受け入れ、国民政府はそれを黙認したといえる。

このように海関は日本の中国支配に比較的柔軟に対処する姿勢をみせていたし、占領地政権による関税収入の流用も進んでいたが、日本は「海関の全面的掌握」ができない難しさに直面していた。日本人税務司の就任や、総税務司署における日本人職員の増員など、海関の要職への日本人の進出は依然として停滞していたからである。それゆえに、現地軍はいらだちを募らせていった。なお、人事への介入が難航した背景には、公用語が英語と中国語である海関において、高級職に就く経験と力量を備えた日本人職員がそもそも少なかったという事情もあった。現地軍は、公用語を日本語と中国語にし、英語は使用停止にするなど、海関制度を変革する必要性も唱えるようになる[66]。上海を日本の占領下に置いてから四年間、「一手も染め得ざりき」状況だった江海関税務司の地位をめぐっては、日本が総税務司署経費の支払い停止という措置に踏み切ることで、ようやく日本人を後任に据えることに成功した。また、高級職に就く日本人職員の増加が海関行政への日本の影響力の強化を意味した一方で、彼らは「日本人としての常識」に欠けていると日本陸軍が非難しているように、それがただちに現地軍による海関の掌握に結びつくほど単純ではなかった。

海関人事をめぐる以上の経緯からは、外国権益が内政にも入り込んでいた中国を占領・統治する難しさの一端が見えてくる。そして、このような外国権益に由来する「桎梏」は、太平洋戦争開戦によって取り払われたのだった。最後に、岸本広吉が総税務司を務めた、汪政権における海関行政について概観しておく[67]。

太平洋戦争が始まると連合国の海関職員が解雇され、日本軍は日本内地や台湾から大量の人員を中国海関に派遣した[68]。そのなかで岸本は、中国人職員を味方に引き入れることなどをねらいとして、中国人職員の待遇改善に取り組み、たとえば「内班」「外班」という官職名を廃止した。もともと内班は文書管理職で主に西洋人が担当した一方、外班は労務執行職を主とし大半を中国人が占めており、外班は待遇面で内班より劣っていたため、中国人の職員はこの人事システムを嫌っていた。一九三五年に内班・外班という官職名の廃止を中国人の丁貴堂（終章も参照）が建議したものの、メーズによって否決されていた経緯があった。

岸本は、日本による海関の支配強化も進めた。海関業務では英語と中国語の双方が使用されていたが、岸本は一九四二年三月に、文書において日本語を新たに公用語とする命令を下し、日本語試験の合格者のみに、昇給や昇進の機会を与えることにした。翌年八月には改めて総税務司署に対し、「本署の訓令や指令に英語を使用していた従来のやり方を一律に廃止し、以後、命令文の本文は中日両国の言語を使用するように」と命じた。また、職員の給与の半分は関平銀と法幣、半分はポンドによって支払われ、一定の為替レートに固定されていたが、岸本は関員全員の給与を一律に日本円で支給することにした[69]。

太平洋戦争で日本が敗北すると、岸本は総税務司を辞した。戦後の動向については、終章で論じる。

第7章　日中戦争下における揚子江航行問題

はじめに

本章では、中国の国内河川（内河）でありながら「国際航路[1]」でもあった揚子江の特異な性格に注目しつつ、揚子江航行をめぐって引き起こされた国際問題について検討し、日中戦争期に日本外交が置かれていた制約の構造について明らかにする。

通常、主権国家においては、外洋との連絡航路として外国船に沿岸航行の一部を許可することはあっても、沿岸や国内河川を広範囲にわたって外国船が自由に航行することはない。しかし、近代中国の場合、水路が発達していることや、河口に位置する港湾が多いことなどを背景に、諸外国は内河航行権の獲得・拡張を目指した[2]。揚子江を例にとれば、一八五八年の英清天津条約を端緒として、外国商船が揚子江の一部区間を自由に航行する権利、いわゆる揚子江航行権が形成されはじめる。具体的には、同条約の第一〇条によって、イギリス船は上海から鎮江を経て漢口に至る区間を自由に航行できるようになった。その後開港場の増加とともに、揚子江の遡行可能範囲は漸次拡張され、最恵国待遇約款によって、航行権は諸外国にも均霑されていった。日本も、一八九五年の下関条約第六

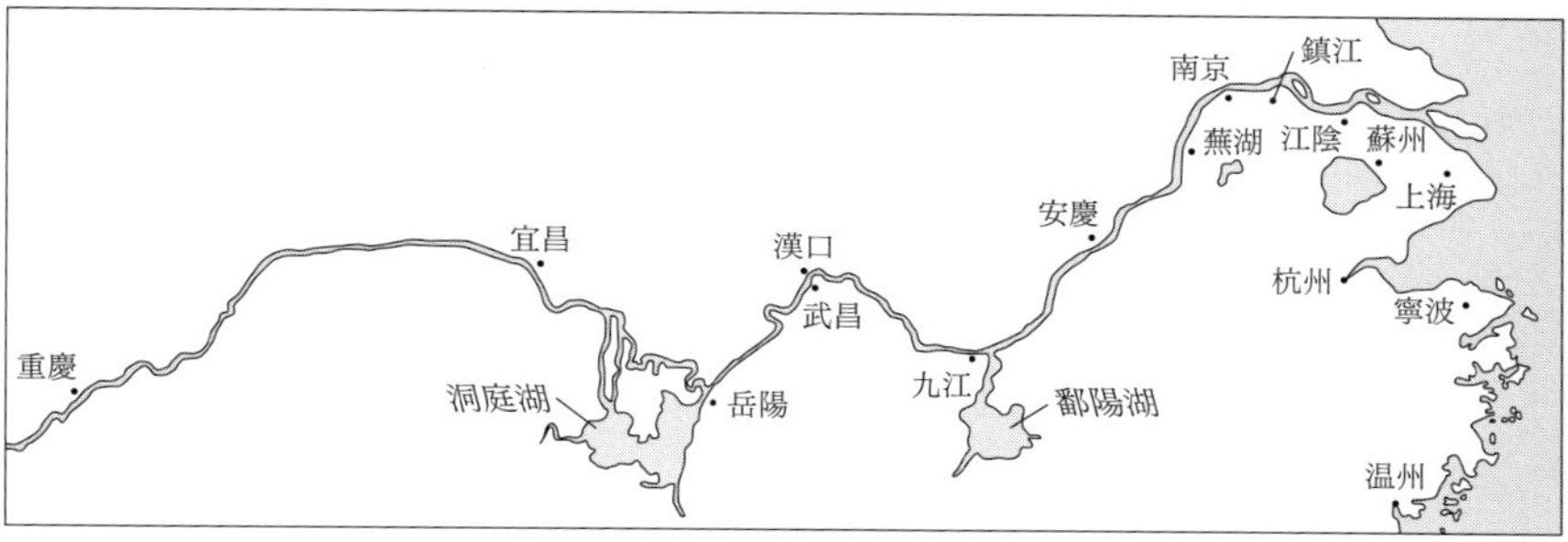

図4　揚子江沿岸の主要都市

条をもって重慶を開港させ、重慶に至るまでの揚子江航行権を獲得している[3]（揚子江沿岸の主要都市については図4参照）。

こうした国際条約締結の一方、清朝自身も外国船舶の航行に関する規定の整備を進め、外国船の揚子江自由航行権は国内法の面からも確認されていった[4]。このように内河航行権を自国船に限らず外国船にまで付与することは他国に類例がなく、諸外国の権益を国内に多数抱えた近代中国の性格を象徴していたといえる。中国がこうむる経済的損失も大きかったことから、関税自主権や治外法権と並び、南京国民政府が利権回収を試みる対象となっていた[5]。

日中戦争期、日本は支配下に収めた江陰上流の揚子江への第三国船舶の自由航行を制限し、事実上の封鎖を行った。漢口陥落を経て、揚子江上での軍事作戦が一段落した後も、日本は封鎖を継続した。資源や物資が豊かで、沿岸住民の購買力が巨大な商品市場を形成していた揚子江流域は、一九世紀以来「列国権益の争覇線[6]」として諸外国が進出を試みていた地域であったため、「揚子江航運の制覇は我対支政策の一眼目[7]」とされ、日本は覇権の掌握に力を入れた。しかし、「国際航路」たる揚子江への日本の措置は、流域に莫大な経済権益を築いてきたイギリス、そして門戸開放原則を重視するアメリカ両国の強い反発を招いた。とくにイギリスからの開放の要求は「極めて熾烈」だった。なぜならば、揚子江航運はイギリスの在華権益のなかでも、「極めて重要なる支柱の一」をなしており、汽船業がこうむった打撃はもちろん、揚子江流域一帯で行われていた商業や製造業が受けた被害も甚大だったからである[8]。またアメリカ

についても、日中戦争初期、アメリカから最も多くの苦情が寄せられているのは、揚子江をめぐる問題だとの指摘もある。(9)

「国際航路」の封鎖という事実以外にも、一九四一年末まで宣戦布告をともなわずに進展していた日中戦争の形態が、事態を複雑にしていた。一九三七年一一月八日、外務省による整理のなかで、対中宣戦した場合の利点の一つに、「軍事占領、軍政施行等交戦権の行使を為し得る」(10)ことが挙げられている。つまり、宣戦布告なき占領地支配においては、軍事占領も軍政施行も、正規の意味で実施することができない。(11)このような状況下で、日本軍による揚子江の航行制限は、どれだけ容認されうるのだろうか。序章でふれたように一九三九年一二月一二日、阿部信行首相は、「どうも宣戦布告をしなかつたことが非常にいろんな矛盾や問題を起して来て困つてゐる。鉄道の問題も揚子江の問題もそこにいろんな原因があるんだ」と原田熊雄に語った。(12)さらにこの翌日原田は、華中連絡部（序章参照）の長官である津田静枝からも、「昨日総理が自分に話されたとちょうど同じような内容の話」を聞いた。すなわち、「宣戦布告をしなかつたことが今日事変を解決する上に、国内的、或は国際的にいろんな矛盾を来たしてゐる。現在でも遅くないから、この場合徹底的にやるには宣戦布告をした方がよくはあるまいか」(13)という意見を、津田は述べていた。しかし結局宣戦布告は選択されず、いくつかの占領地政権を統合し、新たな中国の「中央政府」として汪精衛政権が樹立されることになる。日中戦争の特殊性は、揚子江の問題をめぐって、どのような「矛盾や問題」として立ち現れたのだろうか。これが本章の一つ目の関心である。

本章の二つ目の関心は、一九三八年一一月になされた東亜新秩序声明と、このとき外務省の中枢にいた外務官僚が抱いていた外交構想に関わる。酒井哲哉は重光葵を例に挙げ、外務省の主流派が極東における日本の政治的支配の承認と門戸開放原則との両立可能性を抗弁することで、英米協調を追求していたと指摘している。(14)東亜新秩序を掲げつつ協調を模索することはある意味、宣戦布告なき占領地支配に次ぐもう一つの矛盾であるが、有田八郎も、華中で英米に譲歩をみせれば、東亜新秩序の建設と英米協調は両立可能だと考えていた主流派外務官僚の一人だった。それでは、有田は具体的にいかなる形の両立を考えていたのだろうか。本章では、有田の構想の一つに揚子江開放があったことを示しながら、華中占領地政策の進展と背中合わせの関係にあった揚子江開放問題が、日本の占領地政策のなかでどのように論じられていたのかについてみていく[15]。

日中戦争期、英米は日本による在華権益の侵害にたびたび抗議を申し入れていた。対する日本は、第三国が保持するこれらの在華権益を、外交上の取引材料として利用することをしばしば考えていた。たとえば、外務省や陸軍省はイギリスの在華権益への関心を逆手にとる形で日英関係を操作し、日中戦争を終結させようと考えていた。この構想と施策の軌跡については、主として永井和や松浦正孝が明らかにしている[16]。

第三国権益の取扱いに関して、一九三九年六月に陸軍省が作成した資料には、「租界・長江等重要なる問題に関しては、之を大局の政略手段に取扱ひ第三国の操縦に資するものとし、対日転向乃至事変解決等の機略に運用[17]」するという方針が記されている。租界については、同じころ現地陸軍が天津英仏租界封鎖事件に踏み切っており、天津英仏租界への圧力を通して、日本の華北支配をめぐる日英関係がどのように変容したのかについては、すでに永井が詳細に検討している[18]。他方、揚子江に関してはその重要性にもかかわらず、いままで十分に検討されてこなかったといえる。序章で引用したように、「帝国の優位」を確立し、勢力圏を設定できると考えた華北に対して、華中では、日本は「自他併存」の道を探らなくてはならなかったことにも、本章では留意したい[19]。華中における「自他併存」には、どのような道がありえたのだろうか。

本論に入る前に、日中戦争期の揚子江航行をめぐる問題について、今までどのように論じられてきたのか確認しておく。しばしば指摘されるのは、一九三九年七月にアメリカが日米通商航海条約廃棄を通告したのち、野村吉三郎外相が対米関係改善策の一つとして揚子江開放を発表したこと、そして、その際に外務省革新派が開放に激しく反発したことなどである[20]。近年では、対米外交上の意義や海軍の関わりなどについて実証的な研究が進展している[21]。しかし、阿部首相が言及したような、宣戦布告をしていないことに由来する「矛盾や問題」との関連や、具体的な外交交渉の過程、および占領地政策との関係については十分明らかにされていない。また、揚子江流域に多くの権益を有していたのはイギリスであったにもかかわらず、これまでの考察は対米外交に関心が向けられ、対英外交の文脈上の意味は十分に考察されてこなかった。以上をふまえて本章では、宣戦布告をともなわない戦争という日中戦争の形態がもたらした「矛盾や問題」の一つであり、東亜新秩序下における英米協調策の一つとして有田外相が注目した、揚子江開放問題について検討する。

一　揚子江の軍事封鎖

日中戦争が始まると、中国軍は日本軍を迎え撃つため、揚子江に数千の機雷を沈設・浮流させ、江陰や鎮江などに次々と閉塞線を築いていった。「はじめに」で述べたように、揚子江は国際航路でもあったため、諸外国は中国軍による閉塞線の構築に抗議した。たとえば、一九三七年八月三一日には、中国軍が江陰に閉塞線を築いたことに対して、揚子江航行権をもつ英米仏独伊の五国の駐華大使が、軍事上の必要性があることには理解を示しつつも、自国民の移動や供給物資の往来が困難になったとして抗議を申し入れた[22]。

他方、日本軍は揚子江遡行作戦を進め、軍用水路を啓開していった。一二月九日、駐上海総領事の岡本季正は、揚子江に停泊している第三国の船舶を交戦地域外に移動させ、第三国の財産に戦闘の被害が及ばないよう協力してほしいという日本軍の意向を、各国の総領事に伝えた[23]。その後、同月一二日に、米国アジア艦隊揚子江警備船パナイ号や、イギリス砲艦レディバード号が日本軍の攻撃を受ける事件が発生した[24]。日本はこのとき「誤爆」を認め、早期に謝罪することで事態は深刻化を免れたが、両事件を通して第三国の船舶に危害が加えられたとき、国際紛争に発展することが認識された[25]。一二月二一日、第三艦隊司令長官の長谷川清は英米伊の海軍司令官に対して、揚子江上では掃海作業が続いているため、外国艦船は日本海軍の了承なく揚子江を自由に航行しないでほしいと要請した[26]。翌月一一日には、岡本総領事も上海駐在の各国外交官に対して、航行に際してはあらかじめ日本海軍と協議し、了解を得るよう求めた[27]。

このような規制に対して、各国はどのように反応したのだろうか。長谷川の通告の二日後に英米伊三国の司令官は連名で次のように回答した。商船が航行する際には、危険を避けるため日本海軍に事前に知らせるつもりであるが、危険が取り除かれ次第、条約上の権利に則って自由航行を再開させてほしい。艦船の航行についても、日本側に事前に知らせるつもりだが、日本が課した航行の許可制を受け入れることはできない[28]。このように列国は、戦闘が続いている揚子江を自由に航行することは現実的に難しい以上、ある程度日本の求めに応じつつも、自由航行の権利自体についてはあくまで保有を主張していたことが分かる。

上海周辺には江南運河などの水路も多数存在していた。日本軍による封鎖の範囲は、上海から崑山を経て蘇州・無錫・鎮江に至る航路など、揚子江以外の内河にも及んだ。すなわち一九三八年三月二〇日には、日本の占領地域内に収められた内河主要路線に関して、陸海軍が発行した内河航行許可書を有する船舶以外、機械で運航する一般営業船の通行が、軍事上の必要性から禁止された[29]（このとき通行が制限された内河航路については、図5参照）。

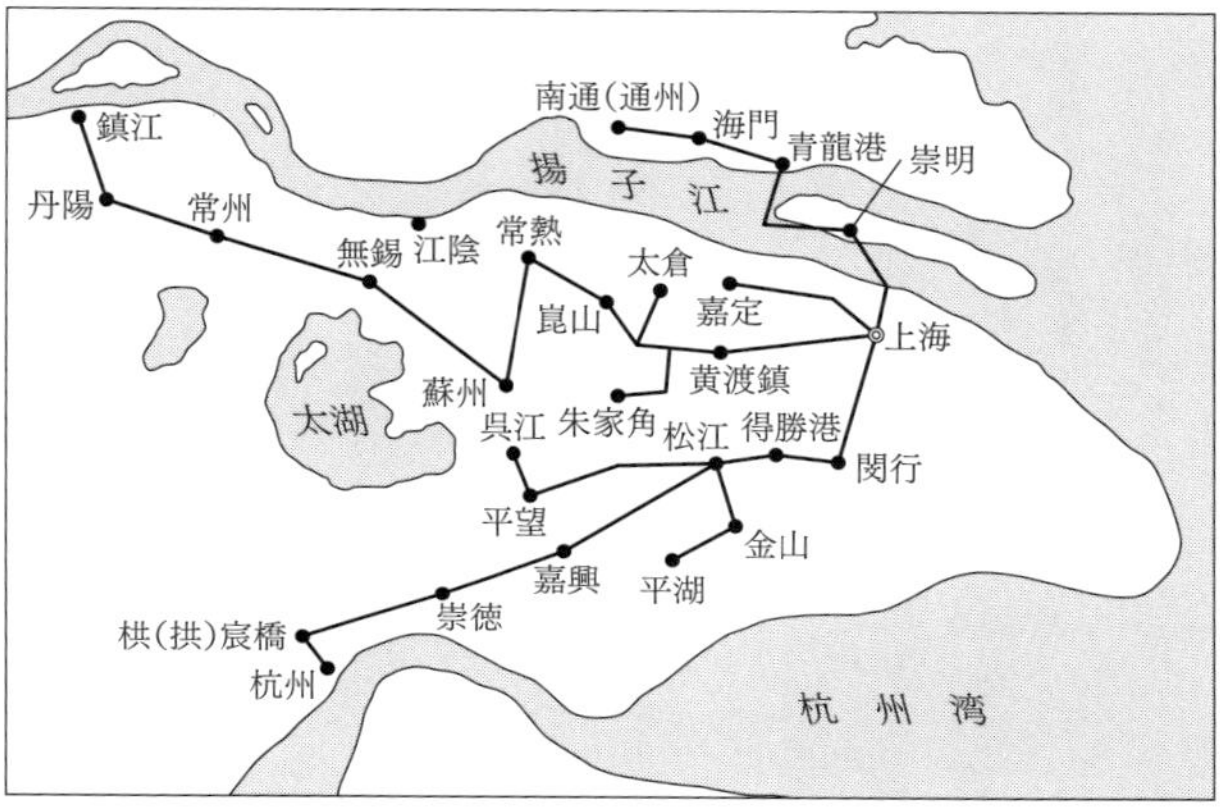

図5　許可制が導入された内河航路

出所）別電，日高総領事より広田外相あて電報，1938年3月22日，『日外』日中戦争第3冊，2095頁，および南満洲鉄道株式会社調査部編『中支の民船業——蘇州民船実態調査報告（本編）』（博文館，1943年）内河輪船航路図。

このように日本は揚子江や内河の航行に関して許可制を敷き、事実上の封鎖を実施する一方で、日本の艦船には揚子江を航行させていた。とりわけ日本の商船のみが揚子江を航行できていたことに関しては、門戸開放原則が適用されているはずの中国における通商上の差別を意味したため、英米はたびたび抗議を申し入れた。

まずアメリカについてみていく。日中戦争期、アメリカが在華権益の侵害をめぐってたびたび抗議していたことはよく知られ、そのなかには揚子江問題も含まれていた。一九三八年一〇月、グルー（J. C. Grew）大使が日本外務省に対して提出した、日本軍占領下の中国における「条約上の権利」を含む在華米国権益侵害に関する抗議では、揚子江航行権に関して、日本の商船は揚子江上で商品を運搬している一方、他国の船舶は軍事上の理由で閉め出されていること、日本の商船は他国商品の運搬を拒否していること、揚子江下流地域の多数の日本人が居住する地域であっても、同地域へ帰還するためにアメリカ人が行った通航許可証の発行申請が秩序未回復を理由に拒否されていることなどが、問題点として指摘された。そして、アメリカ人の権利に対する不法な干渉や、門戸開放原則と相容れない特殊会社や独占企業の設立を止めるよう求めた[30]。

対米回答は、翌月一八日に示された。特殊会社の例の一つとしてアメリカが名指しした上海内河航行汽船会社（後述する江浙輪船公司が一九三八年七月に改組）について、同社は日本の利益独占を目指しているのではなく、事変によって破壊された通信や運輸などを至急整備する必要性から設立されたもので、第三国に差別的な待遇をしているのではないと説明した。そして、占領地域内におけるアメリカ人の往来、営業、通商に対する制限は、治安や軍事上の必要にもとづく最低限のものであり、できるだけ早く常態に戻すつもりだとした[31]。

次にイギリスについてみていく。イギリスによる批判は、とりわけ貿易面に向けられた。イギリスは日本がイギリス船の揚子江自由航行権を制限する一方で、自国船を独占的に航行させていることをとくに批判した[32]。このような批判に対して日本外務省は、貿易上の差別を課す意図はないという主張を繰り返した。また、イギリス船が自由航行できない理由に関して、揚子江が現在戦略上重要な経路となっているため、一般商船が自由に航行すると、軍

は、先行研究にも詳しい[39]。

しかし、漢口攻略のための一連の作戦が揚子江上で展開されていたとき、日本に揚子江航行権の尊重を求めるのは、あまり現実的でなかった。たとえば、一九三八年六月日本軍が漢口攻略を目的とした揚子江遡行作戦を開始し、日本が第三国船舶の立ち退きの要望を出した際には、中国に駐屯するイギリス海軍司令官や駐華大使から、目下の軍事行動の状況を考えると、積極的な外交政策を採る時期ではないとの考えがイギリス外務省本省に示されていた[40]。

その後一〇月末に漢口は陥落、翌月初めには岳陽が陥落し、揚子江遡行作戦に一区切りがついた。クレーギー大使は、「漢口の陥落に伴ひ、揚子江に於ける英国船に対する妨害は従前よりも増して弁明し難くなる」[41]と主張し、少なくとも南京下流をすみやかに開放するよう迫った。この背景には、漢口が陥落すれば事態は緩和し、航行の問題もすみやかに解決されるだろうとの見通しを、宇垣一成外相がクレーギーに語っていたことがある[42]。しかし漢口海軍特務部は、第三国船の揚子江航行に関する制限の継続を決めた[43]。

なぜ諸外国は、安全が確保されているとは言えない揚子江での自由航行再開にこだわったのだろうか。背景の一つとして指摘できるのは、揚子江航行権という原則が尊重されていることの重要性である。一九三八年一月、ハウ駐華イギリス臨時代理大使は「揚子江航行が現実問題として重要なのではない。しかし、航行自由の原則が認められていることが大事で、これはテストケースとなる」と述べている[44]。さらに重要な点として、日中両国が宣戦布告を行っていなかったため、正式な意味での占領地支配を行いえなかったという事情を指摘できる。たとえば一九三八年八月一日、華中で活動するイギリスの商船業者が、次のように端的に矛盾を指摘している。「日本陸海軍当局は「軍事上必要」と云ふ口実の下に総ての条約を破つてゐる。（中略）揚子江は危険である故運輸は不可能であるとの日本側発表に拘はらず、日本汽船は自由航行をしてゐる。（中略）揚子江は支那側より閉鎖されたが、日本が占領したので日本に支配権があると日本は主張してゐるが、国際法上占領地域の支配は宣告された戦争の場合だけに有効である。現在日支戦は両方共に宣告して居ない以上、日本は条約国船の航海を妨止《ママ》する権力を持たない[45]」。

日中戦争は国際法上の戦争ではないという批判は、日本側にとって脾腹を突かれるものだった。たとえば一九三八年六月三日、日高信六郎駐上海総領事は、イギリスは「外国権益尊重に関する帝国政府累次の声明」や「本国議会の空気」などを盾にとって、「何かと言へは平時同様条約論を基礎とし、我方に対し大小取混ぜ要求がましき態度」に出ていると批判した。そして、国民政府の側について揚子江筋の権益を放棄せざるをえなくなるか、それとも対日協力を選ぶのかイギリスに迫り、揚子江問題を「政治的な手を打つ材料」にしたいと主張した[46]。

及川古志郎支那方面艦隊司令長官も、イギリスに反発している。同年一一月二九日、及川は「英国その他が在支権益の擁護を求め、殊に揚子江の航行を要求する心理には、日支事変を戦争ならぬ戦争とみとめ、国際法上の戦争でないことを口実に、戦争以上の戦争である事実をも無視するが如き態度をもつて、執拗なる権益の要求を繰返してゐるのである」と非難し、揚子江封鎖を続ける正当性を説いた[47]。

中支那派遣軍司令部は、一九三九年一月二三日、日中戦争は国際慣例が認める軍事行為である「報償」にあたるとしたうえで、揚子江をめぐる問題について、次のように主張した。「軍事上の必要に迫られ啓発したる長江を、今尚引続き軍事行動実施中に不拘、之を第三国の為開放するは余りにも第三国側の虫のよき話なり。故に軍事行動実施中は依然之を封鎖するに何等憚る所なし」。さらに、「占拠地域内の建設は占拠軍の義務なるは国際法の認むる所なり。故に軍需品以外の物資も前述の精神より供給するは決して不当に非ず」という論理から、日本の船舶が非軍需品の輸送にもあたっていることを正当化した[48]。このように宣戦布告をともなわない占領地支配という矛盾は、揚子江封鎖をめぐる問題において露見し、日本はその正当性を説こうとしていた。

二　東亜新秩序声明と英米協調の模索

(1) 東亜新秩序声明とその反応

日中戦争が始まった当初、日本は第三国権益や門戸開放原則を尊重する姿勢をたびたび諸外国に表明した。しかし、満洲事変以降の対中政策は実質的には門戸開放原則に違反するものでもあったことはよく知られる。一九三八年一一月三日の東亜新秩序声明は、在華第三国権益に対する日本の姿勢の変化を鮮明にする契機となった。すなわち、第三国権益尊重の建前と実態の間を取り繕おうとするそれまでの政策から、政府方針として第三国権益を制限する姿勢を対外的に表明していったのである。たとえば、一〇月末に外相に就任した有田八郎は、在華権益侵害に抗議するアメリカへの一一月一八日付回答のなかで、東アジアに新たな情勢が展開されつつあるとき、日中戦争前の事態に適用されていた観念や原則をそのまま今後の事態にあてはめることに否定的な見解を示した。また、一二月一九日には外国人記者との会見にて、列国の大陸での経済活動は日本の広域経済圏建設に必要な制限の下で保障するという、日本政府の見解を説明した。英米は、これらを日本が門戸開放主義を修正しようとしている実態だと理解し、日本は在華権益の独占を図っていると認識した[49]。同月七日、英米仏三国の駐日大使がそれぞれ、日本による揚子江封鎖に対して日本外務省に抗議を申し入れた際には、日本は揚子江における第三国の通商航行を故意に妨げる意思はないが、安全性や軍事上の理由などから、揚子江はまだ一般に開放できる段階に達していないために封鎖を継続しているという、従来の説明を繰り返した[50]。

このように、揚子江開放をめぐる対日交渉は平行線をたどっていたため、英米は次なる手段を探らざるをえなかった。英米仏三国が対日抗議を行う四日前の一一月三日に、アメリカは駐英大使館を通して、揚子江航行の問題に関する対日抗議が功を奏さなかった場合、どのような行動をとるのかについて、イギリス外務省に尋ねた[51]。九日、ハリファックス外相は閣議で、アメリカからの打診を報告した。このときハリファックスは、もしアメリカがわれわれとともに行動する準備があるなら、イギリスの立場は違ったものになるだろうと述べ、米英共同の経済制裁の可能性を示唆した。二日後、イギリス外務省から大蔵省にあてた書簡のなかでは、第一次上海事変の際に、九ヶ国条約第一条と第七条にもとづいた告発に関するスティムソン国務長官の提案に与せず、アメリカから非難された件を引き合いに出しながら、当時のような対応ではなく、アメリカと歩調を合わせることが大事であり、それによって在華権益を守るべきだと述べられている。[52]

他方チェンバレン（A. N. Chamberlain）首相は、むしろ日本からの報復の可能性を懸念し、対日制裁の実行には否定的だった。チェンバレンがとくにおそれたのは、日本による香港攻撃である。[53] 商務省や大蔵省、植民地省も、日本への制裁措置が招くリスクの方を深刻視し、日本に対して報復に踏み切る場合、月並みな経済制裁ではなく、徹底した方法をとらなければ、逆にイギリスは日本からさらに大きな被害をともなう報復を受けるだろうとの懸念を示していた。また、カーやクレーギーなど東アジアに駐在する外交官も同様の理由から、報復を行う場合は漸進的な方法ではなく、徹底して行わなくてはならないと考えていた。[54] しかし、英米が足並みをそろえて日本に対抗することは困難だった。イギリス外務省は、一九三九年一月以降、アメリカの極東政策を積極化させようとワシントンの駐米大使館を中心に精力的に活動したものの、共同の対中経済援助や対日経済制裁の実施の提案はアメリカに拒否されたし、同年一月に発足した平沼騏一郎内閣の外交政策によって、日米関係のみが良くなっていっているというイメージをイギリスは抱き、アメリカを誘い入れて対日制裁を行う意欲を失っていったという。[55] 天津英仏租界封鎖事件の際も、チェンバレン首相がアメリカに強い不信を抱くなか、イギリスは対日制裁に踏み切ることはできなかった。[56] このような対日政策上の行き詰まりは、揚子江をめぐる日英間の交渉が硬直化しても、イギリスが新たな一手を打てない背景になっていたといえよう。

一方、中国で活動するイギリス系の会社は、軍事・外交面から日本に圧力をかけるよう、本国外務省に働きかけていた。一九三八年七月、揚子江航路を傘下に有する怡和洋行（ジャーディン・マセソン商会、Jardine Matheson & Co.）と太古洋行は、イギリス外務省に対して両社の船の護送措置を要請したが断られた[57]。本国からのサポートを得られないなか、同年一二月に怡和洋行上海支店長のケズウィック（Tony Keswick）は、揚子江封鎖に関連して、日本に対して武力行使や制裁を実施するよう強く要請する書簡を、カー駐華大使に送った。そこには、もしイギリスが日本に圧力をかけるつもりがないならば、怡和洋行は日本に妥協することを考えなければならないかもしれないとも記されていた[58]。これを受けてカーは、イギリスの姿勢を本省に問うた。本省は、中国政府が揚子江下流のコントロールを近々回復できる見込みはない以上、もし会社が自身のビジネスにとって利益になると判断したなら、日本やその「傀儡（puppets）」が設けた合理的な制限を受け入れ、対日協力を行うのは仕方ないと考えた[59]。

すでに同年六月の時点で、揚子江デルタでは、多国籍企業である英米トラスト（第1章参照）が、同社の活動地域を事実上支配している日本へ接近する姿勢をみせていた。イギリス大使の報告によると、上海とその周辺地域では、一九三八年に英米トラストの中国の販売組織がほぼ崩壊していた。また、戦争が進むにつれ、揚子江中流、とくに漢口を中心とした地域で、さらに激しい混乱が起こっていた。一九三九年五月、ローズ英米トラスト取締役はイギリス外務省への報告で、揚子江峡谷の輸送は日本軍によって完全に掌握されており、漢口工場は事実上孤立し、販売は潰滅したに等しいと指摘している[60]。そのほか、イギリス系の中国肥皂公司（China Soap Co.）は、日本軍の統制下で揚子江デルタの汽船業を独占していた江浙輪船公司と話をつけて、蘇州や杭州方面に積み出しを行うなど、日本による中国支配をある程度受け入れながら活動する会社も現れていた[61]。

（2）有田八郎の構想

「はじめに」でも指摘したように、東亜新秩序にみられるような排他的な国際秩序観を表明しつつも、門戸開放原則との両立を抗弁することで英米協調は実現できると、重光葵をはじめとする外務省主流派は考えていた。重光の他にも、たとえば谷正之は、華中・華南において多少の開放を行えば、漢口・広州陥落を背景として英米との協調を実現することができ、それによって通貨問題・中国開発問題を含む財政経済上の難問を解決できると認識していた。(62) それでは、同じく主流派に分類される有田八郎は、東亜新秩序と門戸開放原則について、いかなる構想を抱いていたのだろうか。その一端が、一九三九年二月、原田熊雄に対して語った内容からうかがえる。(63)

英米といふものをこつちに引きつけるためには、どうしてもまづ南支、中支における英米仏の権益や、長江の航行につき、日本は決してすべてを支那から追放したり、支那を閉鎖して他国をすべて入れないやうなことはしないし、今までの権益も立派に尊重し、長江の航行も自由にさせるといふ意思だ、といふことをできるだけ早く如実に示しておかなければならない。

有田も谷と同様に、日本が華中や華南において英米の権益を尊重したり、揚子江開放をしたりすることで、日本が英米の権益を尊重している姿勢を示し、日本の中国支配に対する英米の理解を得ようとしていたことが読み取れる。しかし有田は、このような考えを闡明できなかったという。その理由について、続けて次のように述べている。(64)

それまで持つて行くには心ならずも強いことを言つて内を纏めてみなければ、自分に随いて来ない。で、結局いま必要なのは外交でなく内政である。実に手のかゝる困つたことだけれども、かういふ時勢だから、とにかく一応みんなを固めて引張つて行くには、結局有田は強くやつてゐるんだ、といふ認識を与へておいて、その後で、「自分は英米その他の国の在支権益を尊重し、長江の航行もさせるんだ。このくらゐさせてもいゝぢやないか」といふやうにしてやるより仕方がない。いま心ならずも馬鹿に強いやうな顔をして言つてゐるのは、実に外務大臣としてまことに困つたことだとは自分でも思つてゐるけれども、事実それでなければ今日もつていけないから、これで失敗したら、自分はもう外交は駄目だと思ふ。

ここからは、強硬な対外政策を採っていることを国内にまず印象づけ、その後に在華権益の尊重や揚子江航行の再開といった外交案件に着手しようとしていた有田の方針をみてとることができる。

このような「外務大臣としてまことに困つた」姿勢を、有田はなぜ示さなくてはならなかったのだろうか。その背景には、「世間からも軍部からも、もう外務省といふものは非常にいけないものに思われてをる[65]」ことへの自覚があった。一九三八年一二月に設立された対華中央機関である興亜院が、外務省から対中外交機能を奪うものだったことはよく知られる。宇垣一成外相のもとで外交顧問として対華中央機関設置問題に対処していた有田も、同機関の設立には強く反対していた[66]。しかし、企画院や法制局、陸海軍などが推進する構想に外務省は抵抗しきれなかったし、対華中央機関設置問題をめぐる攻防の初期の段階から、たとえば『読売新聞』の社説に「最近の外務省が殆ど外交の独立性を失つてゐるのではないかは国民の斉しく疑つてゐる所である。事変の前、爾後、わが外交がどれだけの機能を発揮したのであるか。（中略）組織の欠陥か人の罪か。何れにするも自主外交の気魄に欠けてゐるだけは確かである[67]」と記されるなど、外務省は世間の同情を集めることもできなかった。対華中央機関の設置を阻止できなかった宇垣外相は九月末に辞任し、近衛文麿首相による外相兼任を経て、有田は一〇月末に二度目の外相に就任していた。そして、一二月に興亜院が設立された後には、新たな体制下での日本外交の舵取りを担っていた。「これで失敗したら、自分はもう外交は駄目だと思ふ」という言葉からは、有田の覚悟がうかがえる。

それゆえに、欧米諸国が有田の門戸開放主義修正の姿勢を文字通りに受け止め、既存の条約や権益の尊重は日本の対中政策の容認と引き換えになったと認識するのは、有田にとって不本意だった。たとえば一九三九年五月一八日のグルー駐日アメリカ大使との会談で有田は、「支那大陸を日本のみで独占しようとか、貿易とか即ち経済的発展に関してヨーロッパの勢力を駆逐するやうないろんなデマ」の打破に努めた[68]。しかし、このときグルーは、在華米国権益問題に関する有田の回答は不確かであいまいだと判断した。[69]

第三国による揚子江自由航行の再開については、他の観点からもその必要性を唱える人々がいた。とりわけ占領地経済政策を考えたとき、揚子江をかたくなに封鎖し続けることは、日本にとって決して得策ではなかったからである。たとえば、一九三九年三月一一日の予算委員会で原惣兵衛衆議院議員（立憲政友会）は、揚子江沿岸の経済開発という観点からみると、第三国の経済上の利益への配慮はもちろん、中国内部の開発も必要だとして、揚子江開放問題の重要性を指摘した。[70] また、駐華大使館参事官の森島守人も「中支の復興と云ひ、経済開発と云ひ、あの大動脈たる揚子江を閉鎖した儘では、実行出来ないことは明らかである。時期が来てから之を開放するところに中支の復興もあれば繁栄もある」[71]と考えていた。このように経済政策の観点からすれば、いずれは揚子江開放を行うことが不可欠だった。

さらに、郷誠之助や池田成彬、町田忠治など経済や財政に通じた者は、中国占領地支配に英米の資本が不可欠であることを認識し、現実的な対応を模索していた。原田によると、彼らは揚子江問題を非常に心配して、「なんとか財界の方面からこの問題を重要視して、将来の打開を考へるやうな話」をしたり、総理にも「側面的にやつぱり英米に対する感情、或は英米に対する接触をより以上によくしなければいかん」ということを進言したりしていたという。[72]

一九三九年二月九日、南京下流の揚子江を、同年増水期（夏季）までに第三国船舶に開放する方針のもとで準備を進めることが、興亜院で決定された。[73] 決定の翌々日、有田外相は「非常に心配」しながら原田に次のように語った。[74]

長江航行問題は、増水期には各国の航行を許すといふことに興亜院の会議で決まつた。なほ純理論からいつても、また実際からいつても、英米といふものを主にして外交をするのが日本のためによいことは判つてゐるけれども、今のやうな空気で先にそれを言ひ出せば必ず事ができなくなるから、もうしやうがなしに或る程度まで今の時勢に合つたやうなことを言ひながら、だん〲に連れて行くところまで連れて行かなければならん。どうも実に困つたことである。

しかし、たとえ有田の思惑通り国内をうまくまとめられたとしても、問題は揚子江を開放できる程度にまで、占領地政策が進展するかどうかにあった。現地が揚子江を開放できる状態に至っていないことは、中支那派遣軍や駐上海総領事館など現地機関から繰り返し説明されていたからである。

三　華中占領地支配の進展と揚子江開放問題

（1）占領地政策の進捗状況

一九三九年五月二五日、興亜院華中連絡部は、華中占領地経済政策の進捗状況をふまえると、年末までに揚子江開放はできないという考えを「中支建設工作より見たる揚子江開放問題に対する意見」にまとめ、柳川平助興亜院総務長官に提出した(75)。この意見書を受けて、六月二四日、興亜院は増水期までに開放する方針を掲げた二月時点の計画を見送り、少なくとも本年末まで揚子江の開放を不可とする判断を下した(76)。以下では華中占領地経済政策の実態について、揚子江問題と深く関わる方面として、通貨問題の解決、汽船業および商業それぞれにおける覇権の確立の三つの側面に着目し、興亜院が開放を見送った背景を確認したい。

はじめに通貨問題についてみていく。一九三八年一一月一九日、日本銀行参事の宗像久敬が、中支那派遣軍司令官の畑俊六に対して、「長江航行問題も不用意に之を取扱ふ時は、第三国は法幣を使用すべきを以て、軍票は無価値となり、却て蔣を援助すること丶なるを以て、此通貨問題を解決すべき案あるにあらざれば過早に決定するを得ず」[77]と述べているように、揚子江開放の可否は、軍票の普及などを含む華中占領地通貨工作と密接な関係をもっていた。一九三八年末から年明けにかけて、中支那派遣軍や駐上海日本総領事館からも、揚子江開放が通貨工作に与える悪影響を指摘しつつ、開放を不可とする意見が表明された。その理由として、揚子江が開放されれば、軍票での買い付けを強制されている日本人商人が、イギリスをはじめ法幣で物資買い付けにあたる第三国の商人に対して不利な立場に置かれ、占拠地域内の買い付けが外国人に独占されてしまうことや、民衆が軍票を受け取らなくなって軍票価値が下落し、軍は必要最低限の物資の調達を法幣や円札で行わざるをえなくなることなどが挙げられている[78]。

一九三八年五月には、揚子江開放に向けて外貨に転換しうる銀行券を発行するという構想のもと、華興商業銀行が設立され、華興券の流通が企図された。しかし、華興券はなかなか流通せず、現状のまま揚子江を開放すれば、通貨工作がいっそう困難になるだけでなく、法幣の流通が促され、ひいては法幣を通したイギリスの通貨支配が強まり、蔣介石政権の抗戦能力の強化にもつながると考えられた。そのため興亜院は、第三国の華興商業銀行への協力、少なくとも華興券の使用が、揚子江流域において第三国に通商を容認するための絶対条件であるとみなした[79]。増水期までにこの条件を整えることは困難だったのである。

さらに興亜院は、通貨問題が何らかの方法で解決されたとしても、揚子江における船舶や水陸諸施設などの整備や、資源獲得のための体制の確立、商社の組織的進出などが進まない限り、日本が揚子江流域における商業上の覇権を握るのはきわめて困難だとも考えた。さもなければ、中国の民衆が相対的に好意を寄せ、以前から続く取引関係や金融機関にも恵まれている諸外国は、商社と汽船業者が密接に連携しながら、日中戦争が始まる以前の優越的な地位を回復するだろうと予想されたからである[80]。この問題についての理解を深めるため、揚子江流域における日英の汽船業と商業をめぐる状況を確認しておく。

はじめに汽船業についてみていく。イギリスが一八五八年の天津条約締結後から揚子江に進出し、一八七五年には揚子江航路の営業を始めたのに対して、日本は下関条約締結の結果、ようやく一八九八年に同航路の営業を開始していた。このように、日英両国には二〇年以上の活動期間の差があった。また、英系企業が、埠頭や倉庫など港内諸施設の条件に恵まれていただけでなく、同一資本が揚子江航路と沿岸航路を経営しているため、相互の連絡が円滑だったのに対して、日本は別会社であったことから、両航路間の連絡は不十分だった[81]。なお、一九三六年一〇月段階で揚子江航行に使用されていた船舶のうち、中国船は約四〇%、イギリス船は約三八%の割合を占めていたのに対して、日本船の割合は約二〇%であった[82]。

日中戦争が始まると、日本の汽船会社も中国軍の攻撃にさらされて大きな打撃を受けたが、一九三八年初頭には、物資輸送などの必要性から上海—南京間の揚子江航路が再開した[83]。同年六月二三日、興亜院連絡会議で決定された「中支那方面占領地域拡大に伴ふ経済建設要綱[84]」では、華中経済の大動脈たる揚子江水運の実権確保と、そのための国策海運会社設立の促進が謳われた。この約二ヶ月後、中国の沿岸および内河航路を独占的に経営する国策会社として東亜海運会社が設立された[85]。しかし、同社が所有する船や桟橋・倉庫などの設備は、イギリスなどの汽船会社と比べると劣っていたし、貨主の大部分は第三国の人々や中国人であったため、揚子江が開放されると、顧客を再びイギリス船に奪われる可能性が高かった。また、同社への寄託貨物は運搬中の盗難事故が多いうえ、会社側はその責任をとろうとしないため、揚子江開放後には日本人すらイギリス船を利用する事態も考えられた[86]。開放後に外国船との競争にさらされることになる日本の汽船会社も、開放には強く反対していた[87]。

次に商業についてみていく。揚子江流域の商業活動への進出に関しても、日中戦争以前の時期において、日本はイギリスに大きく出遅れていた。イギリスの場合、汽船会社の他にも、揚子江沿いには紡績業や製粉業など多様な投資が行われ、それらが有機的に結合していたため、揚子江流域に「牢乎として抜き難き地盤」が形成されていた[88]。他方、日本の汽船会社は、このような多角経営を営んでいなかった。そのため「陸に根拠」をもたず、揚子江上に「浮いてゐる」状態にすぎなかった。[89] 日本が商業上の覇権を確立するためには、現地品の輸出機構と、日本品の販売組織の整備が急務であり、揚子江流域の通商を制限しているうちに日本の商社を進出させ、日本の経済的競争力を高める必要があった。[90]

しかし、日本による華中経済の再編は順調に進んでいなかった。日本は一九三九年四月、卵や卵製品、豚毛、桐油、茶など華中の主要な輸出品の搬出入に関して、特務機関から許可証の発行を受けるよう求めたが、[91] 五月の段階では、許可証発行総額において日本による取引額が占める割合は、品目によっては必ずしも多くなかったし、卵製品（液卵白・粉卵白）を除けば、出回り推定額のうち許可証の発行を受けているもの自体の割合が少なかった。[92] 九月には、広範な日常物資について租界を含む占領地域外への移動が禁止されるなど、物流の統制が本格化し、買い付けの独占権は中支那物産輸出連合会と同付属組合に付与されることになった。しかし同会は資金難に見舞われ、事実上は外国商社の資金援助の下で中国人による「密貿易」が横行し、それを取り締まるのは困難な状況だった。[93]「密貿易」については、興亜院華中連絡部長官を務める津田静枝も、封鎖された揚子江に代わって新たな流通ルートが形成され、揚子江の通商路としての重要性の低下につながっていることを指摘している。[94] なお、揚子江デルタについてみれば、日本軍の統制下で独占的に営業していた江浙輪船公司が取り扱う荷物量の五倍相当が、統制外の水路を通して販売されているという分析もあるなど、「密貿易」の規模は大きかった。[95]

日本品の販売についてみてみると、煙草など中国人の需要が見込める商品は、いずれも上海製のイギリス系商品と品質および価格の面で競争するのが難しかった。一九三九年時点では、イギリス系商品の移入量が多くないため、日本品を中国人に売りつけることができていたが、揚子江が開放され、イギリス系商品が大量に市場に出回るようになったあとも、日本品の需要を維持できる見込みはなかった。将来奥地向けの有望な商品として、煙草、マッチ、灯油、蠟燭、石鹸（とくに洗濯用）、食料油、缶詰（とくに果実）、海産物、綿糸布などが考えられたが、とくに煙草・蠟燭・洗濯石鹸・食料油などについては、イギリス系の商品と競争するには、品質向上にむけてさらなる研究を要する状態にあったという[96]。

このように日本がまだ現地の汽船業や商業を十分に掌握できていない状態で、仮に南京下流を開放した場合、南京上流の物資集散地である蕪湖からクリークに沿って物資が運搬され、第三国の手に集まることが予想された[97]。興亜院は、少なくとも一九三九年中は揚子江流域における通商の制限を維持し、中国人や第三国の人々が経営する工場に日本との共同経営を提案したり、将来第三国と有利な条件で提携をするための土台を築いたりしておくことが、日本が商業上の覇権を確立するうえで絶対条件になると判断した[98]。

さらに、華中への日本品輸出も順調ではなかった。上海方面の治安回復と欧州情勢の緊迫化によって、一九三九年初めから綿布など第三国品の華中向け輸出が激増していた[99]。輸出品の一部は、日本による揚子江封鎖の起点である江陰付近まで汽船で運ばれ、中国人商人のジャンクなどに載せられて各地に送られていた[100]。また、同年春に起きた軍票の対法幣相場急落のため、華中向けの輸出は莫大な利益をともなうようになり、為替ダンピングともいえる状況が起きていた。本来日本から供給される物資は軍票の裏づけに使用されるべきものだったため、軍票の価値維持の観点からこのような状況は問題視され、日本品の販売組織の整備が課題となった[101]。以上より興亜院は、将来華中を日本の商品市場として十分に把握するための基盤が整うまで、揚子江の通商制限を持続すべきだと結論づけた[102]。

(2)　揚子江開放声明の発表

一九三九年七月、アメリカは日米通商航海条約廃棄を通告した。これによって半年後に条約が失効する前に、アメリカとの間に暫定条約を締結することが、日本にとって喫緊の外交課題となった。以下では、日本が対米緊張緩和策を探るなかで、揚子江の部分的開放が宣言されるに至る経緯についてみていく。

同年一〇月に外務省が作成した「事変処理と之に対する外交的措置[103]」から、外務省が当時の対外関係をどのように認識していたか確認しよう。同史料には、東亜新秩序声明とその後の英米に対する回答により、日本が第三国権益に対して広範囲にわたる制限を加えると認識され、両国に危惧の念を抱かせてしまったとの理解が示されている。そして、日中戦争に関して両国の対日協力を得るためには、第三国権益を制限するとしても、その範囲がきわめて狭いことを示す必要があるとされた。なかでも、揚子江については日本が封鎖しながら自国人に優位な商業環境の整備を進めていることが、英米に感知されているから、日本が外国権益を尊重している証左の一つとして、開放などの措置を採るよう提起された。同時に、揚子江の部分的開放がもたらす効果について、アメリカは「門戸開放の主義上極て重視」しているが、同国に対しては「差したる実質的利益を与へず」、むしろイギリスに対して「実際上の利益を提供するもの」であり、「対英関係の取扱上充分利用すべき」であると指摘された。

それでは揚子江開放は、対米関係上の効果を見込めないものだったのだろうか。ここでは二つの史料から、対米関係上で考えられた効果について指摘したい。一つ目は、駐米日本大使館の分析である。八月下旬に駐米日本大使館は、揚子江開放とは日本が最小限度の犠牲を払ってアメリカの要望を満たせるものであり、少なくとも蕪湖下流をすみやかに開放すべきという見解を示した(104)。二つ目は、一一月に外務省が作成した対外施策方針要綱からうかがえる。同要綱には、イギリスは中国に多大の権益を有しながらそれを保全する実力がない一方、アメリカは中国にほとんど権益をもっていないという英米の相違点に言及しつつ、「対英交渉の進捗に依り、共通問題に対する米国の対日態度を緩和せしむる如く努む」という方針などが掲げられている(105)。この方針をふまえれば、対英関係上の効果が期待される揚子江開放は、対米関係改善にも間接的に寄与する可能性が見出されるといえる。本要綱は陸海両省との交渉を経て、三省間の決定事項となった(106)。以上を背景として、日米暫定協定締結という喫緊の課題に直面していた日本は、「第三国の操縦に資するもの」として残されたカードであった、揚子江開放を宣言することになる(107)。

一二月八日、興亜院は、揚子江開放問題を外交上の取引材料として使うことを念頭に、さしあたり南京下流の揚子江本流（連接する内河含まず）について、一般船舶に対して翌年二月以降に開放することを決めた(108)。同日、アメリカは一月の議会冒頭で大統領の一般教書演説を控えており、このときまでに日米交渉を完結させたいという考えのもと、阿部首相や野村外相、畑俊六陸相、吉田善吾海相は、積極的に日米の国交調整を図ることなども申し合わせた。[109]

揚子江開放のねらいについて、興亜院政務部長の鈴木貞一は次の二点を指摘している。一つ目は、先に確認したように、揚子江開放を、日本の事変処理方針が、門戸開放・機会均等政策を維持し、第三国の人々の活動を制限しようとするものではない証左とすることである。二つ目は、占領地通貨工作に関する協力を得ることである。すなわち、目下の日本の国力に鑑みると、独力で通貨政策を確立・維持することは不可能であることから、揚子江開放問題に関連させて、新通貨政策に対し英米（とくにイギリス）との合作を図り、それを契機として、英米の態度を日本側に誘引しようと考えた。[110]

揚子江開放に強硬に反対した勢力として、現地軍（第一三軍司令部・第一遣支艦隊）や外務省革新派の存在がある。華中占領地政策との関連から、本章では現地軍の主張についてみていく。[111] 一九三九年一二月の段階で、現地軍は揚子江開放措置への反対の姿勢を、次の二点から説いていた。一点目は、揚子江開放が国際社会に与えるイメージである。第三国の要求に応じて揚子江を開放すると、あたかも当然の要求が日本の屈服によって認められたという印象が国際社会に伝わり、蔣介石政権や中国の民衆にも、日本は欧米に屈服したとみなされるおそれが懸念された。二点目は、欧米にとっての極東問題の比重の低下である。欧州の政治情勢の緊迫化によって、欧米諸国の極東問題への関心は低下しているため、この期に及んで揚子江をわざわざ開放するメリットはない、と主張された。[112]

一二月八日の興亜院決定の後、陸軍省は開放を困難とする現地の状況はあるものの、興亜院に上程された揚子江開放問題について、大局上同意することにしたと現地軍に告げた。これに対して現地軍は、たとえば物資調達に大きな影響がもたらされることなどを指摘し、慎重な対応を要請しつつも、陸軍省の方針を了承した。[113] そして一二月一八日、現地陸海軍は、「揚子江下流域においてはこれが閉鎖を必要とする作戦上の絶対的要求も漸次緩和し得る情勢となりたるに鑑み、現地陸海軍は情勢に対応して治安維持および作戦上の必要なる制限の下に、南京下流揚子江閉鎖を解く意向を以て諸般の準備を進むること」にしたと発表した[114]。

同日、野村外相はグルー大使との会談において、揚子江下流地域で封鎖を必要とする作戦上の絶対的要求を漸次緩和できる情勢となったので、軍は治安維持と作戦上必要な制限の下に、南京下流の揚子江の閉鎖を解く意向をもって準備をすることになったこと、さらに華南を流れる珠江についても、「同一趣旨を以て考慮中」であることを伝えた[115]（第8章）。揚子江開放を予定している時期は約二ヶ月後であるとした[116]。さらに、日本国内には揚子江開放に反対する動きがあるなかで開放に踏み切ることを告げ、国際関係改善の具体的な効果が生じなければ、世論は政府を攻撃するだろうから、アメリカも日本の努力に報いてほしいと要請し、日米暫定協定に関する交渉を始めるよう求めた[117]。日本外務省は、英独伊仏の駐日大使に対しても、同様に開放の方針を伝えた[118]。

しかし、英米が示した反応は日本の期待に応えるものではなかった。外務省や現地軍の発表では、開放の具体的な日程が示されておらず、たとえ開放が実現したとしても、第三国の人々に不利な条件が課され、日系会社との競争のなかで彼らが利益を上げることは困難だと考えられたからである[119]。一二月二二日に行われた野村外相とグルー大使の会談においてグルーは、暫定協定締結の申し出を断ったうえで、日本軍が占領する中国の広範な地域において、アメリカの通商権益に対する均等待遇措置をまず実施するよう求めた[120]。そして、翌年一月二七日に日米通商航海条約は失効した。

他方、イギリスが示した反応は、一見すると好意的にもみえた。チェンバレン首相は、一月一七日の議会下院において、日本の揚子江開放措置は揚子江流域における平等な通商の機会恢復への第一歩だとして、歓迎の意を表した[121]。二一日、重光葵駐英大使がバトラー（R. A. Butler）外務政務次官と面会したときも、バトラーは揚子江に対する日本の措置に対して好感を表した。このとき重光は、日本がアメリカとの関係改善を欲していることは事実であるものの、揚子江においてアメリカ船はスタンダード石油会社のタンカーが年に数回航行する程度であるから、今回の措置によって実益を得るのはイギリスだと説明した。バトラーは、揚子江開放は日本によるアメリカへのクリスマスプレゼントだと報じた『タイムズ』の首脳部に対して、イギリス外務省として注意をする手はずだとも語り、日本への配慮をみせた。[122]

このような反応の裏側で、イギリス外務省は日本の発表を冷静に受け止めていた。一月一九日のイギリス外務省のメモによると同省は、日本の施策の背景には、日米通商航海条約廃棄の後に実施されるかもしれない経済制裁への警戒があると理解していた。さらに、そもそも揚子江航行権はイギリスとアメリカでは重要性が異なるものであり、イギリスに実利をもたらす揚子江航行問題で日本が譲歩した真意は、英米の仲を裂くことにあるとみなした。すでにイギリスは一二月初旬にアメリカから、日本による在華権益の部分的な保護は単なる一時的な措置にすぎないから、アメリカのサポートを得続けたいならば、何の行動もとるべきではないという警告を受けていたし、天津英仏租界封鎖事件のときのように、イギリスが単独で日本との交渉に応じ、日本に妥協的な態度をとらざるをえなくなる事態は避けようとしていた。[123]また、揚子江に配備されていた砲艦一〇隻のうち五隻は一九三九年一〇月に、さらに三隻が同年一二月に中国から撤退するなど、第二次欧州大戦の影響で揚子江航路の重要性は相対的に低下していた。[124]これらの要因ゆえに、表面的にみせた好意的な反応とは裏腹に、イギリスも日本の思惑通りに動くことはなかった。

（3）実現しない開放

諸外国に表明した、揚子江の部分的開放の予定時期である二月に入ると、揚子江開放問題への対応が帝国議会でもたびたび議論の俎上に上った。一月一六日、阿部内閣の崩壊にともなって野村外相が辞任したのち、後継の米内光政内閣では有田八郎が三度目の外相就任を果たした。かつて東亜新秩序下における英米協調の観点から揚子江開放政策に注目していた有田は、揚子江問題について帝国議会でどのように語ったのだろうか。

まず、揚子江の部分的開放声明の背景がどのように説明されたのか確認したい。二月七日の予算委員会において松本忠雄議員（民政党）は、これまでの日米交渉の内容について、日本がアメリカに対して妥協的な態度をとったために、アメリカはますます日本に対して非友誼的な態度をとるようになったとの理解を示し、揚子江開放声明とは、日米間を無条約にしないために日本がとったジェスチャーだったのではないかと指摘した。これに対して有田外相は、前外相時代の政策であるから確言できないとしつつも、開放声明はジェスチャーではなく、あくまで現地における作戦上の必要性が緩和された影響だと回答した。すなわち有田の説明では、揚子江開放声明の背景に対米関係打開というねらいがあったことは語られず、一二月一八日の現地陸海軍による発表を引き合いに出しながら、現地軍が作戦上の判断から南京下流の揚子江の閉鎖を解く意向を示したものだ、とされた。有田は、揚子江開放声明とは「一に軍の必要に依つて閉ぢて、軍の必要が緩和したから之を開くと云ふ軍の声明」であり、外務大臣である自身は的確なことを言えないとの立場も示した[125]。

さらに松本は、日本は揚子江開放の義務を負っているのかについても尋ねた。有田は、「一方的声明でありますから別に義務は負うて居りませぬ」と答え、松本は「外務大臣の洵に力ある御言葉を得たことを嬉しく存じます」と評価した[126]。しかし二月一六日の予算委員会で水谷長三郎議員（社会大衆党）が、揚子江開放を宣言した以上、開放するのは当然ではないかと指摘し、有田に発言の趣旨を問い質した際には、開放は法律上の義務ではない旨を述べたまでだと弁解したうえで、予期せぬ重大な出来事が起きない限り、揚子江はそれほど遠くないうちに開放されると考えている、と補足している[127]。

揚子江問題に対応する主体が軍であることについて、畑陸相もこれに呼応するような答弁をしている。畑は、揚子江下流の日本占領地域における治安の改善状況について証言した[128]。さらに、揚子江開放の方針は年末に現地軍が声明を出した通り、作戦上の見地から発表されたこと、一度開放すると言った以上、軍として口約を履行しなくてはならないが、開放の具体的時期については作戦上の見地から軍が決定すると述べた[129]。なお、畑は三月一四日の日記にも、「揚子江開放は種々議論あるべきも国際信義は大切なり。満洲事変以来我国は国際信用を失ひあり」[130]と記し、口約が実現されないことに懸念を表している。さらに五月には、もし政府が適当な処置を講じるならば、陸軍としては開放しても差し支えないという考えを示しており、必ずしも開放に否定的でなかったことがうかがえる[131]。

しかし、揚子江の部分的開放を実施する考えは、政府内の多数派にはならなかった。三月三〇日、有田は開放に至らない状況に焦りをにじませながら、原田熊雄に対して次のように語っている。「揚子江の開放の件について、総理や海軍大臣が比較的冷淡だ。出先で約束を実行しないので、実は困ってゐる。総理に会ったら、一応、揚子江の方はどうなるんだ、ときいてみてくれないか」[132]。ここからは、米内首相や吉田海相が開放に後ろ向きだったことが分かる。

それでは、「出先で約束を実行しない」とは、どのような意味だろうか。揚子江開放声明のあと、現地では開放に向けた通貨・金融対策案と物資流動調整案が、軍や興亜院の現地当局間で急遽検討され[133]、一月末に一連の開放準備策として現地軍から中央に提出された[134]。しかし支那派遣軍総参謀長の板垣征四郎は二月一三日、開放準備のための予算の配当がなく、準備に着手できない状態にあると陸軍省に訴えた[135]。有田が述べた「出先で約束を実行しない」という箇所は、現地で開放準備策が実施されないことを指していると考えられる。

一方で、当時占領地域内の物資搬出入に課していた厳重な取締りのために、多くの兵力が割かれ、軍の負担になっていたことなどを背景として、揚子江開放に関する一連の準備策のうち、物資搬出入の緩和に関する規定のみを、現地軍は四月一日から実行に移すこととした。これにより三月末で、それまで揚子江流域（安慶下流）の占領地一帯にわたって実施されてきた、主要輸出品である植物油・桐油、豚毛、鶏卵、禽毛、茶、獣腸の買い付けに対する許可制度は撤廃された[136]。この物資搬出入の緩和措置の内容が市中に伝わると、法幣による物資の買い付けや、国民政府支配地域に物資を搬入するための法幣買が上海市場で盛んに行われるようになり、軍票価値のさらなる下落など悪影響が広がった[137]。さらに、宜昌作戦など戦局の進展にともなって経済戦を強化する必要性も加わり、現地軍は実施からわずか二ヶ月で緩和措置の改訂に独断で踏み切った。すなわち、現地軍および興亜院の話し合いで、日用必需品を含む多くの品目を改めて取締りの対象に指定する特別規定を作成し[138]、実施を五日後に控えた六月五日に、現地軍は陸軍省に報告したのである[139]。陸軍省は反対こそ表明しなかったが、指示を出すまで実施を延期するよう求めた。しかし、すでに現地では了解がとれているため、政策の取消しは混乱を招く恐れがあるとして、現地軍は予定通りの実施を主張し、陸軍省も最終的にこれを了承した[140]。

五月下旬、法幣価値下落対策や汪精衛政権の経済問題など、華中現地の経済問題について話し合うため、大蔵顧問として青木一男企画院総裁が華中に派遣された。この青木の訪中に関連して畑陸相は、帰国後に青木の意見を聞いて米内首相が揚子江開放問題に関する決断を下すようである、との私見を表明している[141]。しかし、約一ヶ月の滞在ののち、帰国した青木が、揚子江開放を提唱した形跡はない。青木の訪中は、華興商業銀行に代わる中央儲備銀行の設立へとつながっていった[142]。

おわりに

本章では、宣戦布告を行わずに事実上の占領地経営を行い、東亜新秩序を掲げながら英米協調路線を探るという、一九四一年末まで日本が抱えていた二つの矛盾に注目しながら、揚子江航行問題を取り上げ日本による対応をみてきた。

一つ目の矛盾について、宣戦布告を行わない状態で、列国が有する揚子江航行権を日本が制限したとき、列国は自由航行権の留保を繰り返し強調した。しかし、揚子江上で戦闘が展開されているときに揚子江を航行するのは現実的ではないため、列国は日本による航行の制限に柔軟に対応していた。そして、揚子江上の戦闘に一区切りがつき次第、すみやかに自由航行を再開するよう求めた。しかし日本は、漢口陥落の後も、軍事・治安上の理由から封鎖を解こうとしなかった。また、日本の商船が頻繁に往来するなかで、第三国船が揚子江航路から締め出されていること、また事実上の占領地支配を行って揚子江を封鎖していることも非難された。日本はあくまで作戦上の理由を掲げて揚子江開放を拒み続けるとともに、宣戦布告なき占領地支配の正当化を試みた。

二つ目の矛盾について、本章では有田八郎の外交構想に注目した。有田は第一次近衛内閣の外相在任中、東亜新秩序下における第三国権益の存在を否定するような発言を繰り返して、英米を刺激した。しかし有田の弁によれば、有田は強硬な姿勢をみせて国内をまとめたうえで揚子江開放に踏み切り、英米との協調関係を再建しようと考えていた。本章では、揚子江封鎖の継続に対する英米の口頭による抗議が平行線をたどっていたことや、英米が対日政策で手詰まりになっていた状況についても確認した。

華中占領地経済の発展のためには揚子江を開放する必要もあったことなどから、一九三九年二月興亜院は、南京下流を同年増水期までに第三国船舶に開放する方針を掲げたが、占領地政策の停滞のなかで開放は延期された。本章では、通貨工作、汽船業・商業に関する政策の進展を具体的にみてゆき、開放を困難とする現地の状況について確認した。日本による長期の揚子江封鎖によって、中国国内の遠隔地間流通の大動脈だった揚子江流域と華中沿岸の貿易ネットワークは一九三八年にはほぼ途絶し、中国市場の体系は破壊されていた。[143]そのため、揚子江を開放するためには、第三国の参入に耐えられる現地経済の再構築がまず必要だった。しかし、一九三九年一二月の段階でも昭和研究会（近衛文麿の私的な政策団体）は、現地の経済状況について次のように端的に記している。華中において日本は揚子江封鎖を根底に厳重な許可制度の下で商業の独占を確保してきたものの、「其の根本に於て現地官憲相互の連絡不円滑、商社側の資金難乃至稍々ともすれば其の火事泥的経営振、更に匪賊の跳梁等各種の原因ありて（中略）、到底第三国側に対応し得る迄の地盤の開拓なく、今や漸く其の緒に就かんとするの程度」にすぎない。[144]

一九三九年七月、日米通商航海条約の廃棄通告という事態に直面したとき、直接・間接的に対米関係を改善するための策として、揚子江開放宣言という外交カードを野村吉三郎外相は行使した。しかし、満洲国において日本が第三国権益尊重を掲げながら実際には顧慮されなかったように、日本による揚子江開放措置も実際には空手形となったり、日本人の事実上の独占が敷かれたりするのは明らかだった。[145] イギリスが天津英仏租界封鎖事件の轍をふまないように日本への警戒をむしろ強めた背景には、揚子江に代わる流通ルートの形成や欧州情勢の緊迫化などによって、揚子江をめぐる問題自体の重要性が相対的に低下していた事情もあった。日本は揚子江開放宣言による見返りを得ることはできず、一九四〇年一月二六日、日米通商航海条約は失効した。

一月一六日、有田は三度目の外相就任を果たし、日米暫定協定締結という目的を失って宙に浮いた揚子江開放声明について、帝国議会の場で今後の対応を説明する立場にたった。有田は相変わらず、表向きには強硬な姿勢をみせながら、揚子江が開放に至らない事態に焦りを募らせていた。すでに宣言した揚子江の部分的開放が実行されない点については、畑俊六陸相も国際信義上の問題意識を共有していたが、米内光政内閣では首相や海相が開放に後ろ向きだった。さらに、現地で立案された開放準備策も、実施のための予算がつかないなかで実行には移されなかった。軍側の負担軽減の観点から流通統制の緩和措置のみが実施されると、現地経済のさらなる混乱を招き、実施からわずか二ヶ月後に現地の独断で撤回された。有効な対米譲歩策を示せずに太平洋戦争開戦を迎えた、日本外交のその後の展開をみれば、揚子江開放による英米協調路線を模索した有田が一九三九年二月に述べていた「これで失敗したら、自分はもう外交は駄目だと思ふ」という言葉は、正鵠を射ていたと言える。同時に、日本が開放に踏み切れなかったことは、華中における列国との「自他併存」が実現困難であったことを表していたし、南京下流を開放して南京の下関区に第三国船舶を出入りさせ、揚子江水運の一大中心地にするという、汪精衛政権の経済基盤強化の方針も現実からは遊離していたことも意味した。[146]

中国国内で列国が航行権を有する河川には華南を流れる珠江もある。珠江航行をめぐる交渉については、部を改めて第8章で検討する。

第IV部

華南

第8章　日中戦争下における珠江航行問題

はじめに

華南最大の河川である珠江は、古くから水路交通の大動脈の一つであり、糧道としても流域で暮らす人々の生活を支えてきた。珠江は第7章で検討した揚子江同様に、「国際航路」たる河川としての性格を有していた。本章はその広州下流が、一九三八年一〇月の広東作戦以降、日本軍によって封鎖されたことで発生した問題について検討し、日本占領下における珠江航行とそれをめぐる交渉過程を明らかにする。

一八九七年に調印された緬甸《ビルマ》および西蔵《チベット》に関する英中協定（緬甸及西蔵に関する一八九四年三月一日の条約を修正する協定）付属特別条項によって、珠江本流である西江上の諸港（梧州府、三水県城、江梧墟）が開かれ、三水―梧州と香港―広州の間で外国船舶の航行が認められ、外国船がその区間を自由に往来できるようになった（珠江航行権）(1)。こうして珠江の一部区間が「国際航路」となった。

近代において諸外国が航行権を有し、日中戦争期に日本が封鎖した中国の内河としてよく知られるのは揚子江である。第7章でみたように、揚子江開放を求めるイギリスやアメリカに対して、日本が開放宣言という譲歩をみせることにより、対英米関係の改善を図ったがうまくいかなかったことが明らかになっている。しかし、珠江開放についてこれまで十分な研究はなされてこなかった。

日本には、揚子江開放問題と珠江開放問題を結びつけて考えるところがあった。たとえば珠江が封鎖された直後の一九三八年一一月一一日、陸軍中央は現地軍に向けて、外国商船の珠江航行許可については、揚子江航行問題なども関連していて外交上重要であるため、現地のみでは決定せずに、あらかじめ中央の認可を得るよう指示している。(2)

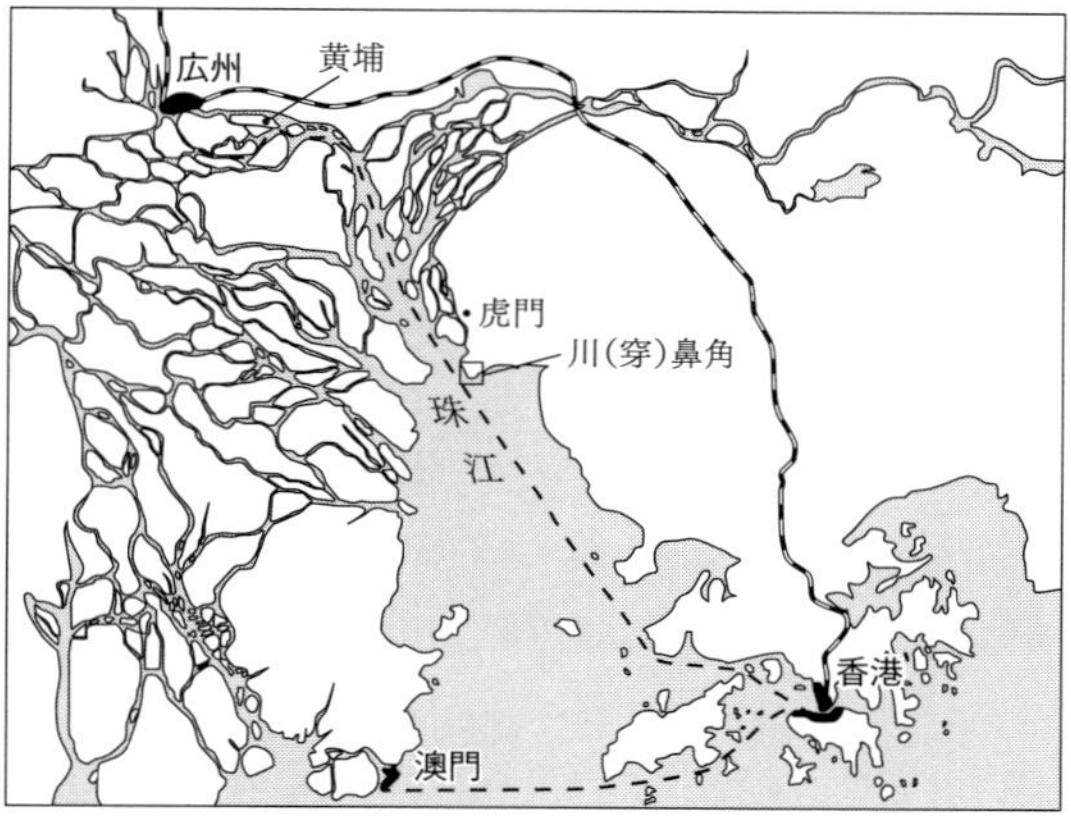

図 6　珠江デルタ

出所）小椋広勝『香港』（岩波書店，1942 年）第 2 図。

さらに、序章で述べたように、一九三九年六月一五日省部決定「事変処理上第三国の活動及権益に対する措置要領」(3)では、中国における第三国の活動や権益の処理を「第三国操縦のため事変処理大局の立場」から運用する方針が打ち出された。そして、揚子江のみならず珠江開放問題についても「大局の政略手段」として用いる考えが示された。珠江はどのように日本の外交政策に利用されたのだろうか。また、それを通してどのような効果を得られたのだろうか。

日中戦争期の珠江をめぐる先行研究では、珠江封鎖によって広東や香港の経済がどのように変化したのかについて考察するものがある。(4)しかし、開放をめぐって展開された交渉については十分な検討がなされていない。(5)開放宣言後も外国船に開放されなかった揚子江とは異なり、珠江は早い時期からイギリスやポルトガルの商船による航行が部分的に認められていた。航行に関して

写真 8　1920年代の広州の珠江沿岸

出所）広東河村洋行発行「広東大観」絵葉書（"The Sun JP.jpg" / Wikimedia Commons / Public Domain）。
注）中央の背の高いビルは大新公司（デパート），左端の建物は粤海関。

多くの制限は課されていたが、日本占領地域内で外国船の航行が認められたケースは珍しいといえる。本章では、珠江開放をめぐってどのような交渉が展開され、珠江航行の実態はいかなるものだったのかについて明らかにする。

珠江開放問題が議論されていた一九三八～四一年は、イギリスの対東アジア政策が大きく変化していた時期でもあった。それは、ヨーロッパ情勢への対応から東アジアをめぐる問題がイギリスにとって相対的に重要度を下げるなかで、日本への敵対行為を避けようとする当初の態度から、日本への制裁に乗り出す段階へと移行するものだった。

日本軍が華南に侵攻したとき、イギリスは際立った反応を示さなかった。イギリス外務省は、イギリスの権益は被害を受けることになるが、日本政府はイギリスとの間に過剰な摩擦が生じるのを避けるだろうと考え、むしろ中国がソ連に接近しないよう観察していた。一九三八年一〇月一七日、蔣介石はイギリスに対して、日本の華南侵略は南進政策の始まりであり、東アジアにおけるイギリスのすべての権益に挑戦することになるだろうと警告し、すみやかな行動を要請した。しかし、チェンバレン内閣は動かなかった。イギリス外務省が動かないことにカー駐華大使が不満を示すと、本省は、ヨーロッパに配備する兵力を確保するため、内閣は日本と事を引き起こすのを避けていると回答した⑹。

一九三八年一一月以降、東亜新秩序声明を出すといった、東アジアにおける日本の動きを座視できなくなるなかで、イギリス側では中国援助論が強化されていく。一九三九年三月、中国の通貨安定を目的に中国への五〇〇〇万ポンドの借款供与がなされた。しかし、ハリファックス外相が三月に対日制裁実施の必要を訴えるメモを閣僚に回覧すると、原則的に制裁措置を嫌う大蔵省と商務省からの反対にあったり、六月の天津英仏租界封鎖事件の際も、植民地省と商務省は危機を招くとして対日制裁に否定的な姿勢をとったりするなど、対日制裁の実施は選択されなかった。(7)

一九三九年三月にヒトラーがプラハに進駐して以降、とくに九月にヨーロッパで第二次世界大戦が始まると、イギリスはドイツに対する勝利の追求を東アジアの全事態への判断基準とするようになった。一九四〇年の北部仏印進駐、翌年の南部仏印進駐など日本の東南アジアへの進出は、同地域の資源がイギリスの戦争を支える要であったため、その対独戦遂行能力にとって直接の脅威となり、それゆえイギリスは新たな意味で日本の脅威を無視することができなくなった。また、一九四〇年九月に日本が日独伊三国同盟締結を画策することによって、イギリスとアメリカに圧力をかけると、この動きはイギリスにとって、それまでの中国権益をめぐる争いとは比べものにならない重大性をもった。(8)一九四〇年一〇月に設置されバトラー外務政務次官を委員長に擁する極東委員会が管掌する形で、同年から翌年にかけてイギリスは着実に日本への経済的圧迫を強めた。(9)一二月には重慶国民政府への一〇〇〇万ポンドの借款がなされた。(10)このようなイギリスの対東アジア政策の変化は、珠江をめぐる交渉にどのような影を落としたのだろうか。

なお、珠江封鎖によって直接的に大きな影響をこうむる香港も、日本への報復を躊躇する立場にあった。キャロル（John Carroll）の研究によると、日中戦争に対する香港政庁の政策は、日本への敵対行為を避けようとするものだった。香港政庁は一九三一年の満洲事変後に暴動が多発したことに負い目があり、一九三八年九月に中立宣言をしてからはとくに、日本政府の機嫌を損ねるようなことはできなくなったという。しかし香港政庁は一貫して中国に同情的であり、中国の抗日運動を支援する活動を取り締まることには消極的だった。(11)中国を支持しつつも、日本に強硬な姿勢はとれない香港の事情は、どのように作用するのだろうか。

一　航行の限定的再開――岡崎・ブラント協定

日中戦争が始まると、大本営は援蔣ルートの遮断などを目的として広東攻略作戦を実施した[12]。一九三八年一〇月一二日に日本軍はバイアス湾に奇襲上陸し、二一日に広州を占領した。この翌朝から珠江遡行を開始し、二三日に珠江の入口にある虎門要塞を陥落させ、二九日には広州までの遡行に成功した[13]。その後「作戦上の必要、特に蔣政権との間の交通及糧道を断つこと[14]」を目的として、イギリスやフランスなど第三国船舶による自由航行は当分認めないことにした[15]。

もともと華南における日本の経済的基盤は、華北などの他地域と比べて弱かった。たとえば一九三六年時点の華南における日本の投資状況について、「台湾籍民のごく小さな工場を営むものがあるが、内地人の営む雑工業としては、汕頭の製氷業、廈門の金属機械、器具工業の数社以外に特記すべきものはない[16]」と評されている。日中戦争前後を通じて華南で活動していた日本人を業態別にみると、現地の日本人を相手とする小口貿易業者が多く、小規模の奥地物資を利用する少数の製造工業の他は、中小商業者が多数で、製紙、ビール製造、セメント製造、煙草製造、マッチ製造などに従事していたという[17]。自由業、公務員、工業、交通、通信などの分野で活動する者はきわめて少数で、大手企業については広州と廈門に三井物産の支店があるのみだった[18]。一方で、植民地・香港を有するイギリスの影響力は強く、一九三八年一二月に南支海軍特務部が珠江開放問題に関して作成した資料には、「英国は香港の自由港および九龍租借地を有し、その地理的好条件と従来当地方に植えつけたる実力とをもって経済的には牢固たる地盤を有す[19]」と記されている。珠江が結ぶ広州と香港は、歴史的に金融、物資の移動、人の移動がきわめて密で、貿易や華僑による送金など、広東を中心とする華南地域の対外資金移動は、すべて香港にある銀号などを通じて、取引先の金銀交易および上海為替交易場の相場に組み込まれていた。また、香港の通貨である香港ドルは広東においても流通し、とくに広州はあたかも香港ドル本位ともいえる市場になっていた[20]。日中戦争開始以来の日本軍による揚子江および中国沿岸の封鎖の結果、香港と広東の緊密化がいっそう進んでいた時期でもあった[21]。

　イギリス船は香港を起点とし、広州や澳門をつなぐネットワークを持っていた。一九三六年六月時点で、珠江の広州—香港間は太古洋行系の中国航業会社（China Navigation Co., 太古輪船公司）、怡和洋行系の香港・広東・澳門汽船会社（Hong Kong Canton & Macao S. B. Co., 省港澳輪船公司）などイギリス系の四社が、毎日一～二回の頻度で定期就航していた[22]。

　既存のイギリス勢力に対抗しつつ華南占領地政策を実施するうえで、日本は珠江航行の掌握を重視していた。たとえば興亜院政務部には「政治、軍事、国策等を離れて純粋経済的方面より考察するも、珠江航権の完全なる掌握は、南支開発上又経済進出上、必要欠ぐ《ママ》可からざる事項に属す。仍て成る可く迅速に之を為し遂ぐる要あり[23]」という認識があった。しかし日本による珠江封鎖は、「国際航路」である珠江に対して諸外国が有する航行権の侵害を意味した[24]。

　また、広州から香港へ輸送される生活必需品（主に畜産類、野菜類、果物類、鮮魚類など）の多くは珠江を経由していたため、珠江の封鎖は香港にも大きな影響を与えた[25]。さらに広州の沙面島には英仏の租界があり、封鎖されると租界関係の人々の移動や、日用品の入手が不自由になるという問題ももたらしていた。

　一九三八年一〇月二七日、ノースコート（G. A. S. Northcote）香港総督は中村豊一駐香港総領事に対して、珠江を開放し、正常な貿易を復活させるよう要請した。ノースコートは珠江封鎖によって、香港が永年にわたって築き上げてきた中国大陸との貿易が遮断され、莫大な商業上の打撃をこうむる恐れがあり、それは香港にとって重大な問題であると指摘している[26]。さらに、広東方面から香港へのジャンク船による食料の運搬を妨害しないことや、広東から香港に逃れてきた避難民がすみやかに戻れるように日本軍当局が手段を講じることも要請した[27]。同日、中村総領事と軍側係官がイギリスのノーブル（P. Noble）中国艦隊司令官およびバーソロミュー（A.W. Bartholomew）中国駐屯軍司令官を往訪したとき、ノーブル司令官も珠江の可能な限りすみやかな開放を繰り返し求めた[28]。

香港政庁からの申し入れに対して中村総領事は、いずれも軍の作戦行動と重大な関係があり、現地陸海軍と連絡をとる必要があるため、広州の日英総領事が折衝にあたるのがふさわしいという回答を伝えた[29]。イギリス側も、一九三八年末にブラント（A. P. Blunt）駐広州総領事が、東京ではなく現地で駐広東日本総領事[30]および日本陸海軍と交渉を進めることについてイギリス外務省本省に進言し、翌年一月に認められた[31]。こうして珠江開放をめぐる交渉は広州を主な舞台に展開されることになった。

日英間でまず進展したのは、広州の沙面英仏租界に住むイギリス人の往来や日用品の運搬に関する交渉だった。一一月一七日、ノーブル司令官と第五艦隊司令長官である塩沢幸一との会談で、ノーブルは現地に居住するイギリス人や、香港に渡った広東からの避難民に対する食料供給船の珠江航行を許可するよう求めた。塩沢は特別措置として、沙面英仏租界在住のイギリス人が利用する客船の運航については、事前に総領事と協議することを条件に同意した[32]。これをもとに一一月以降、広州―香港間の臨時航行が何度か実施されるようになった[33]。しかしそれは、現地で暮らす欧米系の外国人の移動や生活を維持するための必要最小限のものでしかなかった。

一一月時点でブラント総領事は、本来イギリスが航行権を有している珠江航行への日本による介入を阻止するためには、香港において日本の船舶や、ビジネス、個人に対して報復措置をとるしかないと考えていた。この意見はカー駐華大使の支持も得た。しかし、香港政庁やイギリス外務省はこれに反対だった。香港における日本の権益は大したことはなく[34]、現地において報復措置をとっても、それは単に日本をいらだたせるだけで打撃は与えられないだろうと考えたからである[35]。

香港における日本の権益の規模がうかがえるデータとして、一九三六年末における在香港邦人商社の資産額および文化事業の財産をみてみると、総額は円換算で約二〇〇〇万円程度だったとされる。そのうち香港に支店・出張所・支部のみを有する商社の投資および文化事業の財産が八割（一八社。横浜正金銀行、三井物産、三菱商事など）、香港に本店や本部を置いている商社および文化事業の財産は二割（五八社）で、本店を香港に置く日系商社はすべて小規模だった[36]。また、日英通商航海条約が存在するなかで、香港から日本船を締め出すことは難しいとイギリス外務省はみなしていた[37]。

日本への報復措置というカードを切ることが困難であるとき、次にブラント総領事が考えたのは、日本船の香港寄港と引き換えに、珠江航行をめぐる問題で妥協を導き出すという方法だった。日本が政府傭船の香港寄港を要求していたことをふまえて、一二月一六日ブラントは香港政庁にそれを提案した[38]。香港政庁に異論はなかった[39]。一二月二二日に香港でイギリスの軍関係者も交えて会議が開かれ、日本政府傭船の香港寄港を認めることは可能であり、香港政庁は郵便や乗客・商品を運ぶイギリス船と日本船のシャトルサービスを可能にすべきであることが確認された[40]。

ブラントの提案は、一二月二二日に田尻愛義駐香港総領事がノースコート香港総督と会談したとき日本側にも伝えられた。ノースコートは、日本の声明によると、華南進撃の目的は国民政府への軍需品供給路の遮断にあるので、その目的を達成した以上は珠江を開放するよう求めた。そして、欧米人（およびその使用人たる中国人）のイギリス船による通航の許可を要請した。貨物輸送に関しては、当面は沙面在住の外国人への食料補給程度とし、翌年三月から商取引が再開されれば満足だと述べた。さらに、兵士や武器弾薬を搭載していなければ、日本船の香港入港は差し支えないと伝え、週一回程度の割合で日英両国船が香港―広州間を往来すれば事態改善の第一歩になると提案した。同席していたノーブル中国艦隊司令官も「珠江開放の小問題にても解決せば両者〔イギリスと日本〕の関係を緩和し軈《やが》て大局に好影響を齎《もたら》すべきに付、特に日本側の善処を希望すと繰返し熱心に主張[41]」した。

香港政庁の提案は、一月四日に植民地省に示され、外務省にも共有された[42]。イギリス外務省は、もし今後日中間で宣戦が布告され、イギリスが中立の立場をとることになっても、日本商船の香港訪問を許可するのは違法ではないことを確認した。そして、目下宣戦布告がなされていないので商船の寄港許可はなおさら問題ないと判断し、香港政庁の提案に賛意を示した[43]。植民地省も一月一四日に香港総督に対して、香港政庁の案を認めると伝えた[44]。

その後、搭載可能な荷物や航行回数について日英間で交渉が重ねられ、珠江開放までの暫定的な取決めとして、日本政府傭船が香港に、イギリス商船が広州に寄港する回数や、その際の条件に関する覚書が、一九三九年二月一八日、広州に駐在する日英の総領事である岡崎勝男とブラントの間で交わされた。以下、「岡崎・ブラント協定」と記す[45]。

同協定によれば、日本政府傭船が香港に寄港する際の、主な条件は以下の通りである。

▼遅くとも四八時間前に駐広州イギリス総領事に通知する。返答はできるだけ早くなされる。

▼乗客の身の回りの品を除いて、香港で荷積みや荷下ろしはできない。

イギリス船が広州に寄港する際の、主な条件は以下の通りである。

▼遅くとも四八時間前に駐広東日本総領事に通告する。返答はできるだけ早くなされる。

▼乗客（その使用人を含む）の国籍は問わないが、商品や貨物は輸送できない。沙面租界に必要な物資は、先に認められた通り駐広東日本総領事との合意にもとづいて輸送する。

▼日本人水先案内人が、広州と虎門の間を船舶が航行する際に搭乗する。正当な水先案内料が課される。

▼珠江航行は昼間に制限される。

▼広州―香港間において他の港に停泊してはならない。

▼軍事上の理由により必要であれば、日本政府は一時的に珠江を封鎖できる。その間、日本当局は香港への日本政府傭船の寄港を要求できない。

この協定の主眼は、香港へ避難している中国人の広東復帰、および広東在住外国人の利便にあると、日本では報道されている[46]。運航する船舶は、沙面租界向けの日用品を搭載することはできたが、基本的に客運に限られていた。六月には、澳門を領有するポルトガルの船にも広州―澳門間の一部航行が許可された[47]。さらに七月には、政府船舶だけでなく客船のシャトルサービスも可能であることが確認された[48]。

運航可能回数は、一二月の追加合意で倍増し、広州―香港間は一月に日本船八往復、イギリス船四往復になった。また、広州―澳門間の航行回数も増え、広州―澳門間は一月に日本船一四往復、ポルトガル船二往復になった[49]。

航行回数の増加にともない、航行スケジュール連絡が簡素化された。もともと運航の四八時間前に通告し、できるだけ早く返答する形式だったが、これは電話による何回ものやりとりが必要になり煩雑だったため、月末に領事間で翌月のスケジュールを交わし、四八時間前に確認の電話をし、変更の際は、四八時間前に書面で領事に申し出る形に変わった[50]。

その後日本軍は軍事上の必要措置として、一九三九年七月下旬から八月上旬まで珠江を一時的に再封鎖した。一二月下旬にも約一週間封鎖している[51]。

二　珠江開放宣言と対英米関係

岡崎・ブラント協定によって日英船舶の定期的な航行は復活したが、沙面租界向けの日用品を除いて載荷はできない状況だった。しかし、太古洋行はイギリスが貿易活動に従事できないなか、日本が独占的に貿易をしている情報を得ていた。たとえば、同社は香港政庁に対して、次のように指摘した。広州を起点としたイギリスの貿易は完全に停止しているが、日本は内地・台湾・広州の間で貿易を継続し、日本軍のための食料も運ばれている模様である[52]。また広州のイギリス総領事館に対しても、日本は今後広州と中国の沿岸の他の都市、とくに上海との間の貿易を拡大させる可能性があり、イギリス政府は貨物輸送を禁じる岡崎・ブラント協定を破棄し、香港だけでなく他の港と広州の間の貿易再開も主張すべきである[53]。

一九三九年一一月、スワイア商会（John Swire & Sons, 東アジアにおける同社の貿易会社が太古洋行）のウォーレン・スワイア（G. Warren Swire）会長が、「イギリスの企業にとっては、広州と中国沿岸の他港との間の交易の方が広州―香港より重要である[54]」という意見をイギリス外務省に対して述べており、問題は珠江で貨物輸送ができないことにとどまらなかった。

このようななか、イギリス外務省に強い姿勢をとるよう求める声は現地で高まっていた。一九三九年二月一〇日、香港の日刊英字新聞『サウスチャイナ・モーニングポスト（*South China Morning Post*, 南華朝報）』は、香港商業会と広州商業会がロンドンのチャイナ・アソシエーション（China Association, 英商中華協会。中国で活動するイギリス人貿易商らが組織した協会）に電報を送り、珠江航行の再開と中国全土におけるイギリス権益をめぐる問題について、イギリス政府は強い姿勢をとるよう要請したと報道している[55]。同月、外務省がチャイナ・アソシエーションに対して行った回答は、イギリス政府は珠江開放に尽力しており、今後手段を講じるかどうかは検討中であるというものだった[56]。同年一一月、太古洋行もいわば親会社にあたるスワイア商会に対して、イギリス政府から日本へ政治的・経済的圧力をかけてほしいと伝えた[57]。しかし一二月から翌四〇年一月にかけて、イギリス外務省本省と植民地省、香港総督は、岡崎・ブラント協定に反して香港―広州間で日本が貿易を行っていることについて、いま日本に抗議するのは得策ではないという考えで一致していた[58]。

他方で日本は、珠江における貿易の再開（＝珠江開放）について検討しつつも、まだそれを実施できる段階にはないと考えていた。その背景として、一九三八年一二月の南支海軍特務部長の意見をみてみると、揚子江開放問題に波及する可能性や、珠江を外国船が自由に航行することによる治安工作などへの影響が指摘されている。また、広東における日本の経済的基盤が弱いことや、香港の滞貨が流入する恐れも認識されていた。占領前の広州において日本の汽船業の規模はイギリスの五分の一で、広州において日本が有する倉庫・桟橋はイギリスの約三分の一にすぎなかった。また、香港の滞貨には綿製品をはじめとして、円ブロック内への輸出統制の対象であるものも少なくなく、日本は太刀打ちできないと考えられた。このような背景により、「珠江一般開放は現地諸般の実情に鑑み、また第三国が援蔣態度を是正せざる限り、早急に行うは不利」だとして、開放は先延ばしになっていた。[59]

一九三九年一月、珠江を開放しうる時期と必要な準備について、岡崎総領事は現地の認識を本省に伝えた。そこでは、現地では三月末までに各般の準備を完了し、おおむね四月ごろから珠江を開放して差し支えないという意見がまとまったと述べられている。[60] なお、この時点ではまだ揚子江について開放の判断はなされていないが、珠江開放が「地方的問題」であることを明白にすれば、ある程度揚子江開放問題と関連づけずに処理できるという見通しも伝えられている。南京下流の揚子江を同年増水期（夏季）までに、第三国船舶に開放する方針のもとで準備を進めることが興亜院で決定されたのは、二月九日である。[61]

岡崎総領事は、珠江開放に必要な準備について、以下のように本省に述べている。[62] 日系商社は多年の排日運動により地盤を失っているのみならず、配船も自由にできず、かつ円ブロック内の輸出制限や資金統制法（売買は原則として軍票とする）による制約もあるため、イギリスのようにこれらの制約をうけず、かつ香港に滞貨を有する国との競争は容易ではない。珠江が開放された場合、華南において日本製品の競争相手になると考えられた香港における滞貨には、砂糖・落花生・麦粉・紙・硝子・セメント・豆・硫安・綿糸布・機械金属類があった。そして開放前に行っておくべき主な準備として、日本製品を軍需品名義で軍用船で輸入し、相当量のストックを開放の時期までに貯めておくことが指摘された。[63] このほかにも岡崎は、広州—香港間の客船運航計画や、日本および上海から広州までの配船計画の確定、割当制限をうける日本製品の広州への輸出許可量の決定、日本人税関職員の増員なども必要であると伝えた。

珠江については三月二九日、諸準備が整わないことや軍の作戦や治安維持との関係から、四月の珠江開放は時期尚早であり見送ることが、興亜院華中連絡部広東派遣員事務所[64]の陸海軍・外務省の三省連絡会議で決定された。[65] 開放に向けた準備として、一九三九年五月末に日本郵船・大阪商船・三菱商事・三井物産・日清汽船など七社が広東内河運営組合を組織し、珠江本支流にわたる汽船業の統制に着手した(66)。

一九三九年六月に天津英仏租界封鎖事件が起き、日米通商航海条約破棄通告を経て「対第三国関係の調整」の必要性が高まったとき、日本は揚子江開放宣言を通して英米との関係改善を図った（第7章）。陸軍には、珠江も揚子江同様に「大局の政略手段」として用いようとする考えがあったことは「はじめに」でも述べたが、珠江航行とアメリカの間にはいかなる関係性があったのだろうか。

珠江問題とアメリカとの利害関係は決して大きくはなかった。一九三九年七月、駐広州アメリカ総領事が国務省の訓令として、日本側に珠江開放の申し入れをしている。そこでは、九ヶ月にわたる珠江封鎖のため、当地産絹屑を原料とするアメリカの企業（アメリカン・シルク・スピニング社。American Silk Spinning Co.）は、原料を輸入できず大きな被害を受けたことと、同様の被害を受けている商社も数社あることが指摘された。そして、日本当局は適当な手段で輸出を許可し、貿易に甚大な悪影響を与えつつある珠江封鎖を至急解除するよう要請した(67)。

同年一〇月、海軍省が作成した日米間諸懸案解決要領には「揚子江及珠江の開放問題(68)」が挙げられており、作戦上の必要にもとづく制限や留保をつけて揚子江や珠江を開放することで、新たな日米通商航海条約の締結など日米関係の改善に利用できると述べられている。日米暫定協定締結という喫緊の課題に直面していた日本は、「第三国操縦」に資するものとして残されたカードであった揚子江とともに珠江の開放も宣言することになる。すなわち第7章でみたように一二月八日、興亜院は、揚子江開放問題を外交上の取引材料として使うことを念頭に、さしあたり南京下流の揚子江本流について、翌年二月以降に開放することを決めた(69)。このとき珠江に関する決定はとくになかったが、一二月一八日、野村外相とグルー大使の第三次会談で、日本は揚子江航行問題について、南京までの下流地域を開放する意向をもっている旨を表明し、「珠江に付ても同一趣旨を以て考慮中なり」と述べた(70)。その後一二月二九日、陸軍中央は現地軍に対して、珠江も揚子江と同様に処理したいので、開放に関する条件などの意見を出すように求めている。[71]

しかし、アメリカは暫定協定締結に応じず、翌年一月二七日に日米通商航海条約は失効した。また、イギリスは表面的に好意的な反応をみせたものの、日本のねらいはイギリスとアメリカの間を割くことにあると認識していた。第7章で言及した、開放宣言後の野村外相とグルー大使の会談でグルーは珠江についてふれておらず、同じく重光葵駐英大使と面会したバトラー外務政務次官も、珠江については言及しなかったと推察される。[72]『タイムズ』には日本による揚子江開放宣言に関する記事が掲載されているが、そこでも珠江開放についてはとくに言及されていない。[73]

三　開放に向けた施策と折衝

（1）強制水先案内・載荷の個別許可制の導入

珠江開放が宣言された後、一九四〇年一月一三日に興亜院連絡委員会幹事会決定として「珠江開放処理要綱」[74]が作成された。この要綱では、珠江を航行している第三国船舶に対して所要の制限のもとで載荷を許可するなど、航行に関する制限を漸次緩和していく方針が示された。とくに載荷については、「我方の対第三国外交施策に寄与せしむる」ため、なるべくすみやかに許可するとした。

一月三〇日現地軍は、珠江開放準備が完了するまでの措置として、ひとまず現地航行中の船舶に対し載荷の個別許可制を二月中旬ごろ実施することについて、現地各機関の意見が一致したので、陸軍中央の方針を至急指示するように求めた。[75]翌日、現地陸軍は中央に、珠江開放に関する対英交渉方針案を示し、交渉を始める許可を求めた。それは、日本軍の軍事上必要な制限に服することなどを条件として、個別許可制の下での一般載荷を認めるというものだった。[76]

三月二八日、現地軍である支那派遣軍総司令部から「中央の意ある処を諒承せられ」、珠江の載荷制限緩和の断行を決めたという電報が、陸軍中央あてに送られていることから、中央は載荷制限の緩和に踏み切るよう指示したことが分かる。[77] その際早急に取り組むべき課題とされたのは、水先案内協会の結成や倉庫および埠頭の整理などである。[78] 水先案内協会の結成をめぐってはイギリスとの間で問題が生じた。珠江は水量が豊富で、減水期と増水期における水量や河相の激しい変化がないことなどから、特殊水先案内人を必要とせず、普通乗組員によって安全な航行が可能とされていた。[79] しかし、日本側は現地を事実上占領するようになって以来、航行の安全確保や江上および江岸の治安維持、さらに軍機保護などの作戦上の必要性を名目に、強制水先案内を実施した。もともと広州港に関して存在していた水先案内規則には強制水先案内に関する条項は存在せず、海関が定めたこの規則を日本が一方的に改訂させることはできなかった。そのため珠江開放に向けた準備として、強制水先案内を制度化し、それを足場に将来水先案内規則を日本に有利に改訂しようとし、[80]「珠江水先暫定規則」[81]（一九四〇年一月二七日、珠江開放準備委員会決定。以下、水先規則）を制定した。この規則は一九四〇年二月一日より実施されることになった。

水先規則の内容は以下の通りである。まず、珠江の水先案内業務は陸海軍の管理に属し[82]（第一条）、この規則は帝国軍艦および陸海軍徴用船には適用外とされた（第二条）。そして、川鼻角（前掲図6参照）から広州港（黄埔は含まず）までを珠江水先区とし、総トン数五〇〇トン、または吃水八フィート以上の船舶に対して、水先案内が強制された（第九条）。水先規則に関する懲戒や罰則は、日本陸海軍の規定によるとされた（第一九条）。なお水先人については別途、珠江水先協会暫定規約[83]（一九四〇年一月二七日）が制定された。

強制水先案内制度の導入が関係国領事および海関に通告されると、[84] イギリスやアメリカは、現地ではもちろん、日本外務省本省にも抗議を申し入れた。[85] イギリス外務省がとくに問題視したのは以下の二点である。[86]

一つ目は、水先案内権をイギリスはもっているにもかかわらず、日本は強制水先案内を導入したことである。イギリスの主張では、岡崎・ブラント協定はイギリスの汽船について「日本人水先案内人が、広州と虎門の間を船舶が航行する際に搭乗する。正当な水先案内料が課される」としているのみで（第五条(e)）、水先案内を強制することにはなっていなかった[87]。また、そもそも一八五八年の英清天津条約第三五条で、イギリスの船は自由に水先案内に従事する権利が保障されており[88]、一八六八年の水先案内規則にも強制水先案内の制度はなかった。それにもかかわらず日本は強制水先案内を導入し、しかも水先案内料を従来の三倍に設定していると批判した[89]。

なお、広州港の港湾規則は一九一八年に粤海関によって定められたが、一九三三年に海関が水先案内規則を改定しようとしたとき、駐広州アメリカ総領事が反対し、改訂に至らなかった経緯がある[90]。中国による水先案内権の回収は、その後も試みられるが、実現していなかった[91]。

二つ目は、日本が自国船を規制の対象外に置き、強制水先案内区から黄埔を除外していることである。暫定規則第二条で日本は政府傭船を規則の適用外とし、第九条で黄埔を強制水先案内区から除外した。イギリスは、日本船はカモフラージュした商船であるとみなしていた[92]。そして、日本は黄埔を海関のコントロール外に置こうとしており、日本が黄埔を交易の拠点とすればイギリスにとって珠江開放の利益が少なくなると考えていた[93]。この背景には、香港が華南の対外貿易の拠点となっている状況を変えるため、当時日本が広州の外港として黄埔港を築港するなどして対抗しようとしていた事情がある[94]。

水先規則に関しては、イギリス人が中国で有する治外法権が尊重されていないことも問題視された。中国でイギリス人やイギリス船は、イギリス法の下に置かれているはずであり、水先案内規則に関する懲戒や罰則を日本陸海軍の規定下に置こうとする第一九条には従えないと主張した[95]。

七月一七日にブラントは、岡崎に代わって広州の総領事に着任した喜多長雄に対して、水先案内協会を認めることはできず、一九一八年の協定以外がイギリス人を拘束するのは認められないと伝えた[96]。

珠江開放のための準備が進められるなかで、支那派遣軍総参謀長の板垣征四郎は、軍隊の移動や軍需品の輸送が妨害されるなど華南方面の作戦、とくに南寧作戦の遂行に支障が生じるおそれがあるとして、二月中旬の開放は時期尚早との意見を表明し、陸軍中央の意見を仰いだ。その理由として挙げられたのは、軍隊の移動や軍需品の輸送が妨害されること、間諜機関となるおそれのある第三国船が多数珠江に出入すると、軍機保護上不利になること、沿岸における日本軍の戦闘行為が妨害されることなどである[97]。広西省南部における一連の作戦は、賓陽作戦が二月中旬に終了するまで続いていた[98]。

結局、二月中旬の開放は見送られた。三月下旬になると支那派遣軍は、載荷制限緩和は「国策上徒に之が遷延を許さざるの実情にあるを考慮し、敢て之を実行することに定められた」ことをふまえ、すみやかに現地において実施するため、開放の時期や具体的な措置について指示するよう中央に要請した[99]。その後、載荷制限緩和に向けた措置として、貿易統制に関する要綱や、埠頭使用に関する覚書などが興亜院で作成され、載荷許可に向けた準備が進められた[100]。

四月一二日、現地日本当局はイギリスおよびポルトガルの総領事に対して、日英・日葡間の協定にもとづいて航行している香港および澳門と広州との間の航行船舶に、一般載荷を許可すると通告した[101]。載荷を許可することについて、興亜院華中連絡部書記官の長沼弘毅は、広東はいまだ作戦継続中の地域だが、今回の措置はわが当局の大英断に出たものであって、国際的友好関係に寄与するところが甚大であると信じて疑わないと、その意義を強調した[102]。

珠江貿易の一部開放にあたる載荷の許可に踏み切った背景には、日本の占領地政策上のねらいもあった。一九四〇年四月二四日、汪精衛政権が広東省の設置を決定した。同盟通信広東特派員の菊江栄一は、この設置前後に珠江貿易の一部開放が実施されたことについて、省市営工場の還付やそれまで免税だった輸移出入宣撫用品への課税などとともに、「日本側の大乗的犠牲下に行はれた日華経済合作の象徴」であると述べている[103]。すなわち日本人商人が経済を壟断している状況を前に、「日華経済合作の象徴」として日本が汪政権に「譲歩」をみせる必要性があり、その一環として珠江貿易の一部開放や、宣撫用品への課税などが行われた。[104]
しかし、載荷には多くの制限がともなっていた。輸出入許可制となった品目は、四月二二日時点で一四七種あった。そのうち七九品目は南京国民政府時代から許可制だったものだが、[105]新規に許可制の対象となった品目に植物油、砂糖、酒、紙類、生糸、綿花、糸織物、木炭、硫安、皮革、家禽、農業用機械、各種鋳物、化学および工業薬剤、染料および塗料などがあり、当時の貿易の主要品をすべて含んでいた。[106]この輸出入許可制は海関監督の名義で導入されたが、実際は日本側が審議決定していた。[107]

喜多総領事が本省にあてた電報によると、輸出入許可制や港湾規則など軍が要求する珠江開放の条件について、粤海関の税務司とポルトガルの領事はとくに異存を示さなかった。しかし、イギリスは香港に問い合わせ中として留保的態度をとった。[108]四月一八日、イギリスのトラー（W. S. Toller）駐広州総領事は香港へ赴き、四月一二日の日本の通告についてノーブル司令官、スミス（N. L. Smith）布政司、怡和洋行の現地代表などと協議した。彼らは概して、得るものより失うものが大きいという意見で、通告の受け入れに反対した。[110]また、四月一二日の日本の通告に対して、香港の海運関係者はイギリスを含む外国船にとって何の利益もないことだと述べていた。[111]

四月二〇日に日本船の海殊丸が広州から澳門へ向かい、二一日には同じく日本船の白金丸が広州から香港へ向かった。白金丸の載荷は手荷物程度の貨物三〇個余で、課税額も少なかった。輸移入出制限品目は広範囲にわたっているうえ、事前許可が必要であるなど手続きが煩雑だった。[112]喜多総領事は、さしあたり大量の載荷はない見込みであるとの認識を示している。[113]

日本船に積載できる貨物の量が少ないことも問題視された。『東京朝日新聞』に掲載された記事によると、珠江を行き来する日本船はいずれも一〇〇〇トン級の純客船で載貨の設備なく、三〇トン程度の荷物しか積めなかった。これに対してイギリス船は二三〇〇トンの貨客船で、載荷のスペースは七〇〇～八〇〇トンに達し、ポルトガル船も一七〇〇トンで貨物積載力は三〇〇トンをほこった。[114]

（2）日本による港内荷役の統制

載荷をめぐって、さらにイギリス側の反発を招く四月二二日付の覚書が、喜多総領事からブラント総領事あてに送られた。それはすべての艀《はしけ》による運搬を独占的な組合である広東港湾荷役作業員・倉庫組合（Canton Stevedore and Godown Association, 以下、広東組合）に委ね、外国の船会社にそれへの加入を求めるものだった。これは、広州港で荷積みや荷下ろしをする場と手段が、日本のコントロール下に置かれることを意味した(115)。

日本による港内荷役の統制はすでに別の港でも起きていた。たとえば華北の芝罘では、一九三八年九月、武器弾薬などの密輸防止や中国沿岸海運上におけるイギリスの勢力駆逐を目的として、現地駐在陸海軍の間で、艀統制の必要が唱えられた。そして、海軍特務部の指導下に設置されていた船舶連合局(116)の監督のもと、このころ満洲や華北各地の港で港内荷役の代行をしていた日系の国際運輸会社の芝罘事務所が、艀組合の組織に着手した。また荷役人夫の統制の必要から、労働者を申請登録制にし、大東公司がその業務にあたることになった。これに太古洋行は加入する意思をみせなかった。大東公司は太古洋行が使用する人夫の登録申請を拒絶し、太古洋行の荷役ができなくなった。そこで上海の同社の支配人が芝罘に赴き、直接組合と話し合い、同社が使用を求めてきた自社艀は使わないので、組合に加入する前であっても艀および人夫を提供するように求め、さしあたりの解決をした(117)。

さらに四月二四日には、太古洋行の海岸沿いの敷地内に、日本人憲兵を配置するよう求める日本の覚書も送付された。その目的は日本占領地内への密輸防止にあるとされ、配置が実現するまで四月一二日に通知した載荷許可は実施できないと通告した(118)。

トラーは香港政庁と協議ののち、四月二五日に喜多に書簡を送り、載荷を認めない岡崎・ブラント協定に則って、あくまでイギリス船は載荷しないことを伝えた。そして香港政庁は、岡崎・ブラント協定で日本船は「香港で荷積みや荷下ろしはできない」となっていることを盾に、四月二六日に香港から広州への白金丸による貨物輸送を許可しなかった(119)。

四月二七日、トラーは喜多に新たな規制への抗議を申し入れた。クレーギー駐日大使も、広東組合への加入と憲兵配置という一連の要求に対して、五月二〇日に日本外務省に抗議を申し入れた[120]。

日本による新たな要求に反発した太古洋行は、領事間の合意で可能とされていた沙面租界向けの食料などを含む、すべての貨物の輸送を四月二四日から停止するという措置に出た。しかしこの急進的な措置をトラーは批判し、沙面租界向けの輸送は翌月初めから再開された[121]。

五月三日、太古洋行の上海オフィスは、載荷の許可に関する四月一二日の日本の通告は受け入れられないとカー大使に伝えた。そして、日本に対して妥協することは、広州のイギリス船を差別にさらすだけでなく、揚子江の開放について日本側と議論する際のきわめて望ましくない先例になるおそれがあると、警鐘を鳴らした。さらに、日本が提示した覚書は、同社の権益を損ねるもので、今後日本はイギリスの資産に憲兵を配置したり、港湾労働や交通を統制したりするようになると主張した[122]。とくに天津や上海など、他の港湾に統制が波及することに懸念を示した[123]。

岡崎・ブラント協定は無載荷を前提としていたため、状況にそぐわなくなった条項の改訂が必要になった。調整を重ねた結果、以下の①〜④を含む内容で、ブラント総領事、カー大使、香港政庁は合意した[124]。

①無載荷を前提とする岡崎・ブラント協定を改訂し、貨物と商品の輸送を可能とする。②香港で荷積み、荷下ろしをする日本船には香港における通常の通関手続きが課される。また、香港政庁がイギリス船に課しているのと同様の制限を日本船にも課す。③海関の再開にともない、海関職員は貨物や乗客の検査に関する通常の業務を再開する。海関職員の作業中、海関が求める警察による護衛を行う。④緊急事態を除いて、とくにイギリス船やイギリスの施設へ貨物を出し入れするとき、艀による運搬や港湾労働者の作業は妨害されない。艀の所有者が広東組合に属している限り、この追加協定のもとで貨物を積み下ろしするときに、イギリス人商人や船会社は艀を利用できる。

太古洋行は、日本が管理する広東組合は独占組合だと批判し、追加協定中で組合に言及することに反対した[125]。太

写真9　仏山号

出所）Charlotte Bleasdale, John Swire and Sons, *The China Navigation Company Limited: A Pictorial History, 1872–2012*, Hong Kong: Swire, 2012, p. 30.

古洋行による反対のため、カー大使はブラントに追加協定への署名を控えるよう伝えた(126)。一方で日本側は、独占委員会について協定内での言及は必要だとして譲らなかった(127)。

交渉の難航にいらだちを募らせた日本は、仏山号（太古洋行系の中国航業会社の貨客船）の広州からの出港差し止めという措置を取った。背景には、一九四〇年二月の水先規則の実施以来、仏山号は一貫して支払いを拒否していたという経緯がある。七月一三日、喜多はブラントに対して水先案内料の再請求をした。このとき喜多は、水先料（入港時は一九一・九五香港ドル(128)、出港時は軍票一九一・九五円）が不当でないことや、値上げの背景として一九一八年に中国が水先案内規則を制定して以来、物価が上昇している点を指摘した(129)。

七月一七日付の公文でブラントは、①水先案内料は高すぎること、②太古洋行は従来の広東水先規則所定の額を超えない程度で支払う用意があること、③新しく制定された水先協会規則について、イギリス側はたびたび抗議してきたことを指摘した(130)。

七月二九日に水先案内協会から、滞納中の全額を月末までに払わなければ、日本人水先案内人を乗船させないという連絡が太古洋行の現地代理店にもたらされた。同社はこれに応じず、八月一日に広州から香港へ出港予定だった仏山号は、出港できなくなった(131)。香港政庁は報復措置をとり、八月四日に広州から香港に渡航する予定だった日本船の海殊丸も渡航できなくなった(132)。

広州—香港間の貿易の再開を望んでいた香港政庁にとって、日英両国船の往来の停止は望ましくなかった。香港政庁は、水先案内料は値上がりしたが、それは大して重要なことではなく、むしろ貿易の再開にメリットがあるとみなしていた。[133]

八月三日、ブラントは喜多との交渉で、仏山号のすみやかな出航、および岡崎・ブラント協定の日英両国での実施と、水先案内料についての「合理的な金額」に関してすみやかに交渉を開始するならば、水先案内料を支払うという案を示した。[134] 八月一〇日、カー大使も、ひとまず料金を支払うという方向で、ブラント総領事が太古洋行を説得することに期待した。[135] 香港政庁も、同社がブラントのラインで妥協することが望ましいという意見をもっていた。そして、妥協を拒めば新たな船会社の参入を招くことになるかもしれないと、ブラントを通して同社に圧力をかけた。[136] カー大使も、同社が日本への譲歩ではなく航路の放棄を選ぶならば、それを阻止しないという立場をとった。結局、太古洋行は日本側の要求の受け入れを決め、八月三〇日に二〜七月末までに滞納していた水先案内料（五〇八六・七〇香港ドル、および軍票四九九六・七〇円）を支払った。水先案内料の引き下げについては、その後もブラントは日本側に継続して要請した。[137]

九月二日、仏山号と白金丸は広州から香港に向けて出発した。[138] その後、香港および澳門でコレラが流行し、航行は中止された。[139] 約二ヶ月近くに及ぶ中断ののち、一一月に航行は再開された。

翌年二月、喜多に代わって新たに広州の総領事となった高津富雄の見解によると、このころ日本は香港から物資を補給する必要に迫られていた。さらに喜多の駐ホノルル総領事への異動の前にイギリス側が交渉をまとめようとしたことなどから、日英交渉が再開された。[140]

日本は、夏に交渉がまとまらなかった貨物輸送に関する日英間の合意の成立を前提に、水先案内料の改訂交渉を行おうとした。しかし、イギリスは水先案内料をめぐる交渉の方を先に決着させる方針をとったため、交渉は再び難航するかにみえた。[141]

二月五日、興亜院華中連絡部広東派遣員事務所の三省連絡会議で、太古洋行が広東組合に「正会員として組合に加入する」旨を書面で表明するならば、陸海軍は広東組合に関する条項の削除に合意することになった。これは一九四〇年六月に起きた芝罘の事例にならっている。一九三八年に日本が芝罘港で港務統制を導入したとき、太古洋行の荷役が一時できなくなっていたことはすでに述べた。一九四〇年六月一五日に同社の芝罘支店が船舶連合局にあてた書簡には、「正会員として艀組合に加入する」ことが書かれていたという。喜多はこの事例に言及し、広州でも組合への加入を求めた。一方ブラントは、この書簡の内容はあくまで非公式なものにすぎないとして応じなかった。イギリスの船舶会社にとって、設立された組合と関わりをもたずに済ませ続けることは困難であるものの、組合と直接的な交渉をすることは、組合の存在の黙認につながるおそれもあり、それは中国の「傀儡政権(Chinese puppet official bodies)」とイギリスの会社との間で取引をすることと同じくらい危険だとブラントは認識した。[142]

三省連絡会議では、芝罘のような形で載荷問題が決着するならば、水先案内料の二割減額を認めるという結論が下された。高津総領事は、それをブラントに伝えた。[143]しかし、イギリス側にとって、そもそも二割減額は不十分だった。二月一〇日にブラントは、交渉の進め方と水先料金について日本側と意見の一致をみないので、ブラント・岡崎協定を三月末で廃棄すると、高津に非公式に伝えた。[144]高津はこのころイギリスの姿勢が硬化した背景として、香港政庁が香港行き査証の発給を厳重にし、日本人の渡航が困難になった事例にも言及しつつ、東アジアにおいてイギリスがみせる対日強硬姿勢を反映していると本省に指摘している。[145]

協定の破棄も辞さない態度をとるイギリスを前に、日本側は態度を軟化させ、交渉方針および金額の双方で妥協することにした。すなわち三月二七日、吉岡武亮総領事代理は、日本政府は一九四〇年八月にまでさかのぼる形での水先案内料の三割減額を受け入れ、載荷問題の決着を水先案内料減額の前提とはしないことを告げた。[146]四月七日、ブラントは、依然として水先案内料は高額であるとしつつも、三割減額を受け入れると応えた。[147]

載荷協定の締結に向けた交渉は、その後も進展をみせなかった。すでにみたように、そもそもイギリス企業にとっては広州—香港間以上に、広州と他の中国沿岸港との貿易の方が重要であったし、広州港で導入された統制が、日本の占領下に置かれた中国の他港にも波及することへの懸念も高まっていた。こうした事情が、イギリスがさらなる交渉に消極的だった背景にあった[148]。

一九四一年四月一〇日にイギリス外務省は、イギリスの「条約上の権利」を侵害し、九ヶ国条約第二条に違反する合意についての交渉はしないとして、載荷をめぐる交渉を打ち切る方針を示した[149]。そもそも貨物に関する協定を結んでも沿岸貿易はほとんどできないため、イギリス側は協定の締結には後ろ向きだった。スワイア商会もイギリス外務省の方針を支持している[150]。

留意すべきは、広州陥落以来、日本による統制の外で行われる「密貿易」は続いており、日本が貿易を完全にコントロールできていたわけではないことである。武漢と広州の陥落で、粤漢鉄路による漢口—広州—香港を結ぶ回路を通じた経済活動の分断と崩壊が起きたため、香港から澳門や広州湾を経由した本土との貿易活動が盛んになっていた。日本はこうした貿易ルートを封鎖すべく、澳門政庁に圧力をかけたり、広州と香港で現地貿易商と合弁商社の設立を試みたりしたが、徹底的な取締りは太平洋戦争期もできなかった[151]。

広州—香港間の物資の移動が本格的に再開したのは、一九四一年一二月に日本軍によって香港が占領された後である[152]。一九四三年以降、広州—香港間の全貨客輸送は、日本が組織した広東内河運営組合の定期船および艀輸送によって行われるようになった。同組合は一九四三年末時点で広州—香港間に二隻の貨客船を配して定期輸送を行ったほか、艀を利用して貨客の中継にあたった。また、香港—澳門間や広州—澳門間などにもそれぞれ一隻の貨客船を配し、定期運航させた[153]。

おわりに

本章では珠江の段階的開放の過程とその意味について検討した。珠江をめぐる日英交渉は、主に広州を舞台に展開された。イギリスは主に駐広州総領事が、香港政庁と連携しながら交渉にあたった。太古洋行など現地のイギリス系企業の動きも、交渉に大きな影響を与えた。日本側も現地の総領事が、現地陸海軍や興亜院と連携しながら交渉を進めた。

珠江開放に向けた一つ目の段階では、珠江が封鎖された後、沙面租界への生活用品運搬のためなど、運航が必要な船舶については個別に許可が出された。二つ目の段階では、一九三九年二月に岡崎・ブラント協定が結ばれ、定期的な客船の往来が可能になった。

アメリカによる日米通商航海条約破棄通告のあと、外交上の行き詰まりをみせていた日本は、一九三九年末に揚子江とともに珠江も開放を宣言した。揚子江の開放は空手形となっていたため、日本は珠江開放については具体的な措置をとる必要があった。また、汪精衛政権も「日華経済合作の象徴」としての珠江開放を必要としていた。こうして珠江開放の三つ目の段階である、一九四〇年四月の許可制の下での載荷が実現した。しかし載荷の条件は厳しく、強制水先案内や港荷役の統制なども同時に課されたため、イギリスは載荷に応じないことを決めた。香港政庁も同地における日本船の載荷を不許可とし、日英双方ともに依然として貨物は輸送できない状態は続いた。

以上の日本による珠江開放措置が実体をともなっていなかったことについては、一九四二年に同盟通信社が以下のように記している。

本貿易〔珠江貿易〕は極めて制限された機構の下に開放されたもので、実質上は従来許可されてゐた船客の往復が一部貨物の搬出入に及んだゞけのことで、この意味に於て広東港に於ける搬出入制限の一部緩和に過ぎないのである。従つて珠江一部開放の齎す貿易上の影響は、微弱なものと云はねばならない。(154)

日本の措置を諸外国が評価しなかったのは言うまでもない。一九四〇年の広州イギリス商業会のレポートには、イギリスの汽船業にとって一九四〇年末の状況は前年末と変わらないことや、中国沿岸およびインドシナ方面からの貨物輸送が、現地の航行活動で最も重要な部分にもかかわらず停止していることが書かれている。(155) 本章で言及したように、香港の海運関係者も、イギリスにメリットはないと認識していた。

日英間で争点となった事柄のうち水先案内料の引き下げには実利があったため、イギリスは交渉に応じ、日本側と三割減額で決着した。他方で載荷問題については、イギリスは交渉するだけの価値を見出せなくなっていた。イギリス企業にとっては、そもそも広州—香港間の貿易よりも、広州と中国沿岸の他港との間の貿易の方が重要であったし、広州港で日本が導入した統制が、上海や天津など他港にまで及ぶのを警戒したからである。揚子江と並んで珠江開放問題についても、日本は英米から対日協調を引き出すだけの意義ある措置をとれなかったといえる。

最後に、広州—香港間の日英両国船の旅客輸送の状況についてみておく。広東内河運営組合の一九四〇年一二月〜四一年五月の船客数は、広州に向かう乗客が約二万二〇〇〇人（うち中国人は九七%、日本人は二%）、香港に向かう乗客が約四万六〇〇〇人（うち中国人は九八%、日本人は一%）だった。一方で、ほぼ同じ時期（一九四一年一〜六月）の仏山号の乗客は、広州に向かう乗客が約三万九〇〇〇人、香港に向かう乗客が約三万三〇〇〇人だった。(156) イギリス船の航行可能回数が日本船の四分の一だったことを考えれば、太平洋戦争開戦直前の時期であってもイギリス船の優位は揺らいでいなかったといえる。珠江開放問題は、当時の日本の外交政策、そして占領地政策の限界を表している。

終章　在華権益の変容とその行方

本章では、まずこれまで各章で明らかにしたことを総括する。そのうえで、中国が諸外国の在華権益を太平洋戦争期から戦後にかけていかに再編し、アメリカとソ連が大きな力を握った冷戦期の新たな国際環境のなかで、社会や経済をいかに再構築していったのかについての展望を示す。

一　本書の総括

本書では次の二つの事実に注目しながら、日本による中国占領地支配がどのように進展したのかについて考察した。一つ目は、アヘン戦争での清朝の敗北以後、列強はさまざまな条約や契約を中国との間に結び、経済的・制度的な権利を獲得し、そこから生じる利益を得ており、なかでもイギリスが最大の在華権益保有国だったということである。二つ目は満洲事変以来、日本は現地に占領地政権を樹立して支配を行う方式をとっており、これは国際法の観点からみてあいまいな点を多く含む前例のないものだったということである。

日本による中国支配が、イギリス権益の多く存在する地において、その正当性を国際法上あいまいな形にしたまま行われていたことは、イギリスとの間に多くの国際問題を惹起した。本書ではとくに中国海関や石炭業、汽船業（その発展を支えた内河航行権）に注目しながら、イギリス帝国の後退と日本帝国の拡大という東アジア国際関係の変化のなかで、日本による中国支配が矛盾や制約を抱えながら進展していく様子を明らかにした。

（1）連続性の下での中国占領地支配

日本による占領地支配を振り返ると、満洲国は独立国として国際的継承性の原則に則り、中華民国が諸外国との間に締結した条約の継承を宣言し、冀東防共自治政府は、党治は脱したが中華民国は脱してはいないと宣言した。また、日本は一九四一年末まで軍政を施行する根拠をもたず、それまでの中国の国内秩序を形式上残存させる形で、事実上の占領地支配を行った。このように在来秩序を引きずった形での支配においては、在華イギリス権益の存在は「桎梏」（序章）や「障碍」（第3章）などと表現され、日本は太平洋戦争開戦まで、それらに直接的に手を下したり、公然と権利を否定したりすることはできず、交渉を重ねたり圧力をかけたりすることを通して、イギリス人の有する権益の制限を正当化しようとした。そもそも在華イギリス権益とは、中国がイギリスに付与した権利の行使にもとづいており、中国はイギリス権益を通して間接的な形で、日本の占領地支配を制約していたともいえる。

日本はもちろんイギリスをも在来秩序が拘束していた領域は海関である。中国は華北以南の占領地域内で、依然として国民政府（蔣介石政権、以下同）の行政機関として海関を機能させ続けた。イギリスは外債償還分の確保を念頭に、保管銀行の変更や総税務司への自由裁量の権限の付与などを求めたが、調整は難航した。これは最終的に、中国を介在させない形で日英が関税取極めを交わす背景にもなった。この取極めを、メーズ総税務司は「不可抗力」として受け入れる姿勢をみせたが、国民政府は中国の主権を侵害しているとして拒否し、日英両国を批判した。イギリス人外交官やメーズらによる再三の説得にもかかわらず中国が取極めを履行せず、関税収入の香港上海銀行から横浜正金銀行への預け替えがなかなか実現しなかったことは、占領地においても一定程度中国の主権が維持されていたことを表している。さらに、日本人海関職員の要職への参入が海関によって阻まれ、停滞していたとも、海関が占領地でもなお国民政府機関として存在していた事実を裏づける。また、海関の日本人職員が必ずしも日本軍の意のままに動いたわけではないことも、海関が帯びていた国際的性格について考える上で重要といえる。

(2) 在華イギリス権益の外交利用

イギリスの関心が在華イギリス権益の維持にあったとき、日本政府内では、たとえば満洲国において外資を導入したり、揚子江や珠江の自由航行、あるいは沿岸各地の自由貿易を再開したりすることを通じ、英米資本を巻き込んだ中国占領地経済を構築することで、外交上の隘路を脱する道も検討された。序章では、在華イギリス権益を利用することで対英米関係を好転させようとした例として、陸軍による一九三九年の省部決定「事変処理上第三国の活動及権益に対する措置要領」の内容に言及した。そこに記された方針、すなわち華北では「帝国の優位」を、華中では「自他併存」を、華南では「第三国を拘束せざる」という趣旨に則って施策する方針を適宜振り返りながら、本書が明らかにした内容を整理しておく。

「措置要領」ではふれられていないが、まず満洲からみていきたい。満洲国では経済統制が導入され、それまで同地域で活動していた第三国の企業は専売制を受け入れるか撤退するかの選択を迫られた。諸外国は、満洲国成立後の新たな商業環境への参入を図り、一九三四年にはイギリスから経済視察団が派遣された。しかし、第三国資本の導入や満洲国市場への参入はなかなか実現されなかった。満洲国は、門戸開放という理念の継承を唱えたものの、それに実態をともなわせるのは難しかった。

華北において日本は、現地を事実上支配しているという圧倒的な優位のもとで、開灤炭鉱を経営していたイギリス人との交渉に臨み、炭鉱側も日本が立てた占領地政権の支配を段階的に受け入れるようになっていた。しかし、国民政府が制定した鉱業警察権の制度を改変できなかったり、炭鉱を接収しようとする現地の軍隊の動きを止めたりするなど、日本には直接介入できない領域も多く残っていた。

津海関に関しても、日本はマイヤーズ税務司やアフレック駐天津イギリス総領事に対し、現地における優位性を示すことで、日本の要求を受け入れさせることに成功した。しかし、そもそも海関政策には、日本が国際機関的性格をもつ中国海関を直接接収できないという制約があり、それゆえにマイヤーズと堀内総領事の間での交渉は日本側の想定よりも時間を要するものとなった。このように、「帝国の優位」は確かに機能していたが、日本には介入できない領域や解消できない制約もあったことが分かる。

華中において、列国と日本との「自他併存」の実現は難航した。江海関の人事については、日本はなかなか介入することができず、日本人を海関の要職に据え、イギリス人に並び立つ発言力を得るのは、太平洋戦争の開戦まで難しかった。

揚子江航行権をめぐる交渉では、イギリスは軍事封鎖していた揚子江を開放し、沿岸貿易を開放するよう要求したが、日本は開放する意義と必要性について認識しながらも、経済界の根強い反対、現地の占領地経済政策の難航と混乱などから、開放に踏み切れなかった。すなわち揚子江とその沿岸の経済活動における「自他併存」は実現できなかったといえる。

最後に華南において、珠江では、広州—香港間のイギリス船航行を制限つきで認めるなど、早くから利権所有国への「拘束」は比較的緩められていた。イギリスやアメリカが求める揚子江開放を実現できないなか、珠江について一般載荷を許可することで、日本は外交上の効果を期待した。しかし載荷にともなう新たな規制が導入され、イギリス側は反発した。また、そもそも広州—香港間の貿易はイギリスにとって重要度が相対的に低かったことなどから、日本の措置は効果をもたらさなかった。このように諸外国の在華権益を抱き込む形での中国支配を日本は実現できず、それは当時の日本が置かれた外交上の限界をも表していた。

（3） 在華イギリス人の活動

自らの活動していた場所が日本の支配地域となった在華イギリス人のなかには、日本による支配に反発したり、経営上の利益を見込めないことなどから中国から撤退したりした者がいた一方、日本占領地域内で活動を続けた者も多数いた。日本や日本が立てた占領地政権との関わりを避け続けることは現実的に難しく、正当性のない支配に抵抗を示しながらも、日本による中国の社会や制度の変更を「不可抗力」として受け止め、新たな状況に対応しようとしたり、日本と妥協可能なラインを探ったりするなど、立場や時期、地域によってさまざまな反応がみられた。政府機関を例にみれば、満洲国内の海関は国民政府から切り離されたが、華北以南の海関は日本占領下でも国民政府機関として業務を続けていた。また企業を例にみれば、イギリス系のアジアティック石油会社は満洲から撤退した一方、英米トラストは経営を継続し、満洲国法人化する道を選択した。華北では英中合弁企業の開灤鉱務総局が、依然としてイギリス人経営者が実権を握る形で存在していた。日本軍が封鎖した揚子江においては、イギリス系の中国肥皂公司が、日本が独占的に営業させていた汽船会社と取引を開始し、珠江では太古洋行が、日本が課す制限のもとで船舶を運行した。太古洋行は、日本が課す営業上のさまざまな制限に反発し、ときに現地のイギリス人外交官や香港総督より強硬な姿勢をとることもあった。このように地域や業種などによって多様な動きをみせる外資系企業と、その対応の背景について本書では検討し、占領地支配に対する国際的な反応を現地の実態に即して明らかにした。

さらに本書では、ネースン開灤鉱務総局総経理、メーズ海関総税務司、マイヤーズ津海関税務司、ローフォード江海関税務司など、イギリス権益の運営に関与したイギリス人に注目し、彼らが自らの社会的立場と現実的な状況とのはざまで試行錯誤しながら、日本の圧力のもと現実と折り合いをつけていく過程を描いた。これは日本の中国支配が、在華イギリス人の抵抗を受けつつ、彼らを切り崩しながら進展していく過程でもあったといえる。

一九四一年一二月八日、日本は英米蘭に対して宣戦を布告し、太平洋戦争が始まった[1]。日本とイギリスは交戦状態に置かれ、日本はイギリス権益の接収やイギリス人の拘禁を合法的に行えるようになった。日本による占領地支配の「桎梏」や「障碍」であったイギリスの権益は、日本によって段階的に接収された。イギリス人の拘禁もまた、段階的に進んだ。日本に接収された権益の一部は、一九四三年にイギリスとアメリカに宣戦した汪精衛政権にも移管された。(2)

二　戦中・戦後の在華イギリス権益

（1）中英新条約の締結

本書の締め括りとして、中国が諸外国との関係性のなかで構築した制度や条約にもとづく秩序、そしてそれにともなう利益という、本書が関心を寄せた事柄は、太平洋戦争期から戦後にかけての国際環境の変化のなかでどのように変容したのか、そして中国はそれらをどのように主体的に改変していったのかについて展望したい。

一九四三年一月一一日、重慶国民政府はアメリカおよびイギリスとそれぞれ在華治外法権の撤廃に関する条約（以下、それぞれ中米新条約、中英新条約）を調印し、治外法権を含む多くの特権が取り消されることになった（同年五月批准）。

序章で述べたように、外国人を中国の法律や司法の枠外に置く特権である治外法権の撤廃は、南京国民政府が追求した主要な外交目標の一つであった。一九三一年五月に国民政府が公布した管轄在華外国人実施条例では、翌年から領事裁判権を享有するすべての外国人は、中国裁判所の管轄を受けるべきであると規定するなど、中国は治外法権撤廃に向けた動きを本格化させていたが、諸外国との交渉は一九三一年九月に満洲事変が起きると中止されていた。(3)

治外法権撤廃をめぐる交渉は、太平洋戦争期に再開された。中国がイギリスとの間で締結した最初の「不平等条約」である南京条約が一九四三年八月に百周年の節目を迎えるにあたって、中国では一九四二年春ごろから「中国に平等を与え、不平等条約を撤廃せよ」という機運が高まり、その動きはアメリカ社会にも波及した。[4]アメリカのハル（Cordell Hull）国務長官はイギリスとともに対中交渉に臨もうとしたが、中国に多くの権益を有するイギリスは当初消極的な反応を示した。しかしハルの説得に応じて治外法権の撤廃自体には賛成し、[5]両国の一致した対応が可能となった。一〇月一〇日、両国は治外法権とその関連特権の取消しを国民政府に通告、[6]同月末には条約改正の草案も提出し、[7]本格的な交渉を始めた。

アメリカが条約撤廃に積極的だった背景には、連合国の一員である中国の士気を高めるというねらいや、中国を対等な国家として扱う必要性が高まっていたなどの事情がある。連合国の一員として重要な役割を担う中国の国際的地位に、「不平等条約」の存在はそぐわなくなっており、連合国勝利の見通しのもと戦後アジアの国際秩序を構想するうえで、中国を主権国家として認める必要があった。[8]また、イギリスにとっては、当時対中借款への対応やインド問題をめぐって中国との関係が緊張していたため、中国に友好的な姿勢を示し、関係改善を図る手段を必要としていた。[9]

中国の念頭にあったのは治外法権の撤廃だけではなく、それに関連する諸特権も含まれていた。一〇月初旬、蔣介石は「治外法権以外にも、租界や駐兵権、内河航行権などその他の特権も同時に取り消すことで、治外法権撤廃に名実相伴わせることができる」との方針を指示した。[10]イギリスの利権について、中国は他の租界同様にイギリスの新界租借地を返還対象に含めようとしたが、香港に利権を有するイギリスは反対し、交渉は一時決裂した。[11]同じ時期、日本と汪精衛政権の間で、「不平等条約」の撤廃や関連する特権の返還交渉が進んでいたことや、[12]駐英大使だった顧維鈞が、まず治外法権を撤廃し、「九龍問題」（中国は香港同様に中国から割譲した九龍半島と、新界租借地を併せてこのように呼称し、返還を求めた）は後日交渉とすることを勧め、宋子文外交部長もそれを支持したことなどから蔣介石が妥協し[13]、イギリスとアメリカはそれぞれ翌年一月一一日に中国と条約を締結した[14]。

一九四三年一月、イギリスが中国との間で結んだ中英新条約およびその付属文書では、主として下記の八点に合意したうえで、戦後六ヶ月以内に友好通商航海条約など新条約締結のための交渉を始めることになった。その八点とは、①治外法権の取消し、②義和団事件賠償金の放棄、③北京公使館区域、上海と廈門の共同租界および天津と広州（沙面）のイギリス租界の放棄、④租界内の特別法廷の閉鎖、⑤中華民国の領域内の港での、外国人水先案内人の雇用についての権利放棄、⑥軍艦の中国領海内の航行に関する権利の放棄、⑦海関総税務司にイギリス人を任命する権利の廃止、⑧沿岸貿易と内河航行の権利の放棄である[15]。以上は、香港と九龍半島、新界租借地以外の、あらゆるイギリスの利権を放棄するものであった。

返還対象となる利権から香港関係が除外されたのは、中国にとって不本意であったが、中米および中英新条約には中国の国際的地位を大きく変化させる画期性があった[16]。ただし、当時重慶国民政府が実効支配する領域に居住していたイギリス人は少なく、租界や北京公使館区域は実質的に日本の支配下にあったため、条約に定められた租界の行政と管理、そして租界内のイギリス公有資産の委譲は当面不可能だった。また、それらを委譲するには施行細則が必要であり、その制定時期は未定だったため、太平洋戦争終結後、条約の履行という新たな問題が生じた。一九四五年一一月、各地租界と北京公使館区域の接収方法について定める規則が公布され、それらの地区における工部局などの公有資産は国民政府が接収したあとに、清理（整理）委員会が清算することになった。しかし天津や上海など大都市では、委員会規則の制定自体に時間を要し、委員会での審理途中で国共内戦が激化したため、清算作業はなしとげられずに終わった[17]。

また、条約中で戦後六ヶ月以内に交渉を始めるとされていた新しい友好通商航海条約の締結については、アメリカとの間では一九四六年一一月に条約の締結に至ったものの、イギリスとの交渉は失敗に終わった[18]。新たな条約関係の構築は難航した。

（2）海関の変容

中英新条約により、イギリス人以外も海関の総税務司に就任できるようになった（条約の要点⑦）。一九四二年三月に総税務司のメーズは日本軍によって拘禁されたのち、ポルトガル領モザンビークまで日本船で運ばれ、捕虜交換で解放された。メーズは同年一二月に重慶に到着し、翌年三月総税務司としての職務を再開していた[19]。その後六月にメーズが辞任したあと、代理総税務司に初めて中国人の丁貴堂が就き、八月にアメリカ人のレスター・リトル（L. K. Little）が総税務司に就任した（丁は副総税務司に就任）。

アメリカ人が就任した背景には、一九四二年に英領シンガポールが陥落するなど、太平洋戦争の影響ですでに東アジアにおけるイギリスの力が小さくなっていたことや、重慶国民政府がリトルの総税務司就任を、アメリカ外交のチャンネルの一つになると期待していたことなどがある。しかし、イギリス人を総税務司に据えておくことは中国に対する影響力を維持する上で重要と考えていたイギリスとは異なり、アメリカは海関にほとんど関心をもたず、リトルへの支援は限定的だった[20]。

一九四三年一一月、総税務司署は副税務司以上のランクの職員に対して、非占領地に撤退するように指示をした[21]。しかしほとんどの外国人は重慶には行かなかった。ロンドンとアメリカに設置されていた事務所を含めて、国民政府支配地域で活動していた外国人職員は一九四四年一二月時点で一七人に減った。その一方で、丁貴堂が代理総税務司や副総税務司という海関の指導的地位に中国人として初めて就任したことは、海関行政における中国人職員の発言力の上昇を象徴していた[22]。

辛亥革命以来、海関の総税務司は関税収入の保管権を有していたが、一九三八年一二月に公布された公庫法が一九四二年一月に施行されると、総税務司は保管権を失い、海関の収入は日々国庫に納められることになった[23]。海関が独自財源を失ったことは、海関の権力を小さくした[24]。また、重慶国民政府下で機能していた海関は、そもそも主要な港から隔絶していたため、海関の業務自体が縮小した。徴収する税については、一九四二年四月に転口税が廃

写真10　丁貴堂

出所）熊月之主編『稀見上海史志資料叢書』第1巻（上海書店，2012年）2頁。

止され、戦時消費税が導入された。それも一九四五年一月に撤廃され、各地にある貨物検査機関も廃止された。こうして海関が徴収する税は、辺区（日中戦争期の中国共産党統治地域）往来貨物の移出入税や、海外からの貨物や郵便小包の輸入税のみとなり、その業務範囲も貨物の密輸入監視と検査に縮小された。[25] 戦時中に海関は「目立たない徴税機関[26]」と化した。インフレのために海関職員の給与が不足し、海関スタッフの基本的な生活をいかに維持するかが、重慶国民政府下の海関では深刻な問題となっていた。[27]

太平洋戦争終結後、国民政府は満洲を含む日本の支配地域内にあった海関を再び傘下に収めるとともに、台湾の海関も接収した。戦時中に大量に雇用された日本人を含む枢軸国の職員は姿を消し、三四〇人の外国人職員が復帰した。[28]

近代において中国海関に多くの国が関心を寄せていたことは本書で述べた通りであるが、終戦後すでに海関への国際的な関心は希薄になっていた。イギリスはインドなどへの対応で手一杯になり、アメリカは中国に対する介入や支援を一定規模に限定しようとしていた。[29] このような状況下で、海関行政に介入しようとする国はなかった。一九三九年以来停止していた国民政府による外債償還も再開されていなかった。[30]

戦後中国の経済状態は悪化し、ハイパーインフレのなかで職員の生活はいっそう困窮した。一九四六年一月、リトルは宋子文行政院長に対して書簡を送り、海関職員の給与が十分ではなく、これでは生活が成り立たず、蔓延する汚職に職員が抗えないと訴えている。[31] 深刻なインフレが収まらないまま、国共内戦が激化した。

一九四九年五月に共産党の軍隊が上海を占領し、共産党は海関職員の地位の保障を宣言した。共産党の勢力は、当時いわば「事実上の政府」であった。リトルは、海関行政の維持が最も重要で、共産党に服従させることによって海関を守り、機能を維持しようと考えていた。[32] これは、メーズが日中戦争期に日本当局に対してとった姿勢と類似しているといえる。政治的・経済的混乱のなかで、一九四八年後半には、外国人職員は一四八人に減った。[33]一九四九年一月に蔣介石政権が広州に移転すると、五月にリトルも広州へ移り、その後政権とともに台湾に渡った。リトルに帯同した職員は一一人で、海関に勤務していた中国人職員の大半は台湾には行かなかった。[34]外国人税務司制度は、一九五〇年一月にリトルが台湾で辞表を出すことで終わりを告げた。[35]

一九四九年一〇月に中華人民共和国が成立すると中央人民政府海関総署が新設され、一九五一年四月に中華人民共和国暫行海関法が公布されて、新しい海関制度が始動した。[36]丁貴堂は、海関総署副署長、海関管理局局長に就任し、新しい海関制度の運営に携わった。

中華民国期から海関に勤務し、人民共和国に残留した中国人職員の多くは、一九五七年六月から展開された反「右派」闘争において「帝国主義」の下で働いていたことを糾弾され、力を失っていった。彼らの力の低下により、共産党政権はより強固に海関をコントロールできるようになった。[37]こうして制度はもとより職員も多くが入れ替わることになった。

（3）イギリス系企業の撤退

太平洋戦争が終わると、日本の資産は国民政府や民間に接収された。[38]東北ではソ連による接収を経て、中国に再接収された。[39]イギリスの企業は、戦時中に日本に没収された資産や市場の権利を主張するために中国に戻ってきた。[40]日本が戦時中に接収したイギリスの資産は、国民政府が接収したあと、段階的に元の所有者に返還された。[41]

中英新条約を通してイギリス人は各種の特権を喪失し、中国の法権に服する義務を新しく負うようになるなど、人々をとりまく環境は大きく変化していたが、[42]それまでに築いてきたネットワークやビジネスの規模などを背景に、イギリス系の企業は依然として同業の中国人より有利な立場を維持していた。[43]

国共内戦のさなかの一九四八年一一月、中国で活動するイギリス人貿易商らが組織するチャイナ・アソシエーションは、イギリス外務省に対して、在華イギリス人の生命や財産をいかに守るかについて意見を述べている。そこでは、イギリスの商業上の大きな権益が、イギリス政府が公的に承認していない政府のコントロール下にまもなく置かれるのが現実味を増していること、そして、イギリスの利益をできるだけ守るべく「事実上の政府」とのコンタクトを確実なものにするには、「過去に中国の同じような状況下でとられたような特別なステップ」が必要になると思われると述べられている。[44]

一九四九年に中華人民共和国が成立したとき、およそ千の外資系企業が中国に存在し、約一二万人の中国人労働者を雇用していた。[45] イギリス系資本の企業はそのうちおよそ半数を占め、八割は上海に位置していた。[46] その後、一九五〇年代半ばに社会主義体制が形成されるまでに、ほとんどの外資企業が撤退したり、中国政府に接収されたりした。

(4) 開灤炭鉱の戦後接収・国有化

ここでは戦後民間に経営が戻された後、中国に接収・国有化された企業の例として、第3章で取り上げた開灤炭鉱をみていく。

太平洋戦争期、日本軍の管理下に置かれていた開灤炭鉱は、一九四五年一一月に国民政府が接収し、企業側に経営が返還された。[47] 炭鉱は再び英中合弁企業である開灤鉱務総局によって経営されはじめた。一〇月に濰県収容所から帰還していたネースンは、引退してイギリスへ帰国し、一一月に副総経理のプライアーが新しいイギリス人総経理に就任した。[48]

開灤炭鉱の経営はきわめて困難な状況にあった。日中戦争や国共内戦の影響などで、鉄道車両の確保や道路の利用が思うようにできず、石炭の搬出や移送が困難となっていた。[49] また、国民政府によりインフレ対策として石炭価格が統制され、設定価格が低かったことなどにより、炭鉱は利益をあげるのが難しかった。一九四七年三月、プライアーはスティーヴンソン（Ralph Stevenson）駐華イギリス大使に対して、収支を合わせるために一六〇％の価格引き上げが必要であると訴えている[50]。

共産党軍は一九四八年一二月に唐山を、翌月には天津を占領した。当時開灤炭鉱は、五万人を超える中国人を雇用し、一九四七年時点で開灤炭は上海における石炭使用量の約七割を占めるなど、中国にとって重要な産業の一つだった。さらに、上海占領を視野に入れていた共産党にとって、開灤炭鉱への対応は外資系企業を支配下に収める際のテストケースにもなったため、混乱を最小限にする必要があった[51]。

開灤鉱務総局の英中の総経理であるプライアーと余明徳は、一九四九年二月に毛沢東や華北人民政府に対して、炭鉱が破産の危機に直面していることや、いかなる機関からも資金を借りられないこと、前年一一月の一部および一二月以降の賃金を労働者に支払えていないこと、石炭積出しのための列車を確保できないことなど、炭鉱が置かれた苦境を訴えた[52]。

二ヶ月後の四月に華北人民政府は、三億人民元の貸与、坑木一四〇万本の提供、輸出税の減額、石炭価格の調整という支援策を打ち出した。さらに六月には、四億五〇〇〇万人民元を貸与するとともに、華北貿易公司が毎月一五万袋の小麦を提供し、石炭と交換することになった。この小麦の量は毎月労働者に現物支給する給与の総量に相当した[53]。確かにこれらの政策は炭鉱の経営にとって助けとなったが、必ずしも共産党の約束通りに提供されたわけではなかった[54]。また、支援策を通して共産党政権による経営への介入が深まるという側面もあった[55]。

一二月時点でも、依然として石炭の公定価格は採炭コストよりも安い状態にあった[56]。一九四七年時点で開灤鉱務総局に一〇〇人以上いた外国人職員（事務職ではイギリス人、技術職にはベルギー人が多かった）は、一九四九年一〇月に四〇人未満となり、同年末には二〇人程度に減ることが見込まれるなど、外国人職員の退職も相次いでいた[57]。

ロンドン在住のネースンは、同年八月、困難な状況のなかでも中国での経営を継続すべきかどうかイギリス外務省に意見を求めた。外務省が残したメモによると、外務省は開灤鉱務総局に経営を続けるようアドヴァイスはできず、炭鉱は自分で判断すべきという立場をとった(58)。

同じ時期、イギリス外務省とチャイナ・アソシエーションの会合がもたれた。アソシエーション会長のケズウィック（怡和洋行）は、共産党政権下におけるイギリス系企業の苦境について説明し、もし外務省が深刻な状況を和らげるために行動しなければ、チャイナ・アソシエーションとしては、必要性を感じたらすみやかに、さらなる損失を出さないうちに、中国から引き上げるのがよいとしか企業にアドヴァイスできないと述べている(59)。

開平公司のもつ採掘権は、一九五〇年一一月一日の失効を目前に控えていた。採掘権の延長が見込めないなかでプライアーは、同年一月に共産党政権の中央外資企業局に対して、四月には同じく燃料工業部に対して、開灤鉱務総局における開平公司分のシェアを中国政府に譲渡すること、そして資産で賄えない債務を免除することなどを求めた(60)。政府からの回答は得られないまま、プライアーは他の外国人幹部とともに六月に商談のために日本を訪れたあと、二度と中国には戻らなかった(61)。こうしてイギリス人経営者たちが去ったあとは、灤州公司が炭鉱経営の実権を握り、同局は翌年四月に政府に対して炭鉱の管理を求めた。政府は翌月炭鉱を接収し、その後国営となった(62)。

（5）外資の撤退

外資企業の多くは一九五〇年代半ばまでに中国から撤退したり、接収されたりした。一九五〇年一〇月に中国が朝鮮戦争に参戦すると、アメリカは市民と外交官を中国から撤退させ、中国は在華アメリカ資産を管制・凍結した。一九五二年末には、アメリカの在華企業総資産の九四・五％が中国政府の管理下に置かれたとされる(63)。

他方でイギリスは、中国において大きな経済的利益を有してきたという歴史的経緯や、香港を領有しているために隣接する中国との関係悪化を避けたいなどの事情を背景として、一九五〇年一月に西側諸国のなかで最も早く中華人民共和国を承認した。そして、朝鮮戦争下においても、在華イギリス人資産は手放すべきではないという政策をとった。しかし、一九五一年五月に国連が対中禁輸決議を採択し、イギリスがこれを支持すると、イギリス系企業の活動に大きな影響が生じた。さらに、一九五一～五二年に展開された三反五反運動（官僚の汚職と資本家の不正に対する糾弾運動）など中国社会の変化[64]も、多くの外資企業の存続を困難にした[65]。一九五二年四月、チャイナ・アソシエーションは北京の事務所から、現地外国人スタッフの出入国制限に加え、外国人への差別的な課税や司法判断がなされていること、逮捕や抑留への恐怖をイギリス人が抱いていること、労働組合から圧力を受けていることなど、イギリス系企業が置かれた困難な状況について報告を受けている[66]。一九五二年五月イギリス政府は議会で、中国からのイギリス系企業の撤退を宣言した[67]。

太古洋行や怡和洋行などイギリス系の大企業の多くは、一九五四年から五五年にかけて資産を中国に譲渡して撤退し、そのほとんどが拠点を香港に移した[68]。一九五六年時点で中国に残っていた外資企業はわずか六六とされる[69]。中国が再び外資を本格的に受け入れはじめるのは、一九七九年以降の改革開放の時代である[70]。

（6）残された課題

最後に本書が残した課題について述べておく。本書は主として外交史と経済史の結節点から、日本による実質的な中国占領地支配の一側面について考察した。しかし、広大な中国において外国権益が存在していた地域は、日本軍にとって要衝ではあったが空間的には限られており、占領地支配の全体像に迫るためには、今後より広く在地社会の変化をみていく必要がある。外国権益という本書の観点をさらに掘り下げるならば、司法関係や、外国権益が密集する空間である各国の租界や租借地などにも関心を広げることで、権益をめぐる角逐のより多様な様相が明らかになるだろう。

さらに、日本が中国支配にあたって直面した「在来秩序」を、戦時中、さらに太平洋戦争終結後に、国民党政権や共産党政権がどのように再編・再構築しようとしたのかについては、ここまでの論述で展望を示したものの、史料の公開状況などの関係から、十分な考察ができたとはいえない。しかしこれは、本書の関心の出発点である「諸外国が中国にさまざまな権益を有した状況」を、日中戦争や太平洋戦争を経て、中国自身がいかに主体的に改変し、社会や経済を再構築したのかを考えるうえで重要な点であり、今後の課題としたい。

あとがき

初めて中国を訪れたのは、およそ二〇年前、二〇〇五年の夏である。大学進学前から「近くて遠い」存在である中国に興味をもっており、進学後、第二外国語として中国語を選択した。中国人留学生の友達もでき、瀋陽にある彼女のご実家にお邪魔する機会を得た。初めて訪れた中国はとにかく広大で、出会う人々のエネルギーや、食事の美味しさに圧倒された。滞在中、友人と一緒に大連まで特急列車で往復する機会も得た。車窓の景色を眺めながら、ここを南満洲鉄道が走っていたこと、ここに満洲国が存在していたことなど、高校の歴史の授業で学んだ内容をぼんやりと思い出した。日本と共通する要素も少なくないが、異なる文化や風土をもつ中国——この果てしない大地、そしてそこで逞しく暮らす人々に対し、戦前の日本人はどのように向き合ったのだろうか、という素朴な疑問が浮かんだ。当時の私はこの問いにアプローチするための手段を持ち合わせていなかったが、学部三年のとき、文学部の日本史学研究室に進んだ。

学部から大学院にかけて、野島（加藤）陽子先生にご指導をいただいた。なかなか芽の出ない著者に対して、先生は厳しくも温かくご指導下さった。先生から頂戴するコメントはつねに深く考えさせられるものばかりで、何年もかけて自分なりの答えにたどり着くことも、しばしばあった。海外の史料を積極的に用いることや、留学を後押しして下さったのも、先生である。本書の刊行をもって少しでも学恩に報いることができればと思う。

丁寧に史料を読み、深く考えるという日本史学の作法は、鈴木淳先生や藤田覚先生からもご指導いただいた。あれこれいろいろな史料に手を出すよりも、目の前の史料の声にじっくり耳を傾ける、という先生方から教えていただいた研究の仕方は、自戒とともに今もしばしば思い返している。

日本史学研究室では、たくさんの仲間にも恵まれた。学部から大学院までともに学んだ太田仙一氏、金蓮玉氏、国分航士氏、前田亮介氏と切磋琢磨した日々は、本当に得難いものであった。また、お一人お一人のお名前は挙げられないが、研究はもちろん生活面でもいろいろな相談にのってくださった先輩方や、鋭い指摘を下さり、私の世界を拡げてくれた後輩の方々なくして、自分の研究を深めることはできなかったと感じている。

大学院に進学したあとは、酒井哲哉先生、川島真先生、吉澤誠一郎先生、後藤春美先生の演習にも参加し、ご指導をいただく機会を得た。先生方にはそれぞれの学問の作法を教えていただくとともに、個人的な研究の相談にも乗ってくださり、そのおかげで少しずつ自分の研究の方向性を見出すことができるようになった。また、演習への参加を通して、多くの研究仲間と出会い、情報交換をしつつ、ときに励まし合いながら研究を続けられたことは大きな財産となった。

博士課程在籍時に転機が二つあった。一つ目は東京大学の交換留学制度を利用して、二〇一〇年九月〜一一年六月に、国立台湾大学に留学したことである。当時私は、内地だけでなく帝国史まで広げて日本史の勉強をしたいと意気込んでいた。また、修士論文でイギリスの外交文書などを用いながら一九三〇年代の中国をめぐる日英関係について論じたところ、審査にも加わってくださった先生の一人から「これは日本史の仕事なのか」というニュアンスのことを問われ、その問いのあり方自体に疑問を抱いていたことなどから、そもそも日本史とはどのような学問なのかを、日本を離れて問い直したいとも感じていた。

留学当初は、授業についていくのも容易ではなく、史料を読んでもなかなか研究のアイデアも浮かばず、ただただもがく日々を過ごしていた。そのようななか、張啓雄先生や唐啓華先生をはじめとする先生方、李啓彰氏をはじめとする先輩方には大変お世話になった。改めて心からお礼を申し上げたい。学問から生活面にいたるまで台湾で試行錯誤した経験は、「外国で暮らす人々」という視点を得ることにつながった。博士課程進学前からイギリスでの史料調査を始め、史料の質・量・アクセスのしやすさに感銘を受けていた経緯もあり、私は中国に暮らしていたイギリス人への関心を深めていった。そして、さまざまな特権を享受しながら活動していた彼／彼女らは、その特権を日本によって「正当性」なく奪われたとき何を経験するのか、という本書の原型となる問題意識を形成するに至った。その後、幸いにも東京大学大学院人文社会系研究科から海外資料調査に対する支援（「次世代人文社会学育成プログラム」平成二四年度夏学期個人派遣、および卓越した大学院拠点形成支援補助金）を受け、イギリスおよびアメリカでじっくりと史料を収集する機会も得られた。

二つ目の転機は、二〇一三年九月に重慶で開催された第五回「日中戦争の国際共同研究」（重慶会議）への参加である。オックスフォード大学でネースンの史料を閲覧し、それをもとに研究を始めたいと思っていた矢先、同会議での報告の募集を目にし、思い切って応募したところ採用していただいた。そして、日中戦争期の開灤炭鉱をテーマに報告する機会を得た。そのときまで私は、中国大陸の研究者が自分の研究をどう受け止めるのか不安に感じていたが、多くの方々が好意的な関心を示してくださり、自分の研究に少し自信が持てるようになった。また、会議でお目にかかった木越義則先生から、ネースンに類するイギリス人として、中国海関職員の存在を教えていただいた。海関研究が難しい領域であることは薄々知っていたものの、木越先生が朗らかに教えて下さったおかげで、その後、難しくも面白い海関研究にのめり込んでいった。のちに名古屋大学出版会の三木信吾氏をご紹介くださったのも、木越先生である。

このようにたくさんの方々のご教導のもと研究を続け、東京大学大学院人文社会系研究科に博士論文「中国在来秩序の改変と帝国日本の膨張――一九三一～一九四一年」を提出し、二〇一四年九月に博士号を授与された。審査には野島先生（主査）、鈴木先生、酒井先生、吉澤先生、牧原成征先生があたってくださった。先生方からはそれぞれ重要なご指摘を頂戴したが、なかでも酒井先生は「ガバナンス」というキーワードを用いながら、論文の意義を指摘してくださり、それまであくまで日本外交史という枠組みにこだわって研究していた私は蒙を啓かれた。その後私は、日本外交史から、日本が中国の一部をいかに支配していたのかへと研究対象を意識的に広げるようになった。しかしそれは、複雑怪奇な占領地支配に足を踏み入れた瞬間でもあり、博士論文を上梓するにはもう少し鍛錬が必要となった。

外交史と占領地経済史にまたがる領域にある研究を進めるうえでは、久保亨先生からしばしば貴重なご助言を頂戴してきた。山形大学への就職にともない採用を辞退することになったが、ポスト・ドクターの受け入れを承諾して下さったのも久保先生である。本書に関しても、的確なご批評を頂き、研究上の位置づけや論旨を再考する機会を得ることができた。また、中国現代史研究会の皆さん、とくに中国占領地研究の先達である関智英氏や軍事史がご専門の藤井元博氏からは、折にふれて有益なご助言を頂いた。こうして第2・6〜8章のもとになる研究を、博士論文提出後に進めることができた。

史料を読んでいると、当時の中国大陸をめぐる状況の複雑さに呑みこまれ、抜け出せない感覚に陥ることがしばしばあった。暗中模索の日々を送るなかで、研究仲間はもちろん、当時勤務していた山形大学人文学部（のち人文社会科学部）の学生の皆さんの真面目さや知的好奇心の高さには、常に励まされた。また、二〇一三年の重慶会議のご縁で、中国社会科学院近代史研究所が主催する学術会議に継続して声をかけていただいたことも、研究を続けるうえでの力になった。

二〇一八年に現在の職場である国立歴史民俗博物館に移った。このころ木越先生のご紹介で名古屋大学出版会の三木氏とお目にかかり、まだ執筆できていなかった華南についても書くよう勧めていただいた。しかし華南研究を本格的に始めた矢先、香港における民主化デモなどの余波から、現地での史料調査が難しくなった。研究方法の見直しを図っているうちに、今度は新型コロナウイルス感染症の世界的流行に見舞われ、史料調査を研究の出発点とする人々の多くがそうだったように、研究は難航した。さらに個人的事情により休職せざるをえない期間も続き、本書の執筆は大幅に遅れてしまった。その間支えて下さった方々への感謝の念は、言葉では言い尽くせない。

二〇二二年二月、ロシアによるウクライナへの全面的な軍事侵攻が始まった。侵略国による占領地支配が拡大していく過程は、想像を絶するものであった。当時生まれたばかりの子を日々世話することに懸命だった私は、人々が殺傷され、街が破壊される様子を見たり想像したりするのが精神的に難しくなった。目の前の戦争のニュースから目を背けてしまうにもかかわらず、自らが戦時期の研究をしてきたということに深く悩んだ。また、ウクライナ侵攻の事例をみれば、占領地支配において何よりも先に問われるべきは、占領する軍と支配される現地の人々の関係であるように思われ、その局面を描いていない研究の意義について考え込む日々が続いた。

翌年、多くの方々にお力添えを頂きながら復職し、なんとか本書の原稿を書き上げることができた。支配された中国の人々のレベルまで研究を広げることはできず、本書はあくまで日本の立場にたった叙述となっているが、当時の日本が抱えていた構造的な矛盾や占領地政策上の困難に光を当てることにも、歴史研究としては一定の意味があるのではないかと考えている。また中国史の文脈では、近代において中国がさまざまな外国利権を抱え、それを克服しようとしていた過程が、日本による侵略に際して、いかなる特徴として表れるのかを知っていただくきっかけになればと願っている。ご批判・ご叱正を賜れれば幸いである。

各章の初出は次のとおりである。序章・終章・第8章は書き下ろしである。

第1章　「「満洲国」創出と門戸開放原則の変容――「条約上の権利」をめぐる攻防」『史学雑誌』第一二二篇第七号（二〇一三年）。

第2章　「「満洲国」創出と中国海関の接収過程」『東京大学日本史学研究室紀要』第二七号（二〇二三年）。

第3章　「日本の華北支配と開灤炭鉱」久保亨・波多野澄雄・西村成雄編『日中戦争の国際共同研究五　戦時期中国の経済発展と社会変容』（慶應義塾大学出版会、二〇一四年）。

第4章　「日中戦争初年の天津海関――マイヤーズ税務司と堀内総領事の交渉とその背景」『東京大学日本史学研

究室紀要』第一八号（二〇一四年）。
第5章　「日中戦争初期における日本の対中国海関政策とその反応——日英関税取極めに至る交渉過程」『山形大学歴史・地理・人類学論集』第一七号（二〇一六年）。
第6章　「日中戦争下における揚子江航行問題——日本の華中支配と対英米協調路線の蹉跌」『史学雑誌』第一二七篇第三号（二〇一八年）。
第7章　「日本の中国支配と海関政策の展開——人事問題を中心として」『日本歴史』第八六五号（二〇二〇年）。

同じ職場に勤める賀申杰氏は本書の全体に目を通してくださり、用語から論旨に至るまでさまざまなご指摘を頂いた。忙しい業務のなかで時間を割き、本書の内容の改善に向けて建設的な提案をしてくださったことに、深くお礼を申し上げる。

校正実務を担当してくださった名古屋大学出版会の井原陸朗氏は、ミクロな点からマクロなレベルに至るまで、的確なコメントを数多く下さり、本書の刊行に向けて牽引して下さった。井原氏をはじめ同会の皆さんから頂いた指摘について考えた時間は、自分の研究と向き合う良い経験にもなった。心からお礼を申し上げる。

本書で積み残した課題については、これから一歩一歩検討を進めていければと思う。これまでお世話になった方々に感謝しつつ、また新たな研究の旅路に就ければ幸いである。

なお、本書の元となった研究は、日本学術振興会科学研究費（課題番号18K12495および21K00863）による成果の一部である。また、本書の出版に際しては同科研費より二〇二四年度研究成果公開促進費（学術図書・課題番号24HP5058）の助成を受けた。

二〇二四年八月

吉井 文美

《著者紹介》

吉《よし》井《い》文《ふ》美《み》

1984 年生まれ

2014 年　東京大学大学院人文社会系研究科博士課程修了

山形大学人文学部専任講師などを経て，

現　在　国立歴史民俗博物館研究部准教授，博士（文学）

日本の中国占領地支配

―イギリス権益との攻防と在来秩序―

2024 年 10 月 15 日　初版第 1 刷発行

定価はカバーに
表示しています

著　者　吉　井　文　美

発行者　西　澤　泰　彦

発行所　一般財団法人　名古屋大学出版会

〒 464-0814　名古屋市千種区不老町 1 名古屋大学構内

電話(052)781-5027/FAX(052)781-0697

印刷・製本　亜細亜印刷㈱　ISBN978-4-8158-1169-3

乱丁・落丁はお取替えいたします。

事項索引

ア 行

カ 行

サ　行

タ　行

ナ　行

ハ　行

マ　行

ヤ・ラ・ワ行

人名索引

ア　行

カ　行

サ　行

タ　行

ナ　行

ハ　行

マ　行

ヤ 行

ラ・ワ行

参考文献

1　未刊行史料

アジア歴史資料センター（JACAR）

Ref. B02030558200, B02030575000, B02030597700, B02030675500, B02030675600, B02030677200, B02030677600, B02030709100, B02031752400, B02032568700, B02032847600, B02130141300, B02130933400, B04013453400, B04122569600, B08060418800, B08060543800, B08060550200, B08060550300, B08060550400, B08060550500, B09030134700, B09040493200, B09040493300, B09040493400, B09040494100, B09041944700, B09041945300, B09041945400, B10074453700, B13090834200, C01002260200, C04120011800, C04120075800, C04120619700, C04120625400, C04121681600, C04121689100, C04121784500, C04121784800, C04121931700, C04121931800, C04122029900, C04122073900, C04122074000, C04122079800, C04122144600, C04122195100, C04123329600, C04123354000, C04123476100, C04123482300, C11110917800, C13031852200, C14010337700, C01002940200

外務省外交史料館

外務省記録 B.4.0.0.J/MA1「満洲国治外法権撤廃問題一件」

外務省記録 K.2.1.0.11-1「外国人ノ満州国視察旅行関係雑件，英国実業家日，満視察団関係」第 2 巻

呉市海事歴史科学館

史料調査会文書

国立公文書館

「昭和財政史資料」第 4 号第 153 冊

「満鉄問題関係書類」

東京大学教養学部総合文化研究科

片倉衷関係文書

東京大学経済学図書館

横浜正金銀行資料

東京大学社会科学研究所図書室

島田文書

防衛省防衛研究所史料室

『海軍省公文備考』昭和 10 年外事 4

田中新一「支那事変記録其三」

南支海軍特務部長「珠江開放問題ニ対スル意見ノ件送付」

靖国偕行文庫

鈴木啓久『在支回想録』

鈴木啓久『中北支における剿共戦の実態と教訓』

国立国会図書館
帝国議会会議録検索システム（https://teikokugikai-i.ndl.go.jp/）
Bodleian Library, Oxford University（Oxford, England）
Archives of E. J. Nathan
The National Archives（Kew, England）
CO129/585/5
FO262/1883, Part1, Part2
FO371/17105, 17111, 17112, 17113, 18114, 18116, 18190, 18191, 19236, 19237, 19322, 19351, 19352, 20258, 20989, 20990, 22119, 22121, 22122, 22124, 22125, 22126, 23430, 23432, 23451, 23452, 24658, 27619, 31667, 63412, 75864, 75866, 75930
SOAS Library, University of London（London, England）
John Swire & Sons Ltd. Archive
Papers of Sir Frederick Maze
国史館（台北）
「革命文献 対英外交 一般交渉（1）」，蔣中正総統文物檔案，典蔵号 002-020300-00039-005
「翁文灝呈蔣中正各方燃煤欠乏擬請令聯勤総部華北徐州両剿総等対於開灤煤礦経由塘沽外運輪船火車不得扣留等文電日報表」，蔣中正総統文物檔案，典蔵号 002-080200-00545-034
「英日海関協定」，外交部檔案，典蔵号 020-041102-0009
「英人在華財産（一七）」，外交部檔案，典蔵号 020-041107-0032
「抗戦時期封鎖内河及港口（一）」，外交部檔案，典蔵号 020-991200-0240
中央研究院近代史研究所（台北）
「河北省政府三年鑿井計画；開灤礦務局鉱区税」，経済部檔案，館蔵号 18/24/05/01/001/01

2　刊行史料

【日本語】

石川準吉『国家総動員史』資料編第 6（国家総動員史刊行会，1978 年）
上原蕃『上海共同租界誌』（丸善，1942 年）
臼井勝美・稲葉正夫編『現代史資料 9　日中戦争 2』（みすず書房，1964 年）
大久保達正・永田元也・前川邦生・兵頭徹編『昭和社会経済史料集成』第 6 巻：海軍省資料（6）（大東文化大学東洋研究所，1983 年）
大久保達正・永田元也・前川邦生・兵頭徹編『昭和社会経済史料集成』第 7 巻：海軍省資料（7）（大東文化大学東洋研究所，1984 年）
大久保達正・永田元也・兵頭徹編『昭和社会経済史料集成』第 34 巻：昭和研究会資料（4）（大東文化大学東洋研究所，2007 年）
大蔵省管理局編『日本人の海外活動に関する歴史的調査』第 10 巻（高麗書林，1985 年）
外務省編『外務省執務報告』通商局第 4 巻（クレス出版，1995 年）
外務省編『外務省執務報告』東亜局第 3 巻（クレス出版，1993 年）
外務省編『外務省執務報告』東亜局第 5 巻（クレス出版，1993 年）
外務省編『日本外交年表並主要文書』下巻（原書房，1965 年）
外務省編『日本外交文書』昭和期Ⅱ第 1 部第 1 巻（外務省，1996 年）

外務省編『日本外交文書』昭和期Ⅱ第1部第3巻（外務省，2000年）
外務省編『日本外交文書』昭和期Ⅱ第1部第4巻下（外務省，2006年）
外務省編『日本外交文書』昭和期Ⅱ第2部第3巻（外務省，1999年）
外務省編『日本外交文書』昭和期Ⅱ第2部第4巻（外務省，2005年）
外務省編『日本外交文書』1935年ロンドン海軍会議（外務省，1986年）
外務省編『日本外交文書』日中戦争第1冊（外務省，2011年）
外務省編『日本外交文書』日中戦争第2冊（外務省，2011年）
外務省編『日本外交文書』日中戦争第3冊（外務省，2011年）
外務省編『日本外交文書』日中戦争第4冊（外務省，2011年）
外務省編『日本外交文書』満州事変第2巻第1冊（外務省，1979年）
外務省編『日本外交文書』満州事変第2巻第2冊（外務省，1980年）
外務省条約局第二課編『支那海関制度概要』（外務省条約局第二課，1938年）
「開灤争議の顛末」『支那経済旬報』第38号（1938年）
金丸裕一監修『中国年鑑・大陸年鑑』第7巻（ゆまに書房，2007年）
冀東防共自治政府『冀東政府は語る』（冀東防共自治政府，1937年）
木戸日記研究会編『木戸幸一関係文書』（東京大学出版会，1966年）
宮内庁『昭和天皇実録』第8巻（東京書籍，2016年）
軍管理開灤礦務総局『業務月報』（1944年12月）
「経済的に見た揚子江」『揚子江』第1巻第2号（1938年11月）
興亜院華中連絡部編『外国勢力駆逐ノ観点ヨリ見タル揚子江航行問題（未定稿）』（興亜院華中連絡部，1939年）
興亜院華中連絡部経済第三局編『中華民国維新政府財政概史』（興亜院華中連絡部経済第三局，1940年）
興亜院政務部『我邦ノ南支経済工作ヨリ見タル黄埔港築港及附帯事業ノ重要性』（興亜院政務部，1939年）
興亜院政務部『珠江ニ於ケル水運事情調査報告書』（興亜院政務部，1940年）
河野修一『両広貿易事情調査報告書』（南満州鉄道株式会社，1940年）
国家資本輸出研究会『日本の資本輸出——対中国借款の研究』（多賀出版，1986年）
小林龍夫・島田俊彦・稲葉正夫編『現代史資料7　満洲事変』（みすず書房，1964年）
小林龍夫・島田俊彦・稲葉正夫編『現代史資料11　満洲事変（続）』（みすず書房，1965年）
重光葵『外交回想録』（中央公論新社，2011年）
支那問題辞典編輯部編『支那問題辞典』（中央公論社，1942年）
税関概史編纂委員会編『満洲国税関概史』（税関概史編纂委員会，1944年）
高宮太平『米内光政』（時事通信社，1958年）
竹内泰助『揚子江開放問題ニ就イテ』（1939年）
多田井喜生編・解説『続・現代史資料11　占領地通貨工作』（みすず書房，1983年）
長江産業貿易開発協会編『中支貿易統制の一元化　中支輸入配給組合の構成　奥地取引と漢口の状況』（長江産業貿易開発協会，1940年）
東亜海運株式会社編『支那の航運』（東亜海運，1943年）
東亜研究所『支那占領地経済の発展』（東亜研究所，1944年）
東亜研究所第一調査委員会編『日本の対支投資』（東亜研究所，1942年）
同盟通信社『新生の広東経済』（同盟通信社，1942年）

東洋経済新報社編『軍政下の香港――新生した大東亜の中核』(香港東洋経済社，1944 年)
日本国際協会太平洋問題調査部編『支那占領地域の現状』(日本国際協会，1940 年)
日満財政経済研究会『長期建設下の対英米経済政策――中間報告』(日満財政経済研究会，1939 年)
日満財政経済研究会『中支視察報告』(日満財政経済研究会，1939 年)
日本製鉄株式会社史編集委員会編『日本製鉄株式会社史　1934～1950』(日本製鉄株式会社史編集委員会，1959 年)
長谷川了「揚子江開放を繞る諸問題」『支那』第 31 巻 4 月号 (1940 年)
畑俊六著，伊藤隆編・照沼康孝編『続・現代史資料 4　陸軍：畑俊六日誌』(みすず書房，1983 年)
原田熊雄述，近衛泰子筆記，里見弴等補訂『西園寺公と政局』第 7 巻，第 8 巻 (岩波書店，1952 年)
樋口弘『日本の対支投資研究』(生活社，1939 年)
福大公司企画課編『南支経済叢書』(福大公司，1939 年)
古海忠之『忘れ得ぬ満洲国』(経済往来社，1978 年)
防衛庁防衛研修所戦史室『戦史叢書　北支の治安戦 (1)』(朝雲新聞社，1968 年)
防衛庁防衛研修所戦史室『戦史叢書　中国方面海軍作戦 (2)』(朝雲新聞社，1975 年)
防衛庁防衛研修所戦史室『戦史叢書　支那事変陸軍作戦 (3)』(朝雲新聞社，1975 年)
奉天商工会議所『奉天経済三十年史』(奉天商工公会，1940 年)
満洲国史編纂刊行会編『満洲国史総論』(国際善隣協会，1973 年)
満洲帝国政府編『満洲建国十年史』(原書房，1969 年)
満鉄経済調査会編『満洲経済年報』1933 年版 (改造社，1933 年)
満鉄上海事務所調査室『揚子江解放問題の経緯と其の対策 (中南支内水航行権に関する資料第七輯)』(1940 年)
満鉄北支事務局天津調査分室編『開灤炭ノ現状ト内地重工業ニ対スル重要性ニ就テ』(1938 年) マイクロフィルム (北京科図技術開発公司，1993 年)
南満洲鉄道株式会社経済調査会編『支那法令に於ける外国投資の制限』(南満洲鉄道，1936 年)
南満洲鉄道株式会社経済調査会『立案調査書類第 23 編第 1 巻 (続)　満洲国関税改正及日満関税協定方策』(南満洲鉄道株式会社経済調査会，1935 年)
南満洲鉄道株式会社経済調査会『立案調査書類第 6 編第 7 巻　満洲煙草工業及煙草改良増殖方策』(南満洲鉄道株式会社経済調査会，1935 年)
南満洲鉄道株式会社産業部鉱業課編『支那・立案調査書類第 4 編第 3 巻第 1 号　北支炭田開発方策並調査資料』(南満洲鉄道株式会社調査部，1937 年)
南満州鉄道株式会社調査部『支那・立案調査書類第 2 編第 1 巻　支那経済開発方策並調査資料』(南満州鉄道調査部，1937 年)
南満洲鉄道株式会社調査部『支那・立案調査書類第 4 編第 3 巻第 4 号　開灤炭礦調査資料』(南満洲鉄道株式会社調査部，1937 年)
南満州鉄道株式会社調査部『支那・立案調査書類第 4 編 2 巻 10 号　北支主要炭礦調査資料』(南満州鉄道調査部，1937 年)
南満洲鉄道株式会社天津事務所調査課『北支経済資料第 19 輯　現行支那鉱業関係法規』(南満洲鉄道天津事務所，1936 年)

南満洲鉄道株式会社東京支社調査室『香港貿易』（南満洲鉄道株式会社東京支社調査室，1940 年）
森島守人述『上海中心の諸問題と列国関係——揚子江開放問題の検討』（日本外交協会，1939 年）
森島守人『陰謀・暗殺・軍刀』（岩波書店，1950 年）
依田憙家編『日中戦争史資料』第 4 巻：占領地区支配（河出書房新社，1975 年）
『東京朝日新聞』
『南支日報』
『満洲日報』
『読売新聞』

【英　語】

Bickers, Robert, and Van de Ven, Hans (gen. eds.), *China and the West: The Maritime Customs Service Archive from the Second Historical Archives of China, Nanjing*, Thomson Gale, Second Historical Archives of China, 2004
Chen, Yin-Ching (ed.), *Treaties and Agreements Between the Republic of China and Other Powers 1929–1954: Together with Certain International Documents Affecting the Interests of the Republic of China*, Washington, D.C.: Sino-American Publishing Service, 1957
E. L. Woodward and Rohan Butler (eds.), *Documents on British Foreign Policy, 1919–1939*, Third Ser., Vol. VIII, London: Her Majesty's Stationery Office, 1955
E. L. Woodward and Rohan Butler (eds.), *Documents on British Foreign Policy, 1919–1939*, Third Ser., Vol. IX, London: Her Majesty's Stationery Office, 1955
E. L. Woodward and Rohan Butler (eds.), *Documents on British Foreign Policy, 1919–1939*, Second Ser., Vol. X, London: Her Majesty's Stationery Office, 1969
Manchoukuo Tourist Union, *Peaceful Manchoukuo*, 1937
Proclamations, Statement and Communications of the Manchoukuo Government, Publications of the Department of Foreign Affairs, Manchoukuo Government, 1932
United States. Dept. of State, *Papers Relating to the Foreign Relations of the United States: Japan: 1931–1941*, Vol. II, Washington: United States Government Printing Office, 1943
United States. Dept. of State, *Foreign Relations of the United States: Diplomatic Papers 1932*, Vol. III, The Far East, Washington: United States Government Printing Office, 1948
United States. Dept. of State, *Foreign Relations of the United States; Diplomatic Papers 1938*, Vol. III, The Far East, Washington: United States Government Printing Office, 1955
United States Dept. of State, *Foreign Relations of the United States: Diplomatic Papers 1942, China*, New York: United States Government Printing Office, 1956
The Chicago Daily News
The Economist
The Japan Advertiser
The North-China Herald and Supreme Court & Consular Gazette
The Times
South China Morning Post

【中国語】

鮑明鈐原著，中国太平洋国際学会編訳『外人在華沿岸及内河航行権問題』（中国太平洋国際学会，1932 年）
顧維鈞著，中国社会科学院近代史研究所訳『顧維鈞回憶録』第 5 分冊（中華書局，2013 年）
韓彩章『収回開灤礦之必要文』（1929 年）
開灤礦務総局史志辦公室編『開灤煤礦志』第 1 巻（新華出版社，1995 年）
康宝煌『開灤日記』（康宝煌，1984 年）
南開大学歴史系・唐山市檔案館合編『冀東日偽政権』（檔案出版社，1992 年）
孫修福編訳『中国近代海関高級職員年表』（中国海関出版社，2004 年）
厦門海関檔案室編，戴一峰主編『厦門海関歴史檔案選編』第 1 輯（厦門大学出版社，1997 年）
熊性美・閻光華主編『開灤煤礦礦権史料』（南開大学出版社，2004 年）
楊智友・李寧『抗日戦争専題研究第六輯　抗戦時期的中国海関』（江蘇人民出版社，2021 年）
〈章漢夫伝〉編写組『章漢夫伝』（世界知識出版社，2003 年）
中国法制調査会監修『中華民国法制年鑑』民国 31 年版（大同印書館，1944 年）
中国近代経済史資料叢刊編纂委員会主編『一九三八年英日関於中国海関的非法協定』（中華書局，1983 年）
中華民国重要史料初編編輯委員会編『中華民国重要史料初編』対日抗戦時期第 3 編戦時外交（3）（中国国民党中央委員会党史委員会，1981 年）

3　二次文献

【日本語】

秋田茂『イギリス帝国の歴史――アジアから考える』（中央公論新社，2012 年）
浅田喬二編『日本帝国主義下の中国――中国占領地経済の研究』（楽游書房，1981 年）
浅野豊美『帝国日本の植民地法制――法域統合と帝国秩序』（名古屋大学出版会，2008 年）
荒川憲一「日本の対中経済封鎖とその効果（1937～1941）――日本海軍の海上封鎖作戦を中心に」軍事史学会編『日中戦争再論』（錦正社，2008 年）
井口治夫『鮎川義介と経済的国際主義――満洲問題から戦後日米関係へ』（名古屋大学出版会，2012 年）
伊香俊哉『近代日本と戦争違法化体制――第一次世界大戦から日中戦争へ』（吉川弘文館，2002 年）
石島紀之『中国民衆にとっての日中戦争――飢え，社会改革，ナショナリズム』（研文出版，2014 年）
泉谷陽子『中国建国初期の政治と経済――大衆運動と社会主義体制』（御茶の水書房，2007 年）
伊藤隆「「国是」と「国策」・「統制」・「計画」」中村隆英・尾高煌之助編『日本経済史』第 6 巻：二重構造（岩波書店，1989 年）
井上寿一『危機のなかの協調外交――日中戦争に至る対外政策の形成と展開』（山川出版社，1994 年）
井上勇一「有田の「広域経済圏」構想と対英交渉」『国際政治』第 56 号（1977 年）

今井就稔「戦時期日本占領地域の経済史」久保亨編『中国経済史入門』（東京大学出版会，2012 年）
今井就稔「戦争初期日中両国と上海租界経済」久保亨・波多野澄雄・西村成雄編『日中戦争の国際共同研究 5　戦時期中国の経済発展と社会変容』（慶應義塾大学出版会，2014 年）
岩武照彦『近代中国通貨統一史――十五年戦争期における通貨闘争』上下巻（みすず書房，1990 年）
岩谷將『盧溝橋事件から日中戦争へ』（東京大学出版会，2023 年）
ウィルキンズ，マイラ著，蠟山道雄訳「アメリカ経済界と極東問題」細谷千博・斎藤真・今井清一・蠟山道雄編『日米関係史――開戦に至る 10 年（1931–41 年）』第 3 巻：議会・政党と民間団体（東京大学出版会，1971 年）
上田貴子『奉天の近代――移民社会における商会・企業・善堂』（京都大学学術出版会，2018 年）
植田捷雄『在支列国権益概説』（巌松堂書店，1939 年）
臼井勝美『中国をめぐる近代日本の外交』（筑摩書房，1983 年）
臼井勝美『日中外交史研究――昭和前期』（吉川弘文館，1998 年）
臼杵英一「汪兆銘「南京国民政府」の法的地位と日中戦争」軍事史学会編『日中戦争再論』（錦正社，2008 年）
内田知行『黄土の大地　1937〜1945――山西省占領地の社会経済史』（創土社，2005 年）
内田知行・柴田善雅編『日本の蒙疆占領――1937〜1945』（研文出版，2007 年）
王建朗「《中国側》日本の大陸拡張政策と中国国民革命運動」北岡伸一・歩平編『「日中歴史共同研究」報告書』第 2 巻：近現代史篇（勉誠出版，2014 年）
大澤章「国際法に於ける国家の独立と承継（1）」『国際法外交雑誌』第 31 巻第 6 号（1932 年）
大野絢也「日中戦争期，武漢・広東陥落と交通網――破壊と復旧・再構築の実態」『政治経済史学』第 576 号（2014 年）
大平善梧「支那の内河航行権」『国際法外交雑誌』第 41 号第 6 号（1942 年）
大平善梧『支那の航行権問題』大東亜国際法叢書 4（有斐閣，1943 年）
大山卯次郎「米国の要望と門戸解《ママ》放主義の実際化」『国際知識及評論』第 18 巻第 12 月号（1938 年）
岡本隆司『近代中国と海関』（名古屋大学出版会，1999 年）
小椋広勝『香港』（岩波書店，1942 年）
籠谷直人『アジア国際通商秩序と近代日本』（名古屋大学出版会，2000 年）
笠原十九司『日中戦争全史――日中全面戦争からアジア太平洋戦争敗戦まで』下巻（高文研，2017 年）
笠原十九司「日本の中国侵略とその教訓――国際社会における無法国家だった日本」『歴史評論』第 882 号（2023 年）
加藤雄三「第二次世界大戦後における中英平等新約の履行――租界資産清理委員会の設置過程」『専修法学論集』第 135 号（2019 年）
加藤陽子「昭和 14 年の対米工作と平沼騏一郎」『史学雑誌』第 94 篇第 11 号（1985 年）
加藤陽子『模索する 1930 年代――日米関係と陸軍中堅層』（山川出版社，1993 年）
加藤陽子「興亜院設置問題の再検討――その予備的考察」服部龍二・土田哲夫・後藤春美編著『戦間期の東アジア国際政治』（中央大学出版部，2007 年）

加藤陽子『シリーズ日本近現代史 5　満州事変から日中戦争へ』(岩波書店，2007 年)
金子文夫『近代日本における対満州投資の研究』(近藤出版社，1991 年)
金子文夫「占領地・植民地支配」石井寛治・原朗・武田晴人編『日本経済史 4　戦時・戦後期』(東京大学出版会，2007 年)
川島真『シリーズ中国近現代史 2　近代国家への模索　1894～1925』(岩波書店，2010 年)
木越義則『近代中国と広域市場圏——海関統計によるマクロ的アプローチ』(京都大学学術出版会，2012 年)
木越義則「戦時期中国の貿易」久保亨・波多野澄雄・西村成雄編『日中戦争の国際共同研究 5　戦時期中国の経済発展と社会変容』(慶應義塾大学出版会，2014 年)
貴志俊彦・松重充浩・松村史紀編『20 世紀満洲歴史事典』(吉川弘文館，2012 年)
北野剛『明治・大正期の日本の満蒙政策史研究』(芙蓉書房出版，2012 年)
北野剛「旅大回収問題と日本の対応——満蒙権益をめぐる論理と外交」『関西外国語大学研究論集』第 119 号 (2024 年)
橘川武郎『戦前日本の石油攻防戦——1934 年石油業法と外国石油会社』(ミネルヴァ書房，2012 年)
木畑洋一「失われた協調の機会？」木畑洋一／イアン・ニッシュ／細谷千博／田中孝彦編，細谷千博／イアン・ニッシュ監修『日英交流史　1600～2000』第 2 巻：政治・外交 II (東京大学出版会，2000 年)
君島和彦「日本帝国主義による中国鉱業資源の収奪過程」浅田喬二編『日本帝国主義下の中国——中国占領地経済の研究』(楽游書房，1981 年)
金世姫「満洲における日本の門戸開放主義——1931 年～1933 年を中心に」『文学研究論集 (明治大学)』第 26 号 (2006 年)
キャロル，ジョン・M. 著，倉田明子・倉田徹訳『香港の歴史——東洋と西洋の間に立つ人々』(明石書店，2020 年)
久保亨『シリーズ中国近現代史 4　社会主義への挑戦　1945～1971』(岩波書店，2011 年)
久保亨「1950 年代の中国綿業と在華紡技術」富澤芳亜・久保亨・萩原充編著『近代中国を生きた日系企業』(大阪大学出版会，2011 年)
久保亨『戦間期中国〈自立への模索〉——関税通貨政策と経済発展』(東京大学出版会，1999 年)
久保亨『現代中国の原型の出現——国民党統治下の民衆統合と財政経済』(汲古書院，2020 年)
久保亨・加島潤・木越義則『統計でみる中国近現代経済史』(東京大学出版会，2016 年)
桑野仁『戦時通貨工作史論——日中通貨戦の分析』(法政大学出版局，1965 年)
小池聖一『満州事変と対中国政策』(吉川弘文館，2003 年)
小磯隆広『日本海軍と東アジア国際政治——中国をめぐる対英米政策と戦略』(錦正社，2020 年)
小瀬一「南京国民政府成立期の中国海関——アグレン時代の海関運営をめぐって」『龍谷大学経済学論集』第 34 巻第 2 号 (1994 年)
コックス，ハワード著，たばこ総合研究センター訳『グローバル・シガレット——多国籍企業 BAT の経営史　1880～1945』(山愛書院，2002 年)
後藤春美『上海をめぐる日英関係　1925～1932 年——日英同盟後の協調と対抗』(東京大学出版会，2006 年)

後藤春美「中国のロシア人女性難民問題と国際連盟——帝国の興亡の陰で」木畑洋一・後藤春美編著『帝国の長い影——20 世紀国際秩序の変容』（ミネルヴァ書房，2010 年）
後藤春美「世界大戦による国際秩序の変容と残存する帝国支配」永原陽子・吉澤誠一郎責任編集『岩波講座　世界歴史 20　二つの大戦と帝国主義 I』（岩波書店，2022 年）
小林啓治『国際秩序の形成と近代日本』（吉川弘文館，2002 年）
小林英夫「華北占領政策の展開過程——乙嘱託班の結成と活動を中心に」『駒沢大学経済学論集』第 9 巻第 3 号（1977 年）
小林道彦『政党内閣の崩壊と満州事変——1918～1932』（ミネルヴァ書房，2010 年）
酒井哲哉「「英米協調」と「日中提携」」近代日本研究会編『年報・近代日本研究』第 11 巻：協調政策の限界——日米関係史 1905～1960（山川出版社，1989 年）
酒井哲哉「外交官の肖像　重光葵　下」『外交フォーラム』第 2 巻 8 月号（1989 年）
酒井哲哉「東亜新秩序の政治経済学——高橋亀吉の所論を中心に」『国際政治』第 97 号（1991 年）
酒井哲哉『大正デモクラシー体制の崩壊——内政と外交』（東京大学出版会，1992 年）
佐藤元英『昭和初期対中国政策の研究』（原書房，1992 年）
佐藤元英『近代日本の外交と軍事——権益擁護と侵略の構造』（吉川弘文館，2000 年）
篠田治策「宣戦布告と交戦権の発動」『外交時報』第 92 巻第 1 号（1939 年）
篠永宣孝『中国興行銀行の崩壊と再建——第一次大戦後フランスの政治・経済・金融的対抗』（春風社，2017 年）
篠原初枝「W. W. ウィロビーと戦間期米中関係——主権国家としての中国」『国際政治』第 118 号（1998 年）
篠原初枝『戦争の法から平和の法へ——戦間期のアメリカ国際法学者』（東京大学出版会，2003 年）
柴田善雅『占領地通貨金融政策の展開』（日本経済評論社，1999 年）
柴田善雅「中国関内占領地日系企業の敗戦後処理」『東洋研究』第 158 号（2005 年）
柴田善雅「アジア太平洋戦争期中国関内占領地における敵産管理処分」『東洋研究』第 162 号（2006 年）
柴田善雅『中国占領地日系企業の活動』（日本経済評論社，2008 年）
島崎久弥『円の侵略史——円為替本位制度の形成過程』（日本経済評論社，1898 年）
清水善俊『支那事変軍票史』（1971 年）
蕭明礼「日中戦争前期における日本軍の華南沿岸に対する海運封鎖——珠江デルタを中心に（1938 年—1941 年）」『華南研究』第 3 巻（2017 年）
白木沢旭児『日中戦争と大陸経済建設』（吉川弘文館，2016 年）
杉山伸也／ジャネット・ハンター「日英経済関係史」杉山伸也／ジャネット・ハンター編，細谷千博／イアン・ニッシュ監修『日英交流史　1600 ～ 2000』第 4 巻：経済（東京大学出版会，2001 年）
鈴木邦夫編著『満洲企業史研究』（日本経済評論社，2007 年）
鈴木航「日中戦争期，『東南日報』と地域社会」（一橋大学博士学位論文，2016 年）
鈴木茂「日本帝国主義下の中国に於ける軍管理工場と資源独占」『経済論叢』第 116 巻第 1・2 号（1975 年）
関智英『対日協力者の政治構想——日中戦争とその前後』（名古屋大学出版会，2017 年）
宋芳芳「日中全面戦争期における日本の中国海関支配政策と実施」『環東アジア研究セン

ター年報』第 7 巻（2012 年）
副島圓照「「満州国」による中国海関の接収」『人文学報』第 47 号（1979 年）
副島圓照「中国における治外法権撤廃問題」『和歌山大学教育学部紀要』第 29 号（1980 年）
髙綱博文「戦時上海・グレーゾーンについて」『現代中国研究』第 39 号（2017 年）
髙綱博文「開灤炭砿における労働者の状態と 1922 年の労働争議」『歴史学研究』第 491 号（1981 年）
髙綱博文編著『戦時上海——1937〜45 年』（研文出版，2005 年）
高橋泰隆「日本帝国主義による中国交通支配の展開」浅田喬二編『日本帝国主義下の中国——中国占領地経済の研究』（楽游書房，1981 年）
高光佳絵『アメリカと戦間期の東アジア——アジア・太平洋国際秩序形成と「グローバリゼーション」』（青弓社，2008 年）
高柳松一郎『支那関税制度論』改訂増補（内外出版，1926 年）
武田知己『重光葵と戦後政治』（吉川弘文館，2002 年）
竹前栄治・尾崎毅訳『米国陸海軍　軍政／民事マニュアル——1943 年 12 月 22 日 FM27–5 NAV50E –3』（みすず書房，1998 年）
立作太郎『支那事変国際法論』（松華堂，1938 年）
立作太郎「門戸開放，機会均等，商業自由」『国際法外交雑誌』第 34 巻第 8 号（1935 年）
種稲秀司『近代日本外交と「死活的利益」——第二次幣原外交と太平洋戦争への序曲』（芙蓉書房出版，2014 年）
張志雲・姜水謡「日中戦争期における中国海関総税務司岸本広吉」『東洋学報』第 103 巻第 1 号（2021 年）
張集歓「1930–1940 年代中国華南地域における商人組織の研究」（北海道大学博士学位論文，2016 年）
長幸男「アメリカ資本の満州導入計画」細谷千博・斎藤真・今井清一・蠟山道雄編『日米関係史——開戦に至る 10 年（1931〜41 年）』第 3 巻：議会・政党と民間団体（東京大学出版会，1971 年）
陳慈玉「生存と妥協——在華日系資本炭鉱の中国人労働者」貴志俊彦・谷垣真理子・深町英夫編『模索する近代日中関係——対話と競存の時代』（東京大学出版会，2009 年）
土田哲夫「中国抗戦と対日宣戦問題」『中央大学経済研究所年報』第 38 号（2007 年）
手塚正夫『支那重工業発達史』（大雅堂，1944 年）
戸張敬介「日中戦争下の長江流域における「密輸」（1937〜1941 年）(1)」『法学研究』第 87 巻第 7 号（2014 年）
戸部良一『外務省革新派——世界新秩序の幻影』（中央公論新社，2010 年）
富澤芳亜「在華紡技術の中国への移転」富澤芳亜・久保亨・萩原充編著『近代中国を生きた日系企業』（大阪大学出版会，2011 年）
富澤芳亜「清末民初における鉱業関係法の整備」辛亥革命百周年記念論集編集委員会編『総合研究　辛亥革命』（岩波書店，2012 年）
富澤芳亜「中国における外国資本」吉澤誠一郎監修，石川博樹・太田淳・太田信宏・小笠原弘幸・宮宅潔・四日市康博編著『論点・東洋史学——アジア・アフリカへの問い 158』（ミネルヴァ書房，2022 年）
永井和『日中戦争から世界戦争へ』（思文閣出版，2007 年）
中村隆英『戦時日本の華北経済支配』（山川出版社，1983 年）

中村政則・高村直助・小林英夫『戦時華中の物資動員と軍票』（多賀出版，1994 年）
日本国際政治学会太平洋戦争原因研究部編著『太平洋戦争への道——開戦外交史』第 4 巻：日中戦争（下）（朝日新聞社，1987 年）
芳賀雄『支那鉱業史』（電通出版部，1943 年）
馬暁華『幻の新秩序とアジア太平洋——第二次世界大戦期の米中同盟の軋轢』（彩流社，2000 年）
馬暁華「グローバル・ヒストリーのなかの日中戦争」黄自進・劉建輝・戸部良一編著『〈日中戦争〉とは何だったのか——複眼的視点』（ミネルヴァ書房，2017 年）
萩原充『近代中国の石油産業——自給への道』（日本経済評論社，2023 年）
服部龍二『東アジア国際環境の変動と日本外交　1918～1931』（有斐閣，2001 年）
馬場明「中国における治外法権撤廃問題」『国史学』第 176 号（2002 年）
原朗『日本戦時経済研究』（東京大学出版会，2013 年）
原朗「1930 年代の満洲経済統制政策」満州史研究会『日本帝国主義下の満州——「満州国」成立前後の経済研究』（御茶の水書房，1972 年）
原朗「「大東亜共栄圏」の経済的実態」『土地制度史学会』第 18 巻第 3 号（1976 年）
原朗「「満州」における経済統制政策の展開——満鉄改組と満業設立をめぐって」安藤良雄編『日本経済政策史論』下巻（東京大学出版会，1976 年）
樋口真魚『国際連盟と日本外交——集団安全保障の「再発見」』（東京大学出版会，2021 年）
久末亮一『香港 「帝国の時代」のゲートウェイ』（名古屋大学出版会，2012 年）
広中一成『ニセチャイナ——中国傀儡政権　満洲・蒙疆・冀東・臨時・維新・南京』（社会評論社，2013 年）
藤枝賢治「塘沽協定下における対華北経済政策の嚆矢——開灤炭鉱へ向けた謀略と交渉」『駒沢史学』第 71 号（2008 年）
藤田拓之『居留民の上海——共同租界行政をめぐる日英の協力と対立』（日本経済評論社，2015 年）
古川隆久『昭和戦中期の総合国策機関』（吉川弘文館，1992 年）
古厩忠夫「日中戦争と占領地経済」中央大学人文科学研究所編『日中戦争——日本・中国・アメリカ』（中央大学出版部，1993 年）
プロバート，ヘンリー著，池田清訳「日本の対英イメージと太平洋戦争」細谷千博編『日英関係史——1917～1949』（東京大学出版会，1982 年）
ベスト，アントニー著，相沢淳訳「日中戦争と日英関係——1937～1941 年」『軍事史学』第 33 巻第 2･3 号（1997 年）
ベスト，アントニー著，木畑洋一訳「対決への道」木畑洋一／イアン・ニッシュ／細谷千博／田中孝彦編，細谷千博／イアン・ニッシュ監修『日英交流史　1600～2000』第 2 巻：政治・外交 II（東京大学出版会，2000 年）
ベスト，アントニー著，奈良岡聰智訳「「門戸開放」か「勢力圏」か」松浦正孝編『昭和・アジア主義の実像——帝国日本と台湾・「南洋」・「南支那」』（ミネルヴァ書房，2007 年）
細谷千博「外務省」細谷千博・斎藤真・今井清一・蠟山道雄編『日米関係史——開戦に至る 10 年（1931～41 年）』第 1 巻：政府首脳と外交機関（東京大学出版会，1971 年）
細谷千博「1934 年の日英不可侵協定問題——日英関係の史的展開」『国際政治』第 58 号（1977 年）
堀井弘一郎・木田隆文編『戦時上海グレーゾーン——溶融する「抵抗」と「協力」』（勉誠出

版，2017 年）
堀内文二郎・望月勲『開灤炭礦の八十年』（啓明交易，1960 年）
堀和生『東アジア資本主義史論』Ⅰ・Ⅱ（ミネルヴァ書房，2009，2008 年）
堀和生・木越義則『東アジア経済史』（日本評論社，2020 年）
正木茂編『高柳松一郎博士追悼録』（正木茂，1942 年）
松浦正孝『日中戦争期における経済と政治――近衛文麿と池田成彬』（東京大学出版会，1995 年）
松浦正孝『「大東亜戦争」はなぜ起きたのか――汎アジア主義の政治経済史』（名古屋大学出版会，2010 年）
松野周治「関税および税関制度から見た「満洲国」――関税改正の経過と論点」山本有造編『「満洲国」の研究』（緑蔭書房，1995 年）
松本俊郎『「満洲国」から新中国へ――鞍山鉄鋼業からみた中国東北の再編過程　1940～1954』（名古屋大学出版会，2000 年）
松本俊郎編『「満洲国」以後――中国工業化の源流を考える』（名古屋大学出版会，2023 年）
丸川知雄『現代中国経済』新版（有斐閣，2021 年）
水之江殿之『東亜煙草社とともに――民営煙草会社に捧げた半生の記録』（丸善出版サービスセンター，1982 年）
三谷太一郎「満洲国国家体制と日本の国内政治」大江志乃夫・浅田喬二・三谷太一郎・後藤乾一・小林英夫・高崎宗司・若林正丈・川村湊編『岩波講座　近代日本と植民地』第 2 巻：帝国統治の構造（岩波書店，1992 年）
ミッター，ラナ著，木谷名都子訳「日中戦争前後のイギリス外交と中国観の変容」西村成雄・石島紀之・田嶋信雄編『日中戦争の国際共同研究 4　国際関係のなかの日中戦争』（慶應義塾大学出版会，2011 年）
森田光博「満洲国の対ヨーロッパ外交（1）」『成城法学』第 75 号（2007 年）
安冨歩「香港上海銀行哈爾浜支店，1911 年～1947 年」『現代中国研究』第 4 号（1999 年）
山極晃『米中関係の歴史的展開――1941 年～1979 年』（研文出版，1997 年）
山室信一『キメラ――満洲国の肖像』増補版（中央公論新社，2004 年）
山本有造『「大東亜共栄圏」経済史研究』（名古屋大学出版会，2011 年）
湯川勇人「対中勢力圏化構想と九カ国条約，1933～35――外務省の対中政策と日米関係」『神戸法学年報』第 29 号（2015 年）
湯川勇人『外務省と日本外交の 1930 年代――東アジア新秩序構想の模索と挫折』（千倉書房，2022 年）
楊天石著，渡辺直土訳「蔣介石とインド独立運動」西村成雄・石島紀之・田嶋信雄編『日中戦争の国際共同研究 4　国際関係のなかの日中戦争』（慶應義塾大学出版会，2011 年）
吉井文美「英国産業連盟視察団の日本・「満洲国」訪問と東アジア」『日本植民地研究』第 23 号（2011 年）
ロウ，ピーター著，臼井勝美訳「イギリスとアジアにおける戦争の開幕――1937～41 年」細谷千博編『日英関係史――1917～1949』（東京大学出版会，1982 年）
渡辺竜策「開灤炭鉱をめぐる諸問題――官僚資本権力の史的断面」『中京商学論叢』第 7 巻第 2 号（1961 年）

【英　語】

Anderson, Irvine H., Jr., *The Standard-Vacuum Oil Company and United States East Asian Policy 1933–1941*, Princeton: Princeton University Press, 1975

Atkins, Martyn, *Informal Empire in Crisis: British Diplomacy and the Chinese Customs Succession, 1927–1929*, Ithaca: Cornell University Press, 1995

Best, Antony, Britain, *Japan and Pearl Harbor: Avoiding War in East Asia*, London: Routledge, 1995

Bickers, Robert A., *Britain in China: Community Culture and Colonialism, 1900–1949*, Manchester: Manchester University Press, 1999.

Bickers, Robert, "Anglo-Japanese Relations and Treaty Port China: The Case of the Chinese Maritime Customs Service", in Antony Best（ed.）, *The International History of East Asia, 1900–1968*, London: Routledge, 2010.

Bickers, Robert, "The Chinese Maritime Customs at War, 1941–45", *The Journal of Imperial and Commonwealth History*, Vol. 36, No. 2, 2008

Chan, K. C., "The Abrogation of British Extraterritoriality in China 1942–43: A Study of Anglo-American-Chinese Relations", *Modern Asian Studies*, Vol. II, No. 2, 1977

Chang, Chihyun（張志雲）, *Government, Imperialism and Nationalism in China: The Maritime Customs Service and Its Chinese Staff*, London: Routledge, 2013

Clifford, Nicholas R., "Sir Frederick Maze and the Chinese Maritime Customs, 1937–1941", *The Journal of Modern History*, Vol. 37, No. 1, 1965

Clifford, Nicholas R., *Retreat from China: British Policy in the Far East, 1937–1941*, London: Longmans, 1967.

Fishel, Wesley R., *The End of Extraterritoriality in China*, Berkeley: University of California Press, 1952

Fung, Edmund S. K., *The Diplomacy of Imperial Retreat: Britain's South China Policy, 1924–1931*, New York: Oxford University Press, 1991

Gull, E. M., *British Economic Interests in the Far East*, London: Oxford University Press, 1943.

Hooper, Beverley, *China Stands Up: Ending the Western Presence, 1948–1950*, Sydney: Allen & Unwin, 1986.

Howlett, Jonathan J. "The Communists and the Kailuan Mines", in Robert Bickers and Isabella Jackson（eds.）, *Treaty Ports in Modern China: Law, Land and Power*, London: Routledge, 2016

Lee, Bradford A., *Britain and the Sino-Japanese War, 1937–1939: A Study in the Dilemmas of British Decline*, Stanford: Stanford University Press, 1967.

Lowe, Peter, *Great Britain and the Origins of the Pacific War: A Study of British Policy in East Asia, 1937–1941*, Oxford: Clarendon Press, 1977.

Osterhammel, Jürgen, "Semi-Colonialism and Informal Empire in Twentieth-Century China: Towards a Framework of Analysis", in Wolfgang J. Mommsen and Jürgen Osterhammel（eds.）, *Imperialism and After: Continuities and Discontinuities*, London: Allen & Unwin, 1986.

Osterhammel, Jürgen, "China", in J. M. Brown and W. R. Louis（eds.）, *The Oxford History of the British Empire*, Vol. 4, Oxford: Oxford University Press, 1999.

Reinhardt, Anne, *Navigating Semi-Colonialism:Shipping, Sovereignty, and Nation-building in China*, Cambridge: Harvard University Asia Center, 2018.

Remer, C. F., *Foreign Investment in China*, New York: Macmillan, 1933

Shai, Aron, *Origin of the War in the East: Britain, China and Japan 1937–39*, London: Croom Helm, 1976

Shai, Aron, *The Fate of British and French Firms in China, 1949–54: Imperialism Imprisoned*, Basingstoke: Macmillan, 1996

Shao, Wenguang（邵文光）, *China, Britain, and Businessmen: Political and Commercial Relations, 1949–57*, Basingstoke: Macmillan in association with St. Antony's College, Oxford, 1991,

Tang, James Tuck-Hong, *Britain's Encounter with Revolutionary China, 1949–54*, New York: St. Martin's Press, 1992.

Thompson, Thomas N., *Imperialism and Revolution in Microcosm: China's Indirect Nationalization of Foreign Firms and the Politics of Hostage Capitalism, 1949–1954*, Ann Arbor: University Microfilms International, 1977.

Thompson, Thomas N., *China's Nationalization of Foreign Firms: The Politics of Hostage Capitalism*, Occasional Papers/Reprints Series in Contemporary Asian Studies, Baltimore: School of Law, University of Maryland, 1979

Tucker, David, "France, Brossard Mopin, and Manchukuo", in Laura Victor and Victor Zatsepine (eds.), *Harbin to Hanoi: the Colonial Built Environment in Asia, 1840 to 1940*, Hong Kong: Hong Kong University Press, 2013.

Van de Ven, Hans, *Breaking with the Past: The Maritime Customs Service and the Global Origins of Modernity in China* , New York: Columbia University Press, 2014.

Willoughby, W. W., *Foreign Rights and Interests in China*, Baltimore: Johns Hopkins Press, 1920

Wright, Tim, *Coal Mining in China's Economy and Society, 1895–1937*, Cambridge: Cambridge University Press, 1984

【中国語】

陳進金「蔣介石対中英新約的態度（1942～1943）」『東華人文学報』第 7 期（2005 年）

陳詩啓『中国近代海関史』（人民出版社，2002 年）

崔禄春「抗戦初期日本劫奪華北海関税款管理権述論」『歴史教学』第 2 期（1997 年）

戴建兵「抗日戦争時期日本対河北煤炭資源的掠奪」『衡水師専学報』総合版第 2 巻第 2 期（2000 年）

丁麗「近十年来開灤煤礦史研究述評」『唐山師範学院学報』第 35 巻第 1 期（2013 年）

馮琳「二戦後《中英商約》交渉失敗之研究」『興大歴史学報』第 20 期（2008 年）

郝飛「英日統治開灤煤礦時期対生産力的掠奪述論」『唐山学院学報』第 21 巻第 3 号（2008 年）

黄菊艶『抗戦時期広東経済損失研究』（広東人民出版社，2005 年）

蔣祖縁主編『広東航運史』近代部分（人民交通出版社，1989 年）

李恩涵『晩清的収回礦権運動』（中央研究院近代史研究所，1963 年）

林美莉『抗戦時期的貨幣戦争』（国立台湾師範大学歴史研究所，1996 年）

劉存寛・劉蜀永「1949 年以前中国政府収復香港的嘗試」『歴史研究』第 3 期（1997 年）

劉宋斌『中国共産党対大城市的接管（1945～1952）』（北京図書館出版社，1997 年）

李雲漢「国民政府收回香港九龍之決策与交渉（1941 至 1948）」『近代中国』第 119 号（1997 年）

邱霖「論 1938 年海関協定和英日在華衝突」『南京建築工程学院学報』第 1 期（2001 年）

王士花『“開発”与掠奪：抗日戦争時期日本在華北華中淪陥区的経済統制』（中国社会科学出版社，1998 年）
呉翎君「1946 年中美商約的歴史意義」『国立政治大学歴史学報』第 21 期（2004 年）
呉亜敏「論「七・七」事変後至太平洋戦争爆発前日本対中国海関行政的侵奪」呉倫霓霞・何佩然主編『中国海関史論文集』（香港中文大学崇基学院，1997 年）
呉志良・婁勝華・何偉杰『中華民国専題史』第 18 巻：革命，戦争与澳門（南京大学出版社，2015 年）
呉志山「中国共産党対大型在華外企的接管与外方因応（1948～1952）：以開灤煤礦為中心」『中国国家博物館館刊』第 6 期（2023 年）
蕭明礼著，楊粛献・梅家玲主編『「海運興国」与「航運救国」：日本対華之航運競争（1914～1945）』（国立台湾大学出版中心，2017 年）
解学詩『満鉄与華北経済　1935～1945』（社会科学文献出版社，2007 年）
徐藍『英国与中日戦争（1931～1941）』（北京師範学院出版社，1991 年）
楊磊「人民政府代管開灤煤礦的前前後後」『河南理工大学学報』社会科学版第 8 巻第 4 期（2007 年）
閻永増・陳潤軍「20 世紀 80 年代以来的近代開灤史研究」『唐山師範学院学報』第 24 巻第 3 期（2002 年）
雲妍『近代開灤煤礦研究』（人民出版社，2015 年）
張暁輝『民国時期広東的対外経済関係』（社会科学文献出版社，2011 年）
張暁輝『香港近代経済史（1840～1949）』（広東人民出版社，2001 年）
張暁輝『民国時期広東社会経済史』（広東人民出版社，2005 年）
張暁輝『近代粤港澳経済史研究』（中国社会科学出版社，2018 年）
張耀華編著『旧中国海関歴史図説』（中国海関出版社，2005 年）
〈中国近代煤礦史〉編写組編『中国近代煤礦史』（煤炭工業出版社，1990 年）
朱蔭貴『中国近代輪船航運業研究』（中国社会科学出版社，2008 年）
朱蔭貴「抗戦時期日本対中国輪船航運業的入侵与壟断」『歴史研究』第 2 期（2011 年）

注

序　章

（1）W. W. Willoughby, *Foreign Rights and Interests in China*, Baltimore: Johns Hopkins Press, 1920, p. 1.

（2）各権益の形成と運用過程については，植田捷雄『在支列国権益概説』（巌松堂書店，1939 年）参照。

（3）『日本国語大辞典　第 2 版』デジタル版（小学館）ほか参照。

（4）たとえば，川島真『シリーズ中国近現代史 2　近代国家への模索　1894〜1925』（岩波書店，2010 年）24 頁参照。

（5）利権回収運動（国権回収運動ともいう）とは，片務的内容を含む条約に象徴される中国の国家主権を制限し，中国の国家建設・経済発展の阻害要因となるさまざまな事象に反対し，その改正や無効をもとめて，在地中国人の有力者層，学生，労働者などを中心に展開された運動のことである。対象となる利権の定義が時期，地域，主体により異なることもあり，対象国の商工業製品のボイコット，対象国の関連施設におけるストライキ，自国商工業製品の購入奨励（国貨提唱）など，さまざまな形態をとった。松重充浩「国権回収運動」貴志俊彦・松重充浩・松村史紀編『20 世紀満洲歴史事典』（吉川弘文館，2012 年）。

（6）富澤芳亜「中国における外国資本」吉澤誠一郎監修，石川博樹ほか編著『論点・東洋史学——アジア・アフリカへの問い 158』（ミネルヴァ書房，2022 年）。外国人が中国において条約上経営しうる事業の範囲の拡大過程については，南満洲鉄道株式会社経済調査会編『支那法令に於ける外国投資の制限』（南満洲鉄道，1936 年）4 頁参照。

（7）前掲『支那法令に於ける外国投資の制限』5 頁。服することが条約で求められていた法律に，内地水路汽船航通規則及同追加規則（1903 年日中追加通商条約第 3 条），鉱業規則（1903 年米中通商拡張条約第 7 条，1902 年英中通商条約第 9 条）など。

（8）アメリカ資本の中国進出の機運を反映して，1929 年の太平洋問題調査会の京都会議では，列国の対中投資が主要な議題の 1 つとして上程された。この調査はその際の資料として作成された。C. F. Remer, *Foreign Investment in China*, New York: Macmillan, 1933, p. vii–viii.

（9）*Ibid.*, pp. 77–78. 日本の対中投資の推移については，東亜研究所第一調査委員会編『日本の対支投資』上下巻（原書房，1974 年），樋口弘『日本の対支投資研究』（生活社，1939 年）など参照。とくに日本の対中借款については，国家資本輸出研究会『日本の資本輸出——対中国借款の研究』（多賀出版，1986 年），日本の対満洲投資については金子文夫『近代日本における対満州投資の研究』（近藤出版社，1991 年）などが全体像を描いている。

（10）杉山伸也／ジャネット・ハンター「日英経済関係史」杉山伸也／ジャネット・ハンター編，細谷千博／イアン・ニッシュ監修『日英交流史　1600〜2000』第 4 巻：経済

（東京大学出版会，2001 年）参照。

(11) Remer, *Foreign Investment in China*, p. 97.

(12) 中国に対して有する利益は，必ずしも経済的なものに限らない。前述の通りアメリカの対華投資額はイギリスや日本と比較したとき必ずしも大きくはないが，1938 年 1 月にハル国務長官が上院にあてた書簡に，アメリカが中国に有する利益と関心は，アメリカ人の居住者数や投資額などの具体的なものだけではなく，「それよりも広く本質的な利益である。その利益とは国際関係において秩序あるプロセスが維持されるかどうかである」と記されているように，投資や貿易では測れない利害関係もあった（篠原初枝「W. W. ウィロビーと戦間期米中関係――主権国家としての中国」『国際政治』第 118 号〈1998 年〉）。中国をめぐる日米関係については，高光佳絵『アメリカと戦間期の東アジア――アジア・太平洋国際秩序形成と「グローバリゼーション」』（青弓社，2008 年）参照。

(13) 炭鉱業におけるこのような動向については後述する。

(14) 富澤前掲「中国における外国資本」。

(15) 堀和生・木越義則『東アジア経済史』（日本評論社，2020 年）202～211 頁。

(16) 重光葵『外交回想録』（中央公論新社，2011 年）120 頁。

(17) たとえば，久保亨『戦間期中国〈自立への模索〉――関税通貨政策と経済発展』（東京大学出版会，1999 年）。

(18) たとえば，Edmund S. K. Fung, *The Diplomacy of Imperial Retreat: Britain's South China Policy, 1924–1931*, New York: Oxford University Press, 1991 は主に華南を中心とした動きを，後藤春美『上海をめぐる日英関係　1925～1932 年――日英同盟後の協調と対抗』（東京大学出版会，2006 年）は主に上海を中心とした動きを明らかにしている。また，この時期のイギリスと海関の関係性の変化を考察したものに，Martyn Atkins, *Informal Empire in Crisis: British Diplomacy and the Chinese Customs Succession, 1927–1929*, Ithaca: Cornell University Press, 1995 がある。

(19) たとえば，服部龍二『東アジア国際環境の変動と日本外交　1918～1931』（有斐閣，2001 年）は，当時の日本外交を諸外国との関係性のなかで論じている。主に日本の立場から「満蒙権益」をめぐる外交政策について論じるものに，以下の研究などがある。佐藤元英『昭和初期対中国政策の研究』（原書房，1992 年），佐藤元英『近代日本の外交と軍事――権益擁護と侵略の構造』（吉川弘文館，2000 年），小池聖一『満州事変と対中国政策』（吉川弘文館，2003 年），小林道彦『政党内閣の崩壊と満州事変――1918～1932』（ミネルヴァ書房，2010 年），北野剛『明治・大正期の日本の満蒙政策史研究』（芙蓉書房出版，2012 年），種稲秀司『近代日本外交と「死活的利益」――第二次幣原外交と太平洋戦争への序曲』（芙蓉書房出版，2014 年），北野剛「旅大回収問題と日本の対応――満蒙権益をめぐる論理と外交」『関西外国語大学研究論集』第 119 号（2024 年）。

(20) 関智英はブルック（Timothy Brook）の Occupation State（占領国家／占領地政権）の概念を援用して，日本が中国に建てた満洲国やいくつもの地域政権を「占領地政権」と呼び，それらの主体性について論じている。関は著書のなかで，満洲国について，「厳密な意味では日中戦争時期の占領地政権ではないが，満洲国の性格は日中戦争開始後に樹立された占領地政権にも引き継がれた側面が少なくない」と述べ，占領地政権の 1 つとして扱っており，本書もそれに倣っている。関智英『対日協力者の政治構想――日中戦争とその前後』（名古屋大学出版会，2017 年）17 頁。なお，占領地政権を体系的に解説したものには，広中一成『ニセチャイナ――中国傀儡政権　満洲・蒙疆・冀東・臨時・維

新・南京』（社会評論社，2013 年）もある。

(21) 第二次世界大戦時において，米軍が作成していた軍政マニュアルによる軍政の定義は，「敵領土の，あるいは，敵の占領または敵とみなされた反乱者から取り戻した連合国または自国領土の，土地，財産および住民に対して，軍が行使する最高権力」である。その際，「占領という原因によって主権が委譲されるのではなく，国際法および国際慣習によってのみ制約される占領軍に支配権が引き渡されるのである。戦域司令官は軍政の全責任を負う」とされる。竹前栄治・尾崎毅訳『米国陸海軍　軍政／民事マニュアル――1943 年 12 月 22 日 FM27-5 NAV50E-3』（みすず書房，1998 年）1 頁。

(22)『現代史資料 7　満洲事変』（みすず書房，1964 年）343 頁。

(23) 山室信一『キメラ――満洲国の肖像』増補版（中央公論新社，2004 年）69～71 頁。

(24)「2. 満洲国建国宣言」JACAR（アジア歴史資料センター）Ref. B02030709100，帝国ノ対満蒙政策関係一件（満洲事変後ニ関スルモノヲ収ム）（A.1.2.0.2）（外務省外交史料館蔵）4 画像目。

(25) 山室前掲『キメラ』123～124 頁。

(26) 同前，71 頁。

(27) 冀東防共自治政府『冀東政府は語る』（冀東防共自治政府，1937 年）2，4 頁。1937 年 1 月の殷汝耕の講演の大意を翻訳したもの。

(28) 同前，13 頁。

(29)「冀東防共時委員会改称冀東防共自治政府」（1935 年 12 月）南開大学歴史系・唐山市檔案館合編『冀東日偽政権』（檔案出版社，1992 年）。外国人記者の質問への回答。

(30) 1907 年 10 月にハーグで調印された「開戦に関する条約」（中国は 1910 年 1 月，日本は 1911 年 11 月批准）では，第 1 条「宣戦」にて，「締約国は理由を附したる開戦宣言の形式，又は条件附開戦宣言を含む最後通牒の形式を有する明瞭且事前の通告なくして，其の相互間に戦争を開始すべからざることを承認す」と規定された。開戦に関する条約では，宣戦布告は現実の軍事行動を法的な戦争状態へと移行させる要件とされていたが，不戦条約（1928 年）があらゆる戦争を違法だと宣言した結果，不戦条約違反の責任を回避するため公式の宣戦布告をせずに戦争行為に訴える例がみられるようになった。「宣戦布告なき戦争」は国際法学者の関心を集め，アメリカの国際法学者のライト（Quincy Wright）は，宣戦布告は戦争状態が存在するかどうかを決める不可欠の要因ではないという論を展開し，エチオピア戦争（1935～36 年）について，宣戦布告がなくとも法的な意味での戦争状態は存在すると指摘している（篠原初枝『戦争の法から平和の法へ――戦間期のアメリカ国際法学者』〈東京大学出版会，2003 年〉224 頁）。なお，現代の国際法では，武力紛争の存在を戦時国際法適用の要件としており，宣戦の有無や戦争状態の認定を，国際法上の戦争の条件とはしていない。ジュネーヴ諸条約共通条項第 2 条（1949 年）参照。

(31) 宣戦布告していないことなどを背景として，当時の日本では「支那事変」などと呼称されていたが，本書では「日中戦争」の表記を用いる。

(32) 立作太郎『支那事変国際法論』（松華堂，1938 年）2～3 頁。外務省の法律顧問でもあった立はこのような状況について，「支那事変の今日は，国際法上に於ても，純然たる平時に非ずして，準戦時とも称すべきもの」と述べている（同書 5 頁）。

(33) 近年においては岩谷將『盧溝橋事件から日中戦争へ』（東京大学出版会，2023 年）が，その過程を高い実証度で跡づけた。

(34) 同前，64 頁。

(35) 土田哲夫「中国抗戦と対日宣戦問題」『中央大学経済研究所年報』第 38 号（2007 年）。

(36) 不拡大方針放棄の経緯については，岩谷前掲『盧溝橋事件から日中戦争へ』参照。

(37) 木戸日記研究会編『木戸幸一関係文書』（東京大学出版会，1966 年）296～315 頁。

(38) 加藤陽子『模索する 1930 年代――日米関係と陸軍中堅層』（山川出版社，1993 年）70～71 頁。宣戦布告する場合の不利益のなかで最も日本が憂慮したのは，アメリカによる中立法発動だったと加藤陽子は指摘している。金融上の決済をロンドンのシティ，ニューヨークのウォール街に依存していた日本にとって，1936 年 2 月の中立法から導入された金融上の取引制限という条項が適用されるのをとくに避けたかったからである。

(39) 小林啓治『国際秩序の形成と近代日本』（吉川弘文館，2002 年），伊香俊哉『近代日本と戦争違法化体制――第一次世界大戦から日中戦争へ』（吉川弘文館，2002 年），篠原前掲『戦争の法から平和の法へ』，笠原十九司「日本の中国侵略とその教訓――国際社会における無法国家だった日本」『歴史評論』第 882 号（2023 年）ほか。

(40) 加藤陽子「興亜院設置問題の再検討――その予備的考察」服部龍二・土田哲夫・後藤春美編著『戦間期の東アジア国際政治』（中央大学出版部，2007 年）。宣戦布告を行わなかったため，日本の当局者には中国という一国に対して戦争を行っているとの意識が希薄になり，中国との実質的な戦争を，討匪戦あるいは報償とみなす感覚が抱かれていたことも，加藤は指摘している。

(41)「宣戦布告ノ可否ニ関スル意見」（1937 年 11 月 8 日，陸軍省）前掲『木戸幸一関係文書』309 頁。また，軍政を施行した日露戦争の経験を知る者にとって，この占領地行政実行上の不便は気がかりだった。陸軍省の国際法事務嘱託となって第三軍の国際法担当顧問として従軍したこともある篠田治策（執筆当時は李王職長官）は，「宣戦布告と交戦権の発動」『外交時報』第 92 巻第 1 号（1939 年）で次のように指摘している。すなわち，日中戦争が始まってから日本は宣戦を布告していないため，堂々と交戦国としての権利を行使できず，第三国に中立義務を守らせるのに必要な手段を講じずに交戦に従事している。そのために第三国との間に種々の摩擦が生じており，第三国も権益擁護を日本に求めてきている，と。さらに篠田は，現地軍司令官は十分に交戦権を行使できない不便を忍んでいることや，戦時ではないため第三国の人々による間諜などの行為を処罰できないことなど，戦時国際法による占領軍司令官の機能を十分に発揮できていない事例を指摘している。

(42) 以下の記述は，加藤前掲「興亜院設置問題の再検討」に拠る。

(43) 田中新一「支那事変記録其三」（防衛省防衛研究所蔵）10 月 24 日条。

(44) 田中新一「支那事変記録其三」10 月 18 日条。

(45)「支那事変関係国際法律問題（第三巻）7」JACAR Ref. B02030677200，支那事変関係一件／支那事変関係国際法律問題第 1 巻（A-1-1-0-30_50_001）（外務省外交史料館蔵）1～2 画像目。

(46) 立前掲『支那事変国際法論』2 頁。中国では，現実の対日戦争にもかかわらず断交も宣戦もないため両国間の諸条約が有効で，敵国日本が租界，治外法権などの特権を有することは，感情的に納得がいかず，政治的・軍事的にも不都合だと考えていた。土田前掲「中国抗戦と対日宣戦問題」は，『上海大公報』（1937 年 10 月 4 日）の論説が，以下のように述べて政府の方針を批判していることに言及している。「日本と流血の戦いをしつつ，国際法的にはなお戦争だと認めず，断交も宣戦もしていないため，敵の合法スパ

イは各地におり，通商も自由でわが施設も東京にいる。このような非純粋戦争では世界的にわれわれの決心が不十分で，日本になお未練を残していると思われ，おのずと支持国の獲得に影響を与えるだろう」。

(47) 斎藤博駐米大使より広田外相あて電報，1937 年 8 月 13 日，『日本外交文書』日中戦争第 3 冊（六一書房，2011 年）2175 頁。以下，『日本外交文書』は『日外』と略す。なお，正式には斎藤は在米国大使だが，本書では外交官の肩書を上記のように記す。

(48) 永井和『日中戦争から世界戦争へ』（思文閣出版，2007 年）191 頁。

(49) 沢田外務次官よりクレーギー大使あて電報，1938 年 11 月 7 日，『日外』日中戦争第 3 冊，1946 頁。

(50) Aron Shai, *Origin of the War in the East: Britain, China and Japan 1937–39*, London: Croom Helm, 1976, pp. 232–233.

(51) 永井前掲『日中戦争から世界戦争へ』218 頁。

(52) 原田熊雄述，近衛泰子筆記，里見弴等補訂『西園寺公と政局』第 8 巻（岩波書店，1952 年）130 頁。

(53) 同前，132～133 頁。

(54) 中国側がどのような被害を受けたのかに関する研究として，たとえば石島紀之『中国民衆にとっての日中戦争——飢え，社会改革，ナショナリズム』（研文出版，2014 年），笠原十九司『日中戦争全史——日中全面戦争からアジア太平洋戦争敗戦まで』下巻（高文研，2017 年）などがある。同じく「日本と中国のグレーゾーンに位置する事象に関する研究については，髙綱博文「戦時上海・グレーゾーンについて」『現代中国研究』第 39 号（2017 年），関前掲『対日協力者の政治構想』，堀井弘一郎・木田隆文編『戦時上海グレーゾーン——溶融する「抵抗」と「協力」』（勉誠出版，2017 年）などがある。

(55) たとえば，東亜研究所『支那占領地経済の発展』（東亜研究所，1944 年）。今井就稔「戦時期日本占領地域の経済史」久保亨編『中国経済史入門』（東京大学出版会，2012 年）の研究整理も参考になる。

(56) 浅田喬二編『日本帝国主義下の中国——中国占領地経済の研究』（楽游書房，1981 年）。

(57) 桑野仁『戦時通貨工作史論——日中通貨戦の分析』（法政大学出版局，1965 年）は，占領地における日本の通貨金融政策の展開と，それを阻止しようとした重慶国民政府，中国共産党との「三つ巴の通貨戦」の実態を明らかにしている。岩武照彦『近代中国通貨統一史——十五年戦争期における通貨闘争』上下巻（みすず書房，1990 年）は，1930 年代から 50 年代にかけての，中国における通貨の変遷や通貨政策の展開を明らかにした。林美莉『抗戦時期的貨幣戦争』（国立台湾師範大学歴史研究所，1996 年）は，戦時期における蔣介石政府や占領地政権，中国共産党政権の通貨政策について検討し，各政権が通貨戦を通して統治地域を拡大しようとする様子を論じた。中村政則・高村直助・小林英夫『戦時華中の物資動員と軍票』（多賀出版，1994 年）は，戦時期華中において大量に発行された軍票の価値を維持するため，物資統制機関として設立された配給組合について検討し，日中間の物資争奪戦・通貨戦の一端を明らかにした。華中の占領地経済については，古厩忠夫「日中戦争と占領地経済」中央大学人文科学研究所編『日中戦争——日本・中国・アメリカ』（中央大学出版部，1993 年）もある。島崎久弥『円の侵略史——円為替本位制度の形成過程』（日本経済評論社，1898 年）や柴田善雅『占領地通貨金融政策の展開』（日本経済評論社，1999 年）は，中国大陸のみならず，東南アジアの占領地も含む日本の通貨金融政策を明らかにした。

(58) 特定の地域に着目した研究として，山西省について多角的に明らかにした内田知行『黄土の大地　1937～1945――山西省占領地の社会経済史』（創土社，2005年）や，関東軍の強い影響下に置かれた蒙疆政権に関して総合的に検討した内田知行・柴田善雅編『日本の蒙疆占領――1937～1945』（研文出版，2007年）などがある。なお，華北を対象とした研究については，第3章で言及する。

(59) 金子文夫「占領地・植民地支配」石井寛治・原朗・武田晴人編『日本経済史4　戦時・戦後期』（東京大学出版会，2007年），堀和生『東アジア資本主義史論』第Ⅰ・Ⅱ巻（ミネルヴァ書房，2009，2008年），山本有造『「大東亜共栄圏」経済史研究』（名古屋大学出版会，2011年），原朗『日本戦時経済研究』（東京大学出版会，2013年）ほか。なお，大東亜共栄圏に関する総合的な研究に先鞭をつけたものとして，原朗「「大東亜共栄圏」の経済的実態」『土地制度史学会』第18巻第3号（1976年）がある。

(60) 天津租界に対する日本の政策とその国際的影響については，1939年の天津英仏租界封鎖事件に関する研究の蓄積がある（一例として，永井和「日中戦争と日英対立」前掲『日中戦争から世界戦争へ』）。上海租界に対する日本の政策とその国際的影響については，髙綱博文編著『戦時上海――1937～45年』（研文出版，2005年），藤田拓之『居留民の上海――共同租界行政をめぐる日英の協力と対立』（日本経済評論社，2015年），小磯隆広『日本海軍と東アジア国際政治――中国をめぐる対英米政策と戦略』（錦正社，2020年）などがある。

(61) 海関・石炭業・内河航行権は注2で前述したウィロビーの著書の1927年改訂版でその成立と運用の過程について説明されており，内河航行権については1920年の初版にも記載されている。

(62) 省部決定「事変処理上第三国ノ活動及権益ニ対スル措置要領」，『日外』日中戦争第3冊，1853～1855頁。

(63) 関税担保の外債について詳細は，高柳松一郎『支那関税制度論』改訂増補（内外出版，1926年）142～144頁。

(64) 前掲『在支列国権益概説』165～166頁。

(65) 同前。

(66) 高柳前掲『支那関税制度論』113頁。高柳は1901年から17年まで中国海関で勤務し，安東県海関大東溝分館主任などを務めた。正木茂編『高柳松一郎博士追悼録』（正木茂，1942年）329～330頁の年譜参照。

(67) 岡本隆司『近代中国と海関』（名古屋大学出版会，1999年）21～22頁，堀・木越前掲『東アジア経済史』95頁。

(68)「総税務司に関する清国の宣言」については，高柳前掲『支那関税制度論』196～197頁参照。

(69) 海関においてイギリスが大きな影響力をもったことについて，高柳は次のように述べている。アヘン戦争・アロー戦争以降，外交面をみれば，「支那を国際交際場裡に導きたるは英国の武力に因るもの多く，他国は殆ど皆英国の後塵を拝して条約を締結したるに過ぎず」，さらに経済面をみれば，1864年には中国の全外国貿易の約8割をイギリスが占めるようになった。「英国は実に支那の市場に於て独歩の地位に立ちたる」状態であるから，外国貿易の管理にあたる海関においてイギリス人が常に総税務司の地位を占めるのは「当然の観」がある。高柳前掲『支那関税制度論』196頁。

(70) 同前，162～164頁。

(71) 久保亨『現代中国の原型の出現——国民党統治下の民衆統合と財政経済』（汲古書院，2020 年）182〜183 頁参照。国民政府の財政とその中で関税収入が占めた位置に関しては，同書所収の「国民政府の関税収入」が全体像を描いている。
(72) 久保前掲『戦間期中国〈自立への模索〉』178〜179 頁参照。
(73) 南京国民政府成立期から日中戦争前までの海関行政をめぐる中国民族主義の高まりと，それに対する日英両国の協調と対立については，久保前掲『戦間期中国〈自立への模索〉』に詳しい。
(74) 張耀華編著『旧中国海関歴史図説』（中国海関出版社，2005 年）240〜242 頁，陳詩啓『中国近代海関史』（人民出版社，2002 年）634〜638 頁に詳しい。
(75) 関制改革の詳細については，陳前掲『中国近代海関史』634〜638 頁参照。
(76) 同前，付録 2「1912〜1948 年海関職員人数統計表」参照。
(77) 同前，636 頁。
(78) 外務省条約局第二課編『支那海関制度概要』（外務省条約局第二課，1938 年）14 頁。
(79) 満鉄経済調査会編『満洲経済年報』1933 年版（改造社，1933 年）327 頁。
(80) 作成者不明「上海税関問題の経緯」（1937 年 12 月 5 日），島田文書（東京大学社会科学研究所図書室蔵）。引用箇所は，11 月 19 日にクレーギー大使より堀内次官に渡された覚書摘要。
(81) メーズよりカー大使，ロックハートあて書簡，1941 年 6 月 4 日，中国近代経済史資料叢刊編纂委員会主編『1938 年英日関於中国海関的非法協定』（中華書局，1983 年）187 頁。
(82) 揚子江の軍事封鎖などにより，業務遂行が困難となり，一時的に閉鎖していた海関はいくつかある。第Ⅲ部第 6 章表 9 参照。
(83) Tim Wright, *Coal Mining in China's Economy and Society, 1895–1937*, Cambridge: Cambridge University Press, 1984, pp. 117–118. 民国期の会社法には，1946 年の「修正公司法」まで外国企業や外国人投資に関する条項は存在せず，中国の主権下における中外合弁企業の存在は鉱業の特徴だったという。富澤芳亜「清末民初における鉱業関係法の整備」辛亥革命百周年記念論集編集委員会編『総合研究　辛亥革命』（岩波書店，2012 年）。
(84) 1898 年に，中国最初の鉱業行政機関である鉱務鉄路総局が設置され，最初の鉱業法である「鉱務鉄路公共章程」が公布された。しかし第 10 条では事実上，外資の 7 割の出資を認めるなど，外資の制限についての規定は杜撰だった。その後，1899 年の「章程改訂」，1902 年の新「鉱務章程」などによる修正を経ても，外資経営の鉱山における行政権の範囲などの明確な規定は欠如したままだった。一方で，1902 年の中英改訂通商航海条約の第 9 条には，外資による鉱山経営請負の権利と，それにともなう「鉱務章程」の改訂が記載され，外国資本の採鉱権が承認された。これが最恵国待遇により列強に均霑されたことによって，外資による中国全土の鉱業権の獲得が進んだ。富澤前掲「清末民初における鉱業関係法の整備」。
(85) 支那問題辞典編輯部編『支那問題辞典』（中央公論社，1942 年）60 頁。
(86) 1904 年から 11 年に展開された利権回収運動については，李恩涵『晩清的収回礦権運動』（中央研究院近代史研究所，1963 年）参照。
(87) 富澤前掲「清末民初における鉱業関連法の整備」。1904〜11 年の鉱業権回収運動では，すでに開発されている鉱山の回収は実現できなかったが，政治的形勢は大きく変化し，満洲以外の地域で外資系企業はより守勢に立たされることになった，とライトは評価している。Wright, *Coal Mining in China's Economy and Society*, pp. 125–126.

(88) 久保亨・加島潤・木越義則『統計でみる中国近現代経済史』（東京大学出版会，2016 年）91～94 頁。ライトは 1895 年から 1937 年までを射程として，外資企業から中国への技術移転や中国人商人との関係などを明らかにしながら，外資企業が中国の近代炭鉱業のなかで果たした役割について論じている。Wright, *Coal Mining in China's Economy and Society*.

(89) 君島和彦「日本帝国主義による中国鉱業資源の収奪過程」浅田前掲『日本帝国主義下の中国』。

(90) 〈中国近代煤礦史〉編写組編『中国近代煤礦史』（煤炭工業出版社，1990 年）。

(91) 本書第 II 部第 3 章参照。手塚正夫『支那重工業発達史』（大雅堂，1944 年）の第 4 編「外国資本鉱業の沿革」では開灤鉱務総局も取り上げているが，イギリス人経営者と日本の関係については検討されていない。雲妍『近代開灤煤礦研究』（人民出版社，2015 年）は開灤炭鉱の技術や制度の変遷などについて論じているが，炭鉱が有した国際的な性格には関心が向けられていない。

(92) 大平善梧『支那の航行権問題』（有斐閣，1943 年）73 頁。

(93) 木越義則『近代中国と広域市場圏――海関統計によるマクロ的アプローチ』（京都大学学術出版会，2012 年）7 頁。

(94) 大平前掲『支那の航行権問題』99～101 頁。

(95) 同前 101～102 頁。

(96) 朱蔭貴『中国近代輪船航運業研究』（中国社会科学出版社，2008 年），Anne Reinhardt, *Navigating Semi-Colonialism: Shipping, Sovereignty, and Nation-building in China, 1860–1937*, Cambridge: Harvard University Asia Center, 2018.

(97) 朱蔭貴「抗戦時期日本対中国輪船航運業的入侵与壟断」『歴史研究』2011 年第 2 期。

(98) 荒川憲一「日本の対中経済封鎖とその効果（1937～1941）――日本海軍の海上封鎖作戦を中心に」軍事史学会編『日中戦争再論』（錦正社，2008 年）。

(99) E. M. Gull, *British Economic Interests in the Far East*, London: Oxford University Press, 1943, pp. 187–190; Reinhardt, *Navigating Semi-Colonialism*, pp. 300–301.

(100) 20 世紀中国をめぐる「非公式帝国」の理論については，例えば次を参照。Jürgen Osterhammel, "Semi-Colonialism and Informal Empire in Twentieth-Century China: Towards a Framework of Analysis", in Wolfgang J. Mommsen and Jürgen Osterhammel (eds.), *Imperialism and After: Continuities and Discontinuities*, London: Allen & Unwin, 1986.

(101) 秋田茂『イギリス帝国の歴史――アジアから考える』（中央公論新社，2012 年）104～105 頁。ただし，同書がイギリスの「典型的な非公式帝国」として言及しているのは清朝であり（同，123 頁），その後中国における国家形成の進展や国民経済の成長から，段階的にイギリスの影響力は低下していったといえる。

(102) Kailuan と表記される場合もある。

(103) Jürgen Osterhammel, "China", in J. M. Brown and W. R. Louis (eds.), *The Oxford History of the British Empire*, Vol. 4, Oxford: Oxford University Press, 1999.

(104) 臼井勝美「東亜新秩序構想とイギリス」『中国をめぐる近代日本の外交』（筑摩書房，1983 年），永井前掲『日中戦争から世界戦争へ』など。

(105) 松浦正孝『「大東亜戦争」はなぜ起きたのか――汎アジア主義の政治経済史』（名古屋大学出版会，2010 年）。

(106) 高宮太平『米内光政』（時事通信社，1958 年）95 頁。

(107) 前掲『西園寺公と政局』第8巻，195頁。「板垣や幕僚達」の発言として記されている。

(108) 本書と関連する個別の先行研究については，適宜各章でふれる。1930年代の日英関係史に関する基礎的な研究として，Bradford A. Lee, *Britain and the Sino-Japanese War, 1937–1939: A Study in the Dilemmas of British Decline* , Stanford: Stanford University Press, 1967; Shai, *Origin of the War in the East*; Peter Lowe, *Great Britain and the Origins of the Pacific War ; A Study of British Policy in East Asia, 1937–1941*, Oxford: Clarendon Press, 1977; ピーター・ロウ「イギリスとアジアにおける戦争の開幕——1937～41年」，ヘンリー・プロバート著，池田清訳「日本の対英イメージと太平洋戦争」ともに前掲『日英関係史——1917～1949』（東京大学出版会，1982年），Antony Best, *Britain and Pearl Harbor: Avoiding War in East Asia, 1936–41*, London: Routledge, 1995; アントニー・ベスト著，相沢淳訳「日中戦争と日英関係——1937～1941年」『軍事史学』第33巻第2・3号（1997年），アントニー・ベスト著，奈良岡聰智訳「「門戸開放」か「勢力圏」か」松浦正孝編著『昭和・アジア主義の実像——帝国日本と台湾・「南洋」・「南支那」』（ミネルヴァ書房，2007年），木畑洋一「失われた協調の機会？」，アントニー・ベスト著，木畑洋一訳「対決への道」ともに木畑洋一ほか編，細谷千博／イアン・ニッシュ監修『日英交流史　1600～2000』第2巻：政治・外交II（東京大学出版会，2000年）などがある。たとえば，ベストは一連の研究を通して，イギリスはヨーロッパ情勢，アメリカの対応，イギリスの軍事的弱体性といった点から，日本との衝突を回避しようとしたこと，イギリスは日本への限られた譲歩を強いられはしたが，それらは短期間における原則上の妥協であり，対独伊政策で意味するところの「宥和」は実際にはなされなかったことなどを指摘している。

(109) たとえば，Robert Bickers, *Britain in China: Community Culture and Colonialism, 1900–1949*, Manchester: Manchester University Press, 1999, pp. 115–169.

(110) ベスト前掲「「門戸開放」か「勢力圏」か」。また後藤春美は，イギリスは世界恐慌の波及により，満洲事変が起きた日には1800万ポンドの金が流出するなど大きな打撃を受け，9月21日には挙国一致内閣が金本位制からの再離脱に追い込まれていたことを指摘したうえで，「遠く離れ，大した利権を持つわけでもない中国東北部の状況にかかわる余力はほとんどなかったと言えよう」と述べている。後藤春美「世界大戦による国際秩序の変容と残存する帝国支配」永原陽子・吉澤誠一郎責任編集『岩波講座　世界歴史20　二つの大戦と帝国主義I』（岩波書店，2022年）43頁。

(111) たとえば，木畑前掲「失われた協調の機会？」。

(112) 上原蕃『上海共同租界誌』（丸善，1942年）159～160頁。

(113) 永井前掲『日中戦争から世界戦争へ』226頁。

(114) ロウ前掲「イギリスとアジアにおける戦争の開幕」。

(115) イギリスは汪精衛政権に対して不承認の姿勢をとったが，たとえば外務省のブレナンが「汪氏がまともな中国国民の中の重要な同調的勢力を有している兆しは今のところはない。しかし，被占領地域の通商関係の中国資本も外国資本もともに，事情の力によって，おそらく，汪氏の政権が日本の銃剣により支えられている間は，一定の事実上の承認を汪氏に与えるほかないであろう」とのメモを残しているように，イギリスの占領地政権に対する不承認の姿勢は，領事などによる非公式の実務的な接触までは排除しない，ある程度現実的な側面も持ち合わせていた。臼杵英一「汪兆銘「南京国民政府」の法的地位と日中戦争」前掲『日中戦争再論』201頁。

(116) 江蘇省・浙江省・安徽省など。現代の中国の地域区分では「華東」にあたる。

第1章

（1）満洲事変前後の日本および列国の対満投資状況については，満洲帝国政府編『満洲建国十年史』（原書房，1969年）595〜598，602頁参照。

（2）奉天商工会議所『奉天経済三十年史』（奉天商工公会，1940年）431〜470頁に，満洲事変前後の外国人商人をとりまく状況が記されている。1920年前半から張作霖が軍需産業に力を入れ，東三省兵工廠が設立されると，1920年代前半から，工廠向けに機械器具や金物諸材料を販売するドイツ人を中心とする商人も目立つようになった。

（3）伊藤隆「「国是」と「国策」・「統制」・「計画」」中村隆英・尾高煌之助編『日本経済史』第6巻：二重構造（岩波書店，1989年），三谷太一郎「満洲国国家体制と日本の国内政治」大江志乃夫ほか編『岩波講座　近代日本と植民地』第2巻：帝国統治の構造（岩波書店，1992年），古川隆久『昭和戦中期の総合国策機関』（吉川弘文館，1992年）など参照。

（4）九ヶ国条約は，アメリカ，ベルギー，中華民国，フランス，イギリス，イタリア，日本，オランダ，ポルトガルが締約し，ドイツは1925年に加入した。条文については下記参照。外務省編『日本外交年表並主要文書』下巻（原書房，1965年）15〜19頁。

（5）「条約上の権利」の維持については，たとえば以下の史料を参照。Butler to Cadogan, 14th June 1935, enclosed in Cadogan to Foreign Office（以下FO), 1st Jul. 1935, F5491/4/10, FO371/19237, National Archives, Kew, UK.

（6）浅野豊美「帝国秩序としての日満特殊関係と満洲国国籍法の挫折」『帝国日本の植民地法制——法域統合と帝国秩序』（名古屋大学出版会，2008年）。

（7）井上寿一『危機のなかの協調外交——日中戦争に至る対外政策の形成と展開』（山川出版社，1994年）69頁。また金世姫は，1931年から1933年までの建国初期の満洲国における政策について論じている。金世姫「満洲における日本の門戸開放主義——1931年〜1933年を中心に」『文学研究論集（明治大学）』第26号（2006年）。

（8）湯川勇人「九カ国条約への挑戦と日米関係　1933〜1935年」『外務省と日本外交の1930年代——東アジア新秩序構想の模索と挫折』（千倉書房，2022年）。なお，本章のもとになった拙稿「「満洲国」創出と門戸開放原則の変容——「条約上の権利」をめぐる攻防」『史学雑誌』第122篇第7号（2013年）と，湯川の当該書，およびその初出の1つである湯川勇人「対中勢力圏化構想と九カ国条約，1933〜35——外務省の対中政策と日米関係」『神戸法学年報』第29号（2015年）とは行論が重なるところも少なくないが，拙稿の位置づけについては，湯川の書籍において「非常に示唆的である」などと述べられるにとどまっている（同書112頁）。

（9）「満洲国建国宣言」（1932年），JACAR Ref. B02130933400，満洲国現行法令集（外務省外交史料館蔵）2〜3画像目。

（10）片倉衷「満洲事変機密政略日誌其五」『現代史資料7　満洲事変』（みすず書房，1964年）407頁。

（11）*Proclamations, Statement and Communications of the Manchoukuo Government*, Publication of the Department of Foreign Affairs, Manchoukuo Government, 1932, p. 8.

（12）Extracts from Statement issued by Manchukuo Minister for Foreign Affairs on 12 Mar. 1932, enclosed in Clive to FO, 6th Nov. 1934, F6643/1659/23, FO371/18190. 後述するように，これはあくまでこのような言質を満洲国から得た，とイギリスが認識したということである。1933年3月イギリス外務省は中東鉄道に関して，満洲国の承認・未承認によってその利

権を運営する形態が異なりうることも想定している。後藤春美「中国のロシア人女性難民問題と国際連盟——帝国の興亡の陰で」木畑洋一・後藤春美編著『帝国の長い影——20 世紀国際秩序の変容』（ミネルヴァ書房，2010 年）。

(13) 大澤章「国際法に於ける国家の独立と承継（1）」『国際法外交雑誌』第 31 巻第 6 号（1932 年）には以下のように記されており，新国家が「領域にある特殊の権利義務に関して，第三国が有したる従来の法律上の地位を尊重しなければならぬ国際法上の義務を有する」という理解は満洲国に限られるものではないことが分かる。「分離，独立の事実によって成立したる新国家は，旧母国の不利益，損害に於てその国家たる独立を獲得したるものである。従つて，旧母国の義務が当然に新国家に移転することを認めざるまでも，新国家は少なくとも同内容の義務の負担を，国際法によって命ぜらるるものと考え得べきである」。「第三国に対する旧母国の特定の義務に関しては，その領域の喪失の事実により旧母国に履行に必要なる権限の存在せざるに至れる事情に省み，其の義務の履行に代替すべき新国家の国際法上の承継の義務が認めらるるに至るものである」。

(14) この背景については，井上前掲『危機のなかの協調外交』69 頁参照。

(15) 犬養外相より松平駐英大使あて電報，1932 年 1 月 13 日，松平駐英大使より芳沢外相あて電報，1932 年 1 月 15 日，『日外』満州事変第 2 巻第 2 冊，8〜9 頁。

(16) 前掲『日本外交年表並主要文書』194〜195 頁。

(17) 前掲『現代史資料 7　満洲事変』495 頁。

(18)「軍司令官より駒井長官以下満洲国官吏に与ふる要望事項（案）」（1932 年 5 月），『現代史資料 11　満洲事変（続）』（みすず書房，1965 年）842 頁。

(19) 片倉衷関係文書二四–A「重要書類」所収（東京大学教養学部総合文化研究科蔵）。

(20) このように関東軍が門戸開放方針を表明したことは，高橋是清蔵相ら穏健派を安堵させ，一時日本国内の政情は安定するかにみえたという。小林道彦『政党内閣の崩壊と満州事変——1918〜1932』（ミネルヴァ書房，2010 年）。

(21) 斎藤駐米代理大使より内田外相あて電報，1932 年 10 月 9 日，「分割 1」JACAR Ref. B08060550200，満洲国門戸解《ママ》放関係一件（E-1-1-0-14_001）（外務省外交史料館蔵）73〜74 画像目。なお，金前掲「満洲における日本の門戸開放主義」によると，10 月 9 日の『ニューヨーク・タイムズ』の報道するところでは，大連経由の満洲国輸入における日米両国の比重は，日本の場合は建国前に比べて 44 % から 60 % に増加した一方で，アメリカは 8 % から 1.5 % に減少した。

(22) Major to Ohashi, 26th Aug. 1933, enclosed in Major to FO, 28th August 1933, F6010/445/10, FO371/17112.

(23) Butterfield & Swire to John Swire & Sons, 20th Oct. 1933, enclosed in John Swire & Sons to FO, Nov. 1933, F7071/445/10, FO371/17113.

(24) Aid-memoire enclosed in Snow to FO, 20th Nov. 1933, F7698/445/10, FO371/17113.

(25) Hirota to FO, 5th Feb. 1934, enclosed in Chancery to FO, 13th March, 1934, F2096/164/10, FO371/18114. このような権益の侵害に対して，太古洋行はビジネスの確保のために，強力な中央オフィスが必要だと考え，満洲における経営組織の再編を試みている。Office in Shanghai to London, 10th August 1936, Box 50, John Swire & Sons Ltd. Archive, SOAS Library, University of London. なお，同社のハルピン支店の社員は，「日本が満洲を飲み込もうとし，外国企業を排斥しようとしている」と認識しているものの，そのような事態が容易に実現されるとは考えていない。Office in Harbin to Shanghai, 1st September 1936, Box 50, John

Swire & Sons Ltd. Archive.

(26) 同発言は非公式な昼食会におけるものである。松平駐英大使より内田外相あて電報，1933 年 4 月 26 日，JACAR Ref. B08060550300，満洲国門戸《ママ》解放関係一件（E-1-1-0-14_001）（外務省外交史料館蔵）66 画像目。

(27) 堀内駐ニューヨーク総領事より内田外相あて電報，1933 年 4 月 28 日，前掲 JACAR Ref. B08060550300，73 画像目。

(28) 金前掲「満洲における日本の門戸開放主義」。

(29) Major (Mukden) to British Legation in Peking, 3rd May 1933, F3317/445/10, FO371/17111.

(30) 当時の亜細亜局第二課長は，いわゆるアジア派外務官僚の柳井恒夫である。

(31) 武藤駐満大使より内田外相あて電報，1933 年 5 月 22 日，前掲 JACAR Ref. B08060550300，103 画像目，武藤駐満大使より内田外相あて電報，1933 年 5 月 26 日，JACAR Ref. B08060550400，満洲国門戸解放関係一件（E.1.1.0.14_001）（外務省外交史料館蔵）2〜3 画像目。

(32) "Manchukuo May Discard Policy of the 'Open Door'", *Chicago Daily News*, 28th Apr. 1934.

(33) 森田光博「満洲国の対ヨーロッパ外交（1）」『成城法学』第 75 号（2007 年）。

(34) 菱刈駐満洲国特命全権大使より広田外相あて電報，1934 年 5 月 1 日，JACAR Ref. B08060543800，各国ノ対満経済発展策関係雑件（E-1-1-0-13_001）（外務省外交史料館蔵）2〜3 画像目。イギリスと満洲国の間に国交は存在しなかったが，便宜的に満洲国外交部とイギリスの駐奉天総領事との間でやりとりがなされることはあった。

(35) 広田外相より菱刈駐満大使あて電報，第 646 号，1934 年 6 月 1 日，外務省記録 K.2.1.0.11-1「外国人ノ満洲国視察旅行関係雑件　英国実業家日，満視察団関係」第 1 巻。

(36) "The Mission to Manchukuo", *The Times*, 10th Aug. 1934.

(37) "British Capitalists to Visit Manchukuo", *The Japan Advertiser*, 11st Aug. 1934.

(38) 松平大使より広田外相あて電報，1934 年 6 月 5 日および 7 月 12 日，『日外』昭和期 II 第 2 部第 3 巻，265 頁。当時のイギリスの政治状況については以下の通り。マクドナルド首相自身は「親米派」であったものの，チェンバレン蔵相は，ナチスの脅威台頭への対処を第一義とする国防態勢を整える観点に立ち，東アジアにおける日本との提携の有用性を説いていた。フィッシャー大蔵次官もこのチェンバレンの立場を支持し，対日協調政策を説く「チェンバレン・フィッシャー路線」が存在していた。チェンバレン蔵相は 1934 年 3 月 4 日に対日協調路線についての見解を表明し，海軍・外務省（極東部は除く）が支持の姿勢を示す一方，マクドナルド首相は外務省極東部の影響も受けて反対の立場を表明していた（細谷千博「1934 年の日英不可侵協定問題——日英関係の史的展開」『国際政治』第 58 号〈1977 年〉）。また，後藤春美は，1934 年中には，イギリスやフランスには日本が翻意して国際連盟にとどまるのではないかという期待が存在していたことを指摘し，視察団派遣などの日本との関係改善を探る動きは，日本がまだ連盟にとどまっていた時期（国際連盟からの脱退確定は 1935 年 3 月）に出てきたものだと述べている（後藤春美「世界大戦による国際秩序の変容と残存する帝国支配」永原陽子・吉澤誠一郎責任編集『岩波講座　世界歴史 20　二つの大戦と帝国主義 I』〈岩波書店，2022 年〉）。

(39) 団員は以下の通りである。代表のバンビーはヨークシャーの大羊毛商でイギリス産業連盟元会長。ロコックはイギリス産業連盟幹事，通商保険会社取締役。ピゴットはイギリス鉄鋼連盟幹事。セリグマン（C. D. Seligman）はセリグマン商会支配人。このほかイギリス側は，かつて中国海関の総税務司代理を務め，ロンドン駐在満洲国外交顧問であ

るエドワーズと，イギリス産業連盟の東京代表を務めるジェームズ（C. H. N. James）が，日本側では外務省，駐満日本大使館，満鉄の職員らが視察に一部同行した。

(40) 別電，松平駐英大使より広田外相あて第412号，1934年7月20日，『日外』昭和期II第2部第3巻，268〜269頁。

(41) 広田外相より松平駐英大使あて第412号，1934年5月30日，『日外』昭和期II第2部第3巻，264頁。

(42) 同社は，インドシナや東アジアにおいて最も古くから活動してきたフランスの代表的企業の1つで，鉄筋コンクリート建築や造船を得意としていた。篠永宜孝『中国興行銀行の崩壊と再建——第一次大戦後フランスの政治・経済・金融的対抗』（春風社，2017年）627頁，注38。

(43) 1935年に満洲国外交部および外交部長邸を設計・建築したが，それ以外満洲で活動する機会は得られなかった。David Tucker, "France, Brossard Mopin, and Manchukuo", in Laura Victor and Victor Zatsepine (eds.), *Harbin to Hanoi: The Colonial Built Environment in Asia, 1840 to 1940*, Hong Kong: Hong Kong University Press, 2013. 外交部と思われる建物の写真も同書で見ることができる。

(44) 菱刈大使より広田外相あて電報，1934年8月22日，『日外』昭和期II第1部第3巻，788頁。

(45) 南駐満大使より広田外相あて電報，1935年2月19日，『日外』昭和期II第1部第4巻下巻，896頁。

(46) 視察中の活動について，詳細は拙稿「英国産業連盟視察団の日本・「満洲国」訪問と東アジア」『日本植民地研究』第23号（2011年）参照。

(47) 広田外相より菱刈駐満大使あて電報，1934年10月5日，『日外』昭和期II第2部第3巻，299頁。

(48) 広田外相より菱刈駐満大使あて電報，1934年10月8日，『日外』昭和期II第2部第3巻，301頁。

(49)「高見代議士バーンビイ卿会見に関する件」，外務省記録K.2.1.0.11-1「外国人ノ満州国視察旅行関係雑件　英国実業家日，満視察団関係」第2巻（外務省外交史料館蔵）。井上寿一は，大恐慌下にあるイギリスは，そもそも満洲国が必要としていた「長期的固定的」な投資を行うのが困難だったことを指摘している。井上前掲『危機のなかの協調外交』237頁。

(50) 広田外相より松平駐英大使あて電報，1934年10月29日，『日外』昭和期II第2部第3巻，314頁，菱刈大使より広田外相あて電報，1934年10月13日，『日外』昭和期II第2部第3巻，303〜304頁。たとえば，谷正之駐満日本大使館参事官は満洲国や軍方面に，目下とくにイギリスの経済的援助を求める必要性はないが，第二次ロンドン海軍軍縮会議後における対英外交を見据えて，ある程度は視察団の希望を容れ，ある種の約束を与えることが望ましいと説いている。

(51) 契約の詳細については，広田外相より松平駐英大使あて電報，1934年11月13日，『日外』昭和期II第2部第3巻，314〜317頁参照。

(52) 松平駐英大使より広田外相あて電報，1934年12月21日，『日外』昭和期II第2部第3巻，318頁。

(53) 松平駐英大使より広田外相あて電報，1935年3月13日，『日外』昭和期II第2部4巻，268〜269頁。

(54) 松平駐英大使より広田外相あて電報，1934年12月7日，『日外』昭和期II第2部第3巻，317頁。
(55) Minutes by R. H. S. Allen, G. Locock (Federation of British Industries) to Sir R. Vansittart, 18th Dec. 1934, F7516/164/10, FO371/18116.
(56) 松平駐英大使より広田外相あて電報，1935年3月13日，『日外』昭和期II第2部第4巻，269頁。
(57) 蜂谷輝雄駐奉天総領事より広田外相あて電報，1935年3月20日，『日外』昭和期II第2部第4巻，269頁。
(58) 松平駐英大使より広田外相あて電報，1935年6月12日，『日外』昭和期II第2部第4巻，275頁。
(59) 南駐満大使より広田外相あて電報，1935年2月19日，『日外』昭和期II第1部第4巻下巻，896頁。
(60) 在満洲国南大使より広田外相あて電報の欄外記入，1935年2月15日，『日外』昭和期II第1部第4巻下巻，895頁。
(61) アメリカの対満資本輸出についての研究として，長幸男「アメリカ資本の満州導入計画」細谷千博ほか編『日米関係史——開戦に至る10年（1931〜41年）』第3巻：議会・政党と民間団体（東京大学出版会，1971年）。また，井口治夫『鮎川義介と経済的国際主義——満洲問題から戦後日米関係へ』（名古屋大学出版会，2012年）は，日本からの対満直接投資は関東軍が求めていたほどには流入しなかったこと，アメリカ資本の導入が日中戦争期に火急の課題になっていたこと，しかし，鮎川義介を中心とした対満米国資本導入構想は日中戦争の泥沼化で頓挫したことなどを明らかにしている。
(62) 原朗「1930年代の満州経済統制政策」満州史研究会『日本帝国主義下の満州——「満州国」成立前後の経済研究』（御茶の水書房，1972年），原朗「「満州」における経済統制政策の展開——満鉄改組と満業設立をめぐって」安藤良雄編『日本経済政策史論』下巻（東京大学出版会，1976年）。
(63) 各産業の経営状況については，鈴木邦夫編著『満洲企業史研究』（日本経済評論社，2007年）など参照。
(64)「日満経済統制方策要綱」「満鉄問題関係書類」（1934年）所収（国立公文書館蔵）。
(65) シェアの内訳は1933年時点で多い順に，アジアティック社が約3割，スタンダード社が約2割半，日本の石油会社（日本石油，小倉石油など）が約2割，残りはロシア系を含むその他の石油会社。Irvine H. Anderson, Jr., *The Standard-Vacuum Oil Company and United States East Asian Policy 1933–1941*, Princeton: Princeton University Press, 1975, p. 225, Table B-5.
(66) 関東軍参謀長小磯国昭より陸軍次官柳川平助あて電報，JACAR Ref. C01002940200，昭和8年「満密大日記24冊の内其21」（防衛省防衛研究所蔵）20画像目。
(67)「石油専売制度ニ関スル件」（1933年7月20日，日満産業統制委員会幹事会議決）日満産業統制委委員会幹事会議決「満洲石油会社設立に関する件」（1933年7月20日）JACAR Ref. C01002940200，昭和8年「満密大日記24冊の内其21」（防衛省防衛研究所蔵）29画像目。
(68) 萩原充『近代中国の石油産業——自給への道』（日本経済評論社，2023年）91頁。
(69) スタンダード社とアジアティック社とは異なり，テキサス社は専売制施行と同時に，代理店が有する在庫石油量を，新設された専売公署に申告した。また，在庫の灯油につ

いて，「他の二社と協調するという政策を放棄し」，他社の要求価格よりも安価で専売公署に売却していた。翌年には専売公署へのガソリン販売も開始している（同前，92頁）。なお，日本の石油業法をめぐって生じた問題については，橘川武郎『戦前日本の石油攻防戦——1934年石油業法と外国石油会社』（ミネルヴァ書房，2012年）参照。

(70) 以下の史料にみられる主張をまとめた。Aide-memoires, 2nd Jul. 1934, FO262/1883, Part 1, p. 8；「満洲ニ於ケル石油専売ニ関シ英国抗議文件（1934年11月27日外務省より受）」1934年11月24日クライヴ大使より広田外相宛の覚書（1934年11月24日），『海軍省公文備考』昭和10年外事4所収，Clive to Hirota, 13th Apr. 1935, F2859/94/23, FO371/19352.

(71) Aide-memoires, 3rd Aug. 1934, FO262/1883, Part 1, p. 2；付記「満洲国石油問題ニ関スル外務当局談」（1934年10月26日公表），『日外』昭和期II第1部第3巻，688〜690頁参照。これらの論法には，外務省法律顧問の立作太郎が影響を与えていることが分かる。立作太郎「門戸開放，機会均等，商業自由」『国際法外交雑誌』第34巻第8号（1935年）ほか。

(72) グルー駐日アメリカ大使が広田外相にこのように話し，それをグルーよりクライヴが聞いた。Clive to FO, 20th Apr. 1935, F2582/94/23, FO371/19351.

(73) 付記，1935年12月12日付大橋忠一満洲国外交部次長より星野直樹同国財政部総務司長宛公信外通秘第141号，『日外』昭和期II第1部第4巻下巻，832頁。

(74) Clive to FO, 24th Oct. 1934, F6312/1659/23; Clive to FO, 4th Nov. 1934, F6564/1659/23, FO371/18190.

(75) Memorandum by Orde "The Japanese Petroleum Law and the Threatened Oil Monopoly in Manchuria", F7024/1659/23, FO371/18191.

(76) Butler to Robert Clive, 23rd October 1934, FO262/1883, Part 2, pp. 57–58.

(77) マイラ・ウィルキンズ著，蠟山道雄訳「アメリカ経済界と極東問題」細谷ほか前掲『日米関係史』第3巻。

(78) 同社はイギリス系のインペリアル・タバコ社（Imperial Tobacco Co.）と，アメリカ系のアメリカン・タバコ社（American Tobacco Co.）が連合する形で1902年に設立された会社であり，本社はロンドンに置かれた。

(79) ハワード・コックス著，たばこ総合研究センター訳『グローバル・シガレット——多国籍企業BATの経営史　1880〜1945』（山愛書院，2002年）表6–1，192頁。

(80) 水之江殿之『東亜煙草社とともに——民営煙草会社に捧げた半生の記録』（丸善出版サービスセンター，1982年）135頁。

(81) 同前，224頁。

(82) コックス前掲『グローバル・シガレット』表6–5。

(83) 金前掲「満洲における日本の門戸開放主義」。

(84) 武藤駐満大使より内田外相あて電報，1933年1月18日，前掲JACAR Ref. B08060550200，87画像目。この背景には，東亜煙草会社による満洲国・関東軍・満鉄への働きかけもあった（水之江前掲『東亜煙草社とともに』130頁）。

(85) 金前掲「満洲における日本の門戸開放主義」。

(86) コックス前掲『グローバル・シガレット』225頁。

(87) 鈴木前掲『満洲企業史研究』618頁。

(88) Butler to Cadogan, 30th Mar. 1935, F2485/4/10, FO371/19236.

(89) 日本企業の満洲国法人化がなかなか進展しない点に関しては，蜂谷輝雄駐奉天総領事

より広田外相あて電報，1934年6月23日，『日外』昭和期II第1部第3巻，660～661頁。

(90) Clive to FO, 11th October 1935, enclosed in McNaghten (British American Tobacco Co.) to FO, 9th Oct. 1935, F6370/4/10, FO371/19237.

(91) Jamison (Harbin) to Cadogan, 19th Jun. enclosed in Cadogan to Hoare, 1st Jul. 1935, F5491/4/10, FO371/19237.

(92) Butler to Cadogan, 14th Jun. 1935, enclosed in Cadogan to Hoare, 1st Jul. 1935, F5491/4/10, FO371/19237. イギリス帝国内における報復措置として指しているのは，帝国内における日本製品への制裁措置などと推察される。

(93) Cadogan to FO, 17th May 1935, F3202/4/10, FO371/19237.

(94) Cadogan to FO, 10th May 1935, F2997/4/10, FO371/19237.

(95) Cadogan to Hoare, 1st Jul. 1935, F5491/4/10, FO371/19237.

(96) コックス前掲『グローバル・シガレット』192頁，226頁。

(97) Cowan (Peking) to FO, 12th June 1935, F3849/4/10, FO371/19237.

(98) Rose (British American Tobacco Co.) to Randall, 24th May 1935, F3397/4/10, FO371/19237.

(99) Manchoukuo Tourist Union, *Peaceful Manchoukuo*, 1937.

(100) 南満洲鉄道株式会社経済調査会『立案調査書類第6編第7巻　満洲煙草工業及煙草改良増殖方策』（南満洲鉄道株式会社経済調査会，1935年）3～4頁。

(101) 満洲煙草株式会社については，鈴木前掲『満洲企業史研究』617～618頁参照。

(102) コックス前掲『グローバル・シガレット』228頁。

(103) Clive to FO, 15th Jul. 1935, F4536/4/10, FO371/19237.

(104) FO to Clive, 22nd Jul. 1935, enclosed in Clive to FO, 15th Jul. 1935, F4536/4/10, FO371/19237.

(105) Orde to Cadogan, 29th Jan. 1936, enclosed in Butler to FO, 30th Dec. 1935, F1059/335/10, FO371/20258.

(106) FO to Clive, July 1935, enclosed in FO's minutes by Hoare, 8th Jul. 1935, F4407/4/10, FO370/19237.

(107) 重光次官口述筆記（1934年10月20日），『日外』1935年ロンドン海軍会議，129頁。

(108) 1934年を中心とした対インド交渉については，籠谷直人『アジア国際通商秩序と近代日本』（名古屋大学出版会，2000年）ほか参照。

(109) Clive to FO, 10th Jul. 1935, F4432/1131/10, FO371/19322.

(110) Clive to FO, 29th Aug. 1935, F5596/4/10, FO371/19237.

(111) Board of Trade to FO, 9th Aug. 1935, F5238/4/10, FO371/19237. 商務省貿易局は基本的に対日制裁に批判的である。

(112) Minutes, enclosed in Clive to Hoare, 11th Oct. 1935, F7065/4/10, FO371/19237.

(113) FO to Clive, 29th Nov. 1935, enclosed in Clive to Hoare, 11th Oct. 1935, F7065/4/10, FO371/19237.

(114)「専売制度に関連し満洲国の門戸開放，機会均等主義の適用に関する大使館通商課の考察」，「1. 一般」JACAR Ref. B08060418800，各国専売関係雑件／満洲国ノ部（E-1-0-0-1_2_001）（外務省外交史料館蔵）2～7画像目。

(115) このとき枢密院では，満洲国における治外法権撤廃問題が議論されており，それに付随して満洲国における門戸開放問題についての意見が交わされていた。枢密院における議論は，条約局第一課「治外法権撤廃関係条約枢密院審査委員会議事録」（1936年5月），外務省記録B.4.0.0.J/MA1「満洲国治外法権撤廃問題一件」所収（外務省外交史料館蔵）

に拠る。当時枢密院では，満洲国の条約改正全般のあり方について詳細な議論が行われていた。この史料からは，金子堅太郎ら枢密顧問官たちが，明治・大正期日本が経験した条約改正や門戸開放原則への対応をふまえつつ，帝国法制の法理を詳細に問いただしている様子がうかがえる（浅野前掲『帝国日本の植民地法制』442〜443頁）。枢密院でこのように活発な議論が展開されていた背景としては，二・二六事件後に陸軍の支配権を完全に掌握した統制派が，内閣権限の強化と総動員体制確立という目標から枢密院の存在を障害とみなすなど，枢密顧問官が同院の政治的影響力強化の必要性を認識していたことが考えられる（酒井哲哉『大正デモクラシー体制の崩壊――内政と外交』〈東京大学出版会，1992年〉136〜137頁）。

(116) ここで原が問うているのは，外国人には開放されない国民待遇と，外国人に開放される門戸との差に関する問題である。栗山はその回答で，満洲国が継承を宣言した門戸開放とは，通商上の条件に関するものに限るとし，満洲国がカヴァーすべき門戸開放問題の範囲を九ヶ国条約の定義よりも狭めた。なお，原が提起した点を含む，満洲国における門戸開放問題を正面から取り上げているのが，浅野前掲「帝国秩序としての日満特殊関係と満洲国国籍法の挫折」である。本章は在華権益をめぐる外交史上の関心を軸としているため，石油・煙草をめぐる交渉で外交問題となった門戸開放問題に焦点をあてている。

(117) 立作太郎は以下のように述べている。元来条約違反による廃棄は，違反国に対する復仇の観念を含むものと認めるべきで，違反に関係ない他の締約国の条約上の権利を変更することはできない。日本の条約上の権利義務の関係は中国との間に存するのみならず，日本と中国以外の他の条約国との間にも存在することを認めざるをえないので，中国の違反のみをもって日本が九ヶ国条約上の義務の消滅を主張することは不可能である。立作太郎「九国条約に関する研究手控（未定稿）」（1937年10月），「支那事変関係国際法律問題（第二巻）6」JACAR Ref. B02030675600，支那事変関係一件／支那事変関係国際法律問題第1巻（A-1-1-0-30_50_001）（外務省外交史料館蔵）15画像目。

(118) 1930年代における外務官僚の九ヶ国条約理解に関しては，重光葵や外務省革新派グループの議論が注目されてきた。重光については，酒井哲哉「「英米協調」と「日中提携」」近代日本研究会編『年報・近代日本研究』第11巻：協調政策の限界――日米関係史　1905〜1960（山川出版社，1989年），武田知己『重光葵と戦後政治』（吉川弘文館，2002年）などの研究，外務省革新派グループについては，戸部良一『外務省革新派――世界新秩序の幻影』（中央公論新社，2010年）などの研究がある。重光が，中国を植民地視しているとして九ヶ国条約を否定し，外務省革新派が従来の国際法のアジアへの適用を拒んだことは，満洲事変以後の外務省のあり方を考察するうえで重要ではある。本章は，日本は九ヶ国条約を破棄できないことに留意しながら，その枠組みのなかでいかに対処しようとしたのかに関心を寄せている。

(119) 条約局第二課「支那事変関係国際法律問題」第2巻（1938年3月），「支那事変関係国際法律問題（第二巻）5」JACAR Ref. B02030675500，支那事変関係一件／支那事変関係国際法律問題第1巻（A-1-1-0-30_50_001）（外務省外交史料館蔵）9画像目。「自然消滅」へと導くことにした経緯について，樋口真魚はとくに九ヶ国条約第7条に着目しながら論じている。樋口真魚「九ヶ国条約と集団安全保障」『国際連盟と日本外交――集団安全保障の「再発見」』（東京大学出版会，2021年）。

(120) 戸部前掲『外務省革新派』135頁。

(121) 斎藤駐米大使より有田外相あて電報，1938年11月6日，「2. 廃棄」JACAR Ref. B04122569600，華盛頓会議関係一件／支那ニ関スル九ケ国条約関係（B-11-0-0-1_7）（外務省外交史料館蔵）83～84画像目。

(122)「対満政策遂行に関する意見」（1934年12月12日）前掲片倉衷関係文書二四-A「重要書類」所収。この意見は，石油専売制導入をめぐる外交問題が紛糾していた時期に提示されていることに注目されたい。

(123) 日本外務省の法律顧問であるベイティ（Thomas Baty）は，承認・戦争といった法律上の概念を規定し操作することを嫌い，「満洲国という国家が現実に他国との関係を有して存在しているとしたら，法的承認の意味はどこにあるのか」と問いかけている。篠原初枝『戦争の法から平和の法へ――戦間期のアメリカ国際法学者』（東京大学出版会，2003年）254～255頁。

(124) 加藤陽子『シリーズ日本近現代史5　満州事変から日中戦争へ』（岩波書店，2007年）v頁。

(125) 篠原初枝「新しい国際法学における「法」の概念」前掲『戦争の法から平和の法へ』参照。

第2章

(1) 駐華英国公使館が日本公使館によせた情報によると，東北部の海関の税収が中国全体の海関収入に占めた割合は以下の通り。1927年：18.5％，1928年：17.14％，1929年：14.34％，1930年：13.27％，1931年：10％。在中国矢野真大使館参事官より斎藤実外相あて電報，1932年6月27日，『日外』昭和期II第1部第1巻，401頁。

(2) 満鉄経済調査会編『満洲経済年報』1933年版（改造社，1933年）第5表，318頁。

(3)『現代史資料7　満洲事変』（みすず書房，1964年）495頁。なお，満洲国による塩税の接収は，1932年3月下旬に実施された。古海忠之『忘れ得ぬ満洲国』（経済往来社，1978年）80頁参照。

(4) 大連関設置の経緯については，北野剛「満洲開放と大連税関の設置経緯」『明治・大正期の日本の満蒙政策史研究』（芙蓉書房出版，2012年）参照。自由港である大連では，海上輸送により大連に輸入する商品には輸入税が課せられないが，日本の租借地境界を越え，関東州外に至る各種の商品や産物に対しては輸入税が課された。また，中国の条約港より大連に移入される中国の商品・産物は，日本の租借地内にある限り無税だが，州外に出る場合は沿岸貿易税を納める必要があった。大連から輸出する外国品や，関東州内の生産品や製造品はすべて無税だが，州外から租借地を経て輸出されるものには輸出税が課せられた。「大連海関物語」（上・中・下の一・下の二完）『満洲日報』1932年6月28日～7月1日。

(5) 副島圓照「「満州国」による中国海関の接収」『人文学報』第47号（1979年），臼井勝美「「満洲国」による中国海関接収経緯」『日中外交史研究――昭和前期』（吉川弘文館，1998年）。

(6) 臼井前掲「「満洲国」による中国海関接収経緯」，Robert Bickers, “Anglo-Japanese Relations and Treaty Port China: The Case of the Chinese Maritime Customs Service” in Antony Best (ed.), *The International History of East Asia, 1900–1968*, London: Routledge, 2010.

(7) Bickers, “Anglo-Japanese Relations”, Table 3.1.

(8) 高柳松一郎『支那関税制度論』改訂増補（内外出版，1926年）224～225頁。

（9）税関概史編纂委員会編『満洲国税関概史』（税関概史編纂委員会，1944年）312〜313頁。
（10）在奉天森島総領事代理より芳沢外相あて電報，1932年2月21日，「昭和七年／分割1」JACAR Ref. B09040493200，満洲国税関関係雑件第1巻（E-3-4-0-2_001）（外務省外交史料館蔵）7画像目。
（11）森島駐奉天総領事代理より芳沢外相あて電報，1932年2月25日，『日外』満洲事変第2巻第1冊，396〜397頁。
（12）前掲『満洲国税関概史』313頁。
（13）斎藤外相より斎藤博駐英臨時代理大使ほかあて電報，1932年6月23日，『日外』満洲事変第2巻第1冊，541〜542頁。
（14）メンバーについては，前掲『満洲国税関概史』313頁参照。
（15）清末に東北に設立された銀行。東北経済において大きな役割を担った（詳細は，上田貴子『奉天の近代——移民社会における商会・企業・善堂』〈京都大学学術出版会，2018年〉参照）。1931年10月に関東軍のコントロール下に置かれ，32年7月に満洲中央銀行に合併された。
（16）各海関の状況については下記に詳しい。Ingram (Peking) to Simon, 2nd Aug. 1932, *Documents on British Foreign Policy*（以下，*DBFP*）*1919–1939*, Second Ser., Vol. X, London: Her Majesty's Stationery Office, 1969, pp. 655–660.
（17）重光駐華公使より芳沢外相あて電報，1932年3月17日，『日外』昭和期II第1部第1巻，372頁。Hans van de Ven, *Breaking with the Past: The Maritime Customs Service and the Global Origins of Modernity in China*, New York: Columbia University Press, 2014, p. 255からは，この情報が間違いではなかったことが分かる。メーズは自らの考えを打診するために，総務科税務司の中国人である丁貴堂を満洲国に調整役として送ったが，満洲国はメーズの提案を拒否した。
（18）Van de Ven, *Breaking with the Past*, p. 255.
（19）米沢菊二駐安東領事より芳沢外相あて電報，1932年4月13日，『日外』昭和期II第1部第1巻，379頁。粤海関の接収については，岡本隆司『近代中国と海関』（名古屋大学出版会，1999年）468頁参照。
（20）在上海守屋書記官より斎藤外相あて電報，1932年6月21日，『日外』満洲事変第2巻第1冊，537頁。6月21日に堀内干城臨時代理公使がメーズと会談したとき，メーズが語った内容。
（21）Stimson to Atherton (Charge in Great Britain), 11th Mar. 1932, *Foreign Relations of the United States*（以下，*FRUS*）*: Diplomatic Papers 1932*, Vol. III, The Far East, Washington: United States Government Printing Office, 1948, p. 562.
（22）Atherton to Stimson, 1st Apr. 1932, *FRUS 1932*, Vol. III, pp. 656–657.
（23）Acting Secretary of State to Atherton, 7th Apr. 1932, *FRUS 1932*, Vol. III, pp. 673–676.
（24）Lampson (Shanghai) to Simon, 10th Mar. 1932, *DBFP 1919–1939*, Second Ser., Vol. X, p. 76.
（25）在北平矢野参事官より斎藤外相あて電報，1932年6月27日，『日外』満洲事変第2巻第1冊，554頁。イングラム駐華イギリス公使館顧問が，本国政府の回訓として伝えた内容。
（26）Lampson to Simon, 14th Apr. 1932, *DBFP 1919–1939*, Second Ser., Vol. X, p. 305.
（27）Lindley to Simon, 15th Apr. 1932, *DBFP 1919–1939*, Second Ser., Vol. X, p. 310.
（28）Simon to Stimson, 30th Apr. 1932, *FRUS 1932*, Vol. III, pp. 738–740.

(29) 橋本関東軍参謀長より真崎参謀次長あて電報，1932 年 6 月 4 日，『日外』満州事変第 2 巻第 1 冊，514 頁。
(30) 森島守人『陰謀・暗殺・軍刀』（岩波書店，1950 年）89 頁。
(31) 同前。
(32) 閻錫山による接収については，小瀬一「南京国民政府成立期の中国海関――アグレン時代の海関運営をめぐって」『龍谷大学経済学論集』第 34 巻第 2 号（1994 年）ほか参照。
(33) 森島前掲『陰謀・暗殺・軍刀』89 頁。結局同年末に閻錫山が失脚したことで，閻錫山による津海関支配は短期間に終わるが，この事件は南京国民政府が発行した内債相場の崩落を招くなど大きな影響を与えた。岡本前掲『近代中国と海関』468 頁。
(34) 森島前掲『陰謀・暗殺・軍刀』89～90 頁。小瀬前掲「南京国民政府成立期の中国海関」によると，このときイギリスは閻錫山から海関に対してなされた提案を妥当と判断し，メーズがあくまで上海への送金を求めたことを批判すらしている。
(35) 斎藤外相より斎藤博駐英臨時代理大使・出淵駐米大使あて電報，1932 年 6 月 23 日，『日外』満州事変第 2 巻第 1 冊，542 頁。
(36)「満洲海関問題ニ関スル件」（1932 年 7 月 13 日稿，大蔵省）「昭和財政史資料」第 4 号第 153 冊（https://www.digital.archives.go.jp/img.pdf/1268871）7 画像目（2024 年 9 月 2 日最終閲覧）。
(37) 森島駐奉天総領事代理より斎藤外相あて電報，1932 年 6 月 11 日，『日外』満州事変第 2 巻第 1 冊，523 頁。なお，接収ののち森島は「総税務司に於て，我方の好意的斡旋を全然無視し，無断に福本を罷免したる以上，大連税関の寝返りは寧ろ支那側自ら此れを誘致せるものと認め得べく，他方帝国政府としては支那の官吏が自発的に去就を決する以上，此れに干渉し得べき立場に非ざるへく，我方としては此れを黙認する事に依り，満州国側税官吏員の派駐又は新税関設置を回避する事得策なるべし」という見解を本省に伝えている。森島駐奉天総領事代理より斎藤外相宛電報，1932 年 6 月 26 日，『日外』満州事変第 2 巻第 1 冊，552～553 頁。
(38) 田中駐長春領事代理より斎藤外相あて電報，1932 年 6 月 21 日，『日外』昭和期 II 第 1 部第 1 巻，391 頁。
(39) 重光駐華公使より芳沢外相あて電報，1932 年 4 月 8 日，JACAR Ref. B09040493300，満洲国税関関係雑件第 1 巻（E-3-4-0-2_001）（外務省外交史料館蔵）12 画像目。
(40) 重光駐華公使より芳沢外相あて電報，1932 年 4 月 13 日，前掲 JACAR Ref. B09040493300，18 画像目。
(41) 重光駐華公使より斎藤外相あて電報，1932 年 6 月 15 日，『日外』満州事変第 2 巻第 1 冊，528 頁。
(42) 田中駐長春領事代理より斎藤外相あて電報，1932 年 6 月 20 日，『日外』昭和期 II 第 1 部第 1 巻，390 頁。
(43) 斎藤外相より斎藤駐英臨時代理大使ほかあて電報，1932 年 6 月 27 日，『日外』満州事変第 2 巻第 1 冊，559 頁。
(44) 在上海守屋和郎書記官より斎藤外相あて電報，1932 年 6 月 19 日，『日外』満州事変第 2 巻第 1 冊，533 頁。
(45) 附属書第 4 号ノ「イ」「宋子文の満洲海関問題に関する第一回声明大要」（1932 年 6 月 20 日）前掲「昭和財政史資料」第 4 号第 153 冊，20 画像目。
(46) 在上海守屋書記官より斎藤外相あて電報，1932 年 6 月 24 日，『日外』満州事変第 2 巻

第1冊，547頁。

(47) 福本の罷免に関するメーズの声明については，以下の電報参照。在中国守屋臨時代理公使より斎藤外相あて電報，1932年6月25日，『日外』満州事変第2巻第1冊，548〜549頁。また，6月24日にメーズは堀内干城臨時代理公使に対して「滿洲海関問題及上海事件等両国関係困難にて，支那側の日本人に対する感情険悪なるに際し，自分としては日本の利益擁護の為充分努力し来り，（中略）福本に於て公然命令違反を主張する以上免職を阻止し難き次第なれば，此間の事情は充分了解せられたし」と述べ，日本に配慮してきたことや，福本の罷免はやむをえない事情だったことを説明している。守屋駐華臨時代理公使より斎藤外相あて電報，1932年6月25日，『日外』昭和期II第1部第1巻，397頁。

(48) 前掲『滿洲国税関概史』324頁。

(49)「大連海関物語」（下の2完）『滿洲日報』1932年7月1日。

(50) 山岡萬之助関東長官より斎藤外相あて電報，1932年6月20日，『日外』昭和期II第1部第1巻，389頁。

(51) 三浦碌郎関東庁内務局長より谷正之外務省亜細亜局長あて電報，1932年1月28日，『日外』満州事変第2巻第1冊，359頁。

(52) 古海前掲『忘れ得ぬ満洲国』81頁。

(53) 前掲「滿洲海関問題ニ関スル件」11画像目。なお日本は，福本の罷免は大連海関設置協定第3条の「大連海関長の更迭は予め総税務司より関東都督に通告すべし」に違反しているとして，南京国民政府に抗議した。これに対して国民政府外交部は，第3条は，税務司の更迭は日本公使館と第1条による了解後，関東長官に通知することを指すもので，もし公使館との了解がなければ，通知するいわれはないという認識を示した。在南京上村伸一総領事代理より内田康哉外相あて電報，1932年7月13日，『日外』昭和期II第1部第1巻，434〜435頁。

(54) 吉田は秦皇島の海関の事務官などを務めたあと，1942年に日本軍によって強制的に退職させせられた。その後，重慶国民政府の総税務司に再雇用を打診するなど，中華民国の海関職員としての職務を全うしようとした人物だった。ビッカーズは前掲論文で，海関の日本人職員はイギリス人など他国籍の職員同様，自らの職務や本国など，さまざまな存在に対して忠誠心をもっていたと指摘している。

(55) 前掲『滿洲国税関概史』331頁。

(56) 同前，324頁。

(57) 1932年6月当時，満洲国の支配地域になっていなかったため接収の時期が遅れた。

(58) 接収を強行したときの状況については，臼井前掲「「滿洲国」による中国海関接収経緯」や，陳詩啓『近代中国海関史』（人民出版社，2002年），733〜735頁も参照。

(59) 米沢駐安東領事より斎藤外相あて電報，1932年6月28日，『日外』満州事変第2巻第1冊，564頁。

(60) 米沢駐安東領事より斎藤外相あて電報，1932年6月13日，『日外』昭和期II第1部第1巻，384〜385頁。

(61) 米沢駐安東領事より斎藤外相あて電報，1932年6月14日，『日外』昭和期II第1部第1巻，387頁。

(62) 臼井前掲「「滿洲国」による中国海関接収経緯」。満洲国の史料によると，従来の東北諸海関（大連関含む）の職員のうち接収後も同国の税関職員として仕事を続けた者は，

総数 417 人の 30 %にあたる 125 人おり，数人を除きすべて日本人だった。前掲『満洲国税関概史』31 頁。

(63) JACAR Ref. B02130141300,「第一，中華民国傭聘本邦人人名録／三，海関」中華民国傭聘外国人人名録 昭和 8 年 12 月末現在（東亜−26）（外務省外交史料館蔵）1 画像目。

(64) 在上海守屋書記官より斎藤外相あて電報，1932 年 6 月 17 日，JACAR Ref. B09040493400，満洲国税関関係雑件第 1 巻（E-3-4-0-2_001）（外務省外交史料館蔵）22 画像目。福本税務司が満洲国官憲の不興を買っていると仄聞したことについて，堀内臨時代理公使より大橋外交部次長へ伝達を求める内容の一部。

(65) Ingram to Simon, 8th Jul. 1932, *DBFP 1919–1939*, Second Ser., Vol. X, p. 588.

(66) Simon to Lindley, 13th Jul. 1932, *DBFP 1919–1939*, Second Ser., Vol. X, p. 591; 副島前掲「「満洲国」による中国海関の接収」。

(67) 別電，同日（1932 年 6 月 10 日）出淵駐米大使より斎藤外相宛第 354 号，右に関する米国務長官の覚書，『日外』満州事変第 2 巻第 1 冊，519〜520 頁。

(68) Johnson (Minister in China) to Stimson, 15th Jul. 1932, *FRUS 1932*, Vol. IV, 1982, p. 142.

(69) Stimson to Johnson, 17th Jul. 1932, *FRUS 1932*, Vol. IV, pp. 165–169.

(70) 陳前掲『中国近代海関史』730 頁。

(71) 在長春田中総領事代理より内田外相あて電報，1932 年 9 月 16 日，『日外』昭和期 II 第 1 部第 1 巻，444 頁。

(72)「満洲国政府ノ関税制度改正ニ関スル対外通告」石川準吉『国家総動員史』資料編第 6 巻（国家総動員史刊行会，1978 年）1064〜1065 頁。

(73) 満洲国史編纂刊行会編『満洲国史総論』（国際善隣協会，1973 年）278 頁。満洲国下の関税制度については，松野周治「関税および税関制度から見た「満洲国」——関税改正の経過と論点」山本有造編『「満洲国」の研究』（緑蔭書房，1995 年）に詳しい。

(74) 前掲『満洲経済年報』1933 年版，335 頁。

(75) 1932 年 6 月 18 日に熙洽財政部総長は，「従来関税を担保とせる外債の償還に対しては，満洲国も海関収入中より合理的方法に依り之を分担する用意を有す。但し残余は之を満洲国政府に於て抑留使用する事」を宣言していた。「満洲国財政総長の関税問題に関する声明書大要」（1932 年 6 月 18 日），前掲「満洲海関問題ニ関スル件」12〜13 画像目。

(76) 謝介石外交部総長より斎藤外相あて電報，1932 年 7 月 25 日，JACAR Ref. B09040494100，満洲国税関関係雑件第 2 巻（E-3-4-0-2_002）（外務省外交史料館蔵）6〜8 画像目。

(77) 同前。

(78) 森島駐奉天総領事代理より芳沢外相あて電報，1932 年 3 月 27 日，前掲 JACAR Ref. B09040493200，70 画像目。

(79) 在上海守屋書記官より斎藤外相あて電報，1932 年 6 月 21 日，『日外』満州事変第 2 巻第 1 冊，537 頁。6 月 21 日に堀内臨時代理公使がメーズと会談したとき，メーズが語った内容。

(80) 中濱義久「満洲国税関制度論」南満洲鉄道株式会社経済調査会編『立案調査書類第 23 編第 1 巻（続）　満洲国関税改正及日満関税協定方策』（南満洲鉄道株式会社経済調査会，1935 年）。

(81) また，関税収入は南京国民政府が発行する内債の基金にもなっていたところ，その充足が危ぶまれたため相場が暴落し，1932 年 1 月半ばから内債の取引そのものが中止されるに至った。岡本前掲『近代中国と海関』462 頁。

第 3 章

（1）1937 年以前の中国における石炭産出量の全体像と，そのなかでの開灤炭鉱の位置については，Tim Wright, *Coal Mining in China's Economy and Society, 1895–1937*, Cambridge: Cambridge University Press, 1984, p. viii 参照。

（2）堀内文二郎・望月勲『開灤炭礦の八十年』（啓明交易，1960 年）5〜6 頁。労働者については，半農半工的性格が比較的薄弱で，耕地をもっているか小作をしているのは 40 % 程度だった。大多数は農繁期であっても炭鉱を欠勤することはなく，勤続年限も 5 年以上が 80 % 以上であるなど，労働力は比較的安定していた。手塚正夫『支那重工業発達史』（大雅堂，1944 年）355 頁。

（3）ライトの前掲書のほか，中国近代煤礦史編写組編『中国近代煤礦史』（煤炭鉱業出版社，1990 年）など。『中国近代煤礦史』によると，長江流域と西南の炭鉱に占めるイギリス・フランスの投資額は 1896〜1905 年の投資総額の 100 % だった。長江流域の炭鉱については 1906〜13 年も同比率は 100 % であった（西南については同期間のデータなし）。華北については 1896〜1905 年の投資総額におけるイギリスの割合は 84 %，1906〜13 年は 94 % だった（84 頁，表 2–6–8）。

（4）この経緯については，前掲『開灤炭礦の八十年』1 頁参照。

（5）参謀本部第五課「開灤炭礦調査」（1934 年 3 月 1 日）JACAR Ref. B09041944700，外国鉱山及鉱業関係雑件／中国ノ部／直隷省ノ部／開灤炭礦第 1 巻（E-4-8-0-X4-C1-6-1_001）（外務省外交史料館蔵）4 画像目。本史料は，天津軍司令部および満鉄調査課が行った調査からの抜粋である。

（6）前掲『開灤炭礦の八十年』22〜24 頁。

（7）1912 年に結んだ開平灤州合同仮契約第 17 条には，調印の日から 10 年経過したとき，灤州公司が開平公司を適当の価格で買収しうるという規定があったため，1922 年から回収問題が焦点化した。回収は実現しなかったが，利権回収問題の具体的な展開については，前掲「開灤炭礦調査」61〜68 画像目や，植田捷雄『在支列国権益概説』（巖松堂書店，1939 年）375〜377 頁参照。利権回収問題に関する同時代の議論には，韓彩章『収回開灤礦之必要文』（1929 年）などがある。

（8）南満洲鉄道天津事務所調査課『北支経済資料第 19 輯　現行支那鉱業関係法規』（南満洲鉄道天津事務所，1936 年）13 頁。

（9）同前，5〜6 頁。

（10）前掲『開灤炭礦の八十年』4 頁。それまで 30 万ポンド以下における利益分配率は，開平公司 6 割，灤州公司 4 割だった。

（11）芳賀雄『支那鉱業史』（電通出版部，1943 年）145 頁。この時点で灤州公司の鉱区は確定していたが，開平公司の鉱区は未確定だった。

（12）「国民党実業部採鉱執照」（1935 年 11 月 29 日）熊性美・閻光華主編『開灤煤礦礦権史料』（南開大学出版社，2004 年）712〜713 頁。

（13）鉱区税とは鉱区の広さに応じて課せられる税，鉱産税とは鉱産物の価格に応じて課せられる税を指す。1931 年 12 月実業部は，開平公司と灤州公司に対して鉱権の獲得と，鉱区税の納付を要請した。このとき鉱務局は，開平公司と灤州公司が営業部門を統合する際に締結した連合合同規約第 12 条では，中国政府に納付すべき税は 1912 年段階で開平公司が納めている税と等しいとされていたことから，鉱務総局は鉱産税の納付には応じるが，鉱区税については連合合同規約に規定がないため支払う必要はないという立場

を採っていた。開灤鉱務督辦周大文より実業部あて（1933年3月13日），前掲『開灤煤礦礦権史料』631頁。

（14）Nathan in Tokyo to Pryor, 3rd, Mar. 1938, MS Eng. hist. c. 430, Archive of E. J. Nathan, Bodleian Library, University of Oxford.

（15）永井和『日中戦争から世界戦争へ』（思文閣出版，2007年）153頁。日本の華北支配の第一の目的は石炭・鉄・綿花・羊毛・皮革・塩といった重要資源の獲得にあったとされる。関東軍・天津軍の華北に対する経済政策については，同書のほか小林英夫「華北占領政策の展開過程――乙嘱託班の結成と活動を中心に」『駒沢大学経済学論集』第9巻第3号（1977年）参照。なお，野中時雄（満鉄経済調査会第六課）「日満経済北支経済ブロック論」（1935年10月）は，「軍需資源並日本工業発展の為第一義的に其の権利を獲得留保すべきもの」として鉄，石油，石炭を挙げている（南満州鉄道株式会社調査部『支那・立案調査書類第2編第1巻　支那経済開発方策並調査資料』〈南満州鉄道調査部，1937年〉77頁）。

（16）新井重巳（満鉄経調第二部）「支那石炭市場に対する今後の方策」（1936年11月）南満洲鉄道株式会社産業部鉱業課編『支那・立案調査書類第4編第3巻第1号　北支炭田開発方策並調査資料』（南満洲鉄道株式会社調査部，1937年）。

（17）満鉄北支事務局天津調査分室『開灤炭の現状と内地重工業に対する重要性に就て』（1938年）マイクロフィルム（北京科図技術開発公司，1993年）。当時，円ブロック内では，本渓湖炭鉱産の石炭のみがこれに該当した。

（18）第二六表「開灤炭需要者別購入数量」前掲『開灤炭礦の八十年』48〜49頁参照。八幡製鉄所では，地理的にも近い筑豊炭などの弱粘結炭を主たる原料炭として用いていたが，開灤炭などの強粘結炭を配合炭として加えていた（日本製鉄株式会社史編集委員会編『日本製鉄株式会社史　1934〜1950』〈日本製鉄株式会社史編集委員会，1959年〉379頁）。

（19）南満洲鉄道株式会社調査部編「北支那産業開発計画資料（総括の部）」依田憙家編『日中戦争史資料』第4巻：占領地区支配（河出書房新社，1975年）。

（20）1938年2月立案の「北支産業開発計画草案」に拠る。高橋泰隆「日本帝国主義による中国交通支配の展開――華北交通会社と華中鉄道会社を中心として」浅田喬二編『日本帝国主義下の中国――中国占領地経済の研究』（楽游書房，1981年）。

（21）前掲『中国近代煤礦史』。開灤炭鉱を通史的に論じるものに，前掲『開灤炭礦の八十年』，開灤礦務総局史志弁公室編『開灤煤礦志』第1巻（新華出版社，1995年）など。なお，開灤炭鉱に関する中国語による研究は，閻永増・陳潤軍「20世紀80年代以来的近代開灤史研究」『唐山師範学院学報』第24巻第3期（2002年）や丁麗「近十年来開灤煤礦史研究述評」『唐山師範学院学報』第35巻第1期（2013年）に整理されている。近代的な炭鉱としての開発については，雲妍『近代開灤煤礦研究』（人民出版社，2015年）に詳しい。日本語の研究としては，渡辺竜策「開灤炭鉱をめぐる諸問題――官僚資本権力の史的断面」『中京商学論叢』第7巻第2号（1961年）が，清朝時代から国民政府期の中国政府による開灤炭鉱への対応に着目しながら，蒋介石がイギリス側の利権を法的に承認したことなどについて論じた。開灤炭鉱で起きた労働争議に関しては，髙綱博文「開灤炭砿における労働者の状態と1922年の労働争議」『歴史学研究』第491号（1981年）が1922年，藤枝賢治「塘沽協定下における対華北経済政策の嚆矢――開灤炭鉱へ向けた謀略と交渉」『駒沢史学』第71号（2008年）が1934年に起きた労働争議について検討している。藤枝は1930年代半ばの日本による開灤株獲得交渉の過程をみながら，日

本の華北に対する軍事的影響力の行使と経済進出との相関や，華北進出の限界などについても考察し，開灤株の取得や工人親日化の失敗，炭鉱調査の結果などから，支那駐屯軍や外務省・財界の現地通が，開灤炭鉱への進出に消極的になり，開灤進出は日英開戦まで持ち越されたと指摘した。同論文ではネースン文書など開灤炭鉱側の史料が利用されていないが，炭鉱側の動きを仔細にみることによって，開灤炭鉱と日本の関係がより多元的に理解できると思われる。

(22) 日本による華北占領地経営の経済的な側面については，中村隆英『戦時日本の華北経済支配』（山川出版社，1983 年），王士花『“開発”与掠奪：抗日戦争時期日本在華北華中淪陥区的経済統制』（中国社会科学出版社，1998 年）解学詩『満鉄与華北経済 1935～1945』（社会科学文献出版社，2007 年），白木沢旭児『日中戦争と大陸経済建設』（吉川弘文館，2016 年）ほか。とくに日本による石炭資源収奪の状況に着目したものに，君島和彦「日本帝国主義による中国鉱業資源の収奪過程」浅田前掲『日本帝国主義下の中国』，戴建兵「抗日戦争期日本対河北煤礦資源的掠奪」『衡水師専学報』総合版第 2 巻第 2 期（2000 年），郝飛「英日統治開灤煤礦時期対生産力的掠奪述論」『唐山学院学報』第 21 巻第 3 号（2008 年）など。

(23) Ingram to FO, 11th Jan 1933, F291/290/10, FO371/17105.

(24) War Office to FO, 24th Jan 1933, F544/290/10, FO371/17105.

(25) Wright, *Coal Mining in China's Economy and Society*, p. 127.

(26) Turner to Nathan, 20th Feb. 1934, MS Eng. hist. c. 426, Archive of E. J. Nathan.

(27) Nathan to Turner, 24th Mar. 1934, MS Eng. hist. c. 426, Archive of E. J. Nathan.

(28) Pryor to Nathan, 3rd May 1935, MS Eng. hist. c. 427, Archive of E. J. Nathan.

(29) Pryor to Nathan, 20th Jun. 1935, MS Eng. hist. c. 427, Archive of E. J. Nathan. その後冀察政務委員会によって，中国人総経理は顧振から袁家融に交代させられた。満鉄経済調査会「開灤炭礦資料」（1936 年 8 月）南満洲鉄道株式会社調査部『支那・立案調査書類第 4 編第 3 巻第 4 号 開灤炭礦調査資料』（南満洲鉄道株式会社調査部，1937 年）。

(30) Pryor to Nathan, 22nd Jun. 1935, MS Eng. hist. c. 427, Archive of E. J. Nathan.

(31) Nathan to Turner, 29th Aug. 1937, MS Eng. hist. c. 429, Archive of E. J. Nathan.

(32) Turner to Nathan, 6th May 1936, MS Eng. hist. c. 428, Archive of E. J. Nathan.

(33) Turner to Nathan, 9th Jun. 1936, MS Eng. hist. c. 428, Archive of E. J. Nathan. 該当箇所は本電報で引用されている，5 月 21 日にネースンからターナーにあてた電報の内容。

(34) Ibid.

(35) 冀東政府から登記の要請があったとき，登記をめぐる問題について開平公司は，中華民国政府に登記をしているから冀東政府への登記は不要であるものの，双方の面子をたてることも大事である，とネースンに伝えた。Turner to Nathan, 24th Feb. 1937, MS Eng. hist. c. 429, Archive of E. J. Nathan.

(36) 児玉翠静「開灤炭礦の諸問題と其の対策」前掲『支那・立案調査書類第 4 編第 3 巻第 4 号 開灤炭礦調査資料』。

(37) 同前。

(38) 奉天輸入組合理事を務めていた児玉が，開平炭販売合資会社（1925 年設立，日本における開平炭の一手販売権を獲得していた）社長の城崎祥蔵の推薦を受けて，1936 年 7 月販売方面の顧問に就任した。他に警備方面の顧問に就任した日本人もいる（「開灤炭礦」南満州鉄道株式会社調査部『支那・立案調査書類第 4 編 2 巻 10 号 北支主要炭礦調査資

料』〈南満州鉄道調査部，1937年〉）。日本人顧問の受け入れについては，前掲『開灤煤礦礦権史料』736〜738頁も参照。

(39) 伊澤公幸（満鉄天津事務所調査課）「開灤炭礦に関する諸問題」（1936年9月）前掲『支那・立案調査書類第4編第3巻第4号　開灤炭礦調査資料』参照。開灤炭鉱が支払うべき税については，前掲「開灤炭礦の諸問題と其の対策」にも詳しい。

(40) "Memorandum on the Position of KMA in the Matter of Taxes Payable to the Chinese Government in Accordance with the Mining Law of the Republic of China, with Particular Reference to the Situation Created for it by the Setting up of the East Hopei Anti-Communist Autonomous Government", MS Eng. hist. c. 428, Archive of E. J. Nathan.

(41) 前掲「開灤炭礦資料」。

(42) Nathan to Turner, 28th Dec. 1937, MS Eng. hist. c. 429, Archive of E. J. Nathan.

(43) Turner to Nathan, 4th Jan. 1939, MS Eng. hist. c. 431, Archive of E. J. Nathan.

(44)「河北省政府三年鑿井計画；開灤鉱務総局鉱区税」，経済部檔案，館蔵号18/24/05/01/001/01（台湾中央研究院近代史研究所檔案館蔵）。

(45) Nathan to Turner, 21st Sep. 1938, MS Eng. hist. c. 430, Archive of E. J. Nathan. 引用箇所は1938年8月31日のターナーよりネースンあての電報。

(46) 前掲『開灤炭礦の八十年』42〜43頁。

(47)「諸言」前掲『支那・立案調査書類第4編第3巻第4号　開灤炭礦調査資料』。その方法として，冀東政府に納税させることを通して，中華民国において高税率が課せられる外国炭扱いを受けさせ，上海方面の販路を失わせて日本に依存させる策などを挙げている。

(48) ネースン「角田氏との会見備忘録」（1939年4月6日）およびネースン「1939年8月15日の天津における斎藤氏との会談備忘録」前掲『開灤煤礦礦権史料』727〜731頁。

(49) 前掲『開灤炭礦の八十年』43〜44頁。

(50) 同前，44〜45頁。開灤炭販売会社の株式の60％を保有する日本製鉄の社長が，同社の社長を兼務した。

(51) 同前，45頁。

(52) 前掲『開灤炭ノ現状ト内地重工業ニ対スル重要性ニ就テ』。

(53) 田代駐天津総領事より有田外相あて電報，1939年2月7日，「分割2」JACAR Ref. B09041945400，外国鉱山及鉱業関係雑件／中国ノ部／直隷省ノ部／開灤炭礦第2巻（E-4-8-0-X4-C1-6-1_002）（外務省外交史料館蔵）8画像目。

(54) 外務省編『外務省執務報告』東亜局第3巻（クレス出版，1993年）348〜350頁。

(55)「開灤炭の増産計画　英資金工作成る」『読売新聞』1938年9月9日朝刊。

(56) ストライキの詳細については，前掲『外務省執務報告』東亜局第3巻，338〜348頁参照。

(57)「開灤争議の顚末」『支那経済旬報』第38号（1938年）。

(58) 森島守人北平大使館参事官より広田外相あて電報，1938年3月29日，「分割1」JACAR Ref. B09041945300，外国鉱山及鉱業関係雑件／中国ノ部／直隷省ノ部／開灤炭礦　第2巻（E-4-8-0-X4-C1-6-1_002）（外務省外交史料館蔵）41画像目。

(59) 森島北京参事官より広田外相あて電報，1938年4月5日，同前，47画像目。

(60)「開灤罷業工人　急速復業せよ　わが軍当局厳命す」『読売新聞』1938年4月22日朝刊。

(61) 前掲「開灤争議の顚末」。

(62) 堀内駐天津総領事より広田外相あて電報，1938 年 4 月 2 日，前掲 JACAR Ref. B09041945300，42 画像目。
(63) 堀内駐天津総領事より広田外相あて電報，1938 年 4 月 6 日，前掲 JACAR Ref. B09041945300，48 画像目。
(64) 田代駐天津総領事より有田外相あて電報，1939 年 7 月 6 日，前掲 JACAR Ref. B09041945400，17 画像目。
(65) 伊澤前掲「開灤炭礦に関する諸問題」。
(66) 武藤駐天津総領事より松岡外相あて電報，1940 年 7 月 24 日，前掲 JACAR Ref. B09041945400，35 画像目。
(67) 同前。
(68) 田代駐天津総領事より宇垣外相あて電報，1938 年 7 月 31 日，前掲 JACAR Ref. B09041945300，59〜60 画像目。
(69) 田代駐天津総領事より有田外相あて電報，1939 年 7 月 6 日，前掲 JACAR Ref. B09041945400，17 画像目。
(70) 田代駐天津総領事より有田外相あて電報，1939 年 3 月 3 日，同前，12 画像目。
(71) 田代駐天津総領事より有田外相あて電報，1939 年 4 月 23 日，同前，15 画像目。
(72) 鉱業警察規程第 1 条。前掲『現行支那鉱業関係法規』105 頁。
(73) 外国資本の炭鉱は往々にして治外法権をもっていたため，炭鉱敷地内では中国人であっても逮捕は容易でなかった。対策として撫順炭鉱は，1924 年 8 月に中国人労働者の名簿を整理し，指紋法を採用した。陳慈玉「生存と妥協――在華日系資本炭鉱の中国人労働者」貴志俊彦・谷垣真理子・深町英夫編『模索する近代日中関係――対話と競存の時代』（東京大学出版会，2009 年）。
(74) 前掲『現行支那鉱業関係法規』105 頁。
(75) 前掲「開灤炭礦資料」。
(76) 同前。
(77) Nathan to Turner, 22nd May 1938, MS Eng. hist. c. 430, Archive of E. J. Nathan.
(78) 藤井啓之助北京参事官より松岡外相あて電報，1940 年 8 月 5 日，前掲 JACAR Ref. B09041945400，40〜41 画像目。
(79) 防衛庁防衛研修所戦史室『戦史叢書　北支の治安戦（1）』（朝雲新聞社，1968 年）355〜356 頁参照。なお，井陘炭鉱はもともと中独合弁の井陘公務局によって経営されていたが，日中戦争が始まると興中公司に買収された。
(80) 武藤駐天津総領事より松岡外相あて電報，1940 年 8 月 15 日，前掲 JACAR Ref. B09041945400，45 画像目。
(81) 同前，45〜46 画像目。
(82) 武藤駐天津総領事より松岡外相あて電報，1940 年 9 月 9 日，前掲 JACAR Ref. B09041945400，56 画像目。
(83) Turner to Nathan, 12th Apr. 1938, MS Eng. hist. c. 430, Archive of E. J. Nathan.
(84) A. R. George to Nathan, 30th Dec. 1931, MS Eng. hist. c. 424, Archive of E. J. Nathan.
(85) たとえばネースンは，占領地政権によって貿易統制や為替管理が導入されることを懸念した。
(86) Nathan to Turner, 6th Jan. 1938, MS Eng. hist. c. 430, Archive of E. J. Nathan.
(87) Nathan to Turner, 15th Jan. 1938, MS Eng. hist. c. 430, Archive of E. J. Nathan. 日本の事実上

の占領地内で経済活動に従事するイギリス人が，経営上のメリットから現地政権を承認するようにイギリス政府に働きかけた例として，満洲国における香港上海銀行ハルピン支店も挙げることができる。同国で1935年に導入された外国為替管理が1937年に急激に強化されると，満洲国で営業する外国人は不可避的に外国為替に依存するため，この政策の強い影響を受けた。満洲国を承認している国の外国人は輸入許可を比較的容易に確保できたため，イギリス商人たちは総領事に満洲国の公式承認を考慮するように要請した。安冨歩「香港上海銀行哈爾浜支店，1911年〜1947年」『現代中国研究』第4号，1999年。

(88) Nathan to Turner, 24th Jan. 1938, MS Eng. hist. c. 430, Archive of E. J. Nathan. その翌月ネースンは，中華民国臨時政府との関係構築のため北京に赴いている。Nathan to Turner, 17th Feb. 1938, MS Eng. hist. c. 430, Archive of E. J. Nathan.

(89) Nathan to Turner, 21st Sep. 1938, MS Eng. hist. c. 430, Archive of E. J. Nathan.

(90) 中村前掲『戦時日本の華北経済支配』214頁，永井前掲『日中戦争から世界戦争へ』159頁。

(91) 以下の記述は，永井前掲『日中戦争から世界戦争へ』159〜161頁参照。

(92) Nathan to Turner, 15th Apr. 1939, MS Eng. hist. c. 431, Archive of E. J. Nathan.

(93) Pryor to Nathan, 15th Jun. 1939, MS Eng. hist. c. 431, Archive of E. J. Nathan. 該当箇所は1939年6月12日のネースンからターナーあての電報の引用。

(94) Ibid.

(95) Turner to Nathan, 20th Jun. 1941, MS Eng. hist. c. 433, Archive of E. J. Nathan.

(96) Turner to Nathan, 19th Jun. 1939, MS Eng. hist. c. 431, Archive of E. J. Nathan.

(97) Nathan to Turner, 15th Apr. 1940, MS Eng. hist. c. 432, Archive of E. J. Nathan. ここで「専制的な国家」とは日本を，「全体主義的制度の政府」とは占領地政権（このときは汪精衛政権）を指していると推察される。

(98) Nathan to Turner, 31st Jul. 1940, MS Eng. hist. c. 432, Archive of E. J. Nathan.

(99) Turner to Nathan, 5th Aug. 1940, MS Eng. hist. c. 432, Archive of E. J. Nathan.

(100) Turner to Nathan, 20th Jun. 1941, MS Eng. hist. c. 433, Archive of E. J. Nathan.

(101) Nathan to Turner, 7th Jul. 1941, MS Eng. hist. c. 433, Archive of E. J. Nathan.

(102) このような姿勢を示す一例として以下。Turner to Nathan, 21st Mar. 1938, MS Eng. hist. c. 430, Archive of E. J. Nathan.

(103) 前掲『開灤炭礦の八十年』25頁。

(104) 鈴木茂「日本帝国主義下の中国に於ける軍管理工場と資源独占」『経済論叢』第116巻第1・2号（1975年）。形式的には中国人総経理の孫多鈺を運営受託者とし，白川がそれを監督するという形がとられた。前掲『開灤炭礦の八十年』25頁。

(105) 外資局「開灤炭礦の処理に関する件」（1943年5月27日）Ref. B02032863100，大東亜戦争関係一件／敵国財産管理並権益接収関係／特殊財産関係（特殊財産処理委員会ヲ含ム）第1巻（A-7-0-0-9_17_3_001）（外務省外交史料館蔵）3画像目。

(106) 甲集団参謀長より次官・次長あて電報，1941年12月12日，「開灤中英炭坑処理概況報告」JACAR Ref. C04123482300，陸支密大日記，第64号3/4，昭和16年（防衛省防衛研究所蔵）2〜3画像目。

(107) 梅谷駐唐山副領事より東郷茂徳外相あて電報，1942年1月10日，前掲JACAR Ref. B09041945400，63画像目。

(108) 在天津日本領事館「在天津敵産処理状況」（1942年4月17日）JACAR Ref. B02032847600，大東亜戦争関係一件／敵国財産管理並権益接収関係／在満支敵国財産管理並権益接収関係第2巻（A-7-0-0-9_17_1_002）（外務省外交史料館蔵）23画像目。なお，1940年の時点でイギリス人の高級職員は87人いた。前掲『開灤炭礦の八十年』22頁。

(109) Chinese Engineering and Mining Co., Ltd. to FO, 1st Jun. 1942, F4133/888/10, FO371/31667.

(110) FO to Chinese Engineering and Mining Co., Ltd., 13th Jun. 1942, F4133/888/10, FO371/31667.

(111) 大木昇駐唐山副領事より東郷外相あて「開灤炭礦問題に関する報告」（1942年8月30日），前掲『開灤煤礦礦権史料』770～776頁。

(112) 濰県に収容された外国人の名簿には，ネースンやプライアーの名前が記載されている。「5 濰県収容敵国人名表送附ニ関スル件 5」JACAR Ref. B02032568700，大東亜戦争関係一件／交戦国間敵国人及俘虜取扱振関係／帝国権下敵国人関係／在満支敵国人関係第7巻（A-7-0-0-9_11_2_2_007）（外務省外交史料館蔵）1，3画像目。

(113) 鈴木啓久『中北支における剿共戦の実態と教訓』，同『在支回想録』（ともに靖国偕行文庫蔵）。

(114) 前掲『開灤炭礦の八十年』29頁。白木沢前掲『日中戦争と大陸経済建設』の表20「開灤炭鉱1942・43年度主要資材入手状況」によると，1942年度は各資材の年間消費量に対する入荷実績の比率は多くが50％にも達しない水準で，43年度の入荷実績の比率は，大半の物資においてさらに低下した。白木沢の研究は，軍管理下の開灤炭鉱の現地報告に依拠し，資材のうち「対日満期待坑木」の入荷実績が1942年は9割を超え，43年度でも7～8割と高いことを評価している（171–172頁）。しかし，前掲『開灤炭礦の八十年』の下記の記述を踏まえると，この数値は高すぎるようにも思われる。「内地材は日満支物動計画による割当に基いて供給されたが，船腹減少のため入荷は延滞勝ちで，1942年入荷の総量約30万石の中26万石は前年度割当分の繰越で，当該年度割当の実行量は僅か4万石であつた。それも次年度に入ると割当残約20万石は打切りとなり計画自体が変更改訂打切りを余儀なくされること屡々であつた。此の他に朝鮮から少量入荷があつた」（同書，29頁）。

(115) 前掲『開灤炭礦の八十年』29頁。

(116) 軍管理開灤礦務総局『業務月報』（1944年12月）。

(117) 前掲『開灤炭礦の八十年』28頁。

(118) 前掲『日本製鉄株式会社史』364頁。それまで開灤炭は秦皇島から直接北九州の八幡や若松などの港に運ばれていたが，船舶不足のため輸入の際は他の大陸重要物資とともに，1944年2月から大陸迂回縦貫輸送（まず山海関から京奉線で奉天を経て安東を通り，京城，大田を経て釜山，馬山など4港に運ばれ，それらの港から小型の汽船等で近距離の八幡あるいは阪神まで転送されるというルートでの輸送）が試みられた。前掲『開灤炭礦の八十年』63頁。

(119) ラナ・ミッター著，木谷名都子訳「日中戦争前後のイギリス外交と中国観の変容」西村成雄・石島紀之・田嶋信雄編『日中戦争の国際共同研究4　国際関係のなかの日中戦争』（慶應義塾大学出版会，2011年）。

(120) 前掲『開灤炭礦の八十年』48頁。

(121) 同前，45頁。

(122) Nathan to Turner, 24th Mar. 1941, MS Eng. hist. c. 433, Archive of E. J. Nathan.

(123) 田代駐天津総領事より有田外相あて電報，1939年7月16日，前掲JACAR Ref. B0904

1945400，19 画像目。その数日前，「各鉱区付近に付ては開灤に関する我方の実利を前提とし差当り右運動に付ても他地方と区別して考慮するを国策に副ふ所以と思考す」という意見が梅谷駐唐山副領事から寄せられたことを田代総領事は本省に伝えた。田代駐天津総領事より有田外相あて電報，1939 年 7 月 6 日，同，17〜18 画像目。

第 4 章

（1）岡本季正駐上海総領事より広田外相あて電報，1937 年 8 月 19 日，『日外』日中戦争第 2 冊，1296 頁。

（2）作成者不明「上海税関問題の経緯」（1937 年 12 月 5 日），島田文書（東京大学社会科学研究所図書室蔵）。

（3）堀内駐天津総領事より広田外相あて電報，1937 年 8 月 22 日，『日外』日中戦争第 2 冊，1297 頁。

（4）横浜正金銀行天津支店「天津メモ第四号　北支に於ける事変後の税収状況」（1938 年 2 月 8 日），横浜正金銀行資料（東京大学経済学図書館蔵）。

（5）同前。

（6）九龍ではイギリス系のチャータード銀行が保管銀行となるなど，現地における便宜上，中国系銀行以外を引き続き利用することもあった。

（7）興亜院財政部橋本事務官「支那海関収入ノ預託銀行ニ関スル意見」（1939 年 10 月 29 日）JACAR Ref. B02031752400，支那事変ニ際シ新支那中央政府成立一件／中央政治会議関係（A-6-1-1-9_6）（外務省外交史料館蔵）35 画像目。香港上海銀行はこれをさらに各地の外債取扱銀行に支払う形で外債償還を行っていた。中国の外債に関係をもつ外国銀行は，インターナショナル・コミッション・オブ・バンカースを組織しており，香港上海銀行はその幹事銀行であったため，総税務司は香港上海銀行へ送金していた（同）。

（8）天津においては中央銀行員が海関に出張し，納税者から直接税金を収受して同行が送金をしていた。日中戦争が始まると，徴税は引き続き中央銀行が行ったものの，税金は香港上海銀行に預け入れ，送金はしていなかった。堀内総領事より広田外相あて電報（別電），1937 年 10 月 12 日，『日外』日中戦争第 2 冊，1310 頁。

（9）堀内駐天津総領事より広田外相あて電報，1937 年 8 月 22 日，『日外』日中戦争第 2 冊，1297 頁。発言があった時期は明記されていないが，発言内容と電報が作成された時期から，1937 年 8 月ごろと推測される。

（10）張耀華編著『旧中国海関歴史図説』（中国海関出版社，2005 年）197 頁。

（11）Nicholas R. Clifford, “Sir Frederick Maze and the Chinese Maritime Customs, 1937–1941”, *The Journal of Modern History*, Vol. 37, No. 1, 1965; Nicholas R. Clifford, *Retreat from China: British Policy in the Far East, 1937–1941*, London: Longmans, 1967.

（12）例を挙げると以下の通り。Robert Bickers, “Anglo-Japanese Relations and Treaty Port China: The Case of the Chinese Maritime Customs Service”, in Antony Best (ed.), *The International History of East Asia, 1900–1968*, London: Routledge, 2010; Hans van de Ven, *Breaking with the Past: The Maritime Customs Service and the Global Origins of Modernity in China*, New York: Columbia University Press, 2014.

（13）徐藍「日英関於中国海関的非協定」『英国与中日戦争（1931〜1941）』（北京師範学院出版社，1991 年），呉亜敏「論「七・七」事変後至太平洋戦争爆発前日本対中国海関行政的侵奪」呉倫霓霞・何佩然主編『中国海関史論文集』（香港中文大学崇基学院，1997 年），

崔禄春「抗戦初期日本劫奪華北海関税款管理権述論」『歴史教学』第 2 期（1997 年），邱霖「論 1938 年海関協定和英日在華衝突」『南京建築工程学院学報』第 1 期（2001 年），陳詩啓『中国近代海関史』（人民出版社，2002 年）など。

(14) 関務署の海関監督権は，①各地海関監督（中国人官吏）に直接に命令する，②総税務司を通じ間接に各地海関税務司（外国人税務司）に命令する，という 2 系統で行使された。すなわち，海関監督が関務署にのみ，また海関税務司は総税務司にのみ服する二重制度であった。濱下武志「総税務司」『日本大百科全書』（小学館，1994 年）。

(15) 宋芳芳「日中全面戦争期における日本の中国海関支配政策と実施」『環東アジア研究センター年報』第 7 号（2012 年）。

(16) 堀内駐天津総領事より広田外相あて電報，1937 年 8 月 22 日，『日外』日中戦争第 2 冊，1297 頁。

(17)「天津海関並塩務機関に関する件」JACAR Ref. C04120011800，支受大日記（密）其 4，15 冊の内，昭和 12 年自 9 月 4 日至 9 月 27 日（防衛省防衛研究所蔵）2 画像目。

(18) 日中戦争期，日本軍が占領した天津に設置された行政組織。中華民国臨時政府の成立とともに廃止された。

(19) 堀内駐天津総領事より広田外相あて電報（別電），1937 年 8 月 22 日，『日外』日中戦争第 2 冊，1297～1298 頁。

(20) 堀内駐天津総領事より広田外相あて電報，1937 年 8 月 22 日，『日外』日中戦争第 2 冊，1297 頁。

(21) 外務省編『外務省執務報告』東亜局第 3 巻（クレス出版，1993 年）582 頁。

(22) 前掲「天津海関並塩務機関に関する件」9～10 画像目。

(23) 堀内駐天津総領事より広田外相あて電報，1937 年 8 月 28 日，『日外』日中戦争第 2 冊，1299 頁。

(24) 前掲「上海税関問題の経緯」。引用箇所は津海関の交渉経緯に関する記述。

(25) 前掲『外務省執務報告』東亜局第 3 巻，583～584 頁。なお，海関監督については，その後以下のような経緯をたどる。11 月 1 日に治安維持会連合会が温世珍を新たな海関監督に任命したが，これに対して前任者の孫維東が抵抗した。同月下旬にメーズ総税務司は海関監督の任命は税務司の自由裁量に委ねると表明し，温世珍は正式に海関監督に就任した。同，601～602 頁。

(26) 堀内駐天津総領事より広田外相あて電報，1937 年 9 月 11 日，『日外』日中戦争第 2 冊，1301 頁。

(27) 堀内駐天津総領事より広田外相あて電報，1937 年 9 月 15 日，『日外』日中戦争第 2 冊，1301～1302 頁。

(28) 陳前掲『中国近代海関史』807～808 頁。

(29) 関務署よりメーズあて代電，1937 年 9 月 15 日，中国近代経済史資料叢刊編纂委員会主編『一九三八年英日関於中国海関的非法協定』（中華書局，1983 年）6 頁。以下，『非法協定』と略す。

(30) Embassy Offices, Shanghai to FO, 24th Sep. 1937, F6981/220/10, FO371/20989.

(31) 堀内駐天津総領事より広田外相あて電報，1937 年 8 月 22 日，『日外』日中戦争第 2 冊，1299 頁。

(32) Herbert（Acting-Consul General in Tientsin）to FO, 28th Sep. 1937, F7223/220/10, FO371/20989.

(33) 前掲『外務省執務報告』東亜局第3巻，585頁。
(34) 堀内駐天津総領事より広田外相あて電報，1937年8月22日，『日外』日中戦争第2冊，1298頁。
(35) 同前，1299頁。
(36) 堀内駐天津総領事より広田外相あて電報，1937年10月10日，『日外』日中戦争第2冊，1307頁。
(37) 堀内駐天津総領事より広田外相あて電報，1937年10月12日，『日外』日中戦争第2冊，1309頁。
(38) Embassy Offices (Shanghai) to FO, 26th Sep. 1937, F7094/220/10, FO371/20989.
(39) メーズ総税務司より関務署あて代電，1937年10月17日，『非法協定』14頁。
(40) メーズ総税務司より関務署あて代電，1937年10月18日，『非法協定』15頁。
(41) 陳前掲『中国近代海関史』811頁。
(42) Affleck to FO, 16th Oct. 1937, F8093/220/10, FO371/20989.
(43) Embassy Offices (Shanghai) to FO, 9th Oct. 1937, F7674/220/10, FO371/20989.
(44) Howe to FO, 8th Oct. 1937, F7602/220/10, FO371/20989.
(45) 堀内駐天津総領事より広田外相あて電報，1937年10月12日，『日外』日中戦争第2冊，1309頁。
(46) Affleck to FO, 1st Nov. 1937, F8951/220/10, FO371/20989.
(47) 前掲『外務省執務報告』東亜局第3巻，592〜593頁。
(48) Howe to FO, 7th Oct. 1937, F7690/220/10, FO371/20989.
(49) Howe to FO, 8th Oct. 1937, F7691/220/10, FO371/20989.
(50) Memorandum by FO, Embassy Offices, Shanghai to FO, 17th Nov. 1937, F9713/220/10, FO371/20989.
(51) 前掲「上海税関問題の経緯」。引用箇所は，11月19日にクレーギー大使より堀内次官に渡された覚書摘要。
(52) FO Minute, Walely (Treasury) to Orde, 22nd Oct. 1937, F8464/220/10, FO371/20989.
(53) Hughe Knatchbull-Hugessen to FO, 18th Sep. 1937, F8887/220/10, FO371/20989.
(54) 前掲『外務省執務報告』東亜局第3巻，588〜590頁。
(55) すでに天津においては中央銀行員が海関に出張し，納税者から直接税金を収受して同行が送金していた旨を述べたが（注8），本案によれば中央銀行員が引き続き毎日その日の収入を正金銀行における香港上海銀行の特別勘定に預け入れ，税務司が経費の支出を必要とするときは，香港上海銀行は同額を正金銀行における預金より引き出す形になるという。別電，堀内総領事より広田外相あて電報，1937年10月12日，『日外』日中戦争第2冊，1310頁。
(56) 堀内駐天津総領事より広田外相あて電報，1937年10月12日，『日外』日中戦争第2冊，1312頁。
(57) 同前，1313頁。
(58) 堀内駐天津総領事より広田外相あて電報，1937年10月14日，『日外』日中戦争第2冊，1314頁。
(59) Howe to FO, 17th Oct. 1937, F8045/220/10, FO371/20989.
(60) Embassy Offices (Shanghai) to FO, 19th Oct. 1937, F8316/220/10, FO371/20989.
(61) Howe to FO, 19th Oct. 1937, F8190/220/10, FO371/20989.

(62) 海関収入からは，まず海関経費と海関に付属する諸施設経費などが優先的に支払われ，その後に内外債および義和団事件賠償金などの支払いがなされ，最後に剰余金が財政部へ引き渡される仕組みになっていた。支那問題辞典編輯部編『支那問題辞典』（中央公論社，1942年）132頁。
(63) Affleck to FO, 1st Nov. 1937, F8951/220/10, FO371/20989.
(64) 前掲『外務省執務報告』東亜局第3巻，593～595頁。
(65) 前掲「天津メモ第四号　北支に於ける事変後の税収状況」。
(66) Affleck to FO, 27th Oct. 1937, F8621/220/10, FO371/20989.
(67) Clifford, "Sir Frederick Maze and the Chinese Maritime Customs"; Clifford, *Retreat from China*.
(68) Affleck to FO, 6th Nov. 1937, F9207/220/10, FO371/20989.
(69) 前掲『外務省執務報告』東亜局第3巻，601頁。
(70) Affleck to FO, 27th Oct. 1937, F8621/220/10, FO371/20989.
(71) Affleck to FO, 10th Nov. 1937, F9363/220/10, FO371/20989.
(72) Maze to Kuan-wu shu（関務署), 27th Oct. 1937, *China and the West: The Maritime Customs Service Archive from the Second Historical Archive from the Second Historical Archives of China, Nanjing*, Part 4, Reel 212.
(73) Affleck to FO, 29th Oct. 1937, F8773/220/10, FO371/20989.
(74) 喜多特務部長より梅津陸軍次官あて電報，1937年10月25日，方特電第129号，「天津海関に関する件」JACAR Ref. C04120075800，支受大日記（密）其9，15冊の内，昭和12年自11月2日至11月6日（防衛省防衛研究所蔵）9～10画像目。
(75) 外務省「天津及秦皇島海関処理方針」（1937年10月29日），前掲 JACAR Ref. C04120075800，6画像目。
(76) なお，10月時点で総領事館は，海関の接収については最終的に可能と考えつつも，その時期は第二次上海事変の終わりまで待つべきという立場をとっていた。田中新一「支那事変記録　其三」（防衛省防衛研究所蔵）10月18日条。
(77) 臨時政府の税率改正に対し，アメリカは31日にただちに抗議を申し入れ，「臨時政権による不法なる専断的僭奪行為」により，中国税関の保全に悪影響をおよぼすこと，そして税率の改訂は中国各港税率統一の原則を破壊するものであることを指摘した。日本国際政治学会太平洋戦争原因研究部編著『太平洋戦争への道――開戦外交史』第4巻：日中戦争（下）（朝日新聞社，1987年）161頁。
(78) 税率については，次の資料参照。「中華民国輸入税表送付の件」JACAR Ref. C01002260200，永存書類乙集，第2類第10冊，昭和13年（防衛省防衛研究所蔵）。
(79) メーズよりハウあて海関問題に関する覚書，1938年1月8日，『非法協定』149頁。
(80) 宋前掲「日中全面戦争期における日本の中国海関支配政策と実施」。
(81) FO Minute, Embassy Offices in Shanghai to FO, 11th Nov. 1937, F8713/220/10, FO371/20989.

第5章

(1) 作成者不明「上海税関問題の経緯」（1937年12月5日）島田文書（東京大学社会科学研究所図書室蔵）。
(2) クレーギー大使よりイギリス外務省あて電報，1937年11月28日，『非法協定』52～53頁。

（3）付記「上海海関問題」，『日外』日中戦争第2冊，1325頁。
（4）Embassy Offices, Shanghai to FO, 29th Oct. 1937, F8790/220/10, FO371/20990.
（5）メーズ総税務司より孔祥熙財政部長あて節略，1938年2月7日，『非法協定』80頁。
（6）孔祥熙財政部長よりメーズ総税務司あて書簡，1938年2月10日，『非法協定』81頁。
（7）前掲「上海税関問題の経緯」。
（8）クレーギー大使よりイギリス外務省あて電報，1937年11月29日，『非法協定』53頁。
（9）Embassy Office, 20th Nov. 1937, F9871/220/10, FO371/20989.
（10）岡本駐上海総領事より広田外相あて電報，1937年12月1日，『日外』日中戦争第2冊，1323頁。
（11）前掲「上海税関問題の経緯」。
（12）Memorandum by FO, enclosed in Embassy Offices, Shanghai to FO, 17th Nov. 1937, F9713/220/10, FO371/20989.
（13）前掲「上海税関問題の経緯」。
（14）外務省編『外務省執務報告』東亜局第3巻，606〜607頁。
（15）前掲「上海海関問題」，『日外』日中戦争第2冊，1327頁。この内容を耳にしたクレーギー大使はイギリス外務省に対して，津海関をめぐる交渉で用いられた日本の手法を想起させる，と述べている。Craigie to FO, 25th Nov. 1937, F10033/220/10, FO371/20990.
（16）前掲『外務省執務報告』東亜局第3巻，610頁。翌日にはアメリカからも同様の申し入れがなされ，岡本総領事は同じように返答した。
（17）前掲「上海税関問題の経緯」。
（18）同前。
（19）陳詩啓『中国近代海関史』（人民出版社，2002年）816〜817頁。
（20）ローフォード税務司よりメーズ総税務司あて書簡，1938年1月21日，『非法協定』61頁。
（21）ジョーダン総税務司署機密秘書課税務司よりハウ代理大使他あて書簡，1938年1月22日，『非法協定』62頁。
（22）Howe to Maze, 30th Jan, 1938, Inspector General's Personal Correspondence（以下，IG's Personal Correspondence), British Embassy, Vol. I, Papers of Sir Frederick Maze, SOAS Library, University of London.
（23）「陸海外三省課長会議決定」（1938年2月10日）島田文書。なお，外債支払負担割合の算出方法については，客年9月ないし12月の収入を基準とし，それを暫定的に1年程度適用することを方針とするが，交渉の状況によりやむをえない場合は，負担割合について①客年7月ないし12月の6ヶ月の平均割合，②客年1年間の割合，の順で妥協しても差し支えない，とされた。
（24）森島守人大使館参事官より広田外相あて電報，1938年2月12日，『日外』日中戦争第2冊，1332〜1333頁。
（25）FO to British Embassy in Shanghai, 10th Feb, 1938, IG's Personal Correspondence, British Embassy, Vol. I, Papers of Sir Frederick Maze.
（26）British Embassy in China to FO, 10th Feb. 1938, IG's Personal Correspondence, British Embassy, Vol. I, Papers of Sir Frederick Maze.
（27）Clifford, "Sir Frederick Maze and the Chinese Maritime Customs, 1937–1941".
（28）アメリカは交渉に参加はしなかったが，海関制度の保全と外債償還分の確保について

は，「米国政府は支那税関の収入に利害関係を有する政府の一として，税関問題の解決に関し，如何なる案を審査するに先立ち，日本政府より支那税関行政を破壊し，税関収入を以てする外債償還部分の支払を困難ならしむる如き行為を執らず，又之を容認せざる旨，及更に前記債務の償還は支那海関の経費を差し引きたる税収に対する第一次の負担として取り扱ふべき旨の，広汎且的確なる保障を期待する」と，1938 年 2 月 17 日に日本外務省へ申し入れている。外務省東亜局第一課「支那関税保全ニ関スル件」（1938 年 2 月 18 日），『日外』日中戦争第 2 冊，1334 頁。

(29) Craigie to Eden, 19th Feb. 1938, *DBFP 1919–1939*, Third Ser., Vol. VIII, pp. 704–705.

(30) Grew to Hull, 25th Feb. 1938, *FRUS 1938*, Vol. III, pp. 661–663.

(31) Memorandum by FO, 23rd Nov. 1937, F10017/220/10, FO371/20989.

(32) Draft, FO to Howe, 11th Jan. 1938, enclosed in Howe to FO, 28th Dec. 1938, F11682/220/10, FO371/20990.

(33) Memorandum by FO, 23rd Nov. 1937, F10017/220/10, FO371/20990.

(34) FO to Howe, 30th Nov. 1937, enclosed in 28th Nov. 1937, Craigie to FO, F10157/220/10, FO371/20990.

(35) Howe to FO, 28th Dec. 1937, F11645/220/10, FO371/20990.

(36) メーズ総税務司より孔祥熙財政部長あて節略，1938 年 2 月 7 日，『非法協定』79 頁。

(37) 孔祥熙財政部長よりメーズ総税務司あて書簡，1938 年 2 月 10 日，『非法協定』82 頁。

(38) Maze to Kerr, 4th Mar. 1938, IG's Personal Correspondence, British Embassy, Vol. I, Papers of Sir Frederick Maze.

(39) Ibid.

(40) Craigie to Maze, 5th Apr. 1938, IG's Personal Correspondence, British Embassy, Vol. I, Papers of Sir Frederick Maze.

(41) 外務省編『外務省執務報告』東亜局第 5 巻（クレス出版，1993 年）192～193 頁。

(42) 第 4 章で論じたように国民政府は内債償還分を重視していた。

(43)「中国関税収入外債担保部分の処理に関する日英国取極」（1938 年 5 月 2 日），『日外』日中戦争第 2 冊，1338～1347 頁。なお，この取極めは 1938 年 3 月以降の海関収入に対して適用されることになった。

(44)「支那海関問題に関する帝国政府発表」（1938 年 5 月 3 日），『日外』日中戦争第 2 冊，1347 頁。

(45) 日高信六郎駐上海総領事より広田外相あて電報，1938 年 5 月 3 日，『日外』日中戦争第 2 冊，1348 頁。

(46) 日高駐上海総領事より広田外相あて電報，1938 年 5 月 6 日，『日外』日中戦争第 2 冊，1350 頁。このとき，海州，杭州，鎮江，蕪湖，南京の海関も維新政府に接収された。東亜海運株式会社『支那の航運』（東亜海運株式会社，1943 年）139 頁。

(47) 小山田晃一江海関行政税務司代理より岸浪横浜正金銀行上海支店長あて書簡，1939 年 12 月 28 日，横浜正金銀行資料。

(48) 興亜院華中連絡部経済第三局編『中華民国維新政府財政概史』（興亜院華中連絡部経済第三局，1940 年）21 頁。

(49) 前掲『太平洋戦争への道』137 頁。

(50) 統一新関税についての詳細は，久保亨『現代中国の原型の出現――国民党統治下の民衆統合と財政経済』（汲古書院，2020 年）231 頁参照。

(51)「卡爾函蔣中正中国海関問題日方擬獲得海関行政及海関協定草案原文」（1938年5月2日），「革命文献 対英外交 一般交渉（1）」，蔣中正総統文物檔案，典蔵号002-020300-00039-005（台湾国史館蔵）。
(52) 同前。
(53)「英日海関協定」，外交部檔案，典蔵号020-041102-0009（台湾国史館蔵）。
(54) 前掲『外務省執務報告』東亜局第5巻，211頁。
(55) メーズ総税務司より孔祥熙財政部あて節略，1938年7月14日，『非法協定』126〜132頁。
(56) 日高総領事より宇垣一成外相あて電報，1938年8月15日，『日外』日中戦争第2冊，1356頁。
(57) 重光葵駐英大使より有田八郎外相あて電報，1939年1月16日，『日外』日中戦争第2冊，1359頁。重光はこれを1月15日上海発タイムズ特電の情報として伝えた。
(58) ただし1898年英独続借款については，香港上海銀行の要請を受けて，1939年3月から支払いが停止された。陳前掲『中国近代海関史』842頁。
(59) 以下の記述は，宋芳芳「日中全面戦争期における日本の中国海関支配政策と実施」『環東アジア研究センター年報』第7号（2012年）に拠る。

第6章

(1)「支那事変関係国際法律問題（第三巻）11」JACAR Ref. B02030677600，支那事変関係一件／支那事変関係国際法律問題第1巻（A.1.1.0.30-50_001）（外務省外交史料館蔵）13画像目。
(2) 同前，12画像目。ビッカーズの研究によると，1920年代後半から，日本は日本人職員の増員を海関に対して要求してきた。Robert Bickers, "Anglo-Japanese Relations and Treaty Port China" in Antony Best (ed.), *The International History of East Asia, 1900–1968*, London: Routledge, 2010.
(3) 前掲「支那事変関係国際法律問題（第三巻）11」，13画像目。
(4) Maze to Kung, 6th Aug. 1940, IG's Personal Correspondence, British Embassy, July–Dec 1940, Papers of Sir Frederick Maze.
(5) 木越義則『近代中国と広域市場圏——海関統計によるマクロ的アプローチ』（京都大学学術出版会，2012年）93，185頁。戦時期の中国の貿易については，木越義則「戦時期中国の貿易」久保亨・波多野澄雄・西村成雄編『日中戦争の国際共同研究5　戦時期中国の経済発展と社会変容』（慶應義塾大学出版会，2014年）に詳しい。
(6) 第4章注29参照。
(7) 関制改革については，陳詩啓「南京国民政府成立初期対海関的改革和1929年的海関改制」『中国近代海関史』（人民出版社，2002年）参照。
(8) Kung to Maze, 9th Feb. 1938, IG's Personal Correspondence, British Embassy, Vol. I, Papers of Sir Frederick Maze.
(9) 付記「上海海関問題」，『日外』日中戦争第2冊，1326〜1327頁，孫修福編訳『中国近代海関高級職員年表』（中国海関出版社，2004年）参照。なお，江海関には1937年時点で日本人高級職員はいなかった。
(10) メーズより孔祥熙あて電報，1938年2月15日，『非法協定』154頁。
(11) メーズより孔祥熙あて覚書，1938年2月7日，『非法協定』79頁。

（12）たとえば 1938 年 1 月，臨時政府に接収された天津と秦皇島の海関に対して，臨時政府の命令を受け入れたり，税率を改正したりしないよう指示している。財政部よりメーズあて電報，1938 年 1 月 7 日，『非法協定』32 頁。
（13）Notes on Sir Frederick Maze's Interview with Dr. Kung at Hong Kong, 7th Feb. 1938, IG's Personal Correspondence, British Embassy, Vol. I, Papers of Sir Frederick Maze.
（14）興亜院華中連絡部経済第三局編『中華民国維新政府財政概史』（興亜院華中連絡部経済第三局，1940 年）21 頁。
（15）廈門関の占領については，廈門関より総税務司あて書簡，1938 年 5 月 26 日，廈門海関檔案室編，戴一峰主編『廈門海関歴史檔案選編』第一輯（廈門大学出版社，1997 年）516～520 頁。廈門関の常務署副税務司と署総監察長，港務長に日本人が就任した。前掲『中国近代海関高級職員年表』90 頁。
（16）Maze to Kerr, 19th Oct. 1938, IG's Personal Correspondence, British Embassy, Vol. II, Papers of Sir Frederick Maze.
（17）Maze to Kerr, 26th Oct. 1938, IG's Personal Correspondence, British Embassy, Vol. II, Papers of Sir Frederick Maze.
（18）「新情勢に関する海関処理要綱送付の件」JACAR Ref. C04120619700，支受大日記（密）其 61，73 冊の内，昭和 13 年自 11 月 11 日至 11 月 12 日（防衛省防衛研究所蔵）2～3 画像目。
（19）宋芳芳「日中全面戦争期における日本の中国海関支配政策と実施」『環東アジア研究センター年報』第 7 号（2012 年）。
（20）メーズより華南各関税務司あて書簡，1938 年 10 月 21 日，『非法協定』138 頁。
（21）木越前掲『近代中国と広域市場圏』173～174 頁。
（22）Maze to Kerr, 21st Nov. 1938, IG's Personal Correspondence, British Embassy, Vol. II, Papers of Sir Frederick Maze.
（23）メーズより孔祥熙あて書簡，1939 年 2 月 11 日，『非法協定』169 頁。
（24）Kung to Maze, 26th Aug. 1939, IG's Personal Correspondence, British Embassy, Vol. V, Papers of Sir Frederick Maze.
（25）Maze to Kung, 31st Aug. 1939, IG's Personal Correspondence, British Embassy, Vol. V, Papers of Sir Frederick Maze.
（26）メーズより孔祥熙あて書簡，1939 年 2 月 11 日，『非法協定』169 頁。
（27）メーズよりカーあて書簡，1938 年 11 月 21 日，『非法協定』167 頁の記述によれば，メーズはこのことを 11 月 7 日にカーに伝えている。
（28）British Diplomatic Mission, Chungking, 4th Dec. 1938, IG's Personal Correspondence, British Embassy, Vol. IV, Papers of Sir Frederick Maze.
（29）カーよりメーズあて書簡，1939 年 3 月 1 日，『非法協定』173 頁。2 月 18 日に外交部を通して，駐華イギリス大使館に伝えた。
（30）財政部よりメーズあて電報，1939 年 3 月 24 日，『非法協定』174 頁。
（31）Nicholas R. Clifford, "Sir Frederick Maze and the Chinese Maritime Customs, 1937–1941", *The Journal of Modern History*, Vol. 37, No. 1, 1965.
（32）日満財政経済研究会「日支経済提携に関する協定要綱案」（1939 年 10 月 10 日）付録 4「支那海関における外国人の勢力」『現代史資料 9　日中戦争 2』（みすず書房，1964 年）684～685 頁。

(33)「海関組織改革案送付の件」JACAR Ref. C04122079800，陸支密大日記，第18号2/4，昭和15年（防衛省防衛研究所蔵）3〜18画像目。

(34) 太平洋問題調査部編『支那占領地域の現状』（日本国際協会，1940年）によると，1938年と39年（9月まで）の日本とアメリカの対中貿易総額の割合は，38年が20％と14％，39年が16.8％と18％であるのに対して，イギリスが占める割合は10％以下だった。同書，24頁。

(35)「総税務司に関する清国の宣言」については，高柳松一郎『支那関税制度論』改訂増補（内外出版，1926年）196〜197頁。

(36) 前掲「海関組織改革送付の件」15画像目。1939年6月時点で総税務司署に勤務していた外国人職員計87人のうち，最も多いのがイギリス人で40人，次いで日本人の18人だった。同前，13〜14画像目。

(37) A Short Report on the Situation of the Chinese Maritime Customs in September 1940, and the Events Leading Up to It, Following the Opening of Hostilities by Japan against China in July 1937, Sir Frederick Maze's Confidential Letters and Reports etc. Vol. XIV, 1940, Papers of Sir Frederick Maze.

(38) 前掲「海関組織改革送付の件」17〜18画像目。

(39)「天津海関把握強化要綱送付の件」JACAR Ref. C04123354000，陸支密大日記，第40号2/2，昭和16年（防衛省防衛研究所蔵）2〜3画像目。

(40)「対北支海関工作に関する返電」JACAR Ref. C04123329600，陸支密大日記，第37号2/3，昭和16年（防衛省防衛研究所蔵）5画像目。ビッカーズは，海関の日本人職員はイギリス人など他国籍の職員同様，自らの職務や祖国など，さまざまな存在に対して忠誠心をもっていたと指摘している。Bickers, "Anglo-Japanese Relations and Treaty Port China".

(41) Clifford, "Sir Frederick Maze and the Chinese Maritime Customs".

(42)「序言」JACAR Ref. C13031852200，C2作戦情報資料第11号，中国海関に於ける一部日本人職員の敵性的動向に就て，昭和16年5月15日（防衛省防衛研究所蔵）2画像目。

(43) 同前，2〜3画像目。

(44) 日中戦争期・太平洋戦争期の岸本の活動や立場については，張志雲・姜水謡「日中戦争期における中国海関総税務司岸本広吉」『東洋学報』第103巻第1号（2021年）に詳しい。同論文からも，日中戦争期に岸本は，海関の中国人職員の保護を図るなどあくまで海関職員として振る舞い続け，日本軍の代弁者にはなっていなかったことが分かる。

(45) 前掲「対北支海関工作に関する返電」3，6画像目。

(46) 中国法制調査会監修『中華民国法制年鑑』民国31年版（大同印書館，1944年）212，216頁。

(47) Maze to Cubbon, 4th May 1940, Sir Frederick Maze's Confidential Letters and Reports etc., Vol. XIV, 1940, Papers of Sir Frederick Maze.

(48)「第3. 支那海関収入処理等ニ関スル諸決定事項／1. 全支関係事項」JACAR Ref. C14010337700，支那海関収入並剰余金処理に関する件，昭和15年3月〜18年3月（防衛省防衛研究所蔵）6〜7画像目。

(49) Maze to Kung, 6th Aug. 1940, IG's Personal Correspondence, British Embassy, Jul–Dec 1940, Papers of Sir Frederick Maze.

(50) Ibid.

(51) Maze to Kerr, 30th Dec. 1940, IG's Personal Correspondence, British Embassy, Jul–Dec 1940, Papers of Sir Frederick Maze.
(52) メーズよりカー，ロックハートあて書簡，1941 年 6 月 4 日，『非法協定』187 頁。
(53) このとき日本は，アメリカやイギリスによる資産凍結措置を受けて，物資確保の観点から上海の貿易を統制下に置く必要に迫られていた。「上海海関長に赤谷氏」『読売新聞』1941 年 11 月 20 日朝刊。
(54) メーズよりカー，ロックハートあて書簡，1941 年 6 月 4 日，『非法協定』187 頁。なお，8 月には同月分の職員の給料を支払うための資金も底をついていたとされる。メーズよりロックハートあて書簡，1941 年 8 月 8 日，『非法協定』193 頁。
(55) メーズよりロックハートあて書簡，1941 年 7 月 9 日，『非法協定』190 頁。
(56) メーズよりカー，ロックハートあて備忘録，1941 年 7 月 15 日，『非法協定』192 頁。
(57) メーズよりロックハートあて書簡，1941 年 8 月 8 日，『非法協定』192 頁。メーズはこの情報を 7 月 21 日に得ていた。
(58) ノーブル（英国大使館員）よりメーズあて書簡，1941 年 6 月 20 日，『非法協定』188 頁。
(59) Maze to Cubbon, 16th Jul. 1941, IG's Correspondence with Non-resident Secretary 1941, Papers of Sir Frederick Maze.
(60) Ibid.
(61) Maze to Loy Chang（鄭莱関務署長), 8th Sep. 1941, IG' Confidential Correspondence with Kuan-wu Shu, 1941, Papers of Sir Frederick Maze.
(62) 前掲「上海海関長に赤谷氏」。
(63)「支那海関処理対策に関する件」JACAR Ref. C04123476100，陸支密大日記，第 62 号 3/3，昭和 16 年（防衛省防衛研究所蔵）3～5 画像目。
(64) 木越前掲『近代中国と広域市場圏』177 頁。
(65) メーズよりカー，ロックハートあて書簡，1941 年 6 月 4 日，『非法協定』187 頁。
(66) 前掲「対北支海関工作に関する返電」6 画像目。海関で英語の使用を禁止する件については，陸軍省も同意している。同，3～4 画像目。
(67) 以下の記述は，張志雲・姜水謡前掲「日中戦争期における中国海関総税務司岸本広吉」に拠る。同論文では，岸本による地方海関行政についても検討し，岸本の改革には，日本による海関への支配強化に向かう傾向が不可避的に存在したが，中国人関員を保護しようという岸本の意志も含まれていたなどと，岸本の海関行政について一定の評価を与えている。
(68) 日本政府は大学新卒者のほか，外務省と陸・海軍省からも官吏を派遣した（同前)。
(69) 日中戦争が始まると，法幣の価値が大幅に減少したが，英貨配当のレートは変わらなかった。そのため中国人と西洋人の給与の差額が，元来設定されていた 25～30 %の間を大きく上回り，2～3 倍にまで拡大し，中国人職員が問題視していた（同前)。

第 7 章

(1)「在支権益問題で英下院連日賑ふ」『東京朝日新聞』1938 年 12 月 16 日夕刊。

(2) 大平善梧「支那の内河航行権」『国際法外交雑誌』第 41 号第 6 号（1942 年)。

(3) 中国における列国の航行権には，沿岸航行権，内河航行権，揚子江航行権の 3 種類がある。揚子江は内河の 1 つであるものの，形式上独自の地位を占めており，揚子江のうち鎮江下流については，沿岸航行に属するとされた。揚子江航行権の詳細については，

興亜院華中連絡部編『外国勢力駆逐ノ観点ヨリ見タル揚子江航行問題（未定稿）』（興亜院華中連絡部，1939 年）など参照。

（4）たとえば，1861 年に長江通商収税章程，62 年に長江通商統共章程，98 年に改訂長江通商規程十款が制定された。

（5）鮑明鈐原著，中国太平洋国際学会編訳『外人在華沿岸及内河航行権問題』（中国太平洋国際学会，1932 年）。

（6）「揚子江開放の経済的意義」『読売新聞』1939 年 12 月 19 日朝刊。

（7）別電一，日高駐上海総領事より有田外相あて電報，1938 年 12 月 1 日，『日外』日中戦争第 3 冊，2106 頁。

（8）日満財政経済研究会『長期建設下の対英米経済政策――中間報告』（日満財政経済研究会，1939 年）16 頁。

（9）大山卯次郎「米国の要望と門戸開放主義の実際化」『国際知識及評論』第 18 巻第 12 号（1938 年）。

（10）外務省「対支宣戦布告ノ得失」（1937 年 11 月 8 日），『日外』日中戦争第 1 冊，194 頁。

（11）この点に注目しながら興亜院設立の意味を考察した研究に，加藤陽子「興亜院設置問題の再検討――その予備的考察」服部龍二・土田哲夫・後藤春美編著『戦間期の東アジア国際政治』（中央大学出版部，2007 年）がある。

（12）原田熊雄述，近衛泰子筆記，里見弴等補訂『西園寺公と政局』第 8 巻（岩波書店，1952 年）130 頁。なお，「鉄道の問題」に関しては，イギリスはこのころ，滬寧鉄路のイギリス人株主に対する配当不払い問題について日本政府にたびたび抗議を申し入れており，そのことを指すと思われる。「滬寧鉄道の配当」『読売新聞』1939 年 12 月 16 日夕刊。

（13）前掲『西園寺公と政局』第 8 巻，132 頁。同書はさらに，影佐禎昭や犬養健，西園寺公一が「いまそんなことをやったら大変だ」という反応だったと記した上で，次のように述べている。「津田中将も，またこの影佐とか犬養とかいふ連中もともに，汪兆銘自身は直接蔣介石とは悪いけれども，汪の周囲はほとんど現在の重慶政府と通謀してゐることが事実である以上，汪を謂はば事実上重慶政府の全権として交渉するやうになることが，結局自然な成行きではないかといふ風に見てゐる。この見方は，津田中将の宣戦布告論に反対する側の連中も同じである」（133 頁）。

（14）酒井哲哉「外交官の肖像　重光葵（下）」『外交フォーラム』第 2 巻第 8 号（1989 年），同「東亜新秩序の政治経済学――高橋亀吉の所論を中心に」『国際政治』第 97 号（1991 年）。

（15）有田外交における揚子江開放問題に言及した研究には，湯川勇人「制限的門戸開放主義と日米関係」『外務省と日本外交の 1930 年代――東アジア新秩序構想の模索と挫折』（千倉書房，2022 年）もあるが，占領地政策との関係については十分な目配りがなされていない。

（16）松浦正孝『日中戦争期における経済と政治――近衛文麿と池田成彬』（東京大学出版会，1995 年），永井和『日中戦争から世界戦争へ』（思文閣出版，2007 年）など。

（17）省部決定「事変処理上第三国ノ活動及権益ニ対スル措置要領」，『日外』日中戦争第 3 冊，1854 頁。

（18）永井和「日中戦争と日英対立」前掲『日中戦争から世界戦争へ』。

（19）「戦争指導上の見地より現下諸案件処理に関する準拠」（1939 年 3 月 30 日，省部決定）『現代史資料 9　日中戦争 2』（みすず書房，1964 年）557～558 頁，省部決定「事変処理

上第三国ノ活動及権益ニ対スル措置要領」，『日外』日中戦争第 3 冊，1853～1855 頁参照。

(20) 日本軍による揚子江封鎖に際して諸外国が抗議をした点については，日本国際政治学会太平洋戦争原因研究部編著『太平洋戦争への道――開戦外交史』第 4 巻：日中戦争（下）（朝日新聞社，1987 年）に記載があるが，事実の指摘にとどまっている。外務省革新派の揚子江開放政策に対する反対については，細谷千博「外務省」細谷ほか編『日米関係史――開戦に至る 10 年（1931～41 年）』第 1 巻：政府首脳と外交機関（東京大学出版会，1971 年）や，戸部良一『外務省革新派――世界新秩序の幻影』（中央公論新社，2010 年）に詳しい。

(21) たとえば，小磯隆広「門戸開放・機会均等をめぐる日本海軍の対米観と政策」『日本海軍と東アジア国際政治――中国をめぐる対英米政策と戦略』（錦正社，2020 年），湯川前掲『外務省と日本外交の 1930 年代』。

(22) German, American, French, British and Italian Ambassadors to Wang Chung-hui（王寵恵外交部長), 31st Aug. 1937, イタリア大使館より外交部あて「関於封閉鎮江下游江面事」（1937 年 8 月 20 日），抗戦時期封鎖内河及港口（一），外交部檔案，典蔵号 020-991200-0240（台湾国史館蔵）。

(23) 別電，岡本駐上海総領事より広田外相あて電報（1937 年 12 月 9 日），『日外』日中戦争第 3 冊，2088～2089 頁。

(24) 外国軍艦の揚子江航行権について規定した条項は，条約上とくにない。しかし外国軍艦は，沿岸や開港場のみならず，居留民保護など特定の場合には，いずれの港にも自由に入港していた。この結果，外国軍艦は揚子江を航行しうるとされた。JACAR Ref. B04013453400，条約ノ調印，批准，実施其他ノ先例雑件第 5 巻（B-0-0-0-17_005）（外務省外交史料館蔵）29 画像目。

(25) この事件を受け，翌年 6 月の漢口攻略を目的とした揚子江遡行作戦にあたっては，日本海軍は第三国に対して作戦開始を通告し，立ち退きを要請した。防衛庁防衛研修所戦史室編『戦史叢書　中国方面海軍作戦（2)』（朝雲新聞社，1975 年）20 頁。

(26) 別電一，岡本駐上海総領事より広田外相あて電報，1937 年 12 月 29 日，『日外』日中戦争第 3 冊，2091～2092 頁。

(27)「昭和十三年一月十一日上海ニ於テ岡本総領事ヨリ列国側ヘノ通告」（1938 年 1 月 11 日），『日外』日中戦争第 3 冊，2093 頁。

(28) 別電二，岡本駐上海総領事より広田外相あて電報，1937 年 12 月 29 日，『日外』日中戦争第 3 冊，2092 頁。

(29) 別電，日高駐上海総領事より広田あて電報，1938 年 3 月 22 日，『日外』日中戦争第 3 冊，2094～2095 頁。

(30) 付記「昭和十三年十月六日ノ支那ニ於ケル門戸開放機会均等主義ノ擁護ニ関連セシメタル在支米国権益確保ノ申入」，『日外』日中戦争第 3 冊，2224～2225 頁。

(31) 有田外相よりグルー大使あて回答，1938 年 11 月 18 日，『日外』日中戦争第 3 冊，2231～2232 頁。

(32) たとえば 1938 年 6 月，クレーギー大使は日本外務省に対して，英国船が排除されるなかで日本人商人の船舶のみが航行を許され，貿易に従事していると抗議している。Craigie to FO, 15th Jun. 1938, F6490/158/10, FO371/22121.

(33) Craigie to FO, 18th May 1938, F6411/158/10, FO371/22121.

(34) Craigie to FO, 21st Sep. 1938, F10778/158/10, FO371/22124. 1939 年 4 月 10 日付で駐日イ

ギリス大使館から日本外務省にあてられた覚書では，揚子江を航行する日本船の 8 割は軍事的要求にもとづいて航行する船ではないと指摘されている。Enclosure in No. 3, Memorandum left with Vice-Minister for Foreign Affairs by *Chargés d'Affaires*, British Embassy, Tokyo, on April 10, 1939, enclosed in Mr. Dodds to Viscount Halifax, No. 265, 11th Apr. 1939, *DBFP 1919–1939*, Third Ser., Vol. IX, pp. 3–4.

(35) 別紙乙「英大使提出ノ緊急懸案ニ対スル見解要領」，『日外』日中戦争第 3 冊，1941 頁。

(36) 満鉄上海事務所調査室『揚子江解《ママ》放問題の経緯と其の対策（中南支内水航行権に関する資料第七輯）』（1940 年）12〜13 頁。ここで挙げられているのは，日清汽船会社や上海内河汽船会社などである。

(37) Enclosure in No. 3, Mr. Dodds to Viscount Halifax, No. 265, 11th Apr. 1939, *DBFP 1919–1939*, Third Ser., Vol. IX, 1939, pp. 3–4.

(38) Howe to Secretary to the Board of Trade, 22nd, Jun. 1938, enclosed in Kerr to FO, 1st Jun. 1938, F6013/158/10, FO371/22121.

(39) アントニー・ベスト著，木畑洋一訳「対決への道」木畑洋一ほか編，細谷千博／イアン・ニッシュ監修『日英交流史　1600〜2000』第 2 巻：政治・外交 II（東京大学出版会，2000 年）参照。日中戦争初期におけるイギリスの対応については以下も参照。Bradford A. Lee, *Britain and the Sino-Japanese War, 1937–1939: A Study in the Dilemmas of British Decline*, Stanford : Stanford University Press, 1967; Peter Lowe, *Great Britain and the Origins of the Pacific War: A Study of British Policy in East Asia, 1937–1941*, Oxford: Oxford University Press, 1977; Antony Best, *Britain and Pearl Harbor: Avoiding War in East Asia, 1936–41*, London: Routledge, 1995.

(40) Admiralty to FO, 10th Jun. 1938, F6188/158/10, FO371/22121; Kerr to FO, 13th Jun. 1938, F6447/158/10, FO371/22121. ただし，1938 年 7 月 26 日にクレーギー大使が日本外務省に提出した「中国に関する日英懸案表」で，イギリスに提起された 5 つの項目のうちの 1 つに揚子江航行問題が挙げられるなど，外交ルートを通した抗議は続いた。

(41) クレーギー大使より沢田次官あて半公信，1938 年 10 月 31 日，『日外』日中戦争第 3 冊，1944 頁。

(42)「宇垣大臣・クレーギー英大使会談要録」（1938 年 9 月 8 日），『日外』日中戦争第 3 冊，1936 頁。会談に際しての宇垣外相の意図については，松浦前掲『日中戦争期における経済と政治』162〜173 頁参照。

(43) 漢口海軍特務部「揚子江開放問題ニ関スル意見」（1938 年 11 月 22 日），大久保達正ほか編著『昭和社会経済史料集成』第 6 巻：海軍省資料（6）（大東文化大学東洋研究所，1983 年）280〜281 頁。

(44) Howe to FO, 15th Jan. 1938, F633/158/10, F371/22119.

(45) 1938 年 7 月に上海内河汽船会社が設立され，上海の内河航路が同社の統制下に入ったことを受けて，上海で刊行されていた英字新聞『チャイナ・プレス（*The China Press*）』に掲載された記事。金丸裕一監修『中国年鑑・大陸年鑑』第 7 巻（ゆまに書房，2007 年）50 頁。

(46) 日高総領事より宇垣外相あて電報，1938 年 6 月 3 日，『日外』日中戦争第 3 冊，2097 頁。

(47)「揚子江と航行問題」『東京朝日新聞』1938 年 12 月 1 日朝刊。

(48) 付記，中支軍司令部「揚子江開放問題ニ関スル意見」（1939 年 1 月 23 日），『日外』日中戦争第 3 冊，2111〜2112 頁。

(49) 井上勇一「有田の「広域経済圏」構想と対英交渉」『国際政治』第 56 号（1977 年）。
(50)「揚子江航行問題ニ関スル英，米，仏宛回答ニ関スル情報部長談」(1938 年 11 月 14 日）『日外』日中戦争第 3 冊，2103 頁。
(51) FO Minute by Cadogan, 3rd Nov. 1938, F11778/158/10, FO371/22125.
(52) Howe to Secretary to the Treasury, 11th Nov. 1938, enclosed in FO minute by Cadogan, 3rd Nov. 1938, F11778/158/10, FO371/22125.
(53) Extract from Cabinet Conclusions No. 54（38), 9th Nov. 1938, F11949/158/10, FO371/22125.
(54) FO Minute by Cadogan, 3rd Nov. 1938, F11778/158/10, FO371/22125.
(55) 加藤陽子「昭和 14 年の対米工作と平沼騏一郎」『史学雑誌』第 94 篇第 11 号（1985 年)。
(56) 永井前掲『日中戦争から世界戦争へ』199 頁に詳しい。
(57) "River Steamers to Be Protected", *The North-China Herald and Supreme Court & Consular Gazette*, 13th Jul. 1938. 前者は Indo-China Steam Navigation Co.（インド中国航業会社，怡和輪船公司)，後者は China Navigation Co.（中国航業会社，太古輪船公司）という子会社を通して，揚子江航路を経営していた。
(58) Kerr to FO, 9th Dec. 1938, F13158/158/10, FO371/22126. カーは同様の書簡を太古洋行からも受け取った。
(59) Minutes, Kerr to FO, 27th Mar. 1939, F3030/39/10, FO371/23430.
(60) ハワード・コックス著，たばこ総合研究センター訳『グローバル・シガレット――多国籍企業 BAT の経営史　1880～1945（山愛書院，2002 年）228 頁。
(61) Phillips to FO, 15th Jun. 1938, F7978/158/10, FO371/22122.
(62) 松浦前掲『日中戦争期における経済と政治』199 頁。
(63) 前掲『西園寺公と政局』第 7 巻，284 頁。
(64) 同前。
(65) 同前，192 頁。
(66) たとえば 1938 年 9 月 9 日，原田熊雄に対して，「もうこの問題は根本から駄目なんだから，とてもいかん」と述べている。同前，123 頁。
(67)「対支新機関と外務省」『読売新聞』1938 年 3 月 11 日朝刊。
(68) 前掲『西園寺公と政局』第 7 巻，369～370 頁。
(69) Grew to Hull, 18th May 1939, *FRUS Japan: 1931–1941*, Vol. II, United States Government Printing Office, Washington: 1943, p. 3.
(70) 第 74 回帝国議会衆議院予算委員会議録，第 22 回，1939 年 3 月 11 日，22 頁，国立国会図書館帝国議会会議録検索システム。以下，予算委員会議録は同システムから引用する。
(71) 森島守人述『上海中心の諸問題と列国関係――揚子江開放問題の検討』(日本外交協会，1939 年）28 頁。
(72) 前掲『西園寺公と政局』第 7 巻，292 頁。とくに池田成彬の思想や政策については，松浦前掲『日中戦争期における経済と政治』に詳しい。
(73) 興亜院会議決定「揚子江開放ニ関スル件」(1939 年 2 月 9 日)，『日外』日中戦争第 3 冊，2116 頁。なお，中支那派遣軍が開放するにあたって必要だと考える条件については，「長江開放ノ為ノ準備要領」(1939 年 1 月 28 日）参照。JACAR Ref. B02030558200，支那事変関係一件第 19 巻（A-1-1-0-30_019)（外務省外交史料館蔵）12～15 画像目。
(74) 前掲『西園寺公と政局』第 7 巻，291 頁。

(75) 津田静枝「揚子江開放問題ニ関スル件」（1939年5月30日）大久保達正ほか編『昭和社会経済史料集成』第7巻：海軍省資料（7）（大東文化大学東洋研究所，1984年）652～663頁。
(76) 興亜院が開放を延期する判断をした際，同院政務部が作成した「揚子江開放ニ関スル件説明」には，華中連絡部の意見書の概要が別紙として添えられている。付記，興亜院政務部「揚子江開放ニ関スル件説明」（作成日不明），『日外』日中戦争第3冊，2118～2121頁。
(77)『続・現代史資料4　陸軍：畑俊六日誌』（みすず書房，1983年）170頁。
(78) 中支那派遣軍の態度については，前掲「揚子江開放問題ニ関スル意見」，日高総領事の見解については，別電一，日高駐上海総領事より有田外相あて電報，1938年12月1日，『日外』日中戦争第3冊，2106～2108頁参照。
(79) 前掲「揚子江開放ニ関スル件説明」2119頁。
(80) 同前，2120頁。
(81) 揚子江航路の主力は日清汽船，沿岸航路の主力は大連汽船だった。前掲『長期建設下の対英米経済政策』13～15頁。
(82) 前掲「揚子江開放の経済的意義」。
(83)「"主力船隊"の水底引揚へ」『読売新聞』1938年1月24日朝刊。
(84) 連絡会議決定「中支那方面占領地域拡大に伴ふ経済建設要綱」（昭和13年6月23日），JACAR Ref. C11110917800，興亜院配布経済関係書類，住谷悌史資料（防衛省防衛研究所蔵）3～5画像目。
(85) 日中戦争期に日本がいかに中国航路を掌握しようとしたのかについては，朱蔭貴「抗戦時期日本対中国輪船航運業的入侵与壟断」『歴史研究』第2期（2011年）参照。
(86) 昭和研究会「南京下流揚子江開放の貿易其他に及ぼす影響」（1939年12月）大久保達正ほか編『昭和社会経済史料集成』第34巻：昭和研究会資料（4）（大東文化大学東洋研究所，2007年）470頁。
(87) たとえば日清汽船株式会社上海支店長の竹内泰助は，『揚子江開放問題ニ就イテ』（1939年）を著し，揚子江開放が時期尚早であるとの主張を展開している。
(88) 前掲『長期建設下の対英米経済政策』13頁。
(89)「経済的に見た揚子江」『揚子江』第1巻第2号（1938年11月）。
(90) 前掲「揚子江開放ニ関スル件説明」2119～2120頁。
(91) 戸張敬介「日中戦争下の長江流域における「密輸」（1937～1941年）（1）」『法学研究』第87巻第7号（2014年）。
(92) 前掲「揚子江開放問題ニ関スル件」660頁。なお，これら輸出品の現地における加工工場の整備も遅れていた。経済部決定「揚子江開放ニ伴フ第三国商取引トノ調整（案）」（1940年1月12日）『続・現代史資料11　占領地通貨工作』（みすず書房，1983年）247～248頁。
(93) 前掲「揚子江開放ニ関スル件説明」2119～2120頁。なお，曹聚仁「随商三月記（続）」『東南日報』（1942年3月27日）では，日本軍占領地域と非公式の取引をする杭州郊外の南澗村に開かれた密輸市場に関する見聞が詳しく紹介されている。鈴木航「日中戦争期，『東南日報』と地域社会」（一橋大学博士学位論文，2016年）140頁。
(94) 前掲「揚子江開放問題ニ関スル件」657頁。今井就稔「戦争初期日中両国と上海租界経済」久保亨・波多野澄雄・西村成雄編『日中戦争の国際共同研究5　戦時期中国の経

済発展と社会変容』（慶應義塾大学出版会，2014年）によると，寧波や温州などを介して，大後方の物資を上海に運び込むルートが存在していた。具体的には，上海に向けて茶や木材，卵などが移出され，上海からは紡織製品や化学薬剤，機械類，銅・鉄といった重化学工業関係の原材料が移入されていた。

(95) 前掲『中国年鑑・大陸年鑑』第7巻，49頁。日満財政経済研究会『中支視察報告』（日満財政経済研究会，1939年）15頁によれば，1939年2月初め江蘇省丹陽において通過税を徴収しようとして移動貨物について調査したところ，搬出入許可証を持つ貨物の数量は1割にすぎず，残り9割は中国人商人による「密貿易」に属するものだったという。

(96) 前掲『中支視察報告』7～9頁。以上をふまえて日満経済研究会は，揚子江開放は「本年度減水期においても未だ時期尚早なりと断ぜざるを得ず」との見解を示している（同，29頁）。

(97) 前掲「南京下流揚子江開放の貿易其他に及ぼす影響」。

(98) 前掲「揚子江開放ニ関スル件説明」。

(99) 清水善俊『支那事変軍票史』（1971年）19頁。

(100) 前掲『中国年鑑・大陸年鑑』第7巻，48頁。

(101) 清水前掲『支那事変軍票史』18～19頁。

(102) 前掲「揚子江開放ニ関スル件説明」2120頁。なお，日本品の輸入機構として，1939年8月に中支那軍票交換用物資配給組合が結成され，10月から運用が始まった。

(103) 外務省作成「事変処理ト之ニ対スル外交的措置」（1939年10月24日），『日外』日中戦争第1冊，521～523頁。この方針は野村吉三郎外相から腹案として，阿部首相や他の閣僚に伝えられた。

(104) 在米日本大使館「日米通商条約問題対策」（1939年8月24日），JACAR Ref. B02030597700，支那事変関係一件／各国ノ態度／日米関係打開工作関係（A-1-1-0-30_3_2）（外務省外交史料館蔵）28画像目。

(105) 外務省「対外施策方針要綱」（1939年11月15日），『日外』日中戦争第1冊，528頁。

(106) 付記3「対外施策方針要綱決定ノ件」（1939年12月28日），『日外』日中戦争第1冊，534頁。

(107) 開放を宣言したとき外相の任にあった野村は，占領地の経営には英米の資本を誘致し，建設資材を購入することが必要であると考えており，反英運動の打ち切りや，英米権益に配慮した対応，揚子江の一部開放などを実施することがその前提になると考えていた。野村外相が10月24日に阿部首相や関係閣僚に披露した時局観については，前掲『太平洋戦争への道』第4巻，187～188頁参照。なお，野村が揚子江開放を重視していたことや，海軍が揚子江開放の政府決定に向けて積極的に動いたことは小磯隆広が明らかにしている。小磯前掲『日本海軍と東アジア国際政治』115～116頁。

(108) 興亜院会議決定「揚子江開放ノ件」（1939年12月8日），『日外』日中戦争第3冊，2121頁。

(109) 前掲『太平洋戦争への道』第4巻，190頁。

(110) 興亜院会議附議（興亜院鈴木政務部長案），史料調査会文書SC150（呉市海事歴史科学館蔵）。

(111) 外務省革新派の主張としては，たとえば藤村信雄アメリカ局第一課長より有田外相あて「対米外交刷新に関する意見書」（1940年1月16日），『日外』日中戦争第3冊，2344～2347頁参照。

(112) 総集団参謀長より次官・次長あて電報，1939 年 12 月 6 日，JACAR Ref. C04121681600, 陸支受大日記（密）第 75 号，昭和 14 年自 12 月 18 日至 12 月 21 日（防衛省防衛研究所蔵）1〜5 画像目。
(113)「揚子江及珠江開放に関する件」，JACAR Ref. C04121689100，陸支受大日記（密）第 76 号，昭和 14 年自 12 月 23 日至 12 月 30 日（防衛省防衛研究所蔵）1〜9 画像目。
(114)「閉鎖緩和し得る情勢」『読売新聞』1939 年 12 月 19 日朝刊。
(115) 野村外務大臣・在本邦グルー米国大使会談（1939 年 12 月 18 日），『日外』日中戦争第 3 冊，2328 頁。
(116) 野村外相より堀内廉介駐米大使ほかあて電報，1939 年 12 月 18 日，『日外』日中戦争第 3 冊，2122 頁。
(117) 野村外相より重光葵駐英大使あて電報，1939 年 12 月 22 日，『日外』日中戦争第 4 冊，2666 頁。
(118)「英大使にも意向通告」『読売新聞』1939 年 12 月 20 日夕刊。
(119) 日本政府の意図についての理解は，たとえば以下の新聞報道参照。“Japanese Promise Reopened Yangtze”, 19th Dec. 1939, *The New York Times*; “Reopening the Yangtze”, 21st Dec. 1939, *The Times*.
(120) 野村・グルー会談の詳細については，前掲『太平洋戦争への道』第 4 巻，192 頁参照。
(121)「“揚子江開放” 歓迎」『読売新聞』1940 年 1 月 18 日朝刊。
(122) 重光大使より野村外相あて電報，1939 年 12 月 22 日，『日外』日中戦争第 3 冊，2124 頁。
(123) Minute, Craigie to FO, 18th Dec. 1939, F12849/39/10, FO371/23432.
(124)「英艦また揚子江引揚」『読売新聞』1939 年 12 月 14 日朝刊。
(125) 第 75 回帝国議会衆議院予算委員第一分科会議録，第 1 回，1940 年 2 月 16 日，32 頁。
(126) 同予算委員会議録，第 4 回，1940 年 2 月 7 日，45〜46 頁
(127) 同予算委員第一分科会議録，第 1 回，1940 年 2 月 16 日，31〜32 頁。
(128) 同予算委員会議録，第 4 回，1940 年 2 月 7 日，45〜46 頁。
(129) 同予算委員第四分科会議録，第 3 回，1940 年 2 月 19 日，40 頁。
(130) 前掲『続・現代史資料 4　陸軍：畑俊六日誌』248 頁。
(131) 昭和天皇は，畑がこのような私見を侍従武官長に語ったことに言及している。宮内庁『昭和天皇実録』第 8 巻（東京書籍，2016 年）83〜84 頁。
(132) 前掲『西園寺公と政局』第 8 巻，213 頁。
(133) 支那派遣軍総司令部の案については，「揚子江開放準備トシテノ通貨及金融対策」（1939 年 12 月 31 日）前掲『続・現代史資料 11　占領地通貨工作』316〜317 頁。
(134) 1 月末に中央に提出された案の原文は前掲『続・現代史資料 11』で「欠」となっており，筆者の探した限りでは見当たらない。相馬敏夫の回想によると，物資流動調整案については支那派遣軍総司令部「揚子江開放準備トシテノ通貨及金融対策」の提案通りに決定したが，金融・通貨工作をめぐっては現地軍と興亜院の間で議論が交わされたという。相馬敏夫「中支通貨工作ノ回顧」前掲『続・現代史資料 11　占領地通貨工作』293 頁。
(135) 支那派遣軍総参謀長より次官あて電報，1940 年 2 月 13 日，JACAR Ref. C04122029900, 陸支密大日記，第 15 号 3/3，昭和 15 年（防衛省防衛研究所蔵）1 画像目。
(136)「占領地域の六品目　買付制限を撤廃　中支経済復興の新段階」『朝日新聞』1940 年 4 月 2 日朝刊。
(137) 清水前掲『支那事変軍票史』52 頁，前掲「中支通貨工作ノ回顧」。

(138) 規定の詳細については，前掲「中支通貨工作ノ回顧」。
(139) 第一三軍参謀長櫻井省三「物資搬出入取締規定ノ件報告」（1940 年 6 月 5 日）JACAR Ref. C04122144600，陸支密大日記，第 23 号 2/2，昭和 12 年（防衛省防衛研究所蔵）1〜2 画像目。
(140) 軍務課「物資搬出入取締規定実施延期ニ関スル件」JACAR Ref. C04122195100，陸支密大日記，第 22 号 2/3，昭和 15 年（防衛省防衛研究所蔵）1〜4，17，19〜23 画像目。その後軍票相場は持ち直しもみせたが，漢口の奥地取引は 1940 年 6 月以降不況に陥り，1 年前の 8〜9 月期と比べて 6 割程度減少した。長江産業貿易開発協会編『中支貿易統制の一元化　中支輸入配給組合の構成　奥地取引と漢口の状況』（長江産業貿易開発協会，1940 年）25 頁。
(141) 前掲『昭和天皇実録』第 8 巻，82 頁。
(142) 青木の訪中と青木が提出した意見については，岩武照彦『近代中国通貨統一史――十五年戦争期における通貨闘争』上巻（みすず書房，1990 年）543〜544 頁参照。
(143) 木越前掲『近代中国と広域市場圏』185 頁。
(144) 前掲「南京下流揚子江開放の貿易其他に及ぼす影響」472 頁。
(145) たとえば，1939 年 2 月 6 日に米国新聞社主ハワードが堀内駐米大使に語っている。有田外相より三浦義秋駐上海総領事あて電報，1940 年 2 月 6 日，『日外』日中戦争第 3 冊，2349 頁。
(146) このような方針を著した一例に，長谷川了（外務省情報部嘱託）「揚子江開放を繞る諸問題」『支那』第 31 巻 4 月号（1940 年）。

第 8 章

(1) 植田捷雄『在支列国権益概説』（巌松堂書店，1939 年）131 頁。

(2) 次官より第二一軍参謀長あて電報，1938 年 11 月 11 日，JACAR Ref. C04120625400，支受大日記（密）其 62，73 冊の内，昭和 13 年自 11 月 14 日至 11 月 19 日（防衛省防衛研究所蔵）。

(3)『日外』日中戦争第 3 冊（外務省，2011 年）1853〜1854 頁。

(4) 張暁輝『香港近代経済史（1840〜1949）』（広東人民出版社，2001 年），黄菊艶『抗戦時期広東経済損失研究』（広東人民出版社，2005 年），張暁輝『民国時期広東社会経済史』（広東人民出版社，2005 年），同『民国時期広東的対外経済関係』（社会科学文献出版社，2011 年），同『近代粵港澳経済史研究』（中国社会科学出版社，2018 年）など。

(5) 日中戦争期の海運の実態については，蔣祖縁主編『広東航運史』近代部分（人民交通出版社，1989 年），蕭明礼著，楊肅献・梅家玲主編『「海運興国」与「航運救国」：日本対華之航運競争（1914–1945）』（国立台湾大学出版中心，2017 年），蕭明礼「日中戦争前期における日本軍の華南沿岸に対する海運封鎖――珠江デルタを中心に（1938 年–1941 年）」『華南研究』第 3 巻（2017 年）など。広東作戦以降の中国における交通網の変化については，大野絢也「日中戦争期，武漢・広東陥落と交通網――破壊と復旧・再構築の実態」『政治経済史学』第 576 号（2014 年）参照。

(6) Bradford A. Lee, *Britain and the Sino-Japanese War, 1937–1939: A Study in the Dilemmas of British Decline*, Stanford: Stanford University Press, 1973, pp. 149–150.

(7) *Ibid*., p. 187.

(8) Antony Best, *Britain, Japan and Pearl Harbor: Avoiding War in East Asia, 1936–41*, London:

Routledge, 1995, アントニー・ベスト著，相沢淳訳「日中戦争と日英関係――1937～1941年」『軍事史学』第33巻第2・3号（1997年），アントニー・ベスト著，木畑洋一訳「対決への道」木畑洋一ほか編，細谷千博／イアン・ニッシュ監修『日英交流史　1600～2000』。

（9）ピーター・ロウ著，臼井勝美訳「イギリスとアジアにおける戦争の開幕――1937～41年」細谷千博編『日英関係史――1917～1949』（東京大学出版会，1982年）。

（10）ベスト前掲「日中戦争と日英関係」。

（11）そのため，国民党と共産党が香港から大陸へ物資輸送を行ったり，海外への戦争支援呼びかけをしたりするのを黙認したり，1938年1月に共産党が八路軍の事務所を開くことを許可したりした。ジョン・M. キャロル著，倉田明子・倉田徹訳『香港の歴史――東洋と西洋の間に立つ人々』（明石書店，2020年）190頁。

（12）当時香港を経由して大量の物資が中国内陸へと流れ込んでいた。蔣介石政権の重慶への後退と日本軍による中国沿岸封鎖にともない，香港は蔣介石政権が欧米諸国と連絡する貴重な海港となり，重要物資の中継貿易港となっていった。当時の日本側の見立てによれば，1937年から41年までの香港の貿易額は輸出入合計6690万ポンドから6930万ポンドへと増え，なかでも密輸は日中戦争が始まる前の5000万ドルから，開戦後は8000万ドルへと急上昇した。小椋広勝『香港』（岩波書店，1942年）103～104，129頁。

（13）広東攻略作戦の経過については，防衛庁防衛研修所戦史室編『戦史叢書　中国方面海軍作戦（2)』（朝雲新聞社，1975年）54～65頁参照。

（14）岡崎駐広東総領事より有田外相あて電報，1939年1月7日，『日外』日中戦争第3冊，2116頁。

（15）外務省編『外務省執務報告』東亜局第5巻（クレス出版，1993年）298頁。

（16）大蔵省管理局編「日本人の海外活動に関する歴史的調査」通巻第27冊中南支篇第1分冊，326頁，大蔵省管理局編『日本人の海外活動に関する歴史的調査』第10巻（高麗書林，1985年）所収。

（17）同前，464～465頁。

（18）同前，469頁。

（19）南支海軍特務部長「珠江開放問題ニ対スル意見ノ件送付」（1938年12月26日，広東機密第27号）中央–軍政–80（防衛省防衛研究所蔵）。

（20）張集歓「1930～1940年代中国華南地域における商人組織の研究」（北海道大学博士学位論文，2016年）。なお，河野修一『両広貿易事情調査報告書』（南満州鉄道株式会社，1940年）は「広東に於ける貿易金融は全く香港の支配下に在り」と指摘している。香港紙幣の広東流通額は約6000万ドルと推算され，欧米の商人はもちろん中国人商人にも絶対的信用があった。両広地方における輸出入取引は，香港ドル建てで対外為替は香港相場を標準とし，代金もほとんどすべて香港で決済されていた。香港の広東に対する貿易・金融市場の掌握については，張前掲『民国時期広東的対外経済関係』183頁参照。

（21）「南支生命線の遮断」『東京朝日新聞』1938年10月19日朝刊。

（22）南満洲鉄道株式会社東京支社調査室『香港貿易』（南満洲鉄道株式会社東京支社調査室，1940年）68～71頁，東亜海運株式会社『支那の航運』（東亜海運株式会社，1943年）39頁。

（23）興亜院政務部『珠江ニ於ケル水運事情調査報告書』（興亜院政務部，1940年）11頁。

（24）香港総督はブラントに対して，「条約上の権利」を行使可能にするよう求めている。

Northcote to Blunt, 10th Feb. 1939, enclosed in Blunt to Shanghai, 20th Feb. 1939, F2129/79/10, FO371/23452. 太古洋行にも，イギリスは珠江を自由に航行する「条約上の権利」を有しているという認識があった。たとえば同社のエリス（R. J. Ellis）は，5 月 4 日に開催された上海のイギリス商業会とチャイナ・アソシエーションの合同委員会で，そのことに言及している。Memorandum No. II, May 1939, enclosed in Kerr to FO, 17th May, 1939, F5291/79/10, FO371/23452.

(25) 張前掲『民国時期広東的対外経済関係』。日本が華南投資を目的として 1937 年に設立した福大公司の史料にも，「香港に於ける食用畜産物，蔬菜，果物及其他の日用品は殆んど広東から供給を受け，且広東の大部分の産物は香港で諸外国と取引を行つてゐるので，大抵一応は香港迄搬出し，然る後更に香港より各国へ輸出する」とある。福大公司企画課編『南支経済叢書』（福大公司，1939 年）89 頁。

(26)「香港の打撃甚大　ノ総督対策を声明」『読売新聞』1938 年 10 月 14 日朝刊。

(27) 中村駐香港総領事より近衛外相あて電報，1938 年 10 月 27 日，『日外』日中戦争第 3 冊，2101～2102 頁。1931 年 3 月に約 85 万人だった香港の人口は，広東から大量に押し寄せた避難民によって 41 年 3 月には約 144 万人に膨張していた。東洋経済新報社編『軍政下の香港』（香港東洋経済社，1944 年）92 頁。

(28) 前掲『外務省執務報告』東亜局第 5 巻，299 頁。

(29) 同前，300 頁。

(30) 総領事が駐在していた都市は広州だが，当時日本はしばしば省の名称である広東と広州を混用し，「広東」総領事と呼称した。本章でも日本側については「広東」をそのまま用いる。

(31) Blunt, Pearl River Navigation, 12th Feb. 1941, enclosed in Blunt to Smith (Officer Administering the Government, Hong Kong) 13th Feb. 1941, F4048/78/10, FO371/27619.

(32) 前掲『外務省執務報告』東亜局第 5 巻，301～302 頁。

(33) たとえば，11 月 26 日にイギリス系の香港・広東・澳門汽船会社の金山号が沙面からの乗客と貨物を乗せて広州から香港へ到着し，翌月 17 日には香港から広州へ，沙面在住の乗客を乗せて運航した。「英商船，珠江遡航」『東京朝日新聞』1939 年 1 月 11 日朝刊。

(34) 東亜研究所第一調査委員会編『日本の対支投資　第一調査委員会報告書』（東亜研究所，1942 年）1079～1093 頁参照。

(35) Blunt, Pearl River Navigation, 12th Feb. 1941, enclosed in Blunt to Smith (HK), 13th Feb. 1941, F4048/78/10, FO371/27619.

(36) 前掲『日本の対支投資』1079 頁。

(37) 1941 年 2 月にスワイア商会会長のウォーレン・スワイアは，日本への報復として，船舶の香港への寄港停止措置を外務省に求めた。これに対するイギリス外務省の見解は，日英通商航海条約が有効であるとき，同条約第 6 条や第 17 条との関係で，香港からの日本船の締め出しは望ましくないというものだった（Minute, G. W. Swire to Brenan, 2nd Apr. 1940, F2510/78/10, FO371/27619）。

(38) Blunt, Pearl River Navigation, 12th Feb. 1941, enclosed in Blunt to Smith (HK), 13th Feb. 1941, F4048/78/10, FO371/27619.

(39) 香港政庁は植民地省に対して，「珠江は合法的な貿易のみに開放される」「日本船の特別待遇はしない」という条件の下で，日本船による香港寄港を認めるべきだと進言していた。Ibid.

（40）Ibid.

（41）田尻駐香港総領事より有田外相あて電報，1938 年 12 月 22 日，『日外』日中戦争第 3 巻，2114〜2115 頁。

（42）Northcote to M. MacDonald（Colonial Office, 以下 CO）, 4th Jan. 1939, enclosed in Colonial Office to FO, 5th Jan., F161/79/10, FO371/23451.

（43）N. B. Ronald（FO）to MacDonald（CO）, 13th Jan. 1939, F328/79/10, FO371/23451.

（44）MacDonald（CO）to Northcote, 18th Jan. 1939, F622/79/10, FO371/23451.

（45）Memorandum by Blunt, enclosed in Blunt to Shanghai, 20th Feb. 1939, F2129/79/10, FO371/23452. 日本の新聞に「岡崎・ブラント協定」と表記した例があるため，本章でもそのように記す。英語表記では Blunt-Okasaki Agreement。

（46）「珠江開放を断行」『東京朝日新聞』1939 年 12 月 31 日朝刊には，最近「香港へ避難せる支那人の広東復帰及び広東在住外人の利便のため日英両国船にそれぞれ一週一回乃至二回広東，香港間の航行を許してゐた」とある。

（47）外務省編『外務省執務報告』通商局第 4 巻（クレス出版，1995 年）331 頁。広州陥落後，澳門政庁は親日的な路線をとっていた。たとえば 1939 年 2 月に澳門在住の日本人（在留日本人の顧問）和田新造とともに，澳門政庁の外交担当官のポルトガル人，グルゴルホ憲兵司令官が来日し，日本政府との交渉の結果，満洲国の承認，日葡間の貿易協定締結，澳門の中国税関撤廃，澳門を通した邦品の移入を図ること，澳門日本領事館の設置などで合意に達した。グルゴルホの来日は澳門政府の日本への好意的態度の表れと日本ではみなされた（「澳門政庁我方に協力」『東京朝日新聞』1939 年 3 月 1 日朝刊）。1940 年 9 月に澳門政庁は日本の南支那方面軍司令官の安藤利吉との間に日葡澳門協定を結び，澳門政庁は重慶国民政府から距離を置くことや，日本および汪精衛政権と良好な関係を維持することに同意した。他方で日本側は，ポルトガルが第二次上海事変以来とっていた日中間の軍事衝突への「中立」の立場を維持することを認めた。呉志良・婁勝華・何偉杰『中華民国専題史』第 18 巻：革命，戦争与澳門（南京大学出版社，2015 年）156 頁。

（48）Blunt, Pearl River Navigation, 12th Feb. 1941, enclosed in Blunt to Smith（HK）, 13th Feb. 1941, F4048/78/10, FO371/27619.

（49）「沸き立つ広東港」『東京朝日新聞』1940 年 4 月 21 日朝刊。

（50）1941 年 1 月にこの追加合意はキャンセルされ，航行の 48 時間前に通知する形に戻った。Blunt, Pearl River Navigation, 12th Feb. 1941, enclosed in Blunt to Smith（HK）, 13th Feb. 1941, F4048/78/10, FO371/27619.

（51）「珠江封鎖を通告」『東京朝日新聞』1939 年 7 月 27 日朝刊，「珠江開放を断行」『東京朝日新聞』1939 年 12 月 31 日朝刊。

（52）Butterfield and Swire to Smith（HK）, 9th Feb. 1939, Box 53, John Swire & Sons Ltd. Archive.

（53）Butterfield and Swire to Toller, 9th Nov. 1939, enclosed in CO to FO, F43003/79/10, FO371/23452.

（54）G.W. Swire to Howe, 23rd Nov. 1939, F2489/79/10, FO371/23452.

（55）“The Pearl River, Chamber of Commerce Representations, British Attitude”, *South China Morning Post*, 10th Feb. 1939.

（56）Howe to Chairman, China Association, 9th Feb. 1939, F1066/79/10, FO371/23451.

（57）Japanese restrictions on British shipping in China Coast and River trades, Butterfield and Swire

to Shanghai, 21st Nov. 1939, Box 53, John Swire & Sons Ltd. Archive.
(58) Howe to Under-Secretary of State, CO, 6th Jan. 1940, F13003/79/10, FO371/23452.
(59) 前掲「珠江解放問題ニ対スル意見ノ件送付」。
(60) 岡崎駐広東総領事より有田外相あて電報，1939 年 1 月 7 日，『日外』日中戦争第 3 冊，2115 頁。
(61) 興亜院会議決定「揚子江開放ニ関スル件」(1939 年 2 月 9 日)，『日外』日中戦争第 3 冊，2116 頁。第 7 章注 73 も参照。
(62) 岡崎総領事より有田外相あて電報，1939 年 1 月 7 日，『日外』日中戦争第 3 冊，2116 頁。
(63) 1938 年 12 月時点で南支海軍は，珠江開放にともなう，主に香港からの外国商品の「侵入」に対抗するためには，占領地需要量の約 2 ヶ月分を準備する必要があると考えていた。前掲「珠江解放問題ニ対スル意見ノ件送付」。
(64) 広東派遣員事務所は，1939 年 11 月に開設された。主に陸海軍と外務省の三省連絡会議，珠江開放準備委員会，広東方面における金融・財政・物流，文化事業の調査・助成指導に関する事務を管掌した。
(65) 岡崎駐広東総領事より有田外相あて電報，1939 年 3 月 29 日，『日外』日中戦争第 3 冊，2117 頁。
(66) 同組合は 7 月，広州—香港間の航路を復活させたほか，広州を中心とする珠江本支流の内河航路の運営に従事した（柴田善雅『中国占領地日系企業の活動』〈日本経済評論社，2008 年〉444 頁)。日本軍による広東攻略以降，水運業は 1939 年 2 月に創立された福大公司船舶部と中国船舶業者との共同経営により開始されたが，個別的協力にもとづくきわめて脆弱なものだった。このような状況を改善するために，広東内河運営組合を組織し，新たに水運業機構の確立が目指された（前掲『支那の航運』425 頁)。
(67) 岡崎駐広東総領事より有田外相あて電報，1939 年 7 月 17 日，JACAR Ref. B02030575000，支那事変関係一件第 32 巻（A-1-1-0-30_032)(外務省外交史料館蔵) 50 画像目。
(68) 付記二，海軍案「対米外交施策案」1939 年 10 月 20 日，『日外』日中戦争第 3 冊，2308～2309 頁。
(69) 日本国際政治学会太平洋戦争原因研究部編著『太平洋戦争への道——開戦外交史』第 4 巻：日中戦争（下)（朝日新聞社，1987 年）190 頁。
(70) 野村外務大臣・在本邦グルー米国大使会談（1939 年 12 月 18 日)，『日外』日中戦争第 3 冊，2328 頁。
(71)「揚子江及珠江開放に関する件」，JACAR Ref. C04121689100，陸支受大日記（密）第 76 号，昭和 14 年自 12 月 23 日至 12 月 30 日（防衛省防衛研究所蔵）4 画像目。
(72) 重光が本省にあてたバトラーとの会談の報告には記されていない。重光葵駐英大使より野村外務大臣あて電報，1939 年 12 月 22 日，『日外』日中戦争第 3 冊，2124～2125 頁。
(73) "Japan's 'Christmas Gift' to U.S.", *The Times*, 20th Dec. 1939; "Reopening the Yangtze", *The Times*, 21st Dec. 1939.
(74)『日外』日中戦争第 3 冊，2127～2129 頁。
(75)「珠江開放に関し中央の方針を指示相成度件」JACAR Ref. C04121784500，陸支密大日記，第 5 号 2/3，昭和 15 年（防衛省防衛研究所蔵）2～3 画像目。
(76) 同前，6～7 画像目。
(77)「珠江の載貨制限緩和の件の断行の件」JACAR Ref. C04121931800，陸支密大日記，第 13 号 1/3，昭和 15 年（防衛省防衛研究所蔵）1 画像目。

（78）なお，第 7 章でみた揚子江についても，南京下流の開放に関する制限・条件の 1 つとして，海軍艦艇を除く総トン数 1,000 トン以上の船舶には強制水先案内を導入することが計画されていた。連絡委員会幹事会決定「南京下流揚子江開放ニ関スル制限又ハ条件」（1940 年 1 月 13 日），『日外』日中戦争第 3 冊，2125 頁。

（79）前掲『支那の航運』413 頁。

（80）喜多駐広東総領事より有田外相あて電報，1940 年 2 月 21 日，第 82 号，前掲 JACAR Ref.B10074453700，47～49 画像目。

（81）「珠江開放準備委員会決定事項報告（通報）の件（1）」JACAR Ref. C04122073900，陸支密大日記，第 17 号 2/3，昭和 15 年（防衛省防衛研究所蔵）8～12 画像目。珠江開放準備委員会は，三省連絡会議の諮問機関として設立されていた。

（82）珠江水先暫定内規（1940 年 1 月 27 日）には，「珠江水先暫定規則および暫定内規におよんで陸海軍と称するは，陸軍にありては飯島部隊，海軍にありては海軍港務部とす」とある。JACAR Ref. C04122073900，陸支密大日記，第 17 号 2/3，昭和 15 年（防衛省防衛研究所蔵）17 画像目。

（83）「珠江開放準備委員会決定事項報告（通報）の件（1）」JACAR Ref. C04122073900，陸支密大日記，第 17 号 2/3，昭和 15 年（防衛省防衛研究所蔵）19～23 画像目。

（84）喜多駐広東総領事より有田外相あて電報，1940 年 2 月 21 日，第 82 号，前掲 JACAR Ref. B10074453700，47～49 画像目。

（85）Blunt to Kita, 17th Jul. 1940, enclosed in Blunt to FO, F4166/26/10, FO371/24658.

（86）FO to Craigie, 24th Apr. 1940, enclosed in Ministry of Shipping to FO, F2621/26/10, FO371/24658 ほか参照。

（87）日本側は，5 条(e)の文言は強制水先に関するイギリスの了解を示すものと理解していた。喜多総領事より有田外相あて電報，第 95 号，1940 年 3 月 1 日，前掲 JACAR Ref. B10074453700，50 画像目。

（88）Toller to Tadahisa Matsudaira（松平忠久），3rd Feb. 1940, enclosed in 5th Feb. 1940, F1423/26/10, FO371/24658.

（89）Toller to Shanghai, 5th Feb. 1940, F1423/26/10, FO371/24658.

（90）Blunt to Shanghai, 17th Jun. 1940, F4166/26/10, FO371/ 24658.

（91）水先案内権の回収も南京国民政府の外交目標の 1 つだった。1934 年 7 月から国民政府は，水先案内を中国人に限ったり，上海港に強制水先案内制を導入したりしようとした。しかし，とくに日本やフランスが強硬に反対を表明し，頓挫していた。「水先権回収実施延期」『読売新聞』1934 年 9 月 21 日朝刊。

（92）Toller to Shanghai, 5th Feb. 1940, F1423/26/10, FO371/24658.

（93）Greenway（Shanghai）to FO, 7th Mar. 1940, F1739/26/10, FO371/24658.

（94）黄埔港は国民政府による築港の途上で日本の支配下に入った。日本は黄埔港が完成すれば，日本および諸外国から華南向けの物資は，香港を経由することなく，直接黄埔港に荷揚げし，トラックや鉄道，河川を利用して広州や漢口方面，奥地に運搬可能になると期待した。興亜院政務部『我邦ノ南支経済工作ヨリ見タル黄埔港築港及附帯事業ノ重要性』（興亜院政務部，1939 年）。

（95）Blunt, Pearl River Navigation, 12th Feb. 1941, enclosed in Blunt to Smith（HK），13th Feb. 1941, F4048/78/10, FO371/27619.

（96）Blunt to Kita, 17th Jul. 1940, enclosed in Blunt to FO, F4166/26/10, FO371/24658.

(97) 支那派遣軍参謀長より軍務局長・総務部長あて電報，1940 年 1 月 31 日，「珠江開放問題の件」JACAR Ref. C04121784800，陸支密大日記，第 5 号 2/3，昭和 15 年（防衛省防衛研究所蔵）1～3 画像目。
(98) 防衛庁防衛研修所戦史室『戦史叢書　支那事変陸軍作戦（3)』（朝雲新聞社，1975 年）87 頁。
(99)「珠江航行許可船舶の載貨制限緩和の件」JACAR Ref. C04121931700，陸支密大日記，第 13 号 1/3，昭和 15 年（防衛省防衛研究所蔵）1～2 画像目。
(100)「珠江開放準備委員会決定事項報告（通報）の件（2)」JACAR Ref. C04122074000，陸支密大日記，第 17 号 2/3，昭和 15 年（防衛省防衛研究所蔵）で一連の資料が確認できる。
(101)「珠江航行船舶載荷許可に関し英国並葡国総領事に対する通告」（1940 年 4 月 12 日)，JACAR Ref. C04122074000，陸支密大日記，第 17 号 2/3，昭和 15 年（防衛省防衛研究所蔵）9～10 画像目。
(102)「広東港の開放は作戦上の犠牲を忍ぶ」『南支日報』1940 年 4 月 16 日。
(103)『新生の広東経済』（同盟通信社，1942 年）3 頁。
(104) 黄前掲『抗戦時期広東経済損失研究』148 頁参照。
(105) 喜多駐広東総領事より有田外相あて電報，1940 年 4 月 22 日，『日外』日中戦争第 3 冊，2129 頁。
(106)「新生支那を見る（25)」『東京朝日新聞』1940 年 5 月 15 日朝刊。記事の執筆者は上田特派員。
(107) 喜多駐広東総領事より有田外相あて電報，1940 年 4 月 22 日，『日外』日中戦争第 3 冊，2129 頁。
(108) 同前，2129～2130 頁。
(109) ブラント総領事は 1939 年 9 月から一時帰国休暇を取り，1940 年 5 月 15 日に復帰した。
(110) Blunt, Pearl River Navigation, 12th Feb. 1941, enclosed in Blunt to Smith（HK), 13th Feb. 1941, F4048/78/10, FO371/27619.
(111) "Pearl River, Shipping Interests Disappointed, Meaningless Offer", *South China Morning Post*, 22nd Apr. 1940.
(112)「広東へ初貿易船入港」『東京朝日新聞』1940 年 4 月 23 日朝刊。
(113) 喜多駐広東総領事より有田外相あて電報，1940 年 4 月 22 日，『日外』日中戦争第 3 冊，2129 頁。
(114) 前掲「新生支那を見る（25)」。
(115) Blunt, Pearl River Navigation, 12th Feb. 1941, enclosed in Blunt to Smith（HK), 13th Feb. 1941, F4048/78/10, FO371/27619.
(116) 中国沿岸の海運を日本の勢力下に置くことなどを目的として設立された機関。中国各地の民船航海を統制し，主要港と沿岸および海口間の水路による物資集散網の掌握や，海員の統制指導などを図った。青島港や連雲港などにも設置されていた。「17. 青島（船舶連合局関係ヲ含ム)」JACAR Ref. B09030134700，支那沿海及内水ニ於ケル航運関係雑件第 2 巻（F-1-5-0-2_002)（外務省外交史料館蔵）4～5 画像目参照。
(117) 1938 年中の経緯については，外務省編『外務省執務報告』東亜局第 5 巻（クレス出版，1993 年）270～276 頁，および外務省編『外務省執務報告』通商局第 3 巻（クレス出版，1995 年)，249～250 頁参照。
(118) Toller to Shanghai, 29th Apr. 1940, F3028/26/10, FO371/24658.

(119) Blunt, Pearl River Navigation, 12th Feb. 1941, enclosed in Blunt to Smith (HK), 13th Feb. 1941, F4048/78/10, FO371/27619. なお，当初は日本船にイギリスの貨物を載せて輸送する方法があった。1940 年 4 月 27 日，怡和洋行は香港政庁から荷下ろしが認められていたビールを，日本船の白金丸に載せて香港へ輸送しようとした。しかし，日英交渉が決着していない状態でイギリスの貨物を日本船で輸送するのを，トラーと香港政庁は適切でないと考え，白金丸で香港まで運ばれたものの荷下ろしできなかったという事件が起きた。“Canton Letter”, *South China Morning Post*, 9th Jan. 1941.

(120) Blunt, Pearl River Navigation, 12th Feb. 1941, enclosed in Blunt to Smith (HK), 13th Feb. 1941, F4048/78/10, FO371/27619.

(121) Ibid.

(122) Ibid.

(123) Managers, China Navigation Company Ltd. to Cadogan (FO), 26th Mar. 1941, F2354/78/10, FO371/27619; CNC to Butterfield and Swire, Hong Kong and Shanghai, 30th May 1941, Box 80, John Swire & Sons Ltd. Archive.

(124) Some Preliminary Proposals for a Supplementary Memorandum to the Blunt-Okazaki Agreement of July 4th 1939, enclosed in Toller to Shanghai, 29th May 1940, F3028/26/10, F371/24658.

(125) Kerr to Blunt, 5th Aug. 1940, enclosed in Blunt to Kerr, 7th Aug. 1940, F3747/26/10, FO371/24658. 6 月 20 日，太古洋行はカー大使に独占組合に関する記述の削除を求めた。G. E. Mitchell (Butterfield and Swire), Shanghai to Kerr, 20th Jun. 1940, Box 79, John Swire & Sons Ltd. Archive.

(126) Blunt, Pearl River Navigation, 12th Feb. 1941, enclosed in Blunt to Smith (HK), 13th Feb. 1941, F4048/78/10, FO371/27619.

(127) Ibid.

(128) ただし香港ドルの入手が困難な一部の日本船には，内密に軍票払いを許可していた。喜多駐広東総領事より有田外相あて電報，1940 年 2 月 21 日，前掲 JACAR Ref. B10074453700，47～49 画像目。

(129) 喜多駐広東総領事より松岡外相あて電報，1940 年 8 月 1 日，前掲 JACAR Ref. B10074453700，51～54 画像目。

(130) 同前。

(131) 同前，FO to Kerr, 16th Aug. 1940, enclosed in Kerr to FO, F3797/26/10, FO371/24658;「英汽船広東で停船」『東京朝日新聞』1940 年 8 月 2 日。

(132) Blunt to Kita, 1st Aug. 1940, enclosed in Blunt to Shanghai, 14th Aug. 1940, F4553/26/10, FO371/24658;「邦船の寄港拒絶」『東京朝日新聞』1940 年 8 月 6 日朝刊。

(133) Northcote to CO, 3rd Aug. 1940, F3028/26/10, FO371/24568.

(134) Blunt, Pearl River Navigation, 12th Feb. 1941, Blunt to Smith (HK), 13th Feb. 1941, F4048/78/10, FO371/27619.

(135) Kerr to Blunt, 10th Aug. 1940, F3766/26/10, FO371/24658.

(136) Butterfield and Swire to Shanghai, 26th Aug. 1940, Box79, John Swire & Sons Ltd. Archive.

(137) Blunt, Pearl River Navigation, 12th Feb. 1941, enclosed in Blunt to Smith (HK), 13th Feb. 1941, F4048/78/10, FO371/27619.

(138) 喜多駐広東総領事より松岡外相あて電報，1940 年 8 月 31 日，前掲 JACAR Ref. B10074453700，57 画像目。

(139)「珠江けふ再開」『読売新聞』1940 年 11 月 8 日朝刊。
(140) 高津駐広東総領事より松岡外相あて電報，1941 年 3 月 11 日，前掲 JACAR Ref. B10074453700，60 画像目。
(141) Minute of Interview at British Consulate-General, 27th Mar. 1941, enclosed in Blunt to FO, 12th Apr. 1941, F7188/78/10, FO371/27619.
(142) Blunt, Pearl River Navigation, 12th Feb. 1941, Blunt to Smith (HK), 13th Feb. 1941, F4048/78/10, FO371/27619.
(143) Ibid., 高津駐広東総領事より松岡外相あて電報，1941 年 3 月 11 日，前掲 JACAR Ref. B10074453700，60〜61 画像目。
(144) 高津駐広東総領事より松岡外相あて電報，1941 年 3 月 11 日，前掲 JACAR Ref. B10074453700，60〜61 画像目。
(145) 同前，61 画像目。
(146) Blunt to Shanghai, 27th Mar. 1941, F2414/78/10, FO371/27619.
(147) Blunt to Takatsu, 7th Apr. 1941, enclosed in Blunt to Northcote, 12th Apr. 1941, F7188/78/10, FO371/27619.
(148) Blunt to Shanghai, 23rd Jun. 1941, F11785/78/10, FO371/27619; Minutes, G.W. Swire to Brenan, 2nd Apr. 1941, F2510/78/10, FO371/27619.
(149) FO to Shanghai, 10th Apr. 1941, F2510/78/10, FO371/27619.
(150) FO to Shanghai, 16th Sep. 1941, F8581/78/10, FO371/27619.
(151) 久末亮一『香港　「帝国の時代」のゲートウェイ』（名古屋大学出版会，2012 年）147〜149 頁。
(152) 太平洋戦争期の広東—香港間貿易の実態については，張前掲「1930〜1940 年代中国華南地域における商人組織の研究」84〜100 頁に詳しい。
(153) 東洋経済新報社編『軍政下の香港——新生した大東亜の中核』（香港東洋経済社，1944 年）125 頁。
(154) 前掲『新生の広東経済』83 頁。
(155) E. M. Gull, *British Economic Interests in the Far East*, London: Oxford University Press, 1943, p. 189.
(156) 前掲『支那の航運』428 頁，Butterfield and Swire, Hong Kong to John Swire & Sons, Ltd., London, 27th Jun. 1941, Box 79, John Swire & Sons Ltd. Archive. 前年の 12 ヶ月より 73 %増えたという。

終　章

(1) 日本と中国の間の宣戦布告をめぐる問題は，その後やや複雑な経緯をたどる。1940 年 11 月，日華基本条約の締結と日満華共同宣言により，日本は蔣介石政権から汪精衛政権への政府承認の切り替えを行った。これにより日本の法的立場としては，日中戦争は日本と国民政府との間の紛争ではなく，中国における汪政権と国民政府の内戦という形になり，日本による重慶国民政府への交戦権の発動は理論上，不可能になった（『現代史資料 9　日中戦争 2』〈みすず書房，1964 年〉610 頁）。日本が英米蘭に宣戦したのと同じ日，蔣介石政権は日独伊に宣戦布告した。蔣介石の対日宣戦により，国際法的には自動的に日中戦争が始まったが，蔣介石の政権は外国の援助で存在している一地方政権であるとする法的立場をとっていた日本は，宣戦布告は無効で無視できるとした。日本は最終的

にポツダム宣言で，中華民国政府との間の「戦争状態」を遡求的に認めることになるが，1943 年の日華同盟条約，とくにその付属議定書の規定をみると，1940 年の日華基本条約にあった「戦争行為」や「事変」という言葉は消え，「戦争状態」という用語で統一されており，日本側も日中国家間には法的「戦争状態」が存在すると解釈（もしくは黙示的に承認）していたとみなすこともできる。臼杵英一「汪兆銘「南京国民政府」の法的地位と日中戦争」軍事史学会編『日中戦争再論』（錦正社，2008 年）215 頁。

（2）1943 年 1 月 9 日，汪政権はアメリカとイギリスに対して宣戦布告した（両国はこれを無視した）。汪政権では，同年 3 月「敵産管理特別会計法」が交付され，日本の敵産管理処分体制と類似の制度が導入され，敵産の積極的な活用に乗り出した。そして，日本と汪政権の同盟関係の強化と汪政権への一段の「配慮」という観点から，日本が接収した敵産の一部は汪政権へ移管された。柴田善雅「アジア太平洋戦争期中国関内占領地における敵産管理処分」『東洋研究』第 162 号（2006 年）。

（3）関連する研究に，副島圓照「中国における治外法権撤廃問題」『和歌山大学教育学部紀要』第 29 号（1980 年），馬場明「中国における治外法権撤廃問題」『国史学』第 176 号（2002 年），小池聖一『満州事変と対中国政策』（吉川弘文館，2003 年），王建朗「《中国側》日本の大陸拡張政策と中国国民革命運動」北岡伸一・歩平編『「日中歴史共同研究」報告書』第 2 巻：近現代史篇（勉誠出版，2014 年）などがある。

（4）馬暁華『幻の新秩序とアジア太平洋——第二次世界大戦期の米中同盟の軋轢』（彩流社，2000 年）116〜122 頁，馬暁輝「グローバル・ヒストリーのなかの日中戦争」黄自進・劉建輝・戸部良一編著『〈日中戦争〉とは何だったのか——複眼的視点』（ミネルヴァ書房，2017 年）参照。たとえばエレノア・ローズヴェルト（ローズヴェルト大統領の妻）は同年 5 月，条約撤廃を訴える宋美齢（蔣介石の妻）の主張を支持し，「中国に平等を与えよう」とする記事を雑誌に掲載した。同年 8 月，連邦議会では上院外交委員会委員のトーマス（Elbert Thomas）が演説を行い，「戦争遂行の手段として米英両国は治外法権の廃止を中国に対して声明すべきである」と訴えた。馬前掲『幻の新秩序とアジア太平洋』118〜120 頁。

（5）Hull to Winant (Ambassador in UK), 5th Sep. 1942, *FRUS: Diplomatic Papers 1942, China*, pp. 287–288.

（6）Wesley R. Fishel, *The End of Extraterritoriality in China*, Berkeley: University of California Press, 1952, pp. 210–212.

（7）“Draft Treaty with Regard to Relations Between the United States of America and China”, Department of State to Chinese Embassy, *FRUS: Diplomatic Papers 1942*, *China*, pp. 333–336.

（8）馬前掲『幻の新秩序とアジア太平洋』120，138 頁。

（9）1941 年 12 月に中国が英米に借款の要請をした際，アメリカはこれに応じたが，イギリスは要望通りの金額を貸与することができなかった。また，1942 年にインドを訪問したり，アメリカにイギリスとインドの間の仲裁をするよう求めたりするなど，独立運動が高揚するインドへの関心を高めていた蔣介石をイギリスが牽制し，中英関係が緊張していた時期だった。イギリスは連合国の一員である中国への物的支援ができないなかで，治外法権およびその関連特権の取消しに踏み切ることにした。K. C. Chan, “The Abrogation of British Extraterritoriality in China 1942–43: A Study of Anglo-American-Chinese Relations”, *Modern Asian Studies*, Vol. II, No. 2, 1977. 中印関係については，楊天石著・渡辺直土訳「蔣介石とインド独立運動」西村成雄・石島紀之・田嶋信雄編『日中戦争の国際共同

研究 4　国際関係のなかの日中戦争』（慶應義塾大学出版会，2011 年）参照。

(10) 中華民国重要史料初編編輯委員会編『中華民国重要史料初編』対日抗戦時期第 3 編戦時外交（3）（中国国民党中央委員会党史委員会，1981 年）712 頁。

(11) 李雲漢「国民政府收回香港九龍之決策与交渉（1941 至 1948）」『近代中国』第 119 号（1997 年）。

(12) 1943 年 1 月 9 日に重慶国民政府の先を越す形で，日本と汪政権の間で「租界還付及治外法権撤廃等に関する日本国中華民国間協定」が締結された。締結に至る日本側の事情と，それが中国と英米の間の交渉に与えた影響については，馬暁華「不平等条約の解体——東アジア情勢の転換」前掲『幻の新秩序とアジア太平洋』に詳しい。

(13) 顧維鈞著，中国社会科学院近代史研究所訳『顧維鈞回憶録』第 5 分冊（中華書局，2013 年）170〜172 頁。関連する研究に，李前掲「国民政府收回香港九龍之決策与交渉（1941 至 1948）」，劉存寛・劉蜀永「1949 年以前中国政府収復香港的嘗試」『歴史研究』第 3 期（1997 年），陳進金「蔣介石対中英新約的態度（1942〜1943）」『東華人文学報』第 7 期（2005 年）などがある。

(14) アメリカとの間では，アメリカ市民の中国における待遇などをめぐって米中両国は対立したが，11 月中旬には合意に達していた。馬前掲「グローバル・ヒストリーのなかの日中戦争」。

(15) "Treaty between the Republic of China and the United Kingdom and India for the Relinquishment of Extra-territorial Rights in China and the Regulation of Related matters" (With Exchange of Notes and Agreed Minute), signed at Chungking, 11th Jan. 1943; ratification was exchanged at Chongqing, 20th May 1943, Yin-Ching Chen (ed.), *Treaties and Agreements Between the Republic of China and Other Powers 1929–1954: Together with Certain International Documents Affecting the Interests of the Republic of China*, Washington, D.C.: Sino-American Publishing Service, 1957, pp. 140–148.

(16) 馬前掲「グローバル・ヒストリーのなかの日中戦争」。1943 年から 47 年にかけて，ブラジル，ベルギー，ルクセンブルク，ノルウェー，カナダ，スウェーデン，オランダ，フランス，スイス，デンマーク，ポルトガルなどの連合国・中立国と条約を結んだ。

(17) 加藤雄三「第二次世界大戦後における中英平等新約の履行——租界資産清理委員会の設置過程」『専修法学論集』第 135 号（2019 年）。

(18) 呉翎君「1946 年中美商約的歴史意義」『国立政治大学歴史学報』第 21 期（2004 年），馮琳「二戦後《中英商約》交渉失敗之研究」『興大歴史学報』第 20 期（2008 年）ほか参照。

(19) 1941 年 12 月 26 日，重慶に海関総税務司署が正式に成立した。楊智友・李寧『抗日戦争専題研究第六輯　抗戦時期的中国海関』（江蘇人民出版社，2021 年）165 頁。

(20) Robert Bickers, "The Chinese Maritime Customs at War, 1941–45", *The Journal of Imperial and Commonwealth History*, Vol. 36, No. 2, 2008.

(21) Hans van de Ven, *Breaking with the Past: The Maritime Customs Service and the Global Origins of Modernity in China*, New York: Columbia University Press, 2014, p. 290.

(22) Chihyun Chang, *Government, Imperialism and Nationalism in China: The Maritime Customs Service and Its Chinese Staff*, London: Routledge, 2013, p. 140.

(23) 陳詩啓『中国近代海関史』（人民出版社，2002 年）843〜845 頁。

(24) Bickers, "The Chinese Maritime Customs at War"; Van de Ven, *Breaking with the Past*, p. 293.

（25）陳前掲『中国近代海関史』841 頁。
（26）Bickers, “The Chinese Maritime Customs at War”.
（27）Ibid.; Chang, *Government, Imperialism and Nationalism in China*, p. 139.
（28）Chang, *Government, Imperialism and Nationalism in China*, p. 135.
（29）アメリカが中国への関与を低下させていく様相を分析するものとして，たとえば Tang Tsou, *America's Failure in China, 1940–50*, Chicago: Chicago University Press, 1963. また，当該期の米中関係については，山極晃『米中関係の歴史的展開　1941～1969 年』（研文出版，1997 年）。
（30）陳前掲『中国近代海関史』847 頁。
（31）Van de Ven, *Breaking with the Past*, pp. 293–294.
（32）*Ibid.*, p. 299.
（33）そのうち約半数が内班で 25 年以上勤務するベテランだった。Chang, *Government, Imperialism and Nationalism in China*, p. 147.
（34）*Ibid.*, p. 176.
（35）中華民国の 6 代目の総税務司に就いたのは，太平洋戦争期，雲南省・騰衝の分関署の副税務司などを務め，その後台湾に渡った方度である。
（36）劉宋斌『中国共産党対大城市的接管（1945～1952）』（北京図書館出版社，1997 年）310 頁。
（37）Chang, *Government, Imperialism and Nationalism in China*, p. 168–169.
（38）日本軍や日本資本が経営管理していた生産設備の接収は，それが大きな利権でもあったことから，誰がどのように接収するかをめぐって種々の思惑が衝突し，調整作業は難航した。詳細は，久保亨『シリーズ中国近現代史 4　社会主義への挑戦　1945～1971』（岩波書店，2011 年）15～16 頁参照。また，華中占領地の日本の事業資産処理の全体像については，柴田善雅「中国関内占領地日系企業の敗戦後処理」『東洋研究』第 158 号（2005 年）が明らかにしている。
（39）東北において日本の資産が戦後どのように再編されたのかについては，松本俊郎『「満洲国」から新中国へ――鞍山鉄鋼業からみた中国東北の再編過程　1940～1954』（名古屋大学出版会，2000 年），松本俊郎編『「満洲国」以後――中国工業化の源流を考える』（名古屋大学出版会，2023 年）参照。華中の紡績企業の戦後の再編については，富澤芳亜「在華紡技術の中国への移転」および久保亨「1950 年代の中国綿業と在華紡技術」ともに富澤芳亜・久保亨・萩原充編著『近代中国を生きた日系企業』（大阪大学出版会，2011 年）参照。
（40）Beverley Hooper, *China Stands Up: Ending the Western Presence, 1948–1950*, Sydney: East Asia Series, Allen & Unwin, 1986. 同書は，中国における外国人，外資系のビジネス，宣教師たちの立場が，中華人民共和国成立前後にどのように変化したのかを総合的に描いている。
（41）返還は段階的に進んだ。たとえば，上海のフランス租界の埠頭にある太古洋行の倉庫は国民政府によって軍事的に利用されていて，公的に利用されているという理由で未返還であることや，漢口でも未返還の財産があり，状況が深刻であることを，1946 年 8 月に太古洋行が駐華イギリス大使館に伝えている。Butterfield and Swire to J. C. Hutchison, Commercial Commissioner, British Embassy, Shanghai, 28th Aug. 1946, Box 287, John Swire & Sons Ltd. Archive, SOAS Library, University of London. また，国民政府が軍事的に利用して

いた怡和洋行の広州の埠頭は，1947 年 12 月時点でもまだ返還されていない，とイギリス大使館が国民政府外交部に訴えている。British Embassy, Nanking to Waijiao-bu（外交部），5th Dec. 1947, No. 652,「英人在華財産（一七）」，外交部檔案，典蔵号 020-041107-0032（台湾国史館蔵）。

(42) イギリス人が中国を訪れる際にはビザが必要となり，入国後は登録証明を申請し，その証明書をつねに携帯しなければならなくなった。このことはイギリス人が中国政府に管理されるようになったことを示す，象徴的な変化ともいえる。Robert A. Bickers, *Britain in China: Community Culture and Colonialism, 1900–1949*, Manchester: Manchester University Press, 1999, p. 238.

(43) Jonathan J. Howlett, “The Communists and the Kailuan Mines”, in Robert Bickers and Isabella Jackson（eds.）, *Treaty Ports in Modern China: Law, Land and Power*, London: Routledge, 2016.

(44) “The Situation in China”, 17th Mar. 1948, Secretary and Vice-Chairman to Foreign Office, CHAS/C/3-4, China Association Archive, SOAS Library, University of London.

(45) 当時の中国における民間企業の動きを概観しておく。共産党は建国当初，当面は社会主義の実現を急がないという説明をしていたが，社会主義を理念に掲げる政党が政権を掌握したという事実は民間企業の経営者らを不安に陥れていた。実際，共産党軍が占領した一部の都市では，中小企業の資産を没収するという反資本主義的政策が実施されていた事実もあった。1949 年の時点で外国資本を含め大陸にあった有力民間企業の相当部分が，国外，ないしは香港や台湾に資金・技術・人材を移動しており，大陸経済のなかで民間企業の占める比重は急速に低下しつつあった。久保前掲『社会主義への挑戦』48～49 頁。

(46) “British investment in China”, 12th Jan. 1949, enclosed in Mitchell（China Association）to P. W. Scarlett（FO）, 12th Jan. 1949, F723/1153/10, FO371/75864.

(47) 経済部戦時生産局冀熱察綏区特派員事務所から開平鉱務公司への通知（1945 年 11 月 16 日），熊性美・閻光華主編『開灤煤礦礦権史料』（南開大学出版社，2004 年）788～789 頁。

(48) 康宝煌『開灤日記』（康宝煌，1984 年）1945 年 10 月 17 日条，11 月 20 日条。当時，康宝煌は鉱務総局の電信技士を務めていた。

(49) Note on the Working of the Kailan Mining Administration for the First Nine Months of the Year 1947, 15th Nov. 1947, MS Eng. hist. c. 438, Papers of E. J. Nathan. なお，1948 年 11 月時点では，炭鉱のある唐山から積出港である秦皇島に至る鉄道の一部が破壊され，秦皇島を利用できなくなっていた。「翁文灝呈蔣中正各方燃煤欠乏擬請令聯勤総部華北徐州両剿総等対於開灤煤礦経由塘沽外運輪船火車不得扣留等文電日報表」（1948 年 11 月 3 日），蔣中正総統文物檔案，典蔵号 002-080200-00545-034（台湾国史館蔵）。

(50) R. S. Stevenson（Nanking）to Chiang Kai-shek, enclosed in R. Skrine Stevenson to FO, 4th Mar. 1947, F3621/510/10, FO371/63412.

(51) Howlett, “The Communists and the Kailuan Mines”.

(52) W. Pryor and M. T. Yu, to Chairman Mao of the People’s Government, Mr. Tung, Chairman of North China People’s Government at Shihchiachwang（石家荘）, 2nd Feb. 1949, MS Eng. hist. c. 440, Archive of E. J. Nathan.

(53) 楊磊「人民政府代管開灤煤礦的前前後後」『河南理工大学学報』社会科学版第 8 巻第 4 期（2007 年）。

(54) 開灤炭鉱に対する共産党の政策については，呉志山「開灤煤礦代管事件研究——基于英国外交檔案」（東北師範大学修士学位論文，2018 年）25～27 頁参照。
(55) Howlett, “The Communists and the Kailuan Mines”.
(56) 呉志山「中国共産党対大型在華外企的接管与外方因応（1948～1952）——以開灤煤礦為中心」『中国国家博物館館刊』第 6 期（2023 年）。
(57) “Communists and the Kailan Mines”, *The Economist*, 15th Oct. 1949.
(58) Minute, Nathan to P. W. Scarlett, 31st Aug. 1949, F13171/1463/10, FO371/75930.
(59) “Record of a Meeting with the China Association on 28th July 1949”, enclosed in Foreign Office Minute by Scarlet, F11603/1153/10, FO371/75866.
(60) プライアーと中央外資企業局局長・翼朝鼎の談話要領（1950 年 1 月 19 日），開灤軍代表より燃料工業部部長・陳郁あて書簡（1950 年 4 月 17 日），前掲『開灤煤礦礦権史料』821～823 頁。
(61) Wenguang Shao（邵文光）, *China, Britain, and Businessmen: Political and Commercial Relations, 1949–57*, Basingstoke: Macmillan, 1991, pp. 117–118.
(62) 開灤鉱務総局通告第 37 号（1952 年 5 月 19 日），前掲『開灤煤礦礦権史料』836～837 頁。中英合弁の門頭溝中英煤鉱公司が経営していた北平近郊の門頭溝炭鉱などでも，同じようにイギリス人経営者が中国を去り，経営を放棄した。Shao, *China, Britain, and Businessmen*, p. 118.
(63) 劉前掲『中国共産党対大城市的接管』314 頁。
(64) この時期中国では「大衆運動」が相次いで実施され，資本家や知識人が自由に意見を述べられる空間が少なくなっていった。当該期の「大衆運動」については，泉谷陽子『中国建国初期の政治と経済——大衆運動と社会主義体制』（御茶の水書房，2007 年）などの研究がある。
(65) 建国初期の在華イギリス権益をめぐる中英関係については次を参照。James Tuck-Hong Tang, *Britain's Encounter with Revolutionary China, 1949–54*, New York: St. Martin's Press, 1992, pp. 148–169.
(66) Two Telegrams from Foreign Office to Peking dated 10th April, CHAS/C/3-4, China Association Archive.
(67) Tuck-Hong Tang, Britain's Encounter with Revolutionary China, p. 149, 157.
(68) 外資企業の中国からの撤退については，当該期の中国側の史料の公開にはまだ至っていないが，いくつかの体系的な研究がある。トンプソン（Thomas Thompson）は，「人質資本主義（Hostage Capitalism）」という概念を用いて，共産党は外資系企業をコントロールするために搾取しつつも，中国国内にとどめておこうとしたと論じている。1953 年 7 月に朝鮮戦争の休戦協定が結ばれたあと，ようやく共産党政権は積極的に中国からの外資系企業の退去をめぐる交渉に応じるようになったと指摘する（Thomas N. Thompson, *China's Nationalization of Foreign Firms: The Politics of Hostage Capitalism, 1949–57*, Occasional Papers/Reprints Series in Contemporary Asian Studies, Baltimore: School of Law, University of Maryland, 1979）。また，邵文光は，共産党は外資系企業が中国から撤退するのを妨げようとしていたが，共産党が徐々に貿易や外国為替，労働力へのコントロールを強めたことや，朝鮮戦争で課された制裁の影響などが，外資系企業が中国を去るのを促したと論じている（Shao, *China, Britain, and Businessmen*, pp. 114–143）。個別の企業に関しては，怡和洋行の撤退について，Thomas N. Thompson, *Imperialism and Revolution in Mi-*

crocosm: China's Indirect Nationalization of Foreign Firms and the Politics of Hostage Capitalism, 1949–1954, Ann Arbor: University Microfilms International, 1977，太古洋行の撤退について，Aron Shai, *The Fate of British and French Firms in China, 1949–54: Imperialism Imprisoned*, Basingstoke: Macmillan, 1996 に詳しい。

(69)〈章漢夫伝〉編写組『章漢夫伝』（世界知識出版社，2003 年）151 頁。章漢夫は，1949 年に開灤炭礦の実態調査にあたるなど，建国前後の時期の共産党政権の外資企業政策の立案に関わった。

(70) それまでにも直接投資としては，1950 年代にソ連からの鉱工業設備を導入する際に資金を借りたり，1963 年に日本から化学繊維の工場設備を輸入する際に日本輸出入銀行からの融資を受けたりしていた。しかし，これらがいずれも単発の外資導入に終わったのに対し，1979 年からの外資導入（直接投資および間接投資）は今日まで継続している。丸川知雄『現代中国経済』新版（有斐閣，2021 年）269～270 頁。